Guerra contra a paz

Ronan Farrow

Guerra contra a paz

O fim da diplomacia e o declínio
da influência norte-americana

tradução
Sergio Mauro Santos Filho

todavia

Para minha mãe

Prólogo:
O massacre da Ala Mogno

Amã, Jordânia, 2017

*Nomeie um embaixador que seja versado em todas as
ciências, que compreenda insinuações, expressões faciais
e gestos. [...] O Exército depende do oficial comandante...
a paz e seu oposto, a guerra, do embaixador. Pois o
embaixador sozinho faz e separa aliados; o embaixador
lida com as negociações que dividem, ou não, os reis.[1]*

Manusmriti, texto hindu, *c.* 1000 a.C.

O diplomata não fazia a menor ideia de que sua carreira chegara ao fim.[2] Antes de entrar na zona de segurança da embaixada americana, inseriu seu celular dentro de um dos escaninhos na parede do lado de fora, de acordo com o protocolo. O diplomata observara o protocolo por 35 anos, enquanto muros desabavam e impérios desmoronavam, enquanto o mundo ficava menor e telegramas eram substituídos por teleconferências e a prolixa linguagem diplomática reduzia-se ao aforístico e oficioso fraseado dos e-mails. Perdera algumas ligações e o primeiro e-mail que chegou era conciso. O diretor-geral do Foreign Service* tentara contatá-lo. Precisavam conversar imediatamente.

O nome do diplomata era Thomas Countryman,** o que parecia inventado, mas não era. Estava sentado em frente a

---

* Serviço de Relações Exteriores, órgão subordinado ao Departamento de Defesa que cuida da política externa dos Estados Unidos e presta serviço a outros órgãos, entre eles: embaixadas, consulados e alguns departamentos externos. [N.T.]   ** "Interiorano, caipira", em inglês. [N.T.]

uma mesa emprestada na divisão política, no coração do baixo e espaçoso complexo de edifícios situado no elegante bairro Abdoun, na Jordânia. A embaixada era uma estudada homenagem do empreiteiro americano ao Oriente Médio: pedras cor de areia e um motivo em formato de diamante nas janelas de vidro temperado, onde se lia: "local, mas não muito". Como muitas embaixadas americanas naquela parte do mundo, era impossível evitar a sensação de que se tratava de uma fortaleza. "Cavaríamos um fosso se pudéssemos", murmurou para mim, certa vez, um funcionário do Foreign Service ali sediado, enquanto nossa SUV blindada abria caminho por entre as barreiras de aço e concreto da instalação, passando por veículos de transporte blindados cheios de soldados uniformizados.[3]

Era 25 de janeiro de 2017. Countryman era o mais graduado funcionário americano especializado em controle de armas, uma missão que era, quase que literalmente, questão de vida ou morte. Supervisionara o trabalho do Departamento de Estado no frágil acordo nuclear com o Irã, assim como a reação às apocalípticas ameaças do regime da Coreia do Norte. Sua viagem naquele janeiro era como um voo à lua: a última após décadas de negociação sobre desarmamento nuclear no Oriente Médio.[4] Zonas desnuclearizadas tinham sido estabelecidas em todo o mundo, da América Latina a partes da África e da Europa. Ninguém achava que Israel fosse repentinamente desistir de suas ogivas. Mas passos adicionais — como convencer Estados da região a ratificarem tratados já assinados que baniam testes nucleares, quando não as próprias armas — poderiam algum dia ser dados. Mesmo aquilo era "uma aspiração um tanto quixotesca, uma vez que árabes e israelenses tinham pontos de vista radicalmente diferentes".[5] Tom Countryman tinha uma queda pelo eufemismo.

O trabalho que a missão exigia era clássico, diplomacia no velho estilo, o que significava que seria frustrante e envolveria várias mudanças de fuso horário. Anos de cuidadosa persuasão e mediação deixaram os Estados do Oriente Médio, mais do que nunca, próximos de pelo menos aceitarem a realização de uma conferência. Havia diálogos objetivando futuros diálogos, o que é mais fácil ironizar do que conseguir. Naquela noite, Countryman e suas interfaces russa e britânica iam se reunir com funcionários de Egito, Jordânia, Arábia Saudita e Kuwait com o objetivo de enfatizar a importância da diplomacia voltada à não proliferação. No dia seguinte, ele iria a Roma para um encontro com suas interfaces do mundo inteiro. "Era uma reunião importante", disse-me mais tarde, "talvez decisiva."[6] Pontuou aquilo com uma risadinha vazia, o que denunciava menos uma característica burlesca sua do que a característica burlesca da proliferação nuclear no Oriente Médio.

Countryman desembarcara em Amã no dia anterior e fizera check-in no Intercontinental. Depois dirigira-se diretamente para uma reunião com seu par da Liga Árabe, regada a café e cigarros. Tomou café *mazboot*, curto com açúcar, à moda local. Quanto aos cigarros, preferia Marlboro Light, sempre que possível. (Uma vida de viagens e negociações não o tinha ajudado a abandonar o hábito. "Estou tentando", disse mais tarde, antes de soltar uma baforada com ar infeliz.)[7]

No dia seguinte, foi jantar com funcionários britânicos e russos. Nem todas as interfaces de Countryman tinham os mesmos anos de experiência e relacionamentos que ele. O pessoal britânico havia mudado várias vezes nos últimos anos. Seu colega russo mandara um representante. Aquilo tornaria as coisas mais difíceis. Em atos de persuasão de alto nível, cada grama de experiência diplomática conta.

Diplomatas desempenham muitas funções essenciais — tirar os americanos de crises, manter a coesão de economias em desenvolvimento, bater o martelo em acordos entre governos.

Uma última missão às vezes dá ao trabalho o sabor de um jantar de Ação de Graças com os parentes mais problemáticos, com a diferença que dura a vida inteira e acontece nos lugares mais perigosos do planeta. A arma de um diplomata é a persuasão, exercida em frentes de negociação às margens de cúpulas internacionais, em obscuros bares de hotéis ou enquanto caem bombas em zonas de guerra.

Desde 1982, quando entrara para o Foreign Service, Tom Countryman tinha passado por todas as intempéries da diplomacia. Servira na antiga Iugoslávia e no Cairo durante a operação Tempestade no Deserto. Sobrevivera incólume a viagens pelo Afeganistão e à burocracia das Nações Unidas. Aprendera sérvio e croata ao longo do percurso, assim como árabe, italiano e grego. Seu inglês até trazia um desconcertante sotaque de todos aqueles lugares, ou talvez de nenhum deles. Tom Countryman tinha uma voz monocórdica, sem inflexões, e um jeito estranho com vogais, que o fazia soar como um aplicativo de leitura de textos ou um vilão de James Bond. Um troll da internet, ao criticá-lo como "um desses burocratas sem rosto do Departamento de Estado", mencionou "uma estranha pronúncia burocrática que deve ter adquirido por não ter encontrado pessoas reais durante toda a carreira", o que revela outra faceta da profissão de diplomata: eles trabalham nos mesmos lugares que os militares, mas não são recebidos com confetes em desfiles de boas-vindas.[8]

No entanto, aquele troll em particular estava errado: Tom Countryman não era alguém sem rosto. Ele tinha um, e não do tipo que some na multidão. Um homem franzino, de olhar penetrante e perspicaz, muitas vezes trazia o cabelo grisalho aparado curto na frente e longo atrás, caindo gloriosamente sobre seus ternos impecáveis. Era um *mullet* de diplomata: paz na frente, guerra nas costas. ("Juba irada", vociferou um veículo conservador. "Esse é o cara.")[9] Tinha a reputação de dar respostas francas e diretas em pronunciamentos públicos e em audiências no Senado. Em uma obra de ficção, nomeá-lo Countryman seria absurdamente inoportuno.

Aquele dia, na Jordânia, sob as luzes fluorescentes da divisão política, Countryman olhou para o e-mail e enviou em resposta o número do ramal de sua mesa. O diretor-geral do Foreign Service, o embaixador Arnold Chacon, ligou em seguida. "Não tenho boas notícias", começou Chacon, conforme Countryman se lembraria da conversa.[10] A Casa Branca, disse Chacon, acabara de aceitar a demissão de Countryman, a ser efetivada até o fim da semana. Chacon sentia muito. "Não esperava que isso acontecesse comigo", relembrou Countryman entre baforadas em seu cigarro eletrônico. "Não fazia a menor ideia." Mas ali estava ele, sendo descartado poucas horas antes de um crítico confronto com governos estrangeiros.

Quando há uma troca da guarda em Washington, funcionários que têm que ser aprovados pelo Senado apresentam uma breve carta, com uma ou duas frases, oferecendo sua demissão. É uma formalidade, uma tradição. Assume-se, quase universalmente, que funcionários de carreira sem vínculos partidários permanecerão no cargo. É a prática. Funcionários do Foreign Service são o fundamento do governo americano no exterior, uma estrutura imperfeita criada para substituir o incompetente e corrupto sistema de ocupação partidária. Só os funcionários de carreira carregam consigo as décadas de conhecimento institucional requeridas para manter os órgãos nacionais funcionando, e mesmo que todos os governos tenham tido desavenças com a intransigência e a falta de prestação de contas desses "perenes", não há lembrança de algum governo tê-los demitido em número significativo.

O presidente não tem, tecnicamente falando, poder para demitir funcionários de carreira do Foreign Service, apenas para exonerá-los de suas funções. Mas existe a regra do "cresça ou desapareça": se alguém não for designado pela presidência para uma missão, depois de certo número de anos em um nível superior — o nível de Countryman —, é melhor se aposentar. Ser dispensado daquele trabalho significava o fim da carreira; restava apenas decidir por quanto tempo gostaria de esticá-la. Ele optou por um fim rápido. Era quarta-feira. Quando a exoneração se efetivasse, na sexta-feira, iria embora.

Decidiram que Countryman participaria da reunião com os árabes naquela noite. "Mas e a reunião de Roma?",[11] ele perguntou. Era uma das raras oportunidades para que os Estados Unidos pressionassem a favor de sua agenda de não proliferação, com a presença das potências mundiais. "É importante." Chacon concordou, mas as 48 horas concedidas a Countryman não eram suficientes. Teriam que se contentar com um funcionário menos graduado em seu lugar. "Certo, obrigado por me informar", disse simplesmente Countryman. "Voltarei para casa." Para um homem com um *mullet*, Tom Countryman resistia a dar espetáculo.

Outras pessoas ficaram menos conformadas. Sua esposa, Dubravka, conhecera-o durante sua primeira viagem pela antiga Iugoslávia, e eles mantiveram um romance por trinta anos no Foreign Service. Graduada em pedagogia e pintora talentosa, deixara de lado suas ambições para se mudar com ele a cada poucos anos, pelo mundo inteiro, ajudando no orçamento doméstico com o trabalho de intérprete, ao mesmo tempo que criava dois filhos. Seu pai fora diplomata, portanto ela conhecia os sacrifícios inerentes ao trabalho — mas também compartilhava da expectativa geral pelo respeito aos diplomatas experientes, fosse na sua Iugoslávia nativa ou nos Estados Unidos. Aquilo era diferente. "Não é justo", disse, quando Countryman ligou, minutos após ter sabido da notícia, "e não é justo comigo."[12]

Ela estava abismada. O diplomata menos experiente que o substituiria — enviado para navegar em um dos mais traiçoeiros assuntos multilaterais, em uma posição de autoridade limitada — estava abismado. Os italianos estavam abismados. Os árabes, naquela noite, ficaram abismados. Countryman esperou até o fim da sessão, após eles terem desfilado suas queixas (e os árabes tinham muitas), que pretendiam discutir antes de se reunirem com os israelenses. Countryman disse, então, que relataria os resultados da negociação ao seu sucessor, uma vez que aquela era sua última reunião como diplomata. Um por um, os árabes tomaram suas mãos nas deles, expressando palavras de respeito — por ele e por uma tradição compartilhada que agora parecia, repentinamente, encarar um futuro incerto.

Tinham decorrido apenas cinco dias do novo governo Trump, e os boatos e a paranoia dominaram os diplomatas americanos. Durante a campanha, Trump fornecera poucos detalhes sobre diplomacia. "A América em primeiro lugar" tornou-se o mantra da campanha. Ele pretendia "parar de fornecer ajuda externa a países que nos odeiam", embora, naquela altura, não ficasse claro se estava se referindo a ajuda ao desenvolvimento, assistência militar ou ambas. ("Ninguém pode fazer isso melhor do que eu",[13] acrescentava, gentilmente.)

Countryman foi um dos muitos funcionários graduados que saíram alarmados das primeiras reuniões com a equipe de transição de Trump. "A transição foi uma piada", lembrou.

Em todas as outras transições havia pessoas bem informadas sobre assuntos externos, havia pessoas com experiência em governo e havia um esforço sistemático para coletar informações e fornecê-las à nova equipe. Naquele caso, nenhuma dessas coisas foi verdade.[14]

Ele apresentou à equipe de transição informes detalhados sobre os assuntos da não proliferação, marcados como "sensíveis, mas não secretos", uma vez que poucos da equipe tinham autorizações de segurança. Mas eles mostraram pouco interesse por armas nucleares. O que mostraram, na verdade, foi uma "profunda descrença nos servidores públicos profissionais",[15] disse Countryman. Não tinham vindo para aprender, ele percebeu com desânimo. Tinham vindo para romper.

E então começaram as demissões. Tipicamente, mesmo embaixadores nomeados por indicação política para postos importantes, sobretudo aqueles sem explícita reputação partidária, permaneciam até que sua substituição fosse confirmada, o que podia levar meses. O governo Trump quebrou essa tradição: logo depois de assumir, o novo governo ordenou que todos os embaixadores nomeados politicamente fossem embora de imediato, mais rápido do que de costume. *Façam as malas, caiam na estrada.*

Depois disso, a equipe de transição requisitou ao Departamento de Estado que elaborasse uma lista com todos os funcionários que não fossem de carreira, em todo o Departamento. Countryman começou a temer que o próximo alvo seriam as empresas contratadas, com autoridade específica, para trazer especialistas para a diplomacia americana. O Departamento estava cheio deles. Desempenhavam papéis essenciais em escritórios que supervisionavam as áreas mais sensíveis da política externa, inclusive no de Tom Countryman. "Eram os melhores especialistas possíveis em assuntos como Coreia e Paquistão", lembrou. "No escritório de controle de armas havia um contingente deles que não era facilmente substituível."[16] Eles eram "necessários". Os Estados Unidos não podiam se dar ao luxo de perdê-los. Mas "o pressentimento de que iriam se livrar de todos que pudessem era palpável".[17] Countryman passou as semanas que antecederam aquele dia na Jordânia fazendo um discreto lobby junto à administração do Departamento de Estado, ajudando a construir argumentos contra aquilo que temia ser uma onda de demissões de peritos do Departamento.

Na verdade, ele supôs que a ligação recebida trataria desse assunto. O que era impensável, sem precedentes e aparentemente sem sentido era que, na verdade, o movimento do novo governo se voltava contra funcionários de carreira como ele. Countryman insistiu que, em relação a ele, aquilo não representava um grande drama. Estivera ali por muito tempo. Tinha sua aposentadoria. Mas era uma perturbadora afronta à cultura institucional. Tom Countryman construíra uma ficha de serviços inatacável durante governos republicanos e democratas. Tivera uns poucos momentos contenciosos durante audiências no Senado, que entretanto lhe trouxeram mais respeito do que animosidade. Os senadores "vinham até mim, depois, e diziam: 'Gostamos muito de sua maneira direta de falar'", ele se lembrava. Talvez, especulou, o governo estivesse tentando passar a mensagem de que os Estados Unidos não estavam mais interessados no controle de armas. Ou talvez tivessem acessado sua conta particular no Facebook, onde, durante a campanha, postara críticas a Trump para um pequeno círculo de amigos. "Até hoje, não sei por que fui discriminado."[18]

Na verdade, Tom Countryman não fora discriminado. A Casa Branca, disse-lhe Chacon, estava afastando seis diplomatas de carreira naquele dia. Alguns eram mais compreensíveis do que Countryman. O subsecretário de Estado de gestão, Patrick Kennedy, que servira pelo mundo afora por mais de quarenta anos, envolvera-se tanto com o assunto das contas de e-mail da secretária de Estado quanto com a segurança diplomática, e passara o ano anterior, durante a campanha, arrastado pelo turbilhão da cobertura da imprensa a respeito do servidor de e-mail de Hillary Clinton e da controvérsia em torno de Benghazi. David Malcolm Robinson fora secretário adjunto de Estado para conflitos e operações de estabilização, departamento com um portfólio amorfo que os críticos conservadores diziam equivaler ao mais mortífero dos termos em Washington: "construção nacional". Mas outros três, secretários adjuntos que trabalharam sob Kennedy e não tinham nenhuma relação, pelo menos até onde se pudesse dizer, com Benghazi, também passaram pelo facão. "Foi mesquinho", disse Countryman. "Vingativo."[19]

Era apenas o começo. Poucas semanas depois, no Dia dos Namorados, o telefone de Erin Clancy tocou — seu celular pessoal, com uma capinha azul surrada. Ela havia acabado de aterrissar no aeroporto John Wayne, em Orange County, e estava de pé no sol de fevereiro da Califórnia, vestindo jeans e camiseta, esperando por um carro alugado. "Aguarde na linha",[20] disse o encarregado dos agendamentos. "Estamos em uma reunião de emergência da equipe." Tratava-se da equipe do vice-secretário de Estado, para onde Clancy, funcionária de carreira do Foreign Service, fora designada. Sua mesa ficava ao alcance do secretário de Estado, no sétimo andar: logo depois da porta de segurança, onde as placas empenadas do teto e o piso de linóleo terminam e as opulentas salas de recepção com painéis de madeira começam, no lendário corredor de poder conhecido como Ala Mogno. Cargos na Ala Mogno eram nomeações de elite, ocupados pelos melhores dentro do Foreign Service; as Ferraris do Departamento de Estado, e ainda mais confiáveis.[21]

Clancy esperou na linha. Seu parceiro, ex-funcionário do Departamento de Estado, dirigiu-lhe um olhar inquisidor. Ela deu de ombros: *Vai saber*. Até então, os funcionários demitidos eram os que ocupavam cargos, no mínimo, confirmados pelo Senado. Sua equipe consistia inteiramente em funcionários subalternos, e os mais qualificados e protegidos entre eles. Supunham-se a salvo.

Nas semanas que se passaram depois que Tom Country-man e outros funcionários graduados liberaram suas mesas, o Departamento caiu em um silêncio mortal. Naquela altura, na maioria dos governos anteriores, o gabinete do vice-secretário estaria zunindo de atividade, com o intuito de ajudar o novo secretário de Estado a dar a partida em sua agenda. O novo governo ainda tinha que nomear um vice-secretário de Estado, e levaria meses para fazê-lo. Quando o último vice, Tony Blinken, ocupava o cargo, Clancy e sua equipe chegavam às sete da manhã e trabalhavam de doze a catorze horas por dia. Agora, tinham pouca coisa para fazer e tiravam longas pausas para o café, todos os dias às nove da manhã, enquanto esperavam por ordens que nunca chegavam. "Ninguém nos pedia nada, estávamos completamente isolados, não éramos chamados para reuniões, tínhamos que brigar para conseguir cada reunião na Casa Branca", ela lembrou. "Os encontros matinais consistiam em: 'E aí, já soube do boato?'. Isso não era jeito de se formular a política externa dos Estados Unidos."[22] Por fim, o vice interino, Tom Shannon, disse-lhes que poderiam tirar uma folga. Clancy pegou um avião para fora do Distrito Federal e foi visitar a mãe.

Quando Yuri Kim, chefe de gabinete do vice-secretário e funcionária associada do Foreign Service, entrou na linha, sua voz era solene. "Bom", começou ela, com um tom que não sugeria, na verdade, nada de bom. "Obrigada a todos pela atenção. Acabamos de descobrir que seremos todos convidados a *seguir em frente*."[23] Toda a equipe do vice-secretário estava reunida: cinco na sala dos fundos da Ala Mogno, dois ao telefone. Todos falaram ao mesmo tempo. "Como?", perguntavam. "Por quê?" Deviam procurar o sindicato, sugeriu um. Deviam procurar a imprensa, propôs outro. "Suas nomeações foram revogadas", Clancy lembrou de ter ouvido. "Talvez vocês venham a ter outro cargo, talvez não. Está o mais absoluto caos. E veio do nada. Sem nenhuma razão."[24]

Kim, em geral uma ferrenha defensora de sua equipe, começou a falar mecanicamente. Eles tinham 48 horas. No dia seguinte haveria uma reunião no escritório de recursos humanos para orientá-los quanto aos próximos passos. Deveriam aproveitar o pouco tempo que tinham para se preparar.

Quando a ligação foi encerrada, Clancy virou-se para seu parceiro, estupefata. "Fomos todos demitidos."[25]

Assim como muitos jovens diplomatas, Erin Clancy entrou para o Foreign Service depois do Onze de Setembro. Queria tornar o mundo mais seguro. Mudou-se para o Meio-Oeste, lá permanecendo seis anos. Estava em Damasco quando a embaixada americana foi invadida por manifestantes. Escapou de ser sequestrada por um triz. Trabalhara horas a fio por um salário baixo. Assim como Countryman, os funcionários do Foreign Service em sua equipe não podiam ser demitidos de fato. Mas podiam ser exonerados de suas funções. Não se tratava simplesmente de um contratempo na carreira. Para muitos, era a diferença entre fechar o orçamento doméstico ou não. Funcionários do Foreign Service não ganham hora extra. Em vez disso, nomeações com horários de trabalho dilatados recebem um pagamento adicional, um bônus de 18% para a equipe do vice-secretário. Ninguém entra na carreira pensando em ficar rico. Incluindo o adicional, Clancy recebia 91 mil dólares por ano. Mas eles se candidatavam aos cargos sabendo que estavam garantidos por um ano. Muitos tinham planejado a vida familiar baseados naquela renda. As demissões lhes pareceram cruéis e sem nenhuma consideração por seu serviço.

Ao longo do dia, por todo o sétimo andar do Departamento de Estado, os escritórios abrigaram o mesmo tipo de reunião de emergência. O adjunto de gestão de pessoal ficou sabendo que seu chefe recém-afastado não seria substituído. Eles também seriam demitidos. O mesmo aconteceu com o escritório da conselheira do Departamento de Estado, uma função que algumas secretarias de Estado mantiveram e outras não. De acordo com várias pessoas presentes naquele dia, Margaret Peterlin, chefe de gabinete do novo secretário de Estado, Rex Tillerson, sentou-se no escritório da conselheira Kristie Kenney para sua primeira reunião individual naquele Dia dos Namorados. A primeira pergunta de Peterlin a Kenney, embaixadora veterana e uma das mulheres mais experientes do Foreign Service, foi quão rápido ela poderia ir embora.

De acordo com alguns cálculos improvisados, feitos por pessoas de dentro, cargos de mais da metade do pessoal de carreira na Ala Mogno estiveram ameaçados. Às onze horas, Erin Clancy e a equipe do vice-secretário conseguiram um adiamento: o vice-secretário interino, Tom Shannon, batera o pé. Eles ainda viveriam para ver a luz de mais um dia. Mas as outras equipes "seguiram em frente".

Quando me encontrei com Clancy, ela estava novamente de jeans e camiseta, sentada ao sol na varanda de um café de Los Angeles. Permanecia em seu cargo, mas fora mandada para casa, onde reunia forças e pensava nos próximos passos. Talvez devesse se candidatar a um cargo no exterior, meditou — podia ser uma maneira melhor de fazer a diferença naquele momento. No fim, decidiu ficar, e foi designada para uma missão dos Estados Unidos junto às Nações Unidas. Ela, assim como muitos que ainda trabalhavam no Departamento de Estado, não iria desistir. Mas a confiança em sua profissão tinha sido abalada. "A cultura do Departamento de Estado está muito corroída", observou. Era uma instituição que mais de uma dúzia de diplomatas de carreira me disseram mal reconhecer, na qual sua perícia havia sido profundamente desvalorizada. Cerrando os olhos ao sol da tarde, Erin Clancy fez uma pausa. "Somos vistos como intrusos",[26] disse.

Membros da equipe de Rex Tillerson foram categóricos ao defender que não sabiam das demissões e que, em alguns casos, elas aconteceram depois que a equipe de transição de Trump começou a interagir com o Departamento, mas antes de Tillerson ser confirmado. (Outras exonerações, ou tentativas de exoneração, como a de Clancy, aconteceram depois da confirmação de Tillerson.) Nos primeiros dias de 2018, quando perguntei a Tillerson sobre Countryman e a onda de aposentadorias forçadas, o secretário de Estado me olhou fixamente, sem pestanejar, e disse: "Não tenho conhecimento disso".[27] Pouco mais de um mês depois, Tillerson também se foi: outra baixa devida a um presidente caprichoso e a um Departamento de Estado desorganizado.

De várias maneiras, o mundo mudara e deixara para trás diplomatas como Countryman e Clancy. A propensão ao populismo, que desde os primeiros dias dos Estados Unidos se opusera ao internacionalismo e o desvalorizara, crescia em todo o mundo ocidental. A tradicional política externa, fundamentada em atos que iam desde a criação da Otan até a do Banco Mundial, após a Segunda Guerra Mundial, dissolvera-se havia muito tempo em um partidarismo vicioso. A tecnologia fizera do ofício dos diplomatas algo menos significativo e especial. Para a função básica de enviar mensagens para terras estrangeiras, um e-mail era mais eficiente do que qualquer embaixador. O prestígio e o poder do Foreign Service declinavam.

Algo do ceticismo para com a diplomacia norte-americana era merecido. O Departamento de Estado mostrava-se frequentemente lento, pesado e pantanoso. Suas estruturas e seu treinamento estavam desatualizados em face dos modernos desafios à influência americana, desde o terrorismo até o radicalismo islâmico. A Casa Branca ficou de olho em muitos indivíduos quando o assunto "objeções de Estado" foi levantado. Mas para o complexo conjunto de novos desafios — transpor barreiras culturais para um fértil relacionamento com a China, forçar o recuo da Coreia do Norte em suas ameaças de guerra nuclear, conter a busca do Irã moderno pela hegemonia regional —, peritos especializados e treinados na arte das negociações duras continuavam sendo indispensáveis. Tecnologia evoluída e endurecimento militar não bastavam para substituí-los. Nesses tipos de crise, marginalizar a diplomacia não é uma inevitabilidade das mudanças globais: é uma opção, feita, vezes sem conta, por governos democratas ou republicanos.

"Sem precedentes", trombeteou a *Foreign Policy* e um grande número de outras publicações, sobre aquilo que estava sendo descrito como um "ataque" ou "guerra" do governo Trump contra o Departamento de Estado.[28] No entanto, por mais chocante que fosse o desenrolar dos acontecimentos, tachá-los de inéditos simplesmente não era verdade. O governo Trump levou ao extremo uma tendência que, na realidade, ganhara força desde 11 de setembro de 2001. De Mogadíscio a Damasco e Islamabad, os Estados Unidos deixaram de lado o diálogo civil, substituindo os instrumentos diplomáticos por acordos táticos entre suas Forças Armadas e forças estrangeiras. A Casa Branca encheu-se de generais. Os últimos diplomatas, guardiões de uma profissão em ocaso, que salvara vidas americanas e criara as estruturas estabilizadoras do mundo, frequentemente nem eram admitidos na sala. No mundo todo, cada vez mais oficiais uniformizados lidavam com as negociações, reconstruções econômicas e desenvolvimento de infraestruturas, para os quais tivemos outrora um corpo devotado de especialistas treinados. Como resultado, um conjunto diferente de relações tornou-se o fundamento da política externa americana. Se os civis não têm poder para conduzir negociações, acordos entre militares ainda florescem. A América mudou as pessoas que leva à mesa e, por extensão, mudou quem se senta do outro lado. Ministros de Relações Exteriores ainda estão lá. Mas militares estrangeiros e milícias frequentemente ocupam os melhores assentos.

Essas relações não são novas, tampouco inerentemente negativas. "Os militares norte-americanos são, quando usados judiciosamente e com precisão estratégica, um criterioso instrumento da diplomacia", disse James Baker, secretário de Estado de George H. W. Bush, incorporando a tendência mais belicosa da política externa. "Eu sempre disse que a diplomacia funciona melhor quando enviada junto com um punho."[29] A questão é o equilíbrio. Em muitos conflitos por todo o mundo, essas alianças militares eclipsaram o tipo de diplomacia civil que outrora servira para contrabalançá-las, com resultados desastrosos.

Tal tendência ficou aparente desde 2001, mas suas raízes se estendiam bem mais para trás. Quando os terroristas derrubaram as Torres Gêmeas, o palco já estava preparado para a crise da diplomacia atual havia pelo menos uma década. Bill Clinton cumpriu sua promessa de reinvestimento doméstico — era "a economia, estúpido", como observou o estrategista de Clinton, James Carville, em um comunicado que se tornou a marca indelével de sua campanha — e, rapidamente, começou a reduzir a presença civil norte-americana no mundo. Quando os republicanos passaram a controlar o Congresso, em 1994, e Jesse Helms — aquele das mandíbulas, do racismo e do isolacionismo febril — tornou-se presidente do Comitê de Relações Exteriores do Senado, o mergulho de cabeça se acelerou.[30] O primeiro secretário de Estado de Clinton, o finado Warren Christopher, defendeu o que ele chamou de "orçamento duro para tempos duros". Sua sucessora, Madeleine Albright, defendeu o compromisso pessoal de Clinton com o engajamento mundial, mas admitiu que, na esteira da Guerra Fria, "realmente havia uma sensação de que precisávamos prestar mais atenção nas questões domésticas".

No decorrer dos anos 1990, o orçamento dos Estados Unidos para assuntos internacionais caiu 30%, equivalente aos cortes determinados anos depois pelo governo Trump.[31] Eis o que aconteceu: o Departamento de Estado desplugou 26 consulados e cinquenta missões da Agência Americana para o Desenvolvimento Internacional (Usaid, na sigla em inglês).[32] A hora dificilmente poderia ter sido pior. Com a desintegração da União Soviética e da Iugoslávia, os Estados Unidos precisavam de uma enorme quantidade de novos postos avançados para estabilizar a região e ganhar pontos de apoio para a influência norte-americana em espaços vazios deixados pelos soviéticos. Ainda que alguns tenham de fato sido criados, os Estados Unidos possuíam, na metade dos anos 1990, menos embaixadas e consulados do que no auge da Guerra Fria.[33] Mesmo os postos avançados remanescentes sofreram com a mudança — Christopher disse timidamente a um comitê do Congresso que a embaixada em Pequim cheirava a esgoto, enquanto em Sarajevo diplomatas, desesperados para receber notícias, tinham que improvisar uma antena parabólica no telhado usando uma grelha de churrasqueira.[34]

Em 1999, a Agência de Controle de Armas e Desarmamento e a Agência de Informação dos Estados Unidos foram fechadas e seus respectivos mandatos absorvidos por um Departamento de Estado encolhido e sobrecarregado. A Guerra Fria acabou, dizia a nova lógica. Quando os Estados Unidos teriam necessidade de se preocupar com potências nucleares emergentes ou com uma guerra de informação contra a insidiosa máquina de propaganda de inimigos ideológicos? Duas décadas depois, as aspirações nucleares do Irã e da Coreia do Norte e o recrutamento global do Estado Islâmico (EI) estariam entre os mais prementes desafios internacionais. No entanto, a essa altura, as forças de trabalho especializadas e treinadas, dedicadas a tais desafios, haviam sido eliminadas.[35] Thomas Friedman interveio no processo com uma metáfora visual, lamentando que os Estados Unidos "virassem as costas para o passado e para o futuro da política externa em favor do presente".[36] (A assertiva era decerto válida, embora alguém pudesse se perguntar para onde exatamente as costas da nação agora apontavam. Estaríamos girando? Digamos que sim.)

Foi assim que, ao chegar o dia 11 de setembro de 2001, o Departamento de Estado estava reduzido em 20% de seu pessoal, e aqueles que permaneciam estavam mal treinados e carentes de recursos.[37] Os Estados Unidos precisavam mais do que nunca da diplomacia, mas não a encontravam em lugar nenhum.

O governo Bush fez um esforço para reinvestir. "Aplicamos recursos no Departamento de Estado como nunca antes",[38] relembrou o então secretário de Estado Colin Powell. Mas era um crescimento nascido de uma nova forma militarizada de política externa. O financiamento que chegava ao Departamento de Estado era cada vez mais obtido graças a "operações de contingência no exterior" — destinadas especificamente ao avanço da guerra global contra o terrorismo. A promoção da democracia, o apoio ao desenvolvimento econômico, o auxílio aos migrantes — todas essas missões foram reempacotadas sob o novo manto do contraterrorismo. Os itens do orçamento do Departamento de Estado ligados ao *"soft power"* — ou seja, que não estavam diretamente ligados aos objetivos imediatos do combate ao terrorismo — foram paralisados, em muitos casos permanentemente.[39] Despesas com a Defesa, por outro lado, foram catapultadas a extremos históricos, ultrapassando de longe o modesto crescimento do Departamento de Estado. "O Departamento de Estado cedeu, desde 2001, uma quantidade considerável de autoridade ao Departamento de Defesa",[40] refletiu Albright.

Os diplomatas foram deslocados para a periferia do processo político. Sobretudo durante os dias iniciais da guerra contra o Iraque, Bush concentrou o poder na Casa Branca; especificamente, sob o vice-presidente Dick Cheney. Cheney construiu um sólido relacionamento com o secretário de Defesa, Donald Rumsfeld, mas por outro lado tinha pouca disponibilidade para Powell. "O VP tinha opiniões muito, muito fortes, e as comunicava diretamente ao presidente",[41] lembrou Powell. A Casa Branca de Bush abrigava

> dois membros do Conselho de Segurança Nacional, ou NSC, durante aquele período. Um representado por Condi [Rice, então conselheira de Segurança Nacional], e um representado pelo VP. Qualquer coisa que fosse para o presidente, depois de sair do NSC ia para o NSC do vice-presidente, e o problema que eu tinha de vez em quando era esse [...] o acesso é tudo na política, e ele estava por lá o tempo todo.

Era um desafio que os ex-secretários de Estado invariavelmente lembraram de ter enfrentado, de uma forma ou de outra. "Há o fator psicológico interessante de que o escritório do secretário de Estado fica a dez minutos de carro da Casa Branca, e o conselheiro de Segurança está no fim do corredor", disse Henry Kissinger, lembrando seu tempo em ambos os papéis sob os presidentes Nixon e Ford. "As tentações da vizinhança são muito grandes."[42]

Durante o governo Bush, essas dinâmicas afastaram o Departamento de Estado até mesmo de decisões explicitamente diplomáticas. Powell ficou sabendo dos planos de Bush para se retirar do Protocolo de Kyoto sobre mudanças climáticas somente após a decisão, e suplicou a Rice um prazo maior para avisar os aliados dos Estados Unidos sobre o movimento radical. Ele correu para a Casa Branca para insistir sobre o caso. Rice o informou de que era tarde demais.

No entanto, a exclusão do Departamento de Estado foi ainda mais profunda durante a guerra global contra o terrorismo, quando um Pentágono em ascensão a tomou para seu domínio exclusivo. Que a invasão do Iraque e o período imediatamente posterior fossem dominados pelo Pentágono era inevitável. No entanto, mais tarde, Bush transferiu as atividades de reconstrução e de construção da democracia, que eram domínio histórico do Departamento de Estado e da Usaid, a oficiais uniformizados da Autoridade Provisória da Coalizão, que se reportava ao secretário de Defesa. Powell e seus funcionários aconselhavam cautela, mas não conseguiam se inserir no processo de elaboração política, que se preocupava somente com questões táticas — na visão de Powell, em detrimento da estratégia. "O sr. Rumsfeld achava que tinha uma estratégia que não refletia o pensamento de Powell", lembrou. "E ele podia fazer isso no nível mais baixo e nas pequenas coisas. Minha preocupação era provavelmente, certo, ele deu uma surra neste Exército há dez anos, não tenho dúvida de que vão chegar até Bagdá, mas nós não assumimos o controle do país para depois administrá-lo."[43] Powell nunca usou o termo "a regra da Pottery Barn",* como mais tarde um jornalista apelidou seu pensamento, mas disse, sim, ao presidente: "Se você quebra alguma coisa, torna-se seu proprietário". Mais tarde, disse-me com um profundo suspiro: "Foi um enorme erro estratégico, tanto político quanto militar".

Mais especificamente, foi uma cadeia de sucessivos erros estratégicos. O Pentágono dispensou as forças de segurança iraquianas, deixando ao léu milhares de jovens iraquianos armados e desempregados, assentando os fundamentos de uma insurreição mortal.[44] Descobriu-se depois dinheiro do contribuinte, proveniente do maciço Programa de Resposta Emergencial do Comando, que na prática concedia às altas patentes o controle de projetos de desenvolvimento no estilo da Usaid, fluindo direto para os insurgentes.[45] O conselho legal do Departamento de Estado é normalmente consultado sobre

* Rede de lojas de móveis, presente nos Estados Unidos e no Canadá. [N. T.]

questões que dizem respeito ao tratamento dispensado a combatentes inimigos, mas o departamento de Powell não foi envolvido nas conversas sobre o uso crescente de concessões militares pelo governo — aspectos que foram mais tarde considerados inconstitucionais pela Suprema Corte.[46]

Quando os desastres no Iraque se aprofundaram, um desgastado governo Bush tentou transferir recursos adicionais para a diplomacia e para o desenvolvimento. A Casa Branca solicitou dobrar o orçamento do Foreign Service e da Usaid, começou a falar em reequilibrar os papéis civil e militar e em empoderar o embaixador norte-americano no Iraque. O suposto reequilíbrio era mais uma pantomima do que uma política significativa — não havia como corrigir o abismo em recursos e influência entre as lideranças militares e civis na guerra —, mas havia, pelo menos, o entendimento de que a elaboração de políticas pelos militares tinha se provado tóxica.[47]

A lição não foi aprendida. Em uma névoa de nostalgia, comentaristas liberais por vezes enquadram Barack Obama como um campeão da diplomacia, que governou em outro mundo em relação à belicosa era Trump. Lembram-se dele em um apertado auditório na Universidade do Cairo, oferecendo diálogo e calma ao mundo islâmico. "Os eventos no Iraque relembraram a América da necessidade de usar a diplomacia e de construir um consenso mundial para resolver nossos problemas sempre que possível",[48] disse ele naquela palestra. O governo Obama, especialmente em seu segundo mandato, ofereceria vários exemplos de efetividade no empoderamento de diplomatas, como o acordo com o Irã, o acordo sobre mudanças climáticas de Paris e o descongelamento das relações com Cuba.[49] Mas também acelerou, sobretudo em seu primeiro mandato, muitas das mesmas tendências que conspiraram para devastar a capacidade diplomática norte-americana durante o governo Trump.

Obama, em menor extensão do que Trump, mas em maior extensão do que muitos antes dele, rodeou-se de generais reformados ou de outros oficiais militares de alta patente. Inclusive o conselheiro de Segurança Nacional, general Jim Jones; o general Douglas Lute, adjunto de Jones para o Afeganistão; o general David Petraeus, chefe da CIA; e o almirante Denis Blair e o general James Clapper, que se sucederam na direção da Inteligência nacional.[50] Aumentos no orçamento do Departamento de Estado continuaram a fluir a partir dos recursos das Operações de Contingência no Exterior, direcionados especificamente para objetivos militares. Os gastos com Defesa continuaram a subir. A tendência não era linear: o sequestro de recursos — cortes automáticos de gastos em 2013 — devastaram tanto o Pentágono quanto o Departamento de Estado. Mas o desequilíbrio entre os gastos com Defesa e com diplomacia continuou a crescer. "O orçamento do Departamento de Defesa é sempre muito maior, e por uma boa razão, quer dizer, concordo com isso, mas a proporção entre eles ficou cada vez pior", disse Madeleine Albright.

Durante sua presidência, Barack Obama aprovou mais do que o dobro em recursos destinados para acordos de armamento com regimes estrangeiros em relação a George W. Bush antes dele. Na verdade, o governo Obama vendeu mais armas do que qualquer outro desde a Segunda Guerra Mundial. Quando insisti com Hillary Clinton sobre esses fatos, ela pareceu surpresa. "Não estou dizendo que foi perfeito", disse-me. "Como você pôde perceber, houve decisões associadas a compromissos militares crescentes." No fim das contas, Hillary achava que o governo Obama tinha "mais acertado do que errado"[51] no tocante à militarização da política externa. Citou, como exemplo, a ênfase na diplomacia que acompanhou a avaliação do Afeganistão da qual ela participou. Mas essa avaliação foi declarada, tanto pelo Departamento de Estado como por funcionários da Casa Branca, causadora de profundo arrependimento e exemplo agudo da exclusão dos civis na elaboração de políticas significativas. Em memorandos secretos enviados diretamente a Hillary à medida que o processo se desdobrava e se tornava público por meio daquelas páginas, o diplomata Richard Holbrooke, representante oficial do presidente para o Afeganistão, lamentou um processo dominado, nas suas palavras, "pela cabeça dos milicos".[52]

O governo Obama intensificou o tipo de poder da Casa Branca que frustrara Powell durante o governo Bush. Desde os primeiros dias de Obama no cargo, Jones, o conselheiro de Segurança Nacional, prometeu ampliar o alcance do NSC. O que foi depreciativamente chamado de comunicação "por trás do pano" entre o presidente e os membros do gabinete, tais como o secretário de Estado, seria limitado.[53] Os sucessores de Jones, Tom Donilon e Susan Rice, aumentaram o nível de controle, de acordo com altos funcionários.

Samantha Power, que servira como diretora de assuntos multilaterais e, posteriormente, no gabinete de Obama, como embaixadora dos Estados Unidos nas Nações Unidas, admitiu que havia "algumas críticas justas" sobre a propensão do governo em microgerenciar. "Frequentemente acontecia", lembrou, de políticas elaboradas em qualquer lugar que não fosse nos mais altos escalões da Casa Branca "não terem força de lei ou o respaldo da direção. As pessoas desconfiavam que seriam modificadas ao subir na cadeia decisória da Casa Branca". Eu e ela estávamos enfurnados em um canto sombrio com tijolos aparentes do Grendel's Den, um bar próximo à Faculdade Kennedy de Governo, em Harvard, onde ela era professora. Power, que vivera uma experiência como jornalista de guerra pacifista e era professora de direitos humanos, ganhou o prêmio Pulitzer por seu livro sobre o malogro norte-americano ao confrontar o genocídio em todo o mundo. Ela havia sido, por muito tempo, alvo preferencial de deslumbradas homenagens jornalísticas inadvertidamente machistas, que com frequência começavam da mesma maneira. Power "atravessou a sala lotada e sentou-se, seu longo cabelo ruivo se acomodando ao seu redor como um xale protetor",[54] escreveu o *New York Times*. Ela tinha "tez de marfim e sardas abundantes, e mantinha longos seus espessos cabelos ruivos",[55] acrescentou o *Washington Post*. "Seus longos cabelos ruivos", escreveu a *Vogue*, "causavam forte impressão contra o pano de fundo azul-celeste na ONU."[56] O cabelo de Samantha Power, que pouco podia fazer quanto a isso, reluziu por uma década em seus perfis até que, finalmente, o blog feminista Jezebel implorou: "Chega de falar no abundante cabelo ruivo de Samantha Power".[57] Power tinha uma seriedade triunfante e uma propensão para divagações francas que, às vezes, faziam dela um risco em matéria de relações públicas. Chamou memoravelmente Hillary Clinton de "monstro" durante a campanha presidencial. Falava muito palavrão.

"O gargalo fica estreito demais", continuou, "se até os menores aspectos da política externa norte-americana têm que ser avalizados pelos níveis superiores ou pelos deputados para que tenham validade política."[58] Denis McDonough, adjunto de Donilon e, posteriormente, chefe de gabinete da Casa Branca, puniu altos funcionários que tentaram, segundo ele, "ultrapassar os limites", de acordo com dois funcionários que receberam tais repreensões. Susan Rice, conforme um alto funcionário, exerceu controle ainda mais rígido sobre políticas relacionadas virtualmente a todas as partes do globo, exceto a América Latina.[59] Rice afirmou que todo governo luta contra a microgestão da Casa Branca. "Esse é o eterno problema dos órgãos", disse, "e eu trabalhei mais tempo no Departamento de Estado do que na Casa Branca durante minha carreira. Conheço bem os dois extremos da rua. Mostre-me um órgão que ache que a Casa Branca não pega no seu pé e ficarei impressionada."[60]

No entanto, alguns funcionários de carreira disseram que o governo Obama errou com mais frequência na busca pelo equilíbrio do que os governos anteriores. Exemplos abundam. A elaboração de políticas para o Sudão do Sul, que foi elevada ao nível "de diretoria" sob Obama, frequentemente emperrava se o secretário de Estado, John Kerry, ou o secretário de Defesa, Ash Carter, estivessem indisponíveis para reuniões devido às suas numerosas obrigações conflitantes. Funcionários de nível mais baixo não tinham poder para preencher a lacuna. Reuniões tinham que ser canceladas ou reagendadas e semanas eram perdidas enquanto vidas pendiam na balança. Isso, admitiu Power, "deveria ter sido, na melhor das hipóteses, um processo para os adjuntos, porque, dadas as inevitáveis restrições de disponibilidade, era muito improvável que avançasse sob o comando de seus superiores".

A centralização do poder tem um efeito paralisante nas competências externas à Casa Branca. "Os órgãos se acostumaram a sempre voltar para pedir orientação ou autorização", refletiu, enquanto uma garçonete depositava um prato de curry à sua frente. Colocou uma quantidade escandalosa de molho *sriracha*, o que faz certo sentido se você pede curry em um bar. "O problema", continuou, "é que o controle centralizado, ao longo do tempo, resulta em algo como 'impotência adquirida.'"[61] A instigante cidadã do mundo e estadista acadêmica pareceu, por um momento, quase melancólica. "Acho que as pessoas de outros órgãos sentiam-se incapazes até de se mexer."[62]

Os tipos de controle exercidos pelos presidentes Trump e Obama estavam, de certa forma, a anos-luz de distância. Enquanto um governo microgerenciava seus órgãos, o outro simplesmente rompe com eles. "Em governos anteriores", argumentou Susan Rice, o Departamento de Estado "disputou uma luta livre contra a burocracia. Agora estão tentando matá-lo."[63] Mas o resultado é parecido: diplomatas sentados nos bastidores, políticas sendo feitas em outros lugares.

A queda livre do Foreign Service continuou através das eras Obama e Trump. Em 2012, 28% dos cargos do Foreign Service no exterior estavam vagos ou eram preenchidos por funcionários de nível inferior, trabalhando acima de sua experiência.[64] Em 2014, a maioria dos funcionários tinha menos de dez anos de experiência, um declínio até mesmo em relação aos anos 1990.[65] Menos funcionários do que antes foram promovidos à liderança: em 1975, mais da metade dos funcionários chegara a postos superiores; em 2013, apenas um quarto.[66] Uma profissão que, nas décadas anteriores, recrutara as mais brilhantes mentes das universidades norte-americanas e do setor privado agora estava enferma, senão morrendo.

Todos os ex-secretários de Estado ainda vivos registraram depoimentos para este livro. Muitos expressaram preocupação com o futuro do Foreign Service. "Os Estados Unidos devem conduzir uma diplomacia global", disse George P. Shultz, que tinha 97 anos quando conversamos, durante o governo Trump.[67] O Departamento de Estado, argumentou, fora esticado até seu limite e ficara vulnerável aos caprichos dos sucessivos governos. "Foi irônico. Assim que encontramos o eixo para a Ásia, o Oriente Médio explodiu e a Rússia invadiu a Ucrânia... Portanto, é necessário conduzir uma diplomacia global. Isso significa que devemos ter um Foreign Service forte e pessoas que permaneçam nele."

Henry Kissinger sugeriu que o arco da história tinha emaciado o Foreign Service, inclinando a balança para o lado da liderança militar. "O problema surge quando a escolha dos conselheiros-chave pende demais em uma direção", meditou Kissinger.

Bem, existem muitas razões para isso. Primeiro, há menos funcionários experientes no Foreign Service. Segundo, pode-se argumentar que, se alguém dá uma ordem ao Departamento de Defesa, há 80% de chance de que seja executada, e se alguém dá uma ordem ao Departamento de Estado, há 80% de chance de haver uma discussão.[68]

Essas diferenças pragmáticas se radicalizam, inevitavelmente, durante períodos de guerra. "Quando o país está em guerra, a coisa se desloca para a Casa Branca e para o Pentágono",[69] disse-me Condoleezza Rice. "E penso que isso é natural." Rice espelhava um pensamento comum a todos os governos: "É um conjunto dinâmico de circunstâncias", argumentou. "Não há de fato tempo para processos burocráticos... não tem a mesma característica de desenvolvimento dos processos estáveis que você encontra na maioria das vezes."[70]

No entanto, quando o governo Trump começou com os cortes no Departamento de Estado, haviam se passado quase vinte anos desde os "tempos normais" da política externa norte-americana. Aquela era a nova realidade que os Estados Unidos tinham que enfrentar. O argumento de Rice — de que as burocracias envelhecidas, moldadas durante o pós-guerra, evoluíram devagar demais para tempos emergenciais — era muitas vezes verdadeiro. Mas a centralização impiedosa de poder para evitar as burocracias falidas, em vez de reformá-las para que realizassem seu trabalho conforme desejado, criava um círculo vicioso. Com o Departamento de Estado cada vez menos útil em um mundo de perpétua urgência; com o dinheiro, poder e prestígio do Pentágono apequenando os de outros órgãos; e com a Casa Branca repleta de antigos generais, os Estados Unidos estavam abandonando a possibilidade de que soluções diplomáticas ao menos entrassem na pauta.

"Lembro que Colin Powell disse certa vez que havia um motivo para a ocupação do Japão ter sido feita por um general, e não por um funcionário do Foreign Service", lembrou Rice. "Naquela circunstância, era preciso se inclinar mais para o Pentágono."

No entanto, assim como a ocupação do Japão ser executada por um funcionário do Foreign Service soava absurda, a negociação de tratados e a reconstrução de economias executadas por oficiais uniformizados eram uma contradição, e tinham resultados duvidosos.

O que importa não é se as velhas instituições da diplomacia tradicional podem ou não resolver as crises atuais. O que importa é que estamos testemunhando a destruição dessas instituições, sem pensar em como construir substitutos mais modernos. Antigos secretários de Estado divergiram sobre como resolver o problema da erosão da esfera diplomática. Kissinger, o eterno falcão, reconheceu o declínio do Departamento de Estado, mas o saudou, dando de ombros. "Fico certamente desconfortável com o fato de hoje andar pelo Departamento de Estado e encontrar tantas salas vazias", disse. Kissinger tinha 94 anos quando conversamos. Acomodou-se em um sofá azul-royal em seu escritório em Nova York, fitando-me com a testa franzida de preocupação. Aparentava olhar para os problemas atuais de uma distância imensa. Até mesmo sua voz, um profundo rascar bávaro, parecia ecoar através de décadas, como se gravada no Salão Oval de Nixon. "É verdade que o Departamento de Estado está inadequadamente provido de recursos humanos. É verdade que o Departamento de Estado não recebeu o que lhe era devido. Mas isso se deve, em parte, ao fato de que novas instituições surgiram."[71] Na época em que entrevistei Kissinger, durante o governo Trump, não havia novas instituições surgindo para assumir o tipo de análise da política externa, holística, ponderada, livre de exigências militares que a diplomacia provia, em outras épocas, para os norte-americanos.

Hillary Clinton, que parecia abatida cerca de um ano após a derrota na campanha presidencial de 2016, disse-me não esperar por mudanças nos anos vindouros. Quando assumiu o cargo de secretária de Estado, no começo do governo Obama, disse:

comecei chamando líderes que havia conhecido em minha vida prévia como senadora e primeira-dama, e muitos deles estavam angustiados com o que enxergavam como uma militarização da política externa no governo Bush e uma visão estreita sobre aspectos importantes do terrorismo e, é claro, as guerras do Iraque e do Afeganistão. Acho que agora o equilíbrio pende ainda mais para a militarização da direção, em todos os assuntos.

"A diplomacia", acrescentou, expressando um sentimento comum a todos os ex-secretários de Estado, tanto republicanos quanto democratas, "está sob a mira das armas."[72] Não se trata de uma questão de princípios. As mudanças aqui descritas estão, em tempo real, produzindo resultados que tornam o mundo menos seguro e menos próspero. Já aprofundaram o envolvimento dos Estados Unidos em conflitos militares que poderiam ter sido evitados. Já cobraram um alto custo em vidas norte-americanas e em influência política ao redor do mundo. O que se segue é um relato da crise. Conta a história de uma disciplina salvadora de vidas devastada pela covardia política. Descreve meus anos como funcionário do Departamento de Estado no Afeganistão e em outros lugares, vendo o declínio se desenrolar com resultados desastrosos para os Estados Unidos e para as vidas dos últimos grandes defensores dessa profissão. E lança um olhar para as recentes alianças em todos os cantos da Terra, forjadas por soldados e espiões, analisando o custo de tais relações para os Estados Unidos.

Em resumo, esta é a história da transformação do papel dos Estados Unidos entre as nações do nosso mundo — e de funcionários públicos que se superam dentro de instituições fragilizadas, esforçando-se desesperadamente para manter viva uma alternativa.

Parte 1
Os últimos diplomatas
Paquistão, 2010

Se você não fala a língua do dinheiro, não posso ficar.
Você sabe que sua conversa é frágil,
então não faz sentido falar.

Dr. Dre, "Everyday Thing" (com Nas e Nature)

I.
Mitos norte-americanos

O diplomata nem sempre foi uma espécie em extinção. Aqueles que ainda têm essa profissão em alta estima alertam que em tempos passados ela já foi próspera, sustentada por figuras quase lendárias de alcance mundial, cujos feitos ainda formam os alicerces da ordem internacional contemporânea. Histórias sobre a diplomacia fazem parte do mito de criação norte-americano. Sem as negociações de Benjamim Franklin com os franceses, não teria existido o Tratado de Aliança, nem o apoio naval que garantiu a independência norte-americana. Sem que Franklin, John Adams e John Jay tivessem intermediado o Tratado de Paris, não teria havido um término formal da guerra contra os britânicos.[1] Não tivesse Adams, um ianque de Massachusetts com formação modesta, viajado para a Inglaterra e apresentado suas credenciais ao rei George III, os novos Estados Unidos poderiam nunca ter estabilizado suas relações com a Inglaterra depois da guerra. Ainda no século XIX, quando os diplomatas mal recebiam salários dignos e o Congresso exigia do Departamento de Estado uma série de responsabilidades domésticas, que iam desde a manutenção da Casa da Moeda até a guarda de documentos oficiais, o Departamento definiu o mapa atual dos Estados Unidos ao intermediar a compra da Louisiana e sustentar disputas com a Inglaterra sobre a fronteira com o Canadá. Mesmo depois da Primeira Guerra Mundial, quando a nação voltou-se para si mesma e lutou contra a Grande Depressão, secretários de Estado norte-americanos orquestraram a Conferência Naval de Washington sobre desarmamento e o Pacto de Paris, abdicando da guerra — forjando laços que mais tarde foram essenciais na mobilização dos aliados contra as potências do Eixo.

Políticos norte-americanos sempre exploraram um veio nacionalista e isolacionista, em detrimento da política externa. Um congressista do fim do século XIX acusou os diplomatas de:

> trabalhar pela nossa ruína ao criar desejos por costumes e tolices estrangeiras. A doença é importada por nossos diplomatas, quando retornam, e pelos embaixadores estrangeiros para cá enviados por monarcas e déspotas com o intuito de corromper e destruir nossos ideais americanos.

Ele sugeriu confinar os diplomatas quando retornassem de suas missões, "da mesma forma que colocamos em quarentena a ralé estrangeira por medo do cólera".[2] Não obstante, grandes feitos diplomáticos sempre venceram essa hostilidade.

Isso nunca foi tão verdadeiro quanto durante a Segunda Guerra Mundial, quando o Departamento de Estado se adaptou aos desafios da época e produziu o mais frutífero período de realizações diplomáticas da história norte-americana. O Departamento enfrentou, na época, uma crise existencial diferente da que se desenredou em 2017. "A nação americana precisa e carece desesperadamente de um Departamento de Estado adequado a este momento de construção de seu futuro", bradou o *St. Louis Post-Dispatch*, em um exemplar de 1943 que serviria perfeitamente para a cobertura de imprensa dos secretários de Estado de Trump gerações mais tarde. Mas a resposta foi totalmente diferente: entre 1940 e 1945, o Departamento modernizou-se e foi reformado. Triplicou sua força de trabalho e dobrou seu orçamento.[3] Reestruturou-se ao criar escritórios dedicados ao planejamento de longo prazo, à reconstrução do pós-guerra e à informação pública, em uma era de comunicação de massa em rápida transformação.

Aquele Departamento de Estado modernizado, conduzido por uma nova geração de diplomatas empreendedores, modelou uma nova ordem internacional. Aqueles anos testemunharam o estabelecimento de uma grande aliança, em tempo de guerra, entre os Estados Unidos e o Reino Unido, consumada por Winston Churchill e Franklin Roosevelt. A mesma era levou à criação do Banco Mundial e do Fundo Monetário Internacional, negociada entre Estados Unidos, Canadá, Europa Ocidental, Austrália e Japão. Produziu a doutrina da "contenção", que definiria a relação dos Estados Unidos com os soviéticos pelas décadas seguintes. Entre os proeminentes arquitetos dessa era estavam seis amigos, posteriormente chamados de "Homens Sensatos". Dois deles, George Kennan e Charles Bohlen, eram membros do Foreign Service, naquela época a recém-formada organização profissional para diplomatas. Nos anos do pós-guerra, os Homens Sensatos conduziram o presidente Truman para aquilo que ia se tornar a Doutrina Truman, na qual os Estados Unidos se comprometiam a apoiar as outras nações contra os soviéticos, e para o gigantesco Plano Marshall, de assistência internacional a essas nações. O mesmo período saudou a criação da Otan, promovida por outro membro do rejuvenescido Departamento de Estado, o subsecretário Robert Lovett.

A era dos Homens Sensatos estava longe da perfeição. Algumas de suas mais celebradas ideias foram também causadoras de disparates e sofrimento. Apesar dos avisos de Kennan, por exemplo, a contenção foi usada como justificativa para a escalada militar e o antagonismo que definiu a Guerra Fria.[4] "Por mais que eu adore ler *Present at the Creation*", disse John Kerry a respeito das memórias de Dean Acheson, profusamente detalhadas em oitocentas páginas, sobre seu tempo no Departamento de Estado, quem sabe a história e um pouco de distanciamento nos mostrem que Acheson e Dulles cometeram alguns erros, provenientes de sua certeza e visão de mundo, pelos quais pagamos por um longo tempo, decerto em alguns lugares? Na minha geração, tanto Richard Holbrooke quanto eu sabíamos que indivíduos supostamente melhores e mais brilhantes conduziram muitos de nossos amigos à morte no Vietnã.[5]

No entanto, os Homens Sensatos obtiveram sucesso inegável e presença permanente na estabilização do mundo. Diplomatas da sua estatura e o tipo de diplomacia tradicional que eles praticavam são mais difíceis de encontrar hoje do que setenta, cinquenta ou vinte anos atrás. "Era a pessoa, a função ou a época?", perguntou-se Kerry. "Vejo alguns diplomatas de primeiro nível realizando um excelente trabalho... Será que apenas não celebramos mais as pessoas no governo e no Departamento de Estado como fazíamos antes?"

Henry Kissinger argumentou que houve uma mudança mais abrangente: algo mudara, não somente no Departamento de Estado e em sua influência burocrática relativa, mas na filosofia do povo norte-americano. Não pude deixar de lembrar que estava sentado à frente de alguém com um legado ainda mais complexo do que o dos Homens Sensatos: visto em alguns círculos como um exemplo de diplomata aguerrido e em outros como criminoso de guerra por ter bombardeado o Camboja. (Também não passou despercebida sua tentativa de encerrar nossa entrevista quando abordei assuntos controversos.) Talvez seja por isso que Kissinger desviou a conversa para generalidades e filosofias. A tática, achava, triunfara sobre a estratégia, assim como a reação rápida triunfara sobre a elaboração de decisões ponderadas na história. "Os Estados Unidos estão eternamente preocupados em resolver todo tipo de problema que surja no momento", disse Kissinger. "Temos um número inadequado de pessoas experientes na condução da política externa, porém, e ainda mais importante, um número inadequado de pessoas que consigam pensar a política externa como um processo histórico."

Foi assim que os últimos arautos da profissão de diplomata se viram cada vez mais em desacordo com governos em busca da conveniência política e da eficiência militar. Kissinger apontou para o confronto entre o governo Obama e seu representante no Afeganistão e no Paquistão, Richard Holbrooke: uma luta para aplicar as lições do Vietnã em um governo focado na inovação, travada dentro de um processo político usurpado pelos generais. "Eles queriam começar algo novo, e Holbrooke queria aplicar as lições do passado", disse Kissinger. Batalhas semelhantes foram anteriormente perdidas por outros diplomatas, e outras mais desde então. Mas a história de Richard Holbrooke, a desintegração de sua última missão e o efeito devastador que isso teve na vida dos diplomatas em seu entorno nos permitiram vislumbrar o que foi perdido quando viramos as costas para uma profissão que outrora nos salvara. "É um grande mito norte-americano", acrescentou Kissinger falando com vagar, "achar que sempre se pode tentar algo novo."[6]

2.
Lady Talibã

A energia elétrica foi interrompida, como acontece com frequência em Islamabad, e a sala escureceu. Mas o laptop dispunha de bateria e o ativista de direitos humanos que eu fora encontrar virou-o na minha direção. Um vídeo tremeluziu na tela. A imagem tremia, sub-repticiamente captada à distância. Seis jovens tropeçavam em uma área arborizada, vendados, mãos amarradas atrás das costas. Usando as tradicionais *kurtas*, não se pareciam com guerrilheiros. Soldados trajando uniformes do Exército paquistanês os conduziram para uma clareira e os alinharam em frente a um muro de pedra.

Um oficial barbado mais velho, talvez um comandante, aproximou-se dos rapazes, um por um. "Vocês sabem as *Kalimas*?", perguntou, referindo-se às orações religiosas islâmicas por vezes proferidas antes da morte. Então voltou a se juntar a mais de meia dúzia de soldados no outro lado da clareira. Estavam perfilados como um pelotão de fuzilamento. "Um de cada vez ou todos juntos?", perguntou um. "Juntos", disse o comandante. Os soldados ergueram suas armas — fuzis G3, equipamento-padrão das Forças Armadas paquistanesas —, apontaram e atiraram.

Os jovens tombaram encolhidos sobre o solo. Muitos ainda viviam, gemendo e se contorcendo no chão. Um soldado se aproximou e atirou em cada corpo, silenciando-os um a um.

Por um momento, após o fim do vídeo, ninguém disse nada. Sons de tráfego entravam por uma janela próxima. Por fim, o ativista de direitos humanos perguntou: "O que você vai fazer agora?".

O vídeo era impactante, mas sua existência não era uma surpresa. Estávamos em 2010, no Paquistão, berço de uma das mais importantes parcerias contraterroristas dos Estados Unidos. As lideranças da Al Qaeda tinham fugido das operações militares norte-americanas no Afeganistão, evaporando no ar rarefeito das indômitas fronteiras paquistanesas. Ali era o centro da guerra contra o terror e da caçada a Osama bin Laden. Na condição de recruta na equipe do Departamento de Estado no Afeganistão e no Paquistão, encarregado do diálogo com organizações de direitos humanos e de promoção ao desenvolvimento, eu julgava que a diplomacia na região tinha um quê de pantomima. Cada diálogo, fosse sobre a construção de barragens, fosse sobre a reforma da educação, na realidade dizia respeito ao contraterrorismo: como manter os paquistaneses contentes o bastante para que se juntassem à luta e fazer com que permitissem a passagem por suas fronteiras dos suprimentos destinados às tropas norte-americanas no Afeganistão? Frequentemente eles não estavam dispostos a (segundo os norte-americanos) ou não podiam (segundo eles mesmos) ir contra os redutos terroristas dentro de seu próprio país.

No outono anterior, haviam obtido um raro sucesso — forças paquistanesas tinham protagonizado uma ofensiva no vale rural do Swat, assumindo o controle da região e capturando militantes do Talibã. Mas não demorou muito para que começassem a circular rumores sobre o que envolvia aquele sucesso. Relatos públicos surgiram sobre uma nova onda de execuções na esteira das operações militares no Swat. Naquele verão, a Human Rights Watch investigou 238 supostas execuções, das quais pelo menos cinquenta foram fortemente comprovadas.

Como tudo nos governos, as execuções ganharam um acrô-nimo: EJK, para execuções extrajudiciais ("*extrajudicial killings*", em inglês).[1] O assunto era complexo. No Paquistão rural, tri-bunais e prisões eram mais objeto de desejo do que realidade. Algumas unidades militares paquistanesas enxergavam as exe-cuções sumárias como a única maneira efetiva de lidar com ex-tremistas capturados. Mas a tática também se mostrava útil na eliminação de um número cada vez maior de dissidentes, ad-vogados e jornalistas. Militares paquistaneses, quando forçados a reconhecer o fato, destacavam amargamente que os Estados Unidos os pressionavam para atacar alguns bandidos e depois reclamavam quando pegavam outros.

Os assassinatos eram um ponto extraordinariamente sen-sível nas relações entre o Paquistão e os Estados Unidos. Para os paquistaneses, eram um incômodo. Para os norte-america-nos, um espinho na garganta. Os contribuintes norte-ameri-canos tinham bancado no Paquistão uma conta de 19,7 bilhões de dólares em assistência civil e militar, desde 11 de setembro de 2001.[2] Revelações sobre os assassinatos faziam surgir o es-pectro de uma investigação indesejada.

Dentro do Departamento de Estado, circulei notícias so-bre o vídeo e sobre a crescente pressão dos ativistas de direi-tos humanos por uma resposta. O resultado foi kafkiano. Fun-cionários tomaram providências para impedir reuniões com as organizações por trás dos relatórios. Quando concordaram com um único pronunciamento para a Human Rights Watch, em Washington, foi com o pressuposto de que não permiti-ríamos questionamentos ao governo dos Estados Unidos e de que nossos comentários se limitariam a "uma assessoria de im-prensa bem genérica". Uma burocrata de carreira, com afeta-ção e vaga benevolência, respondeu aos meus e-mails sobre o assunto dando uma agradável sugestão:

O estatuto ao qual ela se referia — nomeado segundo seu patrocinador, o senador Patrick Leahy, de Vermont — bania a assistência dada pelos norte-americanos a unidades militares estrangeiras que cometessem atrocidades. Encaminhei a troca de mensagens a um colega. "Cara, isto não lembra os comunicados de imprensa em Ruanda, por volta de 1994?", escrevi, referindo-me aos "artifícios semânticos" que os funcionários dos Estados Unidos tinham empregado durante aquela crise para evitar a palavra "genocídio".

Vários meses depois, empurrei um dossiê sobre a mesa de reuniões até Melanne Verveer, embaixadora-geral de Hillary Clinton para questões globais relativas a mulheres. Estávamos ambos em visita a Islamabad, e ela me perguntou o que as

49

organizações de direitos humanos estavam comentando. Imprimi alguns dos relatórios — nada secreto, apenas os documentos abertos. Como sempre, empaquei nos eufemismos.

"Há um incremento de... graves violações de direitos humanos."

"E quando você fala 'graves violações'...?", disse ela, folheando o relatório.

"Execuções."

Era junho, o mês mais quente do ano em Islamabad, e o ar estava abafado na exígua sala da embaixada norte-americana no Paquistão. Do outro lado da mesa, uma diplomata permanente da embaixada me encarou. Já tinha me fuzilado com um olhar de advertência quando o assunto surgira. Agora, além dos lábios franzidos, seus olhos me perfuravam. À sua frente, na mesa, os nós dos dedos estavam brancos como mármore. A embaixadora Robin Raphel, funcionária de carreira do Foreign Service que supervisionava naquele ano um aumento na assistência ao Paquistão, estava furiosa.

Mais tarde, naquela semana, o pessoal da embaixada e moradores locais se reuniram do lado de fora da residência do embaixador, na segura "zona vermelha" da cidade. Aninhadas aos pés das densamente arborizadas colinas Margalla, suas largas avenidas eram ladeadas por eucaliptos e pinheiros. Naquele junho de 2010, seus parques e gramados eram uma explosão de gladíolos brancos e amarantos roxos. À noite, os distritos mais elegantes fremiam de energia intelectual. Enquanto a guerra corria solta próximo dali, um grupo internacional de diplomatas, jornalistas e trabalhadores humanitários se reunia em esplendorosos coquetéis, trocando rumores de intrigas palacianas.

Robin Raphel era uma participante imprescindível daquelas festas havia muitos anos, desde que começara a trabalhar no Paquistão, décadas antes. Para muitos moradores locais, ela era apenas "Robin".

Naquela noite, na residência do embaixador, ela estava em sua zona de conforto, pontificando para um grupo de convidados. Com suas maçãs do rosto salientes e sua postura ereta, ostentava um ar aristocrático, seus cabelos louros esticados em um coque. Falava com o queixo travado e a cadência de uma estrela de cinema dos anos 1940. Jogada sobre um ombro, trazia, como era seu hábito, uma *pachmina* bordada que fazia seu vestido de noite lembrar o ondeante *salwar kameez* das mulheres locais.

Desde aquele dia na sala de reuniões, Raphel fizera o possível para quebrar as pernas daquele diplomata iniciante que respondera à pergunta sobre direitos humanos. Quando não podia me manter fora dos encontros, interrompia-me com prazer. Naquela noite, na festa, não escondeu sua reprovação. "Como *ousou* mencionar", ela baixou a voz em tom conspiratório, "*EJK* em uma reunião *nesta* embaixada?" Seus lábios tremeram. "Você não tem competência para esse assunto."

Perguntei-me o quanto ela estaria frustrada com minha desaprovação ao papel desempenhado pelos norte-americanos no Paquistão e o quanto simplesmente me considerou desagradável. Expliquei, tentando manter um ar respeitoso, que o Departamento de Estado tinha adotado a política de considerar os relatórios sobre direitos humanos, ainda que não os confirmasse. "Bem, isso pode valer para Washington", bufou. Ela tocou com a ponta dos dedos a fileira de pérolas em seu pescoço. "Aqui não é o Distrito Federal. E não vamos discutir isso aqui."

Isso aconteceu três anos antes do esvaziamento da Ala Mogno, mas, em lugares sensíveis como aquele para a segurança nacional, era possível assistir em tempo real ao poder se esvaindo das mãos dos diplomatas. O Paquistão era o perfeito exemplo da tendência dominante: por décadas, o Pentágono e a CIA tinham passado por cima dos sistemas civis relacionados à política externa dos Estados Unidos para negociar diretamente com os líderes militares e com a Inteligência paquistanesa. Nos anos após 11 de setembro de 2001, tiveram mais liberdade do que nunca para fazê-lo. De pé, no quente verão de Islamabad, fiquei pensando em Robin Raphel, tão ávida em evitar questões delicadas sobre um Exército estrangeiro e seu envolvimento com o nosso. Qual ela achava que deveria ser seu papel, enquanto boa parte desse papel estava sendo dilapidado e descartado? Quando os gurus do século XIX sugeriram colocar diplomatas em quarentena, para que não trouxessem consigo lealdades ambíguas, era isso que queriam dizer? Tratava-se de algo antigo ou novo?

Durante décadas Robin Raphel incorporou a tradição da diplomacia da velha escola. Nascida Robin Lynn Johnson, cresceu em uma letárgica cidade madeireira no estado de Washington, devorando as revistas *National Geographic* que seu pai colecionava e sonhando com um mundo mais vasto.[3] No colégio Mark Morris, foi vaticinada como a "mais propensa a ser bem-sucedida". "Parecia se considerar cidadã do mundo", lembrou um colega de classe. Na faculdade, aproveitou a oportunidade para viajar, passando um verão em Teerã com uma organização religiosa antes de estudar um ano na Universidade de Londres. "Você ainda é religiosa?", lhe perguntei uma vez. Raphel suspirou ironicamente. Parecia ser uma questão absurda para ela. "O que você quer dizer com 'ainda é religiosa'?", retrucou. Quando insisti, Raphel me dispensou com um gesto. "Fosse ou não fosse, eu não lhe diria." Se Robin Raphel dispunha de tempo para a espiritualidade, não o tinha para compartilhá-la comigo. Era de um pragmatismo empedernido. E tinha orgulho disso.[4]

Depois da faculdade, passou um ano estudando em Cambridge, onde encontrou um grupo deslumbrante de compatriotas norte-americanos, com seus próprios sonhos internacionalistas e elogiados méritos escolares. Era o auge do conflito no Vietnã, e as moradias estudantis de Oxford e Cambridge estavam repletas de debates sobre a guerra que os norte-americanos travavam por procuração, e que ia dando errado. Havia sinistros paralelos com outra guerra que, décadas depois, teria um impacto cataclísmico na vida de Robin: outro governo, que enfrentaria um público cansado, uma força aliada não cooperativa e uma rebelião esquiva, dona de abrigos seguros em uma fronteira taticamente desafiadora.

Raphel, na época ainda Johnson, começou a namorar um jovem bolsista Rhodes e colega da Universidade de Washington, Frank Aller,[5] e fez amizade com seus colegas de quarto: Strobe Talbott, que viria a se tornar jornalista e vice-secretário de Estado, e um aspirante a político chamado Bill Clinton.[6] Em sua modesta casa na Via Leckford, 46, em North Oxford, os amigos passavam horas angustiados com a ameaça do recrutamento. Clinton e Aller eram ambos classificados como "1-A" — aptos para serem convocados — e se opunham à guerra. Clinton pensou em várias estratégias para evitar o recrutamento, mas acabou desistindo, segundo disse, "para manter minha viabilidade política dentro do sistema".[7] Aller, por sua vez, estava na Inglaterra para fugir do recrutamento, e angustiava-se com o estigma que aquilo causaria. Um ano depois, voltou para sua casa em Spokane, enfiou o cano de uma Smith & Wesson calibre 22 na boca e explodiu os miolos.

Perguntei a Raphel o quanto a morte de Aller, logo depois do namoro deles, a tinha afetado. "Ah", disse ela, como se a pergunta fosse sobre um para-lama amassado. "Fiquei muito perturbada, nem preciso dizer!" Ela fez uma pausa, percebendo como tinha soado. "Como deve ter notado, tenho verdadeira paixão por ser desapaixonada."[8] Robin Raphel não permitiria que a emoção fosse um obstáculo em sua vida no cenário mundial, que ela estava, desde então, começando a construir. Nos anos seguintes, percorreria um caminho que iria de Teerã a Islamabad e à Tunísia.

Ao longo de sua jornada, os críticos não compartilhavam de sua frieza. No fim de sua carreira, Raphel seria chamada de traidora, vira-casaca e simpatizante de terroristas. Na imprensa indiana, era chamada, com deleite, de "Lady Talibã". Chegou a um surpreendente fundo do poço no governo Obama. Quatro anos depois de nossa desavença em Islamabad, Raphel chegou à sua mesa no primeiro andar do Departamento de Estado, em meio a um mar de cubículos não muito longe da lanchonete. Verificou seus e-mails e agendou algumas reuniões de rotina. Foi no começo da tarde que percebeu que perdera algumas ligações. A primeira era da Slomin Segurança Residencial: alguém tentara entrar em sua casa. A segunda era de sua filha Alexandra, em pânico. Devia ir para casa imediatamente, ela disse. Raphel entrou em seu Ford Focus e percorreu o caminho de vinte minutos até sua casa, em Northwest Washington.

Quando chegou, viu uma dúzia de agentes do FBI espalhados por seu modesto sobrado no estilo de Cape Cod. Dois agentes de aparência grave, trajando roupas civis, aproximaram-se e mostraram seus crachás. Em seguida, lhe apresentaram um mandado.

Lá dizia que Robin Raphel estava sendo investigada de acordo com a Seção 793(e) do capítulo 18 do código civil norte-americano, um estatuto criminal que abrange a aquisição ou transmissão de informação sobre a segurança nacional:

Espionagem.

3.
Dick

O Vietnã era um espectro de horror para os amigos da Leckford, 46, no fim dos anos 1960, mas para outros jovens a guerra exercia uma atração quase magnética. Richard Holbrooke, que anos mais tarde se aproximou de Strobe Talbott e, por meio dele, de Bill Clinton, encarava a guerra como um laboratório. Suas experiências ali ecoariam através de quarenta anos de guerras norte-americanas. Décadas depois, ele iria se tornar uma das últimas vozes a levar as lições do Vietnã para os conflitos mais recentes no Afeganistão e no Paquistão.

Holbrooke era nova-iorquino, nascido de pais judeus. Era "Dick" para seus amigos, até que sua elegante terceira esposa forçou uma mudança para o tratamento mais distinto de "Richard" (que seus inimigos nunca aceitaram). Holbrooke era ávido, incansável e ambicioso — o tipo de pessoa que entraria em uma porta giratória atrás de você e sairia na frente, disse um amigo.[1] Era avesso às obrigações sociais em busca de seus objetivos. Certa vez, enquanto defendia apaixonadamente sua opinião, seguiu Hillary Clinton até o banheiro feminino — no Paquistão, ela relataria o fato com destaque. Uma ex-namorada lembrou-se de ter esperado um táxi com ele por um tempo enorme durante uma chuva torrencial em Manhattan. Quando um finalmente se aproximou, Holbrooke beijou seu rosto e pulou para dentro do carro sem dizer uma palavra, largando-a no aguaceiro. Como certa vez observou com acidez a socialite que virou diplomata Pamela Harriman: "Ele ainda não foi totalmente domesticado".[2]

Richard sempre me pareceu enorme — não muito mais alto do que eu, mas de alguma forma muito maior do que seu metro e noventa. Tinha os olhos claros e um olhar de ave de rapina, mas com um brilho irreprimível, os lábios finos sempre a ponto de sorrir. Suas explosões temperamentais eram lendárias, mas conseguia igualmente permanecer calmo, baixando o tom de voz até quase um sussurro. Desenvolveu as duas táticas em um singular estilo de negociação, que comparava com "uma mistura de jogo de xadrez e montanhismo"[3] — lisonja, ameaça, sedução e intimidação eram seus meios de convencimento. Escrevia profusamente e tinha a incrível capacidade de se exprimir em parágrafos nítidos e bem-acabados. Por mais indiferente que fosse à sensibilidade das pessoas à sua volta, era um observador detalhista do mundo e indomável em seu entusiasmo por ele. Em outras palavras, era o tipo raro de cretino que valia a pena.

Quando criança, idolatrava cientistas: Einstein, Fermi. No entanto, seu interesse voltou-se para um mundo mais vasto. Após seu pai ter sucumbido a um câncer de cólon, cresceu próximo à família de um colega de classe, David Rusk, cujo pai, Dean, logo depois seria secretário de Estado de Kennedy e visitaria a classe de Holbrooke no Colégio Scarsdale, para louvar as virtudes do Foreign Service.[4] Naquela época, era o jornalismo que cativava Holbrooke. Foi editor de esportes do jornal do colégio, depois editor-chefe do jornal da faculdade, o *Brown Daily Herald*, onde suas análises das tensões da Guerra Fria apareciam logo abaixo dos anúncios de testes para admissão de animadoras de torcida. No segundo ano da faculdade, convenceu seus editores a o enviarem para Paris, para a Cúpula das Quatro Potências, em 1960, quando os líderes ocidentais combinaram de se encontrar com Nikita Khruschóv para aliviar as tensões a respeito da divisão de Berlim. A cúpula foi um fiasco espetacular. Dias depois, os soviéticos abateram um avião espião U-2 e o confronto que se seguiu rapidamente interrompeu o diálogo. James "Scotty" Reston, do *New York Times*, a quem Holbrooke idolatrava e que dera ao jovem estudante de jornalismo um emprego servindo bebidas para a equipe do *Times* em Paris, disse a Holbrooke: "Não importa se você for seguir como jornalista ou no Foreign Service, você sempre poderá dizer 'comecei minha carreira no pior fiasco diplomático de todos os tempos'".[5] Estava errado: Holbrooke veria coisas ainda piores. Após sua formatura na Universidade Brown, ele tentou e não conseguiu um emprego no *Times*, então decidiu prestar concurso para o Foreign Service. Assim foi que o recém-forjado funcionário Richard Holbrooke chegou a Saigon, no aeroporto Tan Son Nhut, durante uma noite quente e úmida de junho de 1963.[6]

O Vietnã foi o primeiro teste moderno da "contrainsurgência" norte-americana — a estratégia para proteger uma população vulnerável e ao mesmo tempo ganhar sua lealdade por meio de programas sociais. Durante um curso de treinamento no Foreign Service, Holbrooke e outros contemporâneos prestes a serem enviados ao Vietnã — incluindo Anthony Lake, que mais tarde foi conselheiro de Segurança Nacional de Clinton — vararam noites sufocantes jogando algo chamado "bola no ventilador", que consistia em lançar uma bola de tênis em um ventilador de teto e disputá-la quando ricocheteasse por toda a sala. (Eles não conseguiriam inventar uma metáfora mais eloquente para o Vietnã, mesmo se quisessem.) Quando chegou lá, com 22 anos de idade, Holbrooke era solteiro e pôde ser enviado às linhas de frente rurais, para supervisionar programas de desenvolvimento. Isso lhe propiciou a visão nua e crua da escalada de fracassos que seus superiores, em Washington, não podiam ter. Ele também testemunhou a abrupta militarização da política no Vietnã. Durante uma viagem à zona rural de Da Nang, com o 9º Regimento da Marinha, Holbrooke assistiu ao general Lewis Walt, comandante da força anfíbia, ajoelhar-se e desenhar semicírculos na areia à sua frente, mostrando como, supostamente, os norte-americanos empurrariam os vietcongues para longe, abrindo caminho para os sul-vietnamitas e para a boa governança. Um grupo de crianças vietnamitas observava conversando, curiosas. Holbrooke, que nunca mediu as palavras, advertiu: "Mas os vietcongues vão simplesmente se deslocar por trás de vocês". O general e os norte-americanos em todo o Vietnã continuaram empurrando anos a fio. "Apesar de todas as horas e dias de treinamento em 'contrainsurgência', apesar de todas as palestras que enfatizavam a natureza política da guerra, eles continuavam não entendendo o que de fato acontecia, ou como lidar com aquilo", escreveu Holbrooke em um memorando inédito. Os insurgentes não desistiriam, e os nativos "não mudariam de lado em troca de sabonete grátis".[7]

Holbrooke divergia abertamente. Durante seu tempo nas províncias, discutiu com o general William Westmoreland, comandante das forças norte-americanas no Vietnã.

"Quantos anos você tem?", perguntou ao fim Westmoreland, exasperado.

"Vinte e quatro."

"O que o faz pensar que é tão sabido?"

"Não sei", disse Holbrooke, "mas estou aqui há dois anos e passei todo esse tempo no campo."[8]

Westmoreland reportava para Washington sua convicção de que poderia quebrar a insurgência por meio de uma escalada de força. À medida que foi subindo na hierarquia da Casa Branca e do Departamento de Estado, Holbrooke enviou vigorosos memorandos a seus chefes, muitas vezes não solicitados. "Nunca vi os norte-americanos em tamanha confusão",[9] escreveu em um deles, quando tinha apenas 26 anos. Quarenta anos depois, quando eu trabalhava para ele e os militares insistiam em mais tropas para o Afeganistão, Holbrooke desenterrou o memorando e me pediu para encaminhá-lo aos seus amigos do tempo do Vietnã.

Quando o Departamento de Defesa emitiu o relatório ultrassecreto sobre o Vietnã que veio posteriormente a ser conhecido como Documentos do Pentágono, uma funcionária chamada Leslie Gelb, que se tornaria chefe do Conselho de Relações Exteriores e amiga de Holbrooke por toda a vida, instou os jovens e iconoclastas diplomatas a escreverem um texto. A contribuição de Holbrooke foi mordaz. A contrainsurgência teria sido "mal concebida e toscamente executada".[10] Os falcões, argumentou, "tinham se apoderado da política perigosamente".

Quando o lendário diplomata Averell Harriman chefiou uma delegação para negociar com os norte-vietnamitas, Holbrooke suplicou humildemente a seus chefes por um lugar na equipe.[11] Ele acreditava no poder da negociação para pôr um fim à guerra. "Holbrooke sempre queria dialogar com o outro lado", disse Nicholas Katzenbach, subsecretário de Estado que foi chefe dele no fim dos anos 1960.[12] "Sempre achava que existia uma negociação possível, um meio-termo." Mas Paris foi um fracasso excruciante. Perto de uma disputa pela presidência, a campanha de Nixon, soube-se mais tarde, trabalhou para evitar o diálogo, incentivando o Vietnã do Sul a fazer corpo mole.[13] A equipe eficientemente desperdiçou dois meses debatendo o formato da mesa de negociação, enquanto a guerra recrudescia.[14]

Logo após a posse de Nixon, Holbrooke se demitiu e deixou o governo. "A guerra não era predestinada nem era inevitável que continuasse, com seus 25 mil norte-americanos e incontáveis vietnamitas mortos", escreveu mais tarde. "Um fim negociado para a guerra era possível, em 1968; a paz estava muito mais próxima do que a maioria dos historiadores imaginam."[15] Ele viu os Estados Unidos desperdiçarem a chance de pôr um fim à guerra; não deixaria aquilo acontecer novamente.

Enquanto a guerra no Afeganistão continuava, em setembro de 2010, o núcleo de historiadores do Departamento de Estado lançou o volume final da história oficial do Vietnã. Richard Holbrooke caminhou de seu escritório até o centro de conferências George C. Marshall, do Departamento de Estado, para fazer seus comentários sobre a publicação, que continha um de seus primeiros memorandos. Era um dia cinzento. Ele trajava um terno cinza amarrotado e ficou à frente de um pano de fundo também cinza. As luzes fluorescentes produziam profundas sombras sob seus olhos. Holbrooke fez mais pausas do que costumava. Quando alguém da plateia lhe perguntou sobre os paralelos entre o Afeganistão e o Vietnã, Holbrooke deu um sorriso murcho. "Estava me perguntando até quando poderíamos evitar essa questão."[16]

Exprimiu-se com muito cuidado. Quando os contemporâneos de Holbrooke saíram do poder e uma nova geração tomou posse, a palavra "Vietnã" foi cada vez mais associada a uma lição histórica indesejada. No entanto, a sós, eu o ouvi estabelecer uma comparação. No Vietnã, os Estados Unidos foram derrotados por um país adjacente ao conflito, que mantinha refúgios seguros para os inimigos, através de uma fronteira porosa; por nossa aposta em um governo aliado corrupto; e por termos abraçado uma doutrina de contrainsurgência falida, imposta pelos efetivos militares. No Afeganistão, ele testemunhava ecos daquelas três dinâmicas — além de mais um governo que favorecia os militares e perdia oportunidades de negociação. "Dick Holbrooke era, sem dúvida, meu amigo", disse Henry Kissinger. "Era uma comparação correta", observou sobre os paralelos que Holbrooke tecera entre o Vietnã e o Afeganistão. Em ambos os casos, os Estados Unidos viram a si mesmos empregando padrões que funcionaram em outros lugares do mundo com resultados desastrosos. "O Vietnã foi uma tentativa de empregar os princípios de contenção da

Europa em relação à Ásia", continuou Kissinger. "Mas, na Europa, a contenção foi aplicada em sociedades que existiam havia milhares de anos e cuja estrutura interna era relativamente estável, exceto pelo impacto da guerra." O Vietnã provou ser uma questão totalmente diversa. Da mesma maneira, no Afeganistão, a pergunta depois do Onze de Setembro era: "Podemos transformar o Afeganistão em um governo democrático que não apoie mais ações como essa?", disse Kissinger. "E era a pergunta errada."[17]

Naquele dia, no Departamento de Estado, Richard Holbrooke apressou-se em afirmar que o Afeganistão não era o Vietnã. O evento causador — um ataque em solo norte-americano — tornava os cálculos estratégicos diferentes. "Mas, estruturalmente, havia similitudes óbvias", disse. "Ao folhear o material escrito, elas saltam aos olhos. Muitos dos programas que estão sendo seguidos, muitas das doutrinas básicas, são os mesmos que tentamos empregar no Vietnã."[18]

4.
O caso das mangas

Logo depois que Richard Holbrooke deixou para trás as ruínas do Vietnã e se demitiu do governo Nixon, Robin Raphel saiu de Cambridge e retornou ao Irã, assumindo o cargo de professora de história na Faculdade Damavand para mulheres. Antes da queda do xá, Teerã era cosmopolita e receptiva. Raphel dançou e atuou em produções teatrais patrocinadas pelos Estados Unidos, incluindo uma de *Anything Goes*.[1] Apaixonou-se por um belo e bem-humorado funcionário do Foreign Service, Arnold Raphel — "Arnie", para os amigos. Casaram-se em 1972, nos jardins da embaixada norte-americana, em uma cerimônia ecumênica que reunia o judaísmo dele, o cristianismo dela e muito veludo dos anos 1970.

Quando o marido foi designado para o Paquistão, em 1975, Raphel foi junto. A seu ver, tanto fazia morar no Paquistão ou no Irã. Islamabad era uma cidade sossegada, exuberante e verde, com um terço da população atual. "Era ótima",[2] lembrou Raphel, iluminando-a na memória. "Promissora e ascendente." Ela entrou para o Foreign Service e assumiu um cargo na Usaid. O jovem casal talhou para si um perfil glamouroso, promovendo festas e organizando projeções de filmes norte-americanos. Ela se integrou com facilidade à alta sociedade paquistanesa, estabelecendo uma rede de conexões que seria útil — e a assombraria — nos anos seguintes. Para Raphel, assim como para gerações de funcionários do Foreign Service antes dela, promover a influência norte-americana dizia respeito a fazer amizades e conversar. "Você tem que se comprometer e descobrir o que cativa e motiva as pessoas", disse. "Para mim, isso é o óbvio ululante." Ela refletiu por um momento. "Mas, às vezes, nos esquecemos disso. Nesse período pós-Onze de Setembro, muito mais urgente e exigente, vivemos pedindo coisas com o dedo em riste."[3]

Poucos anos depois do glorioso início da vida de Raphel em Islamabad, uma transformação varreu aquele pedaço do mapa. Com a derrubada do xá do Irã, laico e patrocinado pelos norte-americanos, pela revolução islâmica de 1979, a aliança norte-americana com o Paquistão, enquanto parceiro militar e de Inteligência, foi reforçada. Os Estados Unidos perderam muitas estações de escuta no Irã, utilizadas para monitorar os soviéticos. A CIA aproximou-se da agência de Interserviços de Inteligência paquistanesa — o ISI —, que concordou em construir instalações paquistanesas para preencher a lacuna.

O chamado para a revolução islâmica, vindo do Irã, ressoou no vizinho Afeganistão, onde um regime marxista patrocinado pelos soviéticos assumira o poder no ano anterior. Sob a condução da KGB, os marxistas haviam instituído reformas laicas, incluindo a educação obrigatória para meninas. Em cartazes de propaganda, mulheres com lábios e *babushkas* vermelhos seguravam livros, sobre os quais estava escrito, em cirílico e com letras garrafais: "SE NÃO LER LIVROS, ESQUECERÁ AS LETRAS".[4] Para os conservadores afegãos, aquilo ultrapassava os limites. O Exército insurgiu-se contra os comunistas.

Inicialmente os soviéticos hesitaram, enquanto a revolta se espalhava. O chefe da KGB, Iúri Andropov, passou claramente por cima dos diplomatas que sugeriam cautela. Na véspera do Natal, aviões de transporte repletos de tropas soviéticas aterrissaram no aeroporto de Cabul. O governo Carter viu nisso uma oportunidade para constranger Moscou. Carter deu sinal verde para uma guerra secreta, orquestrada através da aliança militar com o Paquistão. "É essencial que a resistência afegã continue", escreveu o conselheiro para segurança nacional, Zbigniew Brzezinski.

Isso significa mais dinheiro e mais armas para os rebeldes... Para que seja possível, precisamos tranquilizar o Paquistão e encorajá-lo a ajudar os rebeldes. Faz-se necessário revisar nossa política com relação ao Paquistão, dar-lhes mais garantias, mais ajuda com armamentos e, infelizmente, concluir que nossa política de segurança com relação ao Paquistão não pode ser ditada pela nossa política de não proliferação.[5]

O Paquistão não foi exatamente um paradigma de virtude no final dos anos 1970. Seu ditador militar, Mohammed Zia-ul-Haq, enforcou o líder civil que havia deposto, Zulfikar Ali Bhutto, e cancelou as eleições. O Paquistão buscava agressivamente a bomba atômica e resistia aos pedidos norte-americanos para abdicar do armamento.[6] Em nome da guerra contra os soviéticos, assim como no caso posterior da guerra contra o terror, todas essas preocupações se tornaram secundárias.

Durante o primeiro mandato de Reagan, o Congresso aprovou os gastos na guerra secreta, que aumentaram de dezenas para centenas de milhões de dólares ao ano.[7] Zia insistia para que as armas compradas com esses fundos fossem distribuídas inteiramente a critério do Paquistão. Um parecer presidencial ultrassecreto, no início da guerra, exigiu que a CIA se submetesse ao Paquistão. Um chefe de posto em Islamabad lembrou-se de suas ordens da seguinte maneira: "Tome conta dos paquistaneses e cuide para que façam o que você precisar".[8] Quando Zia visitou Reagan, o secretário de Estado, George Shultz, escreveu um memorando, advertindo: "Não podemos esquecer que, sem o apoio de Zia, a resistência afegã, peça-chave para que os soviéticos paguem um alto preço por sua aventura no Afeganistão, estará efetivamente morta".[9] (Quando perguntei a Shultz sobre sua intercessão pelo regime paquistanês, ele não se desculpou. "Zia e o presidente eram muito próximos. A ideia geral era ajudar os mujahedins a expulsar a União Soviética do Afeganistão", disse, usando a denominação árabe para os combatentes muçulmanos engajados em uma jihad, como aqueles que combatiam os soviéticos. "E conseguimos.")[10] Assim, diante da insistência de Zia, as armas foram entregues ao ISI paquistanês, encarregado de selecionar a dedo os mujahedins que receberiam o espólio. Os Estados Unidos, ainda machucados pela complexa gestão de uma guerra por procuração no Vietnã, ficaram felizes em deixar os detalhes por conta do Paquistão.

Em face da urgência da batalha contra os soviéticos, os aspectos menos agradáveis da parceria eram facilmente ignorados.[11] Funcionários paquistaneses vendiam as armas fornecidas pela CIA no mercado negro — certa feita, chegaram a vendê-las de volta para a própria CIA. Os paquistaneses continuavam a se vangloriar abertamente de seu programa nuclear. Em 1985, o Senado aprovou a assim chamada Emenda Pressler, exigindo que o presidente certificasse, anualmente, que o Paquistão não possuía armas nucleares. A regra era clara: sem certificação, nada de assistência. Zia mentia ao presidente Reagan sobre o programa nuclear paquistanês.[12] "Não resta dúvida de que tínhamos informações suficientes para recusar a certificação a partir de 1987",[13] disse um veterano da CIA. Mas Reagan continuava a afirmar que o Paquistão não estava, de forma alguma, se nuclearizando. Um senador por Ohio, John Glenn, argumentou que a proliferação nuclear era "um perigo muito maior para o mundo do que o medo de interromper o fluxo da ajuda ao Afeganistão... É o curto prazo contra o longo prazo".[14] Mas ele era uma rara voz dissidente.

A guerra secreta também exigia que os norte-americanos fingissem não ver a brutalidade da jihad sendo armada ao longo da fronteira. Os paquistaneses repassavam as armas para os mais cruéis islâmicos de linha dura: radicais como Abdul Sayyaf, Burhanuddin Rabbani e Jalaluddin Haqqani, todos fortemente ligados às redes terroristas. Um dos filhos favoritos do ISI era Gulbuddin Hekmatyar, um fundamentalista sádico, reputado por sua especialidade em esfolar vivos soldados que capturava. Seus homens matavam civis de forma indiscriminada.[15] Um belicoso agente da CIA, chamado Milt Bearden, assumiu o programa na segunda metade dos anos 1980. Segundo sua estimativa, os paquistaneses deram aproximadamente um quarto do espólio norte-americano a Hekmatyar. "Ele era o favorito dos paquistaneses, mas certamente não era o meu", disse-me ele. Então acrescentou, constrangido: "Eu deveria ter atirado nele quando tive a oportunidade".[16]

Islamistas internacionais eram atraídos como mariposas pelo fogo do extremismo, alimentado por norte-americanos e paquistaneses. Um abastado patrono saudita chamado Osama bin Laden mudou-se para o Paquistão em meados dos anos 1980 e se aproximou dos jihadistas favoritos do Paquistão, incluindo Hekmatyar e Sayyaf.[17] Ofereceu soldos em dinheiro vivo para os guerrilheiros nos campos de treinamento, acabando por criar seu próprio campo, inspirado nos do ISI.

Tudo funcionou. Após alguns anos, a CIA declarou que a guerra secreta apresentava uma boa relação custo-benefício.[18] O verdadeiro custo só ficou patente mais tarde.

Robin e Arnold Raphel tinham se mudado para Washington, DC, um pouco antes de irromper a guerra contra os soviéticos, quando "muita coisa foi pro brejo", como ela diria mais tarde. Essa era uma descrição precisa dos acontecimentos, tanto para a relação Estados Unidos-Paquistão quanto para a deles. Ela queria ter filhos; Arnold, não. Divorciaram-se no começo dos anos 1980. Robin Raphel ainda teria dois outros casamentos e duas filhas. No entanto, amigos descreveram Arnold como o amor de sua vida.[19] Alguém comentou que Robin preferiria se jogar pela janela a admitir tal pieguice.

Arnold, ainda uma estrela ascendente no Foreign Service, voltou ao Paquistão como embaixador. Encontrou-se com o presidente Zia durante uma tarde quente de agosto de 1988, em um trecho de deserto próximo à cidade provincial de Bahawalpur, para assistirem a uma demonstração do tanque norte-americano Abrams — a última oferta a ser comprada no âmbito do ainda vigente fluxo de assistência ao Paquistão —, depois aceitou um convite de última hora para se juntar a Zia em seu C-130 Hércules, de fabricação norte-americana, para a viagem de volta a Islamabad.[20] Foram acompanhados pelo chefe de gabinete de Zia e pelo chefe do ISI, o general Akhtar, que selecionara pessoalmente os mujahedins apoiados pela guerra secreta norte-americana, assim como pelo general Herbert M. Wassom, que supervisionava a assistência norte-americana ao Paquistão.[21] Exatamente cinco minutos após a decolagem, o avião mergulhou no deserto e explodiu em uma imensa bola de fogo. Todas as trinta almas a bordo pereceram, incluindo Zia-ul-Haq e Arnold Raphel.

O incidente é ainda hoje um dos grandes mistérios não resolvidos da história do Paquistão. Embora um embaixador norte-americano tenha morrido e o FBI tivesse autoridade estatutária para investigar, o secretário de Estado, Shultz, ordenou que os investigadores norte-americanos guardassem distância. Milt Bearden, igualmente, manteve a CIA longe do caso.[22] Os únicos norte-americanos permitidos no local, sete investigadores da Força Aérea, descartaram falha mecânica em um relatório secreto.[23] A única possibilidade era sabotagem. Um tubo contendo gás nervoso VX ou algo similar pode ter varrido a aeronave. Uma teoria conspiratória por muito tempo sustentou que gás nervoso fora escondido em uma caixa de mangas, carregada a bordo antes da decolagem.

O desastre aprofundou a desconfiança dos norte-americanos em relação ao Paquistão. O general Beg, que depois assumiu o poder, era tão comprometido quanto Zia com o desenvolvimento nuclear paquistanês e com o apoio a testas de ferro terroristas, porém menos amistoso com os Estados Unidos. Quanto a Robin Raphel, a tragédia a afastou daqueles antigos e promissores dias em Teerã. Quando lhe perguntei sobre a perda de Arnold, esboçou um tênue sorriso. "Teria sido difícil para qualquer um. Mas a vida continua."[24]

Naquele ano os últimos soviéticos abandonaram o Afeganistão. No telegrama do posto da CIA em Islamabad que contava a notícia, lia-se, simplesmente, "vencemos".[25] Mas a falta de um diálogo estratégico mais amplo entre os Estados Unidos e o Paquistão foi rápida e fortemente sentida quando a ameaça vermelha arrefeceu.

Quatro meses depois, quando a nova primeira-ministra paquistanesa, Benazir Bhutto, fez sua primeira viagem oficial aos Estados Unidos, as fissuras já começavam a ficar aparentes. Bhutto, filha de Zulfikar Ali Bhutto, o primeiro-ministro cujo enforcamento Zia presidira, retornara ao Paquistão depois de anos no exílio. Educada em Harvard e com apenas 35 anos, talhou para si um perfil glamouroso. Cobrindo os cabelos com um lenço branco, um *salwar kameez* rosa e dourado e óculos estilo aviador com lentes literalmente cor-de-rosa, postou-se em frente a uma bandeira norte-americana em uma sessão conjunta do Congresso e citou Lincoln, Madison e Kennedy. "Falando em nome do Paquistão, declaro que não possuímos nem pretendemos construir um artefato nuclear",[26] disse enfaticamente.

No entanto, dias antes, Bhutto estivera sentada na Blair House, no outro lado da esquina da Casa Branca, e recebera um aviso alarmante do diretor da CIA, William H. Webster. De acordo com uma pessoa presente naquele dia, Webster entrou na sala com uma bola de futebol convertida em uma maquete do tipo de protótipo nuclear que ele sabia que o Paquistão possuía.[27] Webster disse a Bhutto que, caso seu país continuasse o processo de converter urânio gasoso em núcleos sólidos — o coração da bomba atômica —, não haveria meios para que o presidente Bush certificasse, mais tarde naquele ano, que o Paquistão não estava se nuclearizando. Antes que o mês acabasse, era o fim. A CIA tinha evidências irrefutáveis de que o Paquistão havia convertido seu urânio em vários núcleos.[28] Em 1990, somente um ano após a partida dos soviéticos do Afeganistão, George H. W. Bush tornou-se o primeiro presidente norte-americano a não certificar o Paquistão como livre de armas nucleares. Nos termos da Emenda Pressler, a maior parte da assistência militar e econômica foi suspensa, e caças F-16 encomendados e pagos pelo Paquistão ficaram durante anos acumulando pó no deserto do Arizona.[29] Até hoje, os F-16 permanecem uma obsessão de todos os oficiais paquistaneses que eu encontrei. Simbolizam uma traição que os Estados Unidos rapidamente esqueceram — e os paquistaneses jamais.

Quando o relacionamento militar guinchou até ser bruscamente interrompido, não havia margem significativa no contexto diplomático para amenizar o golpe. Até mesmo Milt Bearden, maestro do caos dos mujahedins, lamentou a falta de diálogo: "O relacionamento sempre foi superficial", lembrou. "No ano seguinte à saída dos soviéticos do Afeganistão, em 1989, impusemos sanções ao Paquistão e cortamos os contatos militares." Estabeleceu-se então a tendência geral para o relacionamento na década seguinte, com o Paquistão assumindo o papel de amante abandonado. "Eles adoram nos amar", refletiu

Bearden, "mas real e profundamente acreditam que, toda vez que as coisas engrossam, nós os ferramos."[30] Terminada a urgência de uma guerra por procuração, as instituições de política externa norte-americanas se preocuparam com o Paquistão. O apoio do país aos militantes islâmicos, antes conveniente, agora era um embaraço. Quando os soviéticos foram embora, o ISI tentou colocar Hekmatyar, seu extremista favorito, no poder.[31] Mas depois que ele perdeu uma sangrenta batalha por Cabul,[32] os paquistaneses se empenharam em outra solução, armando e financiando outro movimento conservador com que esperavam contrabalançar o poder de seu rival regional, a Índia: os "estudantes do islã", ou Talibã.[33]

Histórias sobre suas políticas sociais intransigentes e sobre a brutal repressão às mulheres começaram a chegar ao mundo ocidental. A nova secretária de Estado, Madeleine Albright, estava entre as figuras do establishment que começaram a se unir contra a opressão crescente do regime. ("Não me arrependo de não ter negociado com o Talibã", disse ela, anos depois. "Estou disposta a admitir, no entanto, que era muito complicado entender quem realmente estava no comando.")[34] A indignação ganhou fôlego quando a ameaça dos terroristas abrigados pelo Talibã se tornou visível. Os atentados de 1998 contra duas embaixadas norte-americanas na África e a revelação de que seu orquestrador, Osama bin Laden, tinha laços estreitos com o Talibã selaram o status do regime como pária internacional. O Paquistão, como benfeitor do Talibã, compartilhou dessa reputação.[35]

Robin Raphel era uma solitária voz dissidente. Quando Bill Clinton assumiu a presidência, em 1993, convidou sua velha amiga da Inglaterra para ser secretária adjunta de Estado para assuntos do sul da Ásia. À medida que as relações entre Washington e Islamabad esfriaram, ao longo dos anos 1990, Raphel virou uma forte defensora do país, onde, mais cedo na carreira, construíra tantas relações. Quando um senador chamado Hank Brown apresentou uma lei para facilitar a assistência ao Paquistão, ela trabalhou com diplomatas paquistaneses durante meses, pressionando a favor do projeto.[36] Sua aprovação, em 1995, abriu caminho para a venda de armas para o Paquistão, apesar do crescente arsenal nuclear do país. Era também ardente apoiadora de Benazir Bhutto, que voltara ao poder durante o primeiro ano de Raphel como secretária adjunta e que autorizava secretamente a assistência ao Talibã,[37] ao mesmo tempo que mentia a respeito para os norte-americanos.[38] Raphel me disse que entrou naquele relacionamento de olhos bem abertos. "Não acreditava em Bhutto. Achava que precisávamos conversar com todo mundo."[39] No entanto, argumentou contra as sanções e ajudou a assegurar a assistência ao Paquistão.[40]

Raphel também defendeu o diálogo com o Talibã. Resumindo uma de suas visitas a Cabul, em telegrama de 1996, ela pintou uma imagem cor-de-rosa do regime. Citou um líder de quem ouviu "não somos más pessoas" e, com otimismo, julgou ver no Talibã uma "consciência crescente, que antes não existia, de suas próprias limitações".[41] Logo depois de o Talibã assumir o controle de Cabul, naquele ano, Raphel conclamou outros países a abraçar o regime, em uma sessão a portas fechadas nas Nações Unidas. "Eles são afegãos, são nativos, demonstraram ser persistentes",[42] disse. "Não é do interesse do Afeganistão, nem do nosso, que o Talibã fique isolado." Como disse um diplomata paquistanês veterano, que trabalhou com Raphel por muitos anos: "Se ela permanecesse um ano mais como secretária adjunta, haveria uma embaixada do Talibã em Washington".[43]

Com seu solitário acolhimento aos paquistaneses e ao Talibã, Raphel levantou suspeitas, tanto em Washington quanto naquele pedaço da Ásia. Foi aí que a imprensa indiana começou a difamá-la como "Lady Talibã", alcunha da qual levou décadas para se livrar. "Foi uma coisa idiota", disse. "Eu me aproximei daquelas pessoas, sim, e conversei com elas. Esse era meu trabalho. Mas porque eu não ficava horrorizada e não queria tratá-los como párias... as pessoas acharam um ultraje o fato de eu considerar o diálogo com eles algo perfeitamente normal." Raphel suspirou. "Demonizar o Talibã foi um erro. Pode muito bem ter contribuído para que as coisas saíssem totalmente de controle. Ninguém os escutava... nós os evitávamos, menosprezando-os como neandertais de turbante." Aquilo era, em sua visão, o pior tipo de erro: "causado pela emoção".[44]

Nas instituições de política externa, muitos adotaram depois os mesmos argumentos por um diálogo com o Talibã, incluindo Richard Holbrooke. Perguntei a Raphel se ela se arrependia de suas posições mais controversas e sectárias. "Não", disse-me, rindo. "Eu estava à frente do meu tempo."[45]

No auge dos esforços de Raphel para melhorar as relações com o Paquistão, em 1995, um auxiliar da equipe do então secretário de Estado interino, Strobe Talbott, bateu à porta de seu escritório e lhe contou um fato preocupante. Enquanto vigiavam funcionários paquistaneses, agentes da Inteligência tinham surpreendido o que consideraram uma relação ilícita. Raphel, segundo eles, estava passando informações para os paquistaneses, revelando detalhes sensíveis da Inteligência norte-americana sobre seu programa nuclear. Ela ficou abalada. Reuniu-se com a polícia interna do Departamento de Estado, o Serviço de Segurança Diplomática, cujos agentes a inquiriram duramente. A investigação não deu em nada.[46] Raphel não foi citada por nenhuma infração, e o assunto foi rapidamente esquecido — entretanto, como se comprovou, esquecê-lo não foi uma boa coisa.

Raphel circulou por vários outros cargos, serviu como embaixadora na Tunísia, foi vice-presidente da Universidade de Defesa Nacional e coordenou a cooperação nos primeiros dias da guerra no Iraque. Mas sua história sempre a levava de volta ao Paquistão. Quando deixou o Iraque em 2005, cansada, entrou para a Cassidy & Associates, a chique empresa de lobby da rua K, cuja lista de clientes incluía os serviços de Inteligência egípcios e, ocasionalmente, o Paquistão. Durante sua permanência, a empresa assinou dois contratos com o Paquistão, o que induziu a imprensa — em especial a imprensa indiana — a chamá-la de "lobista do Paquistão".[47] ("A lobista que atormentou Nova Délhi nos anos 1990", vociferou o *Times* da Índia. "Descaradamente militante pró-Paquistão em Washington.")[48] Raphel riu disso, comentando que trabalhara apenas em um contrato, por três semanas, antes que o negócio fosse cancelado quando o homem forte do Paquistão, Pervez Musharraf, suspendeu a Constituição do país em novembro de 2007.[49]

Em uma festa em 2009, Raphel deparou com uma colega de carreira no Foreign Service, então embaixadora dos Estados Unidos no Paquistão, Anne Patterson. Patterson era uma mulher de baixa estatura, dura como aço, que viera de Fort Smith, Arkansas, tinha um suave sotaque sulista e não media as palavras. Era uma diplomata à moda antiga, com décadas de serviços prestados, da América Latina até o Oriente Médio. No Paquistão, ela enfrentava uma nova era em um dos mais difíceis relacionamentos — uma era em que o Paquistão se tornara novamente essencial aos Estados Unidos. Era difícil encontrar norte-americanos com profundos contatos no país. Naquele novo momento, postos espinhosos como o Paquistão tinham se tornado nomeações precárias para funcionários inexperientes, dispostos apenas a marcar presença e ganhar o adicional de periculosidade (um bônus de 30%, na Islamabad da época).[50] Pessoas com o domínio de Raphel sobre o nó górdio da política paquistanesa poderiam ser indispensáveis. Patterson perguntou a Raphel se ela voltaria para mais uma nomeação, a fim de ajudar a coordenar a assistência em Islamabad.

Raphel já completara 61 anos. Casara-se três vezes — mais recentemente com um diplomata britânico, uma união que durou apenas alguns anos e terminou em 2004. Criara suas duas filhas prestes a ingressar na universidade, Anna e Alexandra, praticamente sozinha. Trabalhar com lobby lhe propiciara a oportunidade de passar mais tempo com elas e com suas amigas. No entanto, era perceptível, estava louca para voltar ao serviço público.[51]

Ela disse a Anne Patterson que pensaria a respeito.

5.
A outra rede Haqqani

No dia em que o presidente Clinton anunciou a nomeação de Robin Raphel como secretária adjunta de Estado, em 1993, ela embarcou em um voo para o Sri Lanka, a fim de assistir ao funeral do presidente do país, recém-assassinado. Sentou-se próxima ao primeiro-ministro, Nawaz Sharif, e a um diplomata paquistanês de 36 anos de idade, chamado Husain Haqqani.[1] Nos anos seguintes, Haqqani iria se tornar um elemento permanente nas relações Estados Unidos-Paquistão. Seus críticos viriam a chamá-lo pelos mesmos rótulos posteriormente usados contra Robin Raphel: vira-casaca, traidor, espião.

Haqqani era bem-educado, encantador e adulador. "Como você bem sabe...", dizia sempre, com um sorriso felino. "Como um homem com sua experiência certamente compreende..." Crescera em um bairro de classe média baixa no centro mercantil do Paquistão, Karachi. Seus pais eram imigrantes indianos: a mãe, professora; o pai, um advogado que chegou ao Paquistão com poucos contatos profissionais, virara defensor dos pobres e necessitados. Os Haqqani viveram em barracões para famílias erradicadas pelo desmembramento entre o Paquistão e a Índia. O jovem Haqqani já contava catorze anos quando foi morar em uma casa de verdade. Assim como Holbrooke, não nascera em berço de ouro — subira na vida por esforço próprio.[2]

Recebera ao mesmo tempo a educação tradicional islâmica e a laica moderna. A quintessência da dicotomia paquistanesa o atravessava: Igreja e Estado, velho e novo, Ocidente e Oriente.

75

Matriculou-se na Universidade de Karachi e se tornou um líder estudantil associado ao partido islâmico Jamaat, juntando-se a uma nova geração de muçulmanos que pregava mudanças na região. Mas estava dividido. Passava horas no Centro Americano do consulado em Karachi, devorando os livros da biblioteca. Impregnado da perspectiva ocidental, gradativamente se desencantou com o antiamericanismo cada vez maior de seus colegas.[3] Quando uma multidão enfurecida, inflamada pelo sentimento antiamericano, incendiou a embaixada dos Estados Unidos em Islamabad, em 1979, líderes estudantis na vizinha Karachi aproximaram-se de Haqqani e lhe pediram para liderar um novo ataque. Segundo ele conta, fez um discurso dramático, citando o Corão, para dissuadi-los de mais violência.[4] Não falou aos estudantes enfurecidos de uma motivação adicional: queria proteger sua amada biblioteca dentro do consulado e os livros ocidentais em suas estantes.

Assim como Holbrooke, Haqqani tinha pendor para o jornalismo e a diplomacia. Publicou na *Far Eastern Economic Review* e depois trabalhou na televisão estatal paquistanesa, por vezes lustrando o legado do regime militar de Zia-ul-Haq.[5] Com trinta e poucos anos, construíra a reputação de ser um comunicador eloquente, hábil em se locomover entre o público ocidental e o paquistanês.

Após Benazir Bhutto ter se tornado primeira-ministra em 1988, com uma plataforma progressista e laica, o líder da oposição conservadora, Nawaz Sharif, usou Haqqani para desenvolver sua estratégia de comunicação. Segundo admitiu o próprio Haqqani, Sharif explorava a xenofobia e o antiamericanismo, mas Haqqani achava que Sharif "poderia trazer algum equilíbrio ao país, após quase uma década de domínio militar".[6]

Não muito depois de Sharif assumir o poder (e de Bhutto ser deposta por corrupção, conforme os ciclos convencionais da política paquistanesa), Haqqani viu-se às turras com seu chefe. Em 1992, quando a guerra contra os soviéticos já sumia na memória e os Estados Unidos ficaram mais abertamente desconfiados do Paquistão, o Departamento de Estado pediu ajuda a Haqqani para entregar uma mensagem a Sharif: os Estados Unidos sabiam que o Paquistão providenciava "material de apoio a organizações comprometidas com o terrorismo"[7] e que mentia a respeito. Aquilo tinha que parar, ou os Estados Unidos incluiriam o Paquistão na lista oficial de países patrocinadores de terrorismo, acarretando sanções esmagadoras. Sharif reuniu seu gabinete para uma conversa que opôs generais islâmicos a progressistas como Haqqani. O chefe do ISI naquela época, o tenente-general Javed Nasir, espelhava a visão tradicional paquistanesa: a mensagem era culpa de um lobby "indo-sionista" e de um embaixador judeu (o fato de que o embaixador, Nicholas Platt, era, na verdade, protestante, era a menor das preocupações de Haqqani).

Conforme contou Haqqani, ele argumentou que o Paquistão deveria reconsiderar o uso de relações por procuração em favor de maior ênfase na diplomacia. Quando Sharif tomou partido pelas vozes da Inteligência e dos militares, Haqqani ameaçou se demitir. Sharif, em vez disso, convenceu-o a assumir a embaixada no Sri Lanka — um meio de neutralizá-lo e ao mesmo tempo evitar repercussões negativas. Era o equivalente paquistanês ao exílio na Sibéria. Um ano depois, ele se demitiu.

Mas Haqqani, antes de tudo, era resiliente. Depois das novas eleições que recolocaram Bhutto no poder, tornou-se seu porta-voz. Permaneceu ao seu lado mesmo depois de ela ser novamente deposta sob acusação de corrupção, numa engrenagem infalível, e tornou públicas suas críticas aos militares paquistaneses e ao seu apego ao poder, enquanto líderes civis iam e vinham.

Isso lhe rendeu poucos admiradores. Em 1999, agentes da Inteligência paquistanesa o arrastaram de uma rua apinhada de gente, cobriram sua cabeça e o empurraram para dentro de um carro que estava à espera.[8] Por meio de um celular escondido no bolso, ele ligou para um amigo, que alertou a imprensa. Haqqani acredita que a ligação salvou sua vida, embora tenha ficado preso por dois meses e meio sob acusações espúrias de corrupção.[9] Quando o general Pervez Musharraf tomou o poder, Haqqani compreendeu que não poderia viver em segurança em sua pátria enquanto persistissem os frequentes governos de caráter militar. "Ele não via com muita simpatia meus textos daquela época", disse a respeito de Musharraf. "Me senti muito pressionado, porque estávamos, outra vez, sob um regime militar. Então fui embora. Vim para os Estados Unidos."[10] Husain Haqqani se americanizou. Assumiu um cargo de professor associado na Universidade de Boston, onde condenava a liderança militar paquistanesa a uma distância segura.

Haqqani e Benazir Bhutto, que estava, ela mesma, no exílio em Dubai, com frequência conversavam sobre o futuro do Paquistão. Bhutto lhe pediu que esboçasse um texto delineando uma nova visão para a política externa paquistanesa caso ela retornasse ao poder. Haqqani argumentou que as relações estabelecidas diretamente entre militares deram alento ao patrocínio ao terrorismo. O Paquistão se tornou "um Estado interesseiro: vivia dos pagamentos de uma superpotência, graças à sua localização estratégica e à cooperação entre os órgãos de Inteligência",[11] em lugar da convergência de interesses. O fluxo de dinheiro fácil vindo dos Estados Unidos alimentou o poder desproporcional do Exército paquistanês e dos serviços de Inteligência, e embotou o potencial reformista. Bhutto gostou do texto e "da ideia de uma nova relação com os Estados Unidos, mais estratégica e menos tática".[12]

Por um momento, pareceu que ela teria a chance de tornar aquela visão uma realidade. Após anos de pressão dos norte--americanos e dos britânicos, Musharraf permitiu que Bhutto retornasse para poder se candidatar. Muitas pessoas a queriam morta, e ela solicitou mais segurança após escapar por um triz de um ataque a bomba. Musharraf concedeu apenas parte do reforço requisitado. Se algo acontecer, disse ela em um e-mail para seu lobista, Mark Siegel, "considerarei Musharraf responsável".[13]

Em 27 de dezembro de 2007, enquanto as sombras se alongavam no fim da tarde, Bhutto deixou o Parque Nacional Liaqat, em Rawalpindi, a menos de três quilômetros do quartel--general do Exército paquistanês, após um discurso padrão de campanha em que clamou por democracia. Apoiadores enxameavam em volta de seu Toyota Land Cruiser.[14] Bhutto, que usava sua marca registrada, o lenço de cabeça branco, e um *kameez* roxo sobre calças simples de algodão e sapatos de salto baixo, subiu no assento de trás, assomou a cabeça através do teto solar e acenou, feito Eva Perón em uma sacada. Tiros espocaram no ar, acompanhados de uma ensurdecedora explosão provocada por um suicida ao detonar sua carga. Um fotógrafo da agência Getty, John Moore, acionou o disparador automático de sua câmera e capturou um caos fora de foco: uma bola de fogo alaranjada; rostos horrorizados aparecendo através das fagulhas e da fumaça; sobreviventes cambaleando por entre os corpos.[15]

Bhutto estava morta. Seu testamento transferiu a liderança de seu partido político para seu viúvo, Asif Ali Zardari, conhecido pelos críticos como "Sr. Dez Por Cento", resultado de acusações por corrupção que vinham de longa data.[16] Seus partidários, enlutados, levaram-no à presidência.

Durante o exílio de Bhutto, Haqqani ficara quase tão próximo de Zardari quanto dela.[17] Quando Zardari e seu primeiro-ministro, Yousuf Raza Gilani, procuraram por um novo embaixador nos Estados Unidos depois das eleições, convidaram o antigo porta-voz do partido, Husain Haqqani. Ele aceitou. Em junho de 2008, dirigiu-se a Washington e apresentou suas credenciais a George W. Bush.[18] Haqqani retornara ao poder, mas muitos paquistaneses o olhavam com desconfiança. Sua mudança de lado para trabalhar para Bhutto — uma mulher a quem anteriormente fizera oposição — colocava em dúvida sua lealdade. E alguns viam sua fuga para os Estados Unidos como sem volta, um Rubicão. Dias após o assassinato de Bhutto, Musharraf dissecou aquilo que via como um erro. Ela quebrara a regra de ouro: "Não seja visto como uma extensão dos Estados Unidos".[19] Haqqani, recém-saído de anos de exílio norte-americano, foi escolhido para embaixador precisamente por causa daquela imperdoável qualidade.

Anos depois, o *Express Tribune* do Paquistão iniciou um perfil de Haqqani com a descrição de George Orwell do porco Garganta, em *A revolução dos bichos*: "um orador brilhante que, ao argumentar sobre algum assunto difícil, era hábil em trocar de lado".

"Não pretendemos aqui, é claro, estabelecer uma comparação com o estimado sr. Husain Haqqani", continuava o perfil, "afinal, Garganta permaneceu leal aos porcos o tempo todo."[20]

6.
Ambiguidades

Richard Holbrooke foi um jovem e prodigioso secretário adjunto de Estado para o Leste Asiático durante o governo Carter, antes de sair para o Lehman Brothers durante os anos de liderança republicana, no intervalo entre seus postos diplomáticos. Como em todos os seus cargos, aproximou-se dos jornalistas em seu entorno enquanto trabalhava no Leste Asiático. Para sua sorte, um deles foi Strobe Talbott, que, como fora previsto em Oxford, prosseguira com sua carreira de jornalista e cobria a política externa para a *Time*.

Os contatos de Holbrooke no governo Carter eram poucos. Ele apoiou Al Gore nas primárias de 1988 e ficou fora da campanha de Clinton quase que totalmente; não que não tivesse tentado. Atormentou seus amigos do Vietnã mais próximos de Clinton — tais como Anthony Lake, para quem enviou, sem ser solicitado, um memorando em que descrevia o conflito que fermentava na Bósnia como "o ensaio decisivo para a política externa norte-americana na Europa" e advertia sobre o perigo da inação. Assistiu, frustrado, a Lake e outros colegas ascenderem a posições cobiçadas. Somente após o lobby de Talbott, que fora nomeado vice-secretário de Estado, Holbrooke acabou sendo convidado para o posto de embaixador na Alemanha. E foi apenas por pura força de vontade que ascendeu ao posto de secretário adjunto de Estado para a Europa e depois ao papel definidor da sua carreira: negociador do governo no conflito na Bósnia.

A carnificina étnica produzida pela desintegração da Iugoslávia tinha sido, por anos, um complicado problema na periferia dos interesses norte-americanos. Por volta de 1995, pelo menos 100 mil pessoas — ou mais de 300 mil, segundo algumas estimativas — já haviam sido mortas.[1] Esforços hesitantes de mediação, incluindo um liderado por Jimmy Carter, mal interromperam as agressões das forças sérvias contra os muçulmanos e croatas da região. Foi somente depois que o massacre de milhares de muçulmanos, homens e meninos, na cidade de Srebrenica, atraiu a indignação internacional que os Estados Unidos abandonaram sua convicção de que o surto de violência era um "problema europeu" e deram o sinal verde para um impulso diplomático mais agressivo.

Holbrooke sempre olhou para o conflito a partir de uma perspectiva mais ampla — como um teste para a Otan, cujas consequências seriam potencialmente dramáticas para o futuro da Europa e, por extensão, para os interesses estratégicos dos Estados Unidos. Quando o governo Clinton estava decidindo quem ia liderar a nova intervenção, Holbrooke pleiteou vigorosamente o cargo. Ele não era popular, mas outros viam seu estilo indômito como positivo. "As mesmas qualidades pelas quais ele era por vezes criticado — agressividade, interações politicamente inábeis com seus adversários, um pendor para cultivar a mídia — eram exatamente as que a situação requeria", disse o secretário de Estado Warren Christopher. As partes em conflito — o presidente sérvio Slobodan Milošević, o presidente croata Franjo Tuđjman e o bósnio Alija Izetbegović — eram adversários aguerridos e com uma longa história de táticas dissimuladas. Richard Holbrooke era uma das raras figuras que poderiam enfrentá-los em um confronto direto. Anos depois, o presidente Clinton fez um brinde a Holbrooke com uma provocação amistosa: "Todo mundo nos Bálcãs é louco e todo mundo tem um ego gigantesco. Quem mais eu poderia enviar?".[2]

Durante três meses, em 1995, Holbrooke se alternou entre adular e confrontar as partes em conflito. Durante um mês, praticamente as manteve prisioneiras na base aérea de Wright-Patterson em Dayton, Ohio — um palco onde poderia dirigir com precisão o teatro diplomático. No jantar de abertura das negociações, acomodou Milošević embaixo de um bombardeiro B-2 — à sombra, literalmente, do poderio ocidental. Em um momento ruim das negociações, anunciou que iria encerrá-las, e fez suas bagagens serem postas do lado de fora do pavilhão americano. Milošević viu as malas e pediu a Holbrooke que prosseguisse com a negociação. O espetáculo funcionou — os participantes, muitos deles inimigos mortais, assinaram o acordo de Dayton.

Tratava-se de um documento imperfeito. Cedia quase metade da Bósnia a Milošević e aos agressores sérvios, essencialmente recompensando suas atrocidades. Alguns achavam que permitir a Milošević permanecer no poder tornava o acordo insustentável.[3] Alguns anos depois, ele retomou as agressões em Kosovo, até por fim provocar os ataques aéreos da Otan e sua retirada do poder para ser julgado em Haia. Na noite anterior aos ataques, Milošević teve uma conversa final com Holbrooke. "Você não tem mais nada para me dizer?", suplicou. Ao que Holbrooke respondeu: *"Hasta la vista, baby".*[4] (Ser ameaçado por um surrado bordão de Schwarzenegger não foi a maior indignidade que Milošević sofreu naquela semana.)

De qualquer maneira, o acordo obteve sucesso ao dar fim a uma guerra sangrenta que já durava três anos e meio. Em certo sentido, Holbrooke vinha se preparando para aquilo desde que testemunhara o fracasso dos diálogos em Paris com os vietnamitas, e trabalhou duro para evitar a repetição dos erros. Crucial para o sucesso das negociações foi o amplo mandato que recebeu de Washington, livre de qualquer microgestão e blindado contra os caprichos políticos caseiros. E com os ataques da Otan autorizados, as forças militares estavam de prontidão para apoiar sua diplomacia — não o contrário.[5] Foram esses os elementos que tentou reunir, sem sucesso, em sua próxima e última missão. Dayton fez de Holbrooke uma celebridade bona fide em política externa. No ano seguinte, recebeu uma indicação para o Prêmio Nobel da Paz. Um cartum da revista *Time* mostrava-o como Tom Cruise em *Missão impossível*: suspenso por uma corda sobre a região, transpirando projéteis.[6] No entanto, apenas um ano após Dayton, foi preterido para o cargo de secretário de Estado em favor de Madeleine Albright. Arrasado, aceitou o posto de embaixador dos Estados Unidos na ONU. "Eu sabia que ele queria ser secretário de Estado",[7] disse Albright. "Mas eu fui. Foi uma surpresa para muitas pessoas, mas creio que [especialmente] para ele." Al Gore disse depois que Holbrooke teria sido "o primeiro da fila" para ser secretário de Estado em um eventual governo seu em 2000.[8] As circunstâncias sempre conseguiram afastá-lo do cargo que mais queria.

Quando Richard Holbrooke coordenou a assinatura do acordo de Dayton, em 1995, os Estados Unidos estavam apenas começando o corte das despesas com a diplomacia e a nova ênfase no domínio dos militares e dos órgãos de Inteligência, que iria se completar anos depois do Onze de Setembro. No intervalo entre o sucesso na Bósnia e a próxima tentativa de Holbrooke de pôr fim a uma guerra, o lugar ocupado pelos Estados Unidos no mundo mudaria dramaticamente. O Afeganistão e o Paquistão estariam no centro dessas mudanças.

Antes dos ataques de Onze de Setembro, a CIA já havia colaborado com o Paquistão no esforço para capturar Osama bin Laden.[9] Assim, foi causando pouca surpresa que os Estados Unidos assumiram, posteriormente, uma aproximação tática estreita com os militares paquistaneses e com seu serviço de Inteligência. Na manhã de 12 de setembro de 2001, o vice-secretário de Estado Richard Armitage reuniu-se com o general Mehmood Ahmad, diretor-geral do ISI, tentando garantir o apoio paquistanês à retaliação norte-americana no Afeganistão.[10] Mehmood prometeu apoio — e o fim da colaboração paquistanesa com o Talibã — a Armitage. Musharraf fez o mesmo com Colin Powell. Num piscar de olhos, o Paquistão se transmutara novamente de inimigo em amigo. As sanções acumuladas em represália ao programa nuclear do Paquistão e ao golpe de Estado de Musharraf evaporaram. "Liguei para o presidente Musharraf, depois de termos sugerido que já era hora de tomar a decisão estratégica de se afastar do apoio ao Talibã", disse Powell mais tarde. "E ele inverteu a direção que o Paquistão vinha seguindo."[11]

Aquilo era puro desejo, quando não pensamento mágico. O ISI passara anos até o Onze de Setembro bombeando dinheiro, armas e conselheiros para dentro do Afeganistão, em apoio ao Talibã, para derrotar seus inimigos — incluindo a coalizão de chefes militares conhecida como Aliança do Norte, que era apoiada pela Índia. Quando vieram os pedidos dos Estados Unidos por cooperação, depois do Onze de Setembro, Musharraf reuniu seu conselho de guerra — cheio de generais notórios por defender o Talibã e outros grupos islâmicos — e decidiu "aceitar sem restrições todas as demandas dos Estados Unidos, mas depois... não necessariamente concordar com todos os detalhes",[12] como lembrou um dos participantes. O Paquistão estava fazendo jogo duplo, como fizera no passado. Tal qual em meio à cooperação contra os soviéticos, os Estados Unidos fingiam que não viam.

A outra metade da resposta norte-americana envolveu o armamento da Aliança do Norte, e a consequência de apoiar as duas facções rivais tornou-se visível quase que imediatamente. Quando os soldados da Aliança do Norte, com apoio dos Estados Unidos, derrubaram a fortaleza do Talibã em Kunduz, Musharraf fez uma ligação frenética ao presidente Bush e pediu um favor: parar com os bombardeios e permitir o pouso em Kunduz, de modo a estabelecer uma ponte aérea para retirada dos paquistaneses.[13] Uma série de voos recolheu os homens e os transferiu para o Paquistão, onde logo desapareceram. A operação foi mantida secreta, e funcionários norte-americanos mentiram para escondê-la. "Nenhum país, nem o Paquistão, voou até o Afeganistão para evacuar quem quer que seja", insistiu o então secretário de Defesa, Donald Rumsfeld.[14] Os evacuados não eram, segundo a maioria dos relatos, simples espectadores inocentes: entre eles estavam muitos adeptos da Al Qaeda. Um agente da CIA, que na época trabalhava junto à Aliança do Norte, disse-me reservadamente: "Foi um erro".[15]

Os extremistas que escaparam se estabeleceram no Paquistão, onde estruturas terroristas organizadas prosperavam em dois refúgios. Em Quetta, o mulá Omar montou um novo conselho Talibã, ou *shura*, e designou comandantes para liderar uma revolta nas províncias do sul do Afeganistão. No Território Federal das Áreas Tribais (Fata, na sigla em inglês), no noroeste do Paquistão, Jalaluddin Haqqani (nada a ver com Husain, o embaixador) e Gulbuddin Hekmatyar — ambos ex-agentes utilizados pelo ISI e pela CIA contra os soviéticos — dirigiam seus próprios movimentos aliados ao Talibã. O ISI continuou a direcionar dinheiro e armas para o Talibã no interior do Afeganistão. Os militares e os órgãos de Inteligência do Paquistão permitiam aos extremistas agir com liberdade, ao mesmo tempo que mentiam descaradamente para os norte-americanos, negando qualquer problema. Esta foi uma das maiores ironias da guerra contra o terror — ao se aproximarem do Paquistão na luta contra o terror, os Estados Unidos estavam na verdade garantindo a sobrevivência do Talibã.

Husain Haqqani, que se tornara embaixador no último ano do governo Bush, disse que militares e membros da Inteligência paquistanesa repetidamente lhe pediram, sem o menor pudor, que mentisse sobre o apoio a terroristas. Quando o Lashkar-e-Taiba (LeT), uma organização sediada fora do Paquistão e fortemente apoiada pelo ISI, executou uma série de atentados a bomba e assassinatos em Mumbai, na Índia, que mataram 164 pessoas, o diretor do ISI, Ahmed Shuja Pasha, pediu a Haqqani que informasse aos norte-americanos que "ninguém no Paquistão tem qualquer conhecimento" sobre o ataque e que nenhum de seus autores era paquistanês. "Eu disse: 'Mas você sabe que isso é a mais pura mentira'. A razão pela qual os Estados Unidos e o Paquistão compartilham essa enorme falta de confiança é o fato de lhes dizermos mentiras deslavadas", comentou Haqqani. "A diplomacia nunca é 100% verdade, mas também não é 100% mentira. Eu preferia que fosse..." Ele fez uma pausa, com um meio sorriso no canto dos lábios. "Uma verdade bem contada."[16]

O governo Bush sabia que o Paquistão fazia jogo duplo, mas, como regra geral, publicamente negava. O diretor da CIA, Michael Hayden, dizia inclusive que, naquela época, os Estados Unidos não tinham "um melhor aliado na guerra contra o terrorismo do que os paquistaneses".[17] Hayden, um general reformado de quatro estrelas, era uma pessoa afável, compacta e enérgica. Falava rapidamente, com suas sobrancelhas subindo e descendo por cima dos óculos sem aro de lente oval. Quando insisti sobre a rósea caracterização das relações com o Paquistão feita pelo governo Bush, foi franco: "Se eu disse aquilo sobre os paquistaneses, foi para contrabalançar o que veio depois. Ou seja, eram aliados infernais, porque, na verdade, tinham feito um pacto com o diabo".[18] Ele viu real cooperação por parte de algumas divisões do ISI. Mas havia outras, como o Diretório S, infamemente pró-Al Qaeda, "cujo único propósito na vida era, na verdade, apoiar organizações que identificaríamos como terroristas", disse Hayden. O general Pasha foi igualmente "ambíguo". Recusou-se a me responder. "Eu não poderia dizer nem a metade da verdade", escreveu em um e-mail, "e não acho que deveria dizer toda a verdade!!"[19] (Ele se correspondia com polida cortesia e muitos pontos de exclamação, como um cavalheiro vitoriano ditando a um adolescente da virada do milênio.)

Muitos altos funcionários do governo Bush disseram que raramente, ou nunca, confrontaram o Paquistão sobre seu apoio a terroristas, por medo de pôr em risco a aliança contraterrorista. Hayden se lembra de apenas uma conversa franca, no fim do governo, na qual Musharraf "contou uma lorota sobre os oficiais do ISI reformados. Sabe, aqueles que apoiaram os mujahedins durante a guerra contra os soviéticos". Os Estados Unidos ajudaram a fomentar o apoio governamental paquistanês aos militantes islâmicos naquela época, e agora não conseguiam mais enfiar o gênio de volta na garrafa. Se quisessem mesmo, argumentou Hayden, seria necessário ultrapassar os estreitos limites da cooperação militar e em Inteligência. "Veja, quero dizer que o diretor da CIA não faria o governo do Paquistão mudar de rumo apenas com uma conversa que teriam em Washington ou Islamabad",[20] disse. "Seria necessário um esforço de longo prazo, de todo o governo... e sanções realmente poderosas, e não era evidente que eles estivessem preparados para fazê-las." Ele descrevia a necessidade urgente de um esforco diplomático mais amplo que nunca viria a acontecer.

O resultado do jogo duplo paquistanês e da relativa tolerância dos Estados Unidos foi o crescimento de uma violenta turbulência no lado paquistanês da fronteira, com o Talibã ressurgindo em ritmo constante durante o governo Bush. As operações norte-americanas e da Otan conseguiam recuos periódicos, mas o suprimento de soldados era sempre renovado a partir de seus refúgios no Paquistão. Durante o segundo governo Bush, a revolta ganhou força e realizou ataques

devastadores, algumas vezes com cobertura militar paquistanesa ao longo da fronteira, alvejando soldados norte-americanos e afegãos.[21] As vitórias do Talibã lhe permitiram estabelecer um governo paralelo no sul e no leste do país — completo,
com governadores e juízes. No começo do governo Obama, os
Estados Unidos estavam perdendo a guerra.[22]

7.

A casa de fraternidade

Enquanto o Afeganistão e o Paquistão se desenrolavam, Richard Holbrooke ainda batalhava pelo cargo para o qual acreditava ter nascido, o de secretário de Estado. Eu o conheci quando, em 2004, ele mais uma vez se aproximou de seu intento ao apostar todas as fichas na tentativa fracassada de John Kerry para a presidência. Holbrooke era então um cidadão privado que trabalhava de novo em um banco de investimentos, mas ainda era um elemento presente nas Nações Unidas e em ações beneficentes. Eu estava trabalhando na Unicef, em Nova York e em várias zonas de conflito. Do Sudão, comecei a mandar textos para o *Wall Street Journal* e o *International Herald Tribune* sobre a campanha de limpeza étnica que lá ocorria. Durante anos, Holbrooke enviava religiosamente considerações sobre meus textos: "Ronan, trata-se de um texto esplêndido e vívido... Você deveria tentar fazer esse assunto decolar no Departamento de Estado e na ONU. Vou circulá-lo por aí". Ou na mesma frequência: "Da próxima vez, enfatize um pouco mais as soluções, para que não pareça apenas um descarrego contra a ONU".

Ele levava a correspondência a sério. Naquele discurso no Departamento de Estado em que foram divulgados os documentos sobre o Vietnã, em 2010, lamentou que "muito provavelmente os volumes agora divulgados nunca terão seus correspondentes no futuro... com os e-mails e as teleconferências, a documentação não é mais o que costumava ser".[1] Na época em que eu o conheci, Holbrooke era um adepto de práticas agonizantes. O fato de eu ser jovem demais para aquilo — um adolescente, quando fui seu consultor estagiário na campanha de Kerry — nunca pareceu incomodá-lo. Fazia sentido: ele mesmo havia aperfeiçoado a arte de ser jovem e sincero demais para alguém em sua posição. Holbrooke me deixou entrar, e eu era imaturo o bastante para não perceber.

Na época, Holbrooke estava fora do jogo, posição que se tornaria comum nos anos seguintes. Estávamos em 19 de janeiro de 2009, às vésperas da posse do presidente Barack Obama e no apogeu das festas que a antecediam e que, a cada quatro anos, levavam as elites da capital a uma frenética caça a convites. Uma dessas festas, organizada pela socialite republicana Buffy Cafritz e por seu marido Bill, servia de foro para discussões bipartidárias desde os anos 1980.[2] Na maioria das vezes, atraía 250 ou trezentos convidados. Naquele ano, mais de quinhentos lotavam o salão de festas do hotel The Fairfax at the Embassy Row, vibrando de emoção. Estrelas de cinema acotovelavam políticos que acotovelavam jornalistas. Todos se amontoavam, com drinques na mão e o pescoço esticado para nomes de destaque do novo governo. A mudança estava no ar e todos queriam fazer parte dela.

Dá para sentir a mudança de energia em uma multidão de operadores políticos quando entra alguém digno de ser bajulado. Quando Bill e Hillary Clinton chegaram naquela noite — ela, derrotada na campanha, mas reerguida por sua nomeação como a nova secretária de Estado de Barack Obama —, o pouco iluminado salão de festas quase adernou. Hillary Clinton exibia um grande e gélido sorriso e acenava com a cabeça através da multidão. Huma Abedin, assistente pessoal dela por muito tempo, seguia logo atrás, teclando com os polegares em seu BlackBerry.

Richard Holbrooke vinha estudando a multidão com indisfarçável intensidade, seus olhos dardejavam através do mar de rostos e ele mal prestava atenção na nossa conversa. Permanecia na periferia do salão de festas, vestindo um paletó mal-ajambrado e uma gravata branca e roxa. Aos 67 anos, denotava sobrepeso e ia ficando grisalho; um universo e uma geração distante daquele esguio funcionário do Foreign Service que sorria por trás de seus óculos com armação grossa, em fotos no delta do Mekong. Mas os olhos maliciosos e penetrantes ainda eram os mesmos.

Trocamos algumas breves palavras. Mas o foco de Holbrooke nunca deixou a multidão. Estava "ligado". Estava a trabalho. Quando Hillary Clinton entrou em cena, afastou-se com um curto "nos falamos depois" e se precipitou para junto dela, rápido o suficiente para atrair alguns olhares enviesados. Ele e Hillary tinham se aproximado desde a presidência de seu marido, quando Holbrooke fora algumas vezes seu mentor durante os primeiros anos dela no palco internacional. Durante o governo que se iniciava, Hillary provaria ser sua grande defensora. Mas ele nunca pareceu estar em terreno firme durante aqueles anos, mesmo com seu apoio. Cada minuto face a face era precioso. "Ninguém poderia ficar em sua companhia, ainda que fosse pelo mais breve instante, sem perceber quão vivamente ele almejava o sucesso", escreveu o correspondente de guerra David Halberstam, depois de se aproximar de Holbrooke no Vietnã.[3] Aquela noite no Fairfax era a prova número um.

Ao apoiar Hillary Clinton, Holbrooke novamente apostara no cavalo errado. Mas ele batalhou como nunca e, no momento em que ela perdeu as primárias de 2008, começou a fazer campanha para entrar no governo Obama, no qual foi uma figura bastante deslocada. Batalhou junto ao telefone, ligando para qualquer um que pudesse imaginar até que, finalmente, amigos lhe disseram para se conter.[4] Por algum tempo, deteve o recorde de aparições no programa de entrevistas de Charlie Rose.

Em sua aparição em agosto de 2008, tentou freneticamente mudar para o lado de Obama.

Eu apoiei a senadora Clinton baseado em um estreito e antigo relacionamento pessoal e em compromissos de longo prazo. Mas li as posições do senador Obama com extremo cuidado... e não existe opinião importante que ele tenha externado com a qual eu não concorde...

"Ele também se reuniu com um grupo de treze pessoas relacionadas à política externa... e muita gente observou que seu nome... que você não estava presente", retrucou Rose. Holbrooke nunca soube blefar e pareceu, por um momento, quase desesperado. "Estavam decepcionados, sinceramente", continuou Rose, "porque achavam que você era um dos principais porta-vozes de política externa da ala democrata, devido à sua ampla experiência e suas..."

"Minhas frequentes aparições em seu programa", ele disse, rindo de uma forma um tanto exagerada.

"Suas frequentes aparições neste programa. Por que você não estava lá?"[5]

"Acho que estava na televisão com você."

"Seja sincero comigo. Diga, por que não estava lá e qual foi a história?"

Holbrooke olhou para o lado e então disse, em um tom que demonstrava o quanto preferiria se encharcar de gasolina e se autoimolar a admitir, naquela mesa de carvalho, o que diria a seguir: "Eu não estava lá porque não fui convidado". Ao que rapidamente acrescentou: "Não tenho problemas com isso. Você pode convidar quem quiser para uma reunião. Na verdade, eu estava fora da cidade naquele dia e de qualquer maneira não poderia ir".

Rose perguntou se ele tinha falado com Obama, e Holbrooke só respondeu com uma longa lista de conselheiros aos quais era ligado. "Trabalhamos todos juntos, Susan Rice, Tony Blinken para Biden, Greg Craig. Trabalhei muito próximo a toda a equipe atual de Obama. Conheço-a muito bem." Mas a verdade era que Holbrooke trocara pouquíssimas figurinhas com a equipe de Obama. Tinha, de fato, trabalhado com Susan Rice durante o governo Clinton. Dizer que eles não se davam bem seria o mínimo. Durante uma reunião, a contenda ficou tão séria que ela mostrou o dedo médio para ele em uma sala repleta de funcionários. Os aliados de Holbrooke, por sua vez, a chamavam na imprensa de "pirralha" com "complexo de inferioridade".[6] Funcionários que trabalharam com ambos diziam que ela se achou atropelada por Holbrooke. ("Ele *tentou* passar por cima de mim", esclareceu. "Não acho que tenha conseguido.") O relacionamento de Holbrooke com Blinken, por sua vez, não foi suficiente para evitar que seu chefe, o vice-presidente Joe Biden, dissesse a Obama: "Ele é o cretino mais egocêntrico que jamais conheci". (Embora Biden tenha admitido que Holbrooke foi "o cara certo" para lidar com a guerra do Afeganistão.) Greg Craig, também na lista de Holbrooke, logo caiu em desgraça no campo político de Obama.[7]

Para muitos correligionários de Obama, Richard Holbrooke era o inimigo: pertencente à velha guarda elitista da política externa que se reunira em torno dos Clinton e que dispensara Obama e seu círculo íntimo por considerá-los novatos. Holbrooke evitara criticar publicamente o jovem senador por Illinois, mas também encarnara seu papel como adepto de Hillary Clinton ao convidar outros especialistas em política externa e sinalizar que o apoio a Obama poderia significar desperdiçar oportunidades de emprego em um governo de Hillary (e, presumivelmente, em um Departamento de Estado de Holbrooke).[8] Assim como muitos democratas que eram autoridades em política externa, ele também carregou o estigma por ter inicialmente apoiado a guerra contra o Iraque. Mais tarde, escreveu e se pronunciou sobre as desastrosas repercussões daquela invasão, incluindo a negligência ao Afeganistão. Mas, aos olhos de muitos no novo governo, Obama havia concorrido exatamente contra aquilo que ele representava.

Havia também uma cisão cultural. Obama concorrera baseado em seu entusiasmo e em seu apelo à mudança, não em sua história ou experiência. Descreveu a si mesmo, mais tarde, como "provavelmente o primeiro presidente jovem o bastante para que o Vietnã não estivesse no âmago da minha formação". Quando os Estados Unidos finalmente saíram do sudeste asiático, em 1975, ele tinha apenas treze anos, "portanto cresci sem a bagagem oriunda da disputa envolvida na guerra do Vietnã".[9] Com algumas notáveis exceções, rodeou-se de gente jovem e com a perspectiva da sua geração. Ben Rhodes, talvez a voz sobre política externa mais durável e influente na Casa Branca, recebeu um cargo sob encomenda para ele — vice-conselheiro de Segurança Nacional para Comunicação — com 31 anos. Funcionários passaram anos tentando se livrar de uma pecha recorrente: a Casa Branca como uma "casa de fraternidade".[10]

Naquela Casa Branca, representantes do empoeirado establishment estavam fora de moda. Depois de uma áspera competição, correligionários de Hillary Clinton não eram bem-vindos — menos ainda os com excesso de personalidade. "Acho que o turbilhão de suas atividades, hum, fez franzir algumas sobrancelhas na Casa Branca",[11] disse Hillary sobre Holbrooke. "Achavam que ele ultrapassaria os limites do processo político metódico, daquela Casa Branca imperturbável que tentavam dirigir. Foi muito doloroso para mim."

Dois dias depois da eleição, Richard Holbrooke foi a Chicago para uma entrevista com o presidente eleito.[12] A reunião, que durou trinta minutos, foi um desastre imediato. De acordo com amigos para quem Holbrooke ligou depois, Obama o cumprimentou como "Dick" — ao que Holbrooke o corrigiu, dizendo que sua esposa, a escritora Kati Marton, preferia que ele fosse tratado por "Richard". "Isto é uma piada, certo?",[13] lembrou-se de ter perguntado Les Gelb, amigo de Holbrooke de longa data que estivera envolvido com os Documentos do Pentágono, anos antes. "Você não disse isso, disse?" Não era uma piada. Tinha dito, sim. Obama se aborrecera — disse isso, depois, a várias pessoas.[14] "Por alguma razão, o presidente Obama achou que ele — ou seja, Holbrooke — o estava tratando com certa condescendência",[15] disse Henry Kissinger. "Não sei se é verdade. Mas, de qualquer maneira, certamente Holbrooke tinha muito mais experiência do que os novatos que chegavam." Em certo sentido, aquilo tudo pode ser caracterizado como algo simples: era uma entrevista para um cargo, e Obama simplesmente não gostara do sujeito.

Em meio aos transpirantes mexericos no Fairfax, na véspera da posse, Holbrooke estava sob os holofotes. Hillary Clinton ter se tornado secretária de Estado era um consolo amargo, mas também um alívio. Ele desempenharia um papel no governo. Observei enquanto Holbrooke e Hillary conversavam. Ele sussurrou no ouvido dela. Os dois riram. Holbrooke certificou-se de que a multidão reunida tinha reparado.

Hillary Clinton estava em sua maior efervescência. Os Obama não chegavam e ela era o foco de cada olhar e cochicho. Frequentáramos a mesma faculdade de direito, onde vários professores antediluvianos abarcaram nossas matrículas. Encontramo-nos várias vezes ao longo dos anos, e ela sempre foi mais gentil do que era necessário. Hillary tinha uma capacidade sobrenatural para reminiscências sociais, ou ao menos disfarçava com habilidade seus esquecimentos. Afirmou ter lido algumas de minhas colunas sobre política externa e perguntou o que eu faria a seguir. Respondi que estava decidindo se voltaria para o escritório de advocacia para o qual trabalhara no verão. Olhou-me com firmeza e disse: "Fale com Holbrooke".

Ela e Holbrooke já estavam construindo um novo papel para ele, que Holbrooke mais tarde descreveria como, "em vários aspectos", o mais difícil no governo.[16] "Desde minha experiência em Paris, em 1968, como membro novato da equipe de negociação no Vietnã, sob Averell Harriman e Cyrus Vance", ele disse uma vez, "eu sempre quis me testar na mais difícil negociação do mundo."[17] Seu desejo seria satisfeito.

8.
Missão impossível

Quando a nomeação de Holbrooke vazou, sua função foi enquadrada como "enviado especial para Índia, Paquistão e Afeganistão".[1] Não era um relato malfeito. Embora seu mandato tenha sido, no fim, reduzido para incluir apenas os dois últimos países, Holbrooke pretendera inicialmente abarcar negociações de alcance regional. "O futuro do Afeganistão não pode ser assegurado apenas por um esforço contrainsurrecional", ele escreveu em 2008.

Requer também acordos regionais que garantam aos seus vizinhos participação nas decisões. Isso inclui o Irã — assim como China, Índia e Rússia. Mas o vizinho mais importante, é claro, é o Paquistão, que pode desestabilizar o Afeganistão quando quiser — e já o fez.[2]

Na Bósnia, Holbrooke já tinha feito malabarismo semelhante com as partes em conflito: não somente com bósnios, muçulmanos, croatas e sérvios, mas também com os russos, os aliados europeus e organizações como a ONU e a Otan.[3] Aqui, mais uma vez, ele via a necessidade de uma ampla abordagem estratégica.

Esse ambicioso plano para outro arranjo político no estilo *Missão impossível*, construído com base na diplomacia tradicional, chocava-se com a realidade do novo governo. Dois dias depois da festa anterior à posse, Holbrooke postou-se à frente de uma multidão de diplomatas, antigos e atuais, na sala de recepções Benjamin Franklin do Departamento de Estado, a maior sala cerimonial no oitavo andar do Departamento. A sala tinha sido reformada nos anos 1980, em estilo clássico, com a intenção de evocar as grandes salas de recepção da Europa continental. Colunas coríntias ornamentadas alinhavam-se às paredes, revestidas de gesso vermelho e com falsos veios de mármore pintados. Candelabros de cristal português pendurados por todo o teto emolduravam o brasão dos Estados Unidos: uma águia-calva segurando em uma garra um feixe de flechas e na outra um ramo de oliveira. Holbrooke estava ladeado por Barack Obama e Hillary Clinton à sua direita, e por Joe Biden e o recém-nomeado emissário da paz para o Oriente Médio, George Mitchell, à sua esquerda.

"É com extraordinária emoção que retorno a este edifício, tendo nele entrado há tantos anos como um funcionário novato do Foreign Service", começou. Sobre o Afeganistão, descreveu uma guerra que acabou mal; sobre o Paquistão, um desafio "infinitamente complexo".[4] Ele agradeceu ao presidente por ter prestado homenagem aos diplomatas em seu segundo dia no cargo. Obama, por sua vez, destacou seu "compromisso com a importância da diplomacia" e seu reconhecimento de que "a força dos Estados Unidos não vem apenas do poder de nossas armas".[5] Essas convicções foram postas à prova durante seus oito anos no cargo.

Holbrooke olhou em volta para sua mulher, Kati, para seus filhos, David e Anthony, e para os colegas que conheceu ao longo de décadas. "Vejo aqui meu ex-companheiro de quarto em Saigon, John Negroponte",[6] disse. "Nós nos lembramos muito bem daqueles dias e espero que dessa vez consigamos um melhor resultado." O público riu. Obama permaneceu impassível.

Enquanto outras iniciativas regionais anunciadas pelo novo governo eram chefiadas por "enviados", Holbrooke, no que seria apenas um de muitos aborrecimentos para a Casa Branca, insistiu que lhe fosse dado um título sui generis: "representante especial".[7] Era, em sua visão, um termo mais concreto do que "enviado" — um jeito de sinalizar que ele estava montando uma considerável equipe operacional.

O jovem Holbrooke havia escrito, em 1970, um artigo na *Foreign Policy*, então uma publicação nova da qual ele, mais tarde, se tornaria editor, depreciando a isolada e esclerosada burocracia do Departamento de Estado.[8] Ao retornar, décadas depois, decidiu dar uma sacudidela na situação. Começou por reunir um time de craques pinçados em todo o governo. Havia representantes da Usaid e dos departamentos de Agricultura, Tesouro e Justiça, do Pentágono, da CIA e do FBI. Havia também gente de fora — estudiosos da contracultura recrutados na sociedade civil, no mundo dos negócios e na academia. Vali Nasr, um acadêmico iraniano-americano estudioso do Oriente Médio, recebeu uma mensagem no meio da noite, em dezembro. Era de caráter teatral: "Se você trabalhar para qualquer outro, quebro suas pernas". Depois, antecipando a preferência de Nasr por um trabalho focado no Irã: "Isto é mais importante. É onde o presidente está focado. É onde você gostaria de estar".[9] Barnett Rubin, professor da Universidade de Nova York e autoridade sobre cultura e história afegãs, recebeu uma ligação. Rina Amiri, ativista afegã que trabalhara na ONU e no Open Society Institute, reconheceu Holbrooke em um voo da Delta entre o Distrito Federal e Nova York e começou a questioná-lo sobre as próximas eleições afegãs. Holbrooke ficou bem impressionado e lhe disse que estava montando uma equipe. "Sei disso", falou ela, "mas estou aqui como lobista."

"Sou muito eficiente",[10] disse ele. "Transformei seu lobby em uma entrevista de emprego."

Minha própria entrevista também foi especial.

"O que deveríamos fazer de forma diferente?", gritou Holbrooke de dentro do chuveiro, durante nossa entrevista. No quarto ao lado, caí na risada. Não pude evitar.

Era o ponto culminante de uma reunião que se alastrara por horas, desde seu escritório até o da secretária de Estado e depois até sua casa em Georgetown. Eu seguira o conselho de Hillary Clinton na festa anterior à posse, no Fairfax, e comecei a conversar com Holbrooke e sua chefe de gabinete, Rosemarie Pauli. Pouco mais de um mês depois, em março de 2009, fui ao Departamento de Estado encontrá-lo pessoalmente. Ele saiu de seu escritório e me inquiriu sobre política. Como eu revigoraria o comércio na Ásia Central? Como maximizaria o impacto da assistência aos paquistaneses? Não importava que eu fosse um advogado ainda cru, com um histórico modesto em política externa na África, e não no Afeganistão. Tinha trabalhado com organizações não governamentais em países em desenvolvimento e Holbrooke queria impulsionar a ênfase dos Estados Unidos nesses grupos — uma mudança cultural em uma zona de guerra onde a maioria das realizações acontecera por meio de poderosas empreiteiras. Ele queria respostas inovadoras, sem o entrave da experiência governamental.

O Departamento de Estado, situado no bairro Foggy Bottom do Distrito Federal, é um imponente edifício de arquitetura clássica despojada, revestido de pedra calcária e construído, em etapas, entre os anos 1930 e 1950. A parte mais antiga do complexo fora destinada, após a Primeira Guerra Mundial, ao emergente Departamento de Guerra, embora, depois da construção do mais ambicioso Pentágono, nunca tenha sido o quartel-general dos militares. A imponente entrada dos fundos do edifício ainda é conhecida como Departamento de Guerra — um floreio irônico para a sede do pacifismo norte-americano. O Departamento é uma hierarquia literal, com opulentas salas cerimoniais para recepção de dignitários estrangeiros no oitavo andar, o escritório do secretário no sétimo e escritórios com importância mais ou menos descendente espalhados pelos andares abaixo. Durante o prodigioso mandato de Holbrooke como secretário adjunto, quando tinha trinta e poucos anos, ele ocupara um complexo de escritórios no sexto andar. Agora estava relegado ao primeiro andar, ao lado da lanchonete — onde Robin Raphel foi alojada posteriormente — e do outro lado do saguão em relação à banca de jornais do Departamento, onde Holbrooke se abastecia de junk food no intervalo entre reuniões.

Nossa conversa itinerante começou em seu escritório, deslocou-se pelo corredor e seguiu para o sétimo andar, até o enfeitado escritório com painéis de madeira da secretária de Estado. Holbrooke se moveu com vivacidade durante toda a nossa conversa, olhando-me nos olhos apenas ocasionalmente, com auxiliares correndo atrás dele e lhe estendendo papéis. Interrompia com frequência minhas respostas para atender a ligações em seu BlackBerry. Aquele não parecia um governo da vida real, em que reuniões são feitas com as pessoas sentadas e acomodadas. Era como o governo dramatizado por Aaron Sorkin em *The West Wing*.

Holbrooke, eu e um funcionário veterano da CIA, Frank Archibald, que também estava sendo convencido a se juntar à sua equipe, nos encontramos rapidamente com Hillary Clinton na antessala de seu escritório. Ele esboçou uma deslumbrante visão dos papéis que íamos desempenhar. Reembalado e artisticamente vendido por Holbrooke, cada subordinado era uma revolução em si. Archibald dissiparia sozinho as suspeitas entre o Departamento de Estado e a CIA. Eu realinharia a assistência às ONGs. Amiri, e eu ouvira Holbrooke falar isso diversas vezes, escrevera a Constituição afegã. (Quando propagandeou o fato em uma cerimônia, ela se inclinou e sussurrou em meu ouvido: "Eu *não* escrevi a Constituição afegã".) Nenhum de nós jamais fez entrevista com a secretária de Estado a respeito de cargo, mas muitos de nós estávamos empregados graças à força de vontade de Holbrooke. Ele se abrigou sob a égide de grandes homens, de Scotty Reston, do *Times*, a Dean Rusk e Averell Harriman. Queria ser alguém que as pessoas diriam ser da mesma estirpe, e de fato era.

Após a reunião com a secretária, voltamos para o escritório de Holbrooke no primeiro andar, onde pegamos sua bagagem. Ele acabara de voltar de viagem e tinha que ir para casa se trocar antes de uma reunião à noite na Casa Branca. Passou-me uma mala, saímos e chamamos um táxi, sem interromper a enxurrada de questões. Eu destacaria a marca dos Estados Unidos na assistência da Usaid na região? Como poderia arregimentar organizações locais de acompanhamento para assegurar a transparência eleitoral? Eu tinha acabado de me recuperar de vários anos em uma cadeira de rodas, resultado de uma infecção na medula óssea mal curada quando estava no Sudão. Holbrooke estava ciente daquilo, mas convenientemente esquecera no momento. Eu claudicava atrás dele, levando sua bagagem. Quando chegamos em sua casa em Georgetown, dirigiu-se para as escadas. Sem perguntar nada, com toda a naturalidade, só continuou a conversa. Deixou a porta do banheiro entreaberta e urinou. "E as negociações com o Talibã?", ele perguntou com um ar grave. *"É sério?"*, eu disse. *"O que foi?"*, perguntou inocentemente atrás da porta do banheiro, como se fosse a coisa mais normal do mundo. Para ele, era — quase todo mundo parecia ter uma história sobre reuniões com Holbrooke em banheiros. Então pôs a cabeça para fora, desabotoando a camisa. "Vou tomar uma ducha." Fiquei do outro lado da porta. A entrevista de emprego continuou.

Muitos que Holbrooke cortejou hesitaram. Rina Amiri, preocupada se suas opiniões sinceras sobre direitos humanos seriam reprimidas, resistiu por um mês. Barnett Rubin impôs como condição que pudesse manter seu cargo na Universidade de Nova York em meio período. Eu mesmo não estava convencido. O Departamento de Estado não era um passo glamouroso na carreira. "Se fosse eu, iria para a Davis Polk", escreveu-me um colega de classe da faculdade de direito, referindo-se ao escritório de advocacia que me oferecera um emprego. "Qual é o sentido desses cargos burocráticos? Quer mesmo passar quarenta anos tentando subir na vida? Se trabalhar muito duro pode terminar onde está o próprio Holbrooke, um enorme lugar nenhum. Foda-se."[11]

No entanto, Holbrooke trazia consigo, para todo cargo que jamais exercera, uma qualidade visionária que transcendia as considerações práticas. Falava abertamente em mudar o mundo. "Se Holbrooke chamar você e te pedir algo, só diga sim", falou Henry Kissinger. "Se disser não, vai acabar dizendo sim, mas o processo será bem doloroso."[12] Todos dissemos sim.

Quando chegou o verão, Holbrooke já reunira sua equipe — cerca de trinta pessoas, de diferentes campos de estudo e órgãos, com ou sem experiência no governo. Na imprensa paquistanesa, todos aqueles coloridos acréscimos à equipe eram observados de perto, geralmente comemorados. Outros olhavam de soslaio. "Foi ele quem reuniu esse estranho bando de personagens ao seu redor. Não tenho nada a ver com isso",[13] disse-me um militar de alta patente. "Quanto ao seu esforço em trazer para o Departamento de Estado representantes de todos os órgãos que tivessem algum tipo de interesse ou contribuição a dar, penso que foi brilhante", disse Hillary Clinton, "enquanto todos os outros estavam brigando entre si com unhas e dentes."[14]

Foi somente mais tarde, quando trabalhei durante a Primavera Árabe na vasta burocracia do Departamento de Estado, como diretor de assuntos globais para a juventude de Hillary Clinton, que eu vim a compreender como a vida era peculiar no Escritório de Representação Especial para Afeganistão e Paquistão — rapidamente, como tudo no governo, conhecido pela sigla em inglês SRAP. O espaço para os escritórios, monótono e com teto baixo, bem ao lado da lanchonete, era tão diferente dos coloridos espaços abertos do Vale do Silício quanto seria possível imaginar, mas dava a sensação de uma start-up. O escritório foi logo agraciado pela presença de rostos ecléticos e inesperados. Holbrooke recebeu uma procissão de jornalistas, que ele manteve tão próximos quanto em trabalhos anteriores. Legisladores proeminentes nos visitaram. Reuniu-se com Angelina Jolie para conversar sobre refugiados e com Natalie Portman sobre microfinanças. Holbrooke sabia que o que estava fazendo era contracultura, e acreditava que era histórico. Havia lembretes de sua visão sobre nosso lugar na história em todos os lugares. Até seu escritório era um santuário para guerras anteriores. Em quadros emoldurados nas paredes, lá estava ele, sorrindo no delta do Mekong; com Bill Clinton no Timor Leste; ou em Sarajevo, ladeado por guardas armados. "Você está escrevendo um diário?", perguntou-me. "Um dia vai escrever sobre isso."

Hillary Clinton avisara Holbrooke que ele seria a interface civil direta do general David Petraeus, que na época chefiava o Comando Central dos Estados Unidos, ou Centcom, a poderosa divisão do Pentágono responsável por Iraque e Paquistão. "Ele tinha mais aviões do que eu tinha telefones",[15] resmungou mais tarde Holbrooke. Petraeus era pequeno e magro, com um físico aperfeiçoado por um treinamento diário que se tornara chamariz para elaboradores de perfil: oito quilômetros de corrida, seguidos de vinte flexões na barra fixa — uma variedade torturante que envolvia a elevação total das pernas até que seus cadarços encostassem na barra — e, depois, uma centena de flexões de braço. Em uma reunião da sombria organização Bilderberg, em Dresden, em 2016, Petraeus, já com sessenta anos, foi abordado por jornalistas de vinte e poucos anos que berravam perguntas. Saiu correndo. Eles tentaram alcançá-lo, mas não conseguiram.[16] Certa vez, levou um tiro de M-16 no peito durante um exercício de tiro real, mas sobreviveu para contar a história.[17] Corria a lenda de que fazia apenas uma refeição por dia e nunca dormia mais do que quatro horas.[18] Tive uma vez o azar de ficar ao seu lado na fila para pegar comida. Petraeus baixou os olhos para meu cheeseburguer. "Eu... vou correr depois", arrisquei dizer, me defendendo. Ele deu um tapinha em meu ombro. "É mesmo? Acha que consegue?" (Nunca corri em toda a minha vida.)

Petraeus, assim como Holbrooke, era um operador extraordinário que sabia como construir uma narrativa pública e usá-la a seu favor. Ele também tinha a atenção de todos os jornalistas de Washington, uma linha direta com todas as páginas de opinião e a propensão a se rodear de especialistas que pudessem ajudá-lo a propagar sua mensagem para fora do governo. Conforme registraram alguns perfis embevecidos, ele era de fato um estudioso eclético — tinha sido um aluno brilhante em West Point antes de obter um doutorado na Faculdade Woodrow Wilson de Negócios Públicos e Internacionais, em Princeton. Sua tese de doutorado teve por título "Os militares norte-americanos e as lições do Vietnã — um estudo sobre a influência militar e o uso da força na era pós-Vietnã".

Tanto Holbrooke quanto Petraeus questionavam as desventuras norte-americanas no Vietnã, mas chegaram a respostas diametralmente opostas. Holbrooke acreditava que a doutrina de contrainsurgência — ou Coin, como ficou conhecida — era a receita para criar uma pantanosa dependência nas populações locais. Petraeus acreditava na doutrina e construiu sua carreira defendendo seu ressurgimento. No Iraque, apostou em uma estratégia Coin de grande abrangência. Em termos gerais, consistia em uma ampla disseminação de tropas integradas à sociedade iraquiana, por um longo período de tempo, que garantiam a segurança das comunidades ao mesmo tempo que caçavam os bandidos. Petraeus emergiu daquele conflito como um grande herói. Críticos argumentaram que ele se beneficiara de eventos fora de seu controle — tais como o líder da Al Qaeda ter declarado um cessar-fogo unilateral.[19] Outros sustentavam que seus êxitos se desmancharam depois que ele se foi, ou que foram exagerados desde o começo. (Estes incluíam a então senadora Hillary Clinton, que em uma audiência no Senado, em 2007, acusou Petraeus de apresentar uma avaliação excessivamente otimista sobre o aumento de tropas no Iraque, em um momento em que ela estava tentando se distanciar de seu voto para a invasão do país. "Penso que os relatórios que você nos fornece realmente exigem a suspensão voluntária da dúvida", disse.) No entanto, na visão de Petraeus, a Coin dera certo no Iraque, e para muitos correligionários no Pentágono isso virou um evangelho. No Afeganistão, ele pretendia testá-la uma segunda vez.[20]

Logo depois que Hillary Clinton aceitou o convite de Obama, ela, Petraeus e Holbrooke se sentaram ao redor da lareira de sua mansão em estilo georgiano, próxima ao setor das embaixadas do Distrito Federal, e compartilharam uma garrafa de vinho. "Trabalhei duro para garantir que Holbrooke se relacionasse com os generais", disse Hillary. "Convidei Dave Petraeus e ele, que ainda não se conheciam, para irem a minha casa conversar sobre o que cada um pensava que deveria ser feito." Ela sabia que Petraeus — que acabara de se tornar o comandante do Centcom — desempenharia um papel decisivo em alguns de seus maiores desafios internacionais.

Aquela noite no lar dos Clinton marcou o início de uma série de jantares e coquetéis reunindo os dois homens, e a parceria era frequentemente caracterizada pela imprensa como vigorosa. "Richard compartilhava o interesse de Petraeus por uma estratégia contrainsurrecional agressiva", lembrou Hillary, "porém focada no fortalecimento da credibilidade do governo de Cabul e no enfraquecimento do carisma do Talibã. Richard não tinha certeza se acrescentar mais tropas contribuiria para isso, achava que poderia minar as predisposições favoráveis."[21]

A verdade é que Petraeus e Holbrooke guardavam certa cautela um em relação ao outro. O organizado e rigidamente autocontrolado Petraeus (embora os escândalos nos anos subsequentes sugerissem um autocontrole não tão rígido assim em algumas questões) sentia-se frequentemente desconfortável com a improvisação incessante de Holbrooke. O jornalista Mark Landler, do *New York Times*, lembrou-se, mais tarde, de Petraeus chegando para uma reunião enquanto ele entrevistava Holbrooke, e de sua contrariedade com duas coisas: a sugestão impensada de Holbrooke para que Landler entrevistasse os dois ao mesmo tempo, e os pés descalços de Holbrooke apoiados em uma mesa de centro. "Richard, por que você não está usando sapatos?", perguntou Petraeus, horrorizado. Holbrooke disse que se sentia mais confortável daquele jeito.[22]

Conheci Petraeus em Cabul, no quartel da Força Internacional de Assistência para Segurança (Isaf, na sigla em inglês) — a missão da Otan no Afeganistão. Eu tinha apresentado um PowerPoint (os militares adoram o PowerPoint) sobre a sociedade civil do Afeganistão e logo depois Holbrooke, com seu jeito típico de louvar os subordinados, apresentou-me ao general. "Então você trabalha para meu braço direito diplomático", disse Petraeus, levantando-se para me cumprimentar. Petraeus chamava muitas vezes Holbrooke de "braço direito", internamente ou para a imprensa. Holbrooke detestava aquilo. Não apreciava ser o braço direito de ninguém. E o desequilíbrio de poder, além do fato de Holbrooke entender aquilo como uma ligeira provocação, doía mais fundo, contrariando a profunda crença de Holbrooke de que o poderio militar deveria ser usado em apoio aos objetivos diplomáticos. "O trabalho dele deveria ser lançar as bombas que eu lhe dissesse para lançar",[23] disse Holbrooke à nossa equipe, irritado. Petraeus disse-me mais tarde que usava "braço direito" como um sinal de respeito. Mas admitiu que o relacionamento deles era complicado. "Holbrooke era um parceiro difícil, em muitos momentos. Acho que tinha déficit de atenção ou algo que o valha. Para ele, era muito difícil manter o foco", lembrou. "Richard chegara pensando: 'Sou Richard Holbrooke', mas o governo estava pensando: 'Sou Barack Obama'. Realmente duas pessoas brilhantes. Esperava-se que fossem capazes de fazer algo que ninguém mais poderia fazer."[24]

Enquanto o novo governo era montado, Obama ordenou uma ampla avaliação do papel dos Estados Unidos no Afeganistão e no Paquistão. O processo foi tão tortuoso que rendeu ao jornalista Bob Woodward um livro inteiro com relatos azedos de como tudo se passou. Durante dez reuniões, realizadas no espaço de mais de 25 horas, o presidente ouviu argumentos e propostas. Incontáveis reuniões adicionais foram realizadas, conduzidas por funcionários de menor escalão. A questão fundamental era: quantos soldados enviar, e quando? Os militares já tinham requisitado um aumento de 30 mil soldados quando Obama começou seu mandato, e durante a avaliação os militares lutaram com unhas e dentes por uma contrainsurgência totalmente aprovisionada, com a maior quantidade de soldados possível, o mais rápido possível, que permanecesse o maior tempo possível. "Não atingiremos nossos objetivos sem mais soldados", argumentou Petraeus. Depois da primeiríssima reunião do NSC a esse respeito, ele disse que ia prosseguir com o aumento de tropas pendente. Foi preciso que o chefe de gabinete da Casa Branca, Rahm Emanuel, o contivesse: "Espere um pouco", disse, de acordo com relatos que vazaram. "General, aprecio que faça seu trabalho, mas não ouvi o presidente dos Estados Unidos dar essa ordem."[25]

Holbrooke era, oficialmente, coorganizador do processo de avaliação, junto com um agente aposentado da CIA, Bruce Riedel. De acordo com Riedel, Petraeus era "um terceiro coorganizador não oficial".[26] Mas Holbrooke foi ultrapassado — por Riedel, que tinha mais acesso ao presidente, por uma série de generais e pela própria Casa Branca. A avaliação ressaltou o profundo abismo geracional e cultural entre Holbrooke e Obama. Na reunião do NSC em janeiro de 2009, Holbrooke comparou as deliberações com aquelas conduzidas por Lyndon Johnson e seus conselheiros durante a guerra do Vietnã. "A história não pode ser esquecida", disse. A sala ficou em silêncio. Obama murmurou: "Fantasmas".[27] Quando Holbrooke retomou o Vietnã, vários meses depois, Obama foi menos contido: "Richard", censurou, cortando-o. "As pessoas realmente *falam* desse jeito?"[28] Holbrooke começara a gravar diários de suas experiências em fitas, de olho na história (e em suas memórias). "Em algumas das primeiras reuniões do NSC com o presidente, eu me referi ao Vietnã. Tinha sido advertido por Hillary de que o presidente não queria nenhuma referência ao Vietnã",[29] ele registrou, sua voz soando cansada na fita chiada. "Fiquei muito abalado com isso, pois eu achava que eram questões muito relevantes." "Holbrooke ficou incrivelmente infeliz com a maneira pela qual foi tratado",[30] refletiu Hillary Clinton. "Também fiquei. Porque pensava que muitas das coisas que ele expressava tinham mérito real, mas de alguma maneira não se coadunavam com a visão de mundo da Casa Branca." Holbrooke deixou-se caracterizar não como alguém a ser ouvido, mas alguém a ser tolerado.

No entanto, a divergência mais significativa era com os militares. Holbrooke não era um pombo, um apoiador automático da paz, que se opunha aos falcões da guerra. Havia apoiado a invasão do Iraque, e no início da avaliação endossou o envio inicial de soldados antes das eleições afegãs como paliativo. Achava, porém, que o envolvimento dos militares deveria ser organizado em torno do objetivo de alcançar um acordo político. Estava alarmado com a força de persuasão deles na mesa de comando do NSC, e algumas vezes bradava por soluções não militares. "Comentei com David Axelrod que tínhamos sido dominados pelo pensamento puramente militar por tempo demais", disse em outra fita. "Pensamento militar e domínio militar. Embora tenha grande respeito pelos militares, hã, e Petraeus seja brilhante, e eu goste deles como pessoas e saiba que são grandes norte-americanos, não acho que deveriam ditar a estratégia política, que é o que acontece agora."[31] Depois de uma reunião, ele apareceu, exausto, e disse a Vali Nasr algo absurdo: o secretário de Defesa tinha *pastas maiores*. Seus mapas e gráficos eram *mais coloridos*. A equipe do SRAP tinha elaborado documentos políticos volumosos que não eram lidos pela maioria dos conselheiros do presidente.[32] "Quem aqui sabe fazer gráficos?", perguntou em uma reunião. Todos os olhos se voltaram para mim. "Preconceito contra os mais velhos", resmunguei, e comecei a elaborar PowerPoints multicoloridos sobre as propostas políticas que ele me ditava nos mínimos detalhes. Muitas vezes, focavam soluções políticas e diplomáticas que Holbrooke achava pouco valorizadas na Casa Branca. Um conjunto de círculos concêntricos mostrava o intrincado cenário de parceiros globais que ele julgava que os Estados Unidos deveriam se esforçar mais para comprometer — desde doadores internacionais até as nações integrantes da Otan, passando por potências emergentes como Índia e China. Triângulos interligados por setas ilustravam as relações trilaterais entre Paquistão, Índia e Estados Unidos. Um diagrama de blocos, intitulado "Mudando o comportamento do Paquistão em relação ao Talibã", apresentava uma simplificação de seu plano para a relação bilateral mais complicada do mundo:

1. Foco em todo o país, com uma nova assistência internacional liderada pelos Estados Unidos e uma nova campanha de comprometimento...

2. ... contribuindo para um sentimento pró-Estados Unidos...

3. ... ajudando a trazer o governo e os militares paquistaneses para o nosso lado...

4. ... convencendo os militares paquistaneses a serem mais ativos contra o Talibã e a Al Qaeda.

Os gráficos pouco fizeram para mudar o rumo das coisas. Os defensores do aumento geral de tropas eram mais numerosos e dispunham de melhor acesso do que os adeptos da cautela. Riedel viajou no Força Aérea Um com o presidente e o aconselhou sem a presença de outros interlocutores. O secretário da Defesa, Bob Gates, apoiou seus generais e pressionou por um robusto aumento de tropas. O general reformado Jim Jones, conselheiro de Segurança Nacional, fez o mesmo. Assim também o seu vice, responsável pelo Afeganistão, o tenente-general reformado Doug Lute. Hillary Clinton, apesar de ser defensora de Holbrooke, era fundamentalmente um falcão. "Houve muita coisa reprovável", recordou-se mais tarde Ben Rhodes, vice-conselheiro para Segurança Nacional. "A maior defensora de Holbrooke era Hillary, mas até ela constantemente se alinhava com os generais na hora de definir as políticas."

"Eu estava convencida de que Holbrooke tinha razão sobre a necessidade tanto de uma campanha diplomática quanto de um incremento de civis",[33] disse Hillary.

Mas discordava dele de que um aumento de tropas não era necessário para fazer aquilo funcionar, porque pensava — dada a maneira como o governo Bush meio que perdera o interesse no Afeganistão devido à sua hiperpreocupação com o Iraque — que o Talibã estava realmente crescendo e deveria haver alguma demonstração de que estávamos dispostos a reagir.

Holbrooke precisou engolir aquilo em silêncio, mas sabia que somente a força não resolveria a crise no Afeganistão. "Minha opinião era muito precisa", disse ele durante uma refeição com Bob Woodward, que rememorou a conversa.[34]

Vou apoiá-la em qualquer posição que tome porque você é minha chefe, mas precisa saber minha opinião. Tenho sérias preocupações com o fato de que nossas tropas vão se espalhar demais, e estou bastante preocupado ainda com a incompatibilidade entre missão e recursos. Muita gente achava que fui influenciado demais pelo Vietnã. Isso não me incomodava. Pelo menos tive alguma experiência lá.

"Sempre lamentei muito o caso de Holbrooke", disse Rhodes. "Foi ruim e me parece desnecessário, em retrospectiva." Era como se "Holbrooke estivesse em uma dança das cadeiras e fosse o cara que não tinha uma onde sentar", refletiu.

Uma das características kafkianas do período foi a profusão de avaliações aparentemente redundantes — não houve apenas aquela promovida pela Casa Branca e liderada por Riedel, mas outras anteriores feitas por Petraeus e uma por Stanley McChrystal, o novo general responsável pelo Afeganistão. Um pouco antes de McChrystal divulgar suas recomendações, Holbrooke descreveu à nossa equipe exatamente qual seria o processo. Haveria três opções. "Uma opção de 'alto risco'", disse ele, gesticulando acima da linha dos olhos, "como sempre a denominam, que talvez exigisse bem poucos soldados. Poucos soldados, muito risco. E então uma opção de 'baixo risco'", continuou ele, descendo a mão, "que exigiria o dobro da quantidade que eles realmente querem."[35] No meio-termo estava o que desejavam. Holbrooke já tinha visto aquele filme. A primeira recomendação do relatório final de Riedel foi por uma contrainsurgência no Afeganistão "com recursos plenos".

Após meses de hesitação, o presidente optou pela Coin e pelo envio de 30 mil soldados adicionais.

Obama anunciou um incremento com data de validade: dois anos depois, em meados de 2011, a retirada começaria.[36] Estava manifestamente ausente, tanto do relatório Riedel quanto do anúncio do presidente, qualquer compromisso com negociação, tanto com o Paquistão, a respeito dos refúgios seguros para terroristas, quanto com o Talibã no Afeganistão. Não havia "nenhuma discussão sobre diplomacia ou acordos políticos",[37] lembrou Vali Nasr. "Holbrooke queria que o presidente considerasse aquela opção, mas a Casa Branca não comprou sua ideia. Os militares queriam permanecer no comando e ir contra eles faria o presidente parecer fraco."

9.
Pisando em ovos

Durante o Ramadã de 2010, Umar Cheema, um jornalista paquistanês, acordou no meio da noite para passar algum tempo com amigos enquanto esperava pelo *suhoor*, a refeição da madrugada com a qual os muçulmanos praticantes quebram o jejum. Passearam pelo parque Daman-e-Koh, que durante o dia oferece uma vista deslumbrante de Islamabad e à noite se transforma em um labirinto de jardins e pátios românticos, banhados em luz dourada. O grupo foi embora por volta das duas e meia da madrugada, espremendo-se no carro de Cheema, que levou cada um até sua respectiva casa. Depois que deixara o último amigo e já a caminho de sua própria casa, percebeu que estava sendo seguido por dois veículos. Um deles, um Corolla, encostou atrás dele. O outro, um Jeep preto, passou à sua frente.

Quando estacionou, três homens com uniforme da polícia saltaram do Jeep. Disseram-lhe, para sua surpresa, que ele tinha atropelado um homem e fugido. Cheema, que escrevia para o jornal paquistanês *The News*, ganhara uma bolsa da Fundação Daniel Pearl para jornalistas estrangeiros e trabalhava para o *New York Times*, e jamais se envolvera com atividades criminosas em toda a sua vida. Tinha escrito, no entanto, uma série de artigos contundentes sobre os poderes estabelecidos. Expusera diversas controvérsias envolvendo o Exército, incluindo alegações de que oficiais sob corte marcial não recebiam um julgamento justo. Descobrira evidências de que a Inteligência paquistanesa estava por trás de uma série de desaparecimentos de civis. Relatara que seus agentes estavam libertando suspeitos de um ataque terrorista de grandes proporções. Ele disse aos policiais que devia ser um engano, mas os deixou entrar em seu carro. Foi quando o vendaram e tomaram seu telefone.

Ao tirarem sua venda, Cheema estava sentado em uma sala vazia, em cujas paredes a tinta verde descascava sobre o concreto. Era iluminada por uma única lâmpada descoberta. Um ventilador girava lentamente em um canto. Quando perguntou onde estava, o mandaram calar a boca. Na luz mortiça, podia ver três homens, com o rosto coberto por máscaras infantis. Arrancaram suas roupas, o jogaram no chão e o espancaram com bastões de madeira. Rasparam sua cabeça e suas sobrancelhas e o fotografaram, encolhido de medo. Não esconderam sua motivação. "Você está aqui por causa de seus textos", disse um. "Isso vai ensiná-lo a obedecer."[1]

"Eu tinha feito reportagens sobre pessoas desaparecidas, e aquilo me deu uma ideia das histórias terríveis que as famílias viveram", disse-me. "Pensei em meu filho, que tinha dois anos. Compreendi que, se não conseguisse voltar, ele cresceria sozinho."[2] Cheema fortaleceu-se contra a dor. "Eu dizia a mim mesmo: 'Estou sendo punido por ter feito algo de bom, por ter sido verdadeiro'." Os sequestradores o espancaram intermitentemente por cerca de sete horas, então o abandonaram, sem roupas e coberto de sangue, no acostamento de uma estrada nas cercanias de Islamabad. Seu carro fora deixado ali. Deram-lhe cem rúpias para que pagasse os pedágios na volta à cidade. A operação era uma máquina bem azeitada de intimidação; Cheema teve a nítida sensação de que já tinham feito aquilo antes. Seu caso foi incomum apenas pelo fato de que a intimidação não funcionou: ele imediatamente a levou a público.

Não havia a menor dúvida, na cabeça de Cheema, de quem estava por trás do ataque. Sua noite no inferno fora precedida por uma série de reuniões com o ISI — que tinha entrado em contato com ele antes e depois de suas histórias, com "avisos" de mau agouro. A agência tinha experiência em "lidar" com pessoas desobedientes, lembraram os agentes. Ser um jornalista no Paquistão era uma aspiração quase suicida. Jornalistas eram rotineiramente espancados, ou sofriam coisas piores.

No ano seguinte ao espancamento de Cheema, Syed Saleem Shahzad, que vinha investigando as ligações entre o ISI e organizações militantes islâmicas, foi espancado até a morte. Seu cadáver foi encontrado boiando em um canal ao lado de Islamabad. A CIA depois interceptou ligações telefônicas que sugeriam um assassinato ordenado diretamente pelo ISI — talvez pelo próprio general Pasha.[3] Desde 1992, o Comitê pela Proteção dos Jornalistas documentou, no Paquistão, sessenta assassinatos de jornalistas por motivos relacionados à sua profissão. Artigos sobre direitos humanos, sobre a guerra do Afeganistão e sobre a corrupção eram perigosos, porém o assunto mais mortal, que compreendia, sozinho, 67% das mortes, era política: quase sempre textos sobre o ISI e os militares.[4] O Paquistão era paradoxal àquele respeito — o país tinha um sofisticado canal de 24 horas por dia de notícias pela TV. Dispunha de comentaristas e colunistas enérgicos. No entanto, os militares e o ISI ainda governavam com mão de ferro. Inúmeros jornalistas estavam na folha de pagamento dos órgãos de Inteligência, pagos para escrever artigos favoráveis e para não escrever nenhum que fosse mais duro.[5]

O suplício dos jornalistas, assim com os desaparecimentos e os assassinatos extrajudiciais que às vezes morriam investigando, sublinhavam o espaço cada vez menor para o diálogo nas relações Estados Unidos-Paquistão. Descobri que investigar o desaparecimento de jornalistas e matérias censuradas era uma árdua batalha. Era outra luta na qual não valia a pena se engajar, no auge da colaboração antiterrorista. Esse ônus moral era uma característica comum — alguns diriam inevitável — dos relacionamentos sensíveis para a segurança nacional. No entanto, o crescimento da lista de assuntos em que os Estados Unidos pareciam impotentes era alarmante. Foi aquele o desafio que Richard Holbrooke enfrentou quando assumiu a tarefa: um relacionamento onde ninguém discutia nada que não fosse a tática da guerra.

Cheema relatou sua experiência para vários funcionários do Departamento de Estado, que se mostraram simpáticos, mas nem um pouco interessados. "Não disseram uma palavra sequer sobre as violações dos direitos humanos, a não ser que havia tensões entre o ISI e a CIA",[6] disse-me. "Washington tinha seus próprios interesses. Por que iam se incomodar com a possível existência de um problema, conquanto o ISI colaborasse?" O tema dos direitos humanos ressaltou o desequilíbrio de poder no governo norte-americano. As relações bilaterais com o Paquistão eram quase que totalmente conduzidas pelas agências de Inteligência e pelos militares. Mas nenhuma daquelas Instituições achava que promover os direitos humanos fazia parte de seu trabalho.

"Isso nunca fez parte de nossas negociações" com os paquistaneses, disse o general Hayden a respeito dos assassinatos e desaparecimentos. "Quando fui a Islamabad, tinha questões muito específicas a tratar. Estava lá com um propósito. 'Precisamos fazer isto. Preciso de sua ajuda nisto. É isto que oferecemos. Posso contar com sua ajuda?'"[7] Hayden suspirou. "Sabemos que o ISI aparentemente está matando jornalistas. Compreenda; isso pode mudar minha visão geral sobre ele, mas não afeta nosso trabalho conjunto para investigar e capturar um agente da Al Qaeda em Wana ou em Mir Ali." Era um sentimento comum entre os líderes da Inteligência e dos militares que supervisionavam a relação com o Paquistão. Aquele tipo de negociação mais abrangente não era, segundo seu entendimento, problema deles. Devido ao poder no processo político norte-americano estar tão afastado das lideranças civis, era difícil saber quem poderia levantar tais questões de maneira significativa.

O sucessor de Hayden na CIA, Leon Panetta, considerou frustrantes suas tentativas de enfrentar tais questões. Panetta era um ex-político e veterano do ramo executivo, mas um estranho na comunidade de Inteligência quando o presidente Obama o designou para o cargo na agência. Era corpulento e usava óculos, tinha jeitão de tio e riso fácil. Dizia estar consciente dos requisitos legais para interromper a ajuda a unidades militares envolvidas em abusos aos direitos humanos — a assim chamada Lei Leahy. "Quando descobrimos que eles estavam executando *abordagens extrajudiciais*", disse com um riso abafado, "isso levantou sérias preocupações. A abordagem que adotamos, em vez de atacá-los, foi ver se havia alguma maneira de melhorar seu processo."[8]

A tendência dos paquistaneses era serem menos do que receptivos. "Eles me olhavam com um ar meio esquisito, como se dissessem: 'Vocês é que não estão entendendo.'" E Panetta deu mais uma risada. "'Vocês têm essas lindas leis e regras, mas o fato é que essas pessoas são assassinas, mataram outros, nos mataram, e nossa história é basicamente lidar com elas da mesma maneira.' Ao mesmo tempo, você diz: 'Vejam, vocês querem os F-16, querem os equipamentos mais atuais, querem ser capazes de pegar o que temos a oferecer? Então isto é algo em que devem prestar atenção...'. Eles me olhavam meio de lado, como quem diz: 'Vamos continuar com essa brincadeira, mas não vamos esquecer que é só uma brincadeira.'" Ele riu mais uma vez. Nunca vi alguém rir tanto durante uma conversa sobre execuções extrajudiciais.

Os imperativos do antiterrorismo na região e a capacidade nuclear do Paquistão conspiraram para reduzir o poder dos Estados Unidos. "Não importava o quanto você reclamasse do que estavam fazendo, dos jogos que encenavam e das dificuldades do relacionamento, o ponto de partida era que você estava lidando com um país nuclearizado", lembrou Panetta. "Por isso, havia sempre o perigo de que, se optasse pelo lado errado, fosse devido à negligência deles, fosse pela maneira como operavam... alguma hora uma organização terrorista poderia pôr as mãos em uma dessas armas", acrescentou. "Você estava sempre pisando em ovos quando lidava com os paquistaneses."[9] Assim, a dinâmica do relacionamento permaneceu inalterada. Mentiras descaradas eram seu fundamento — dentro dos limites da colaboração antiterrorista, essas mentiras eram toleradas, ou mesmo encorajadas. Toda a estratégia de ataques com drones, empregada para eliminar líderes da Al Qaeda, foi precedida por um entendimento mútuo de que os paquistaneses mentiriam para a população por necessidade política. A cultura da dissimulação nos relacionamentos por vezes torna impossível voltar atrás. "Era um lugar difícil de entender", disse-me mais tarde a embaixadora Anne Patterson com seu sotaque sulista. "Era muito estranho. Era francamente não linear."[10]

A toada típica do relacionamento era algo assim: o ISI plantava notícias negativas sobre os Estados Unidos na imprensa paquistanesa, incluindo teorias conspiratórias sobre agentes indianos no Congresso ou na Casa Branca. Os textos estimulavam sentimentos antiamericanos furiosos. Aí o ISI voltava para os norte-americanos e insistia que a opinião pública os impedia de mudar sua abordagem a respeito dos refúgios seguros para os terroristas ou do apoio às milícias islâmicas. "O que era de fato realidade", admitia Patterson, "mas tratava-se de uma opinião pública que eles mesmos haviam provocado."[11] Patterson tinha um jeito franco e direto, e ela foi um dos poucos diplomatas que tentaram bater de frente com as sucessivas camadas de dissimulação. Em uma reunião, disse a Zardari: "Eu venho aqui, senhor presidente, e nós conversamos, depois vem um comunicado de imprensa que diz algo que nunca falamos".[12] Ele olhou para Patterson como se ela tivesse perdido o juízo e disse: "Bem, você não ia querer que nós expuséssemos o que de fato conversamos!".[13] Uma dinâmica semelhante repetia-se em outros lugares sensíveis onde os Estados Unidos confiaram em militares estrangeiros problemáticos, como no Egito.

Panetta disse que, após suas reuniões com o general Pasha e com o ISI, seus colegas com frequência comentavam: "Você não vê que ele está mentindo?". Panetta via.

Claro, não pense que eu não via... dava para perceber... as pessoas frequentemente me perguntam por que nossas operações eram sigilosas — o motivo era que os paquistaneses *queriam* que fosse assim, para jamais terem que assumir o que acontecia!

Panetta riu novamente. O general Pasha, em seu curioso e milenar jeito de ser, recusou-se a me responder sobre os comentários de Panetta. "Desculpe, Ronan. Me deixe fora disso. Deixe Leon ter sua opinião!!!!"[14]

Ter aceitado o jogo duplo do Paquistão supostamente preservou a colaboração, porém, mesmo no nível tático, o relacionamento era complicado — às vezes para ambos os lados. Um comandante paquistanês, que falou comigo sob anonimato pois hoje ocupa uma posição proeminente entre os militares, disse-me que as operações conjuntas eram cheias de terríveis mal-entendidos. Ele participou de uma dessas operações quando era comandante de infantaria, durante a fracassada série inicial de esforços antiterroristas no vale do Swat, no início de 2009. Ainda era inverno, o ar no vale montanhoso congelava. Ele liderou sua unidade de 35 homens através do terreno difícil, em perseguição a um alvo terrorista "muito importante", escolhido pelos norte-americanos. (O quanto era importante, nunca soube. "Quando você está em uma operação de campo, comandando uma unidade, não tem condições de avaliar se é um alvo de grande valor", refletiu. "Só se preocupa em eliminá-lo antes que ele o elimine.") No alto, podia ver drones norte-americanos o seguindo. "Muito poucas pessoas sabem que tínhamos conosco uma equipe técnica norte-americana, que tinha certo controle sobre os drones Predator que voavam lá em cima",[15] disse. "Certamente com o consentimento do Paquistão."

Uma dessas equipes técnicas norte-americanas estava a certa distância do palco das operações no Swat, monitorando por meio de drones. A presença norte-americana era assunto do mais alto sigilo. Mesmo os homens na unidade do comandante não sabiam de detalhes. Mas o comandante tinha uma linha aberta de comunicação por rádio com os funcionários norte-americanos, e lhe disseram que poderia requisitar ataques dos drones para multiplicar seu poder de fogo.

De acordo com o comandante, na primeira noite da operação sua unidade se aproximou do alvo apenas para vê-lo escapar para uma "zona hostil", a qual tinham ordens de não invadir. O comandante transmitiu por rádio suas coordenadas aos norte-americanos. Os drones permaneceram próximos durante horas. Mas nenhum ataque ocorreu.[16]

Na noite seguinte, outra unidade, operando a cerca de cinquenta quilômetros de distância, teve um encontro semelhante com outro alvo e requisitou um ataque. Daquela vez, ele aconteceu — atingindo não os terroristas que a unidade perseguia, mas a ela própria. "Nossos próprios soldados", disse-me o comandante paquistanês, cravando o punho na mesa à sua frente, "perdemos 31 homens. Foi atribuído a um erro do operador... Nunca mais requisitamos um ataque de drones, jamais." Os paquistaneses disseram à equipe técnica norte-americana que não

iam mais colaborar; menos de duas semanas depois, os norte-
-americanos se foram.

A história refletia um sentimento que surgia muitas vezes em conversas com militares paquistaneses de alto escalão. "Havia uma falta de sinceridade", disse o mesmo comandante, oriunda do limitado alcance do relacionamento e da falta de comunicação. Ele achava irritante como os norte-americanos pareciam compartilhar tão pouco os objetivos globais das operações nas quais arriscava sua vida. "Os Estados Unidos jamais compartilharam conosco, formalmente, o resultado final pretendido no Afeganistão", queixou-se. "Esse é um exemplo clássico da interação estratégica entre os Estados Unidos e o Paquistão. Estávamos trabalhando em questões operacionais. Não falávamos sobre as grandes questões estratégicas que as duas nações deveriam falar uma para a outra." Outro militar paquistanês, também presente enquanto conversávamos, aquiesceu vigorosamente e acrescentou: "Ninguém pergunta o que *leva* o Paquistão a fazer o que faz".[17]

Se os acordos embaraçosos inerentes àquele relacionamento valiam ou não a pena, as opiniões variavam. Anne Patterson era da opinião de que "tínhamos um extraordinário grau de cooperação com o ISI a respeito de algumas questões relativas ao antiterrorismo, verdadeiras únicas no mundo", um sentimento compartilhado por muitos no Departamento de Estado, no Pentágono e na comunidade de Inteligência. Por outro lado, outros tantos tinham sérias dúvidas. Petraeus, refletindo sobre seu tempo como diretor da CIA, disse-me que "o ISI não era uma das melhores fontes de informação... no fim das contas, nosso relacionamento não passava de uma troca de interesses".[18]

O debate recrudescia cada vez que as deficiências na cooperação antiterrorista com o Paquistão eram reveladas. Quando

um terrorista falhou, por pouco, em explodir um caminhão-
-bomba na Times Square, em 2010, o FBI soube que o acusado,
um paquistanês-americano de 33 anos de idade chamado Fai-
sal Shahzad, tinha sido treinado em um dos refúgios terroristas
do Paquistão, no Vaziristão. Rapidamente compreenderam que
o ISI nada tinha feito para alertá-los sobre aquele ataque. Funcionários furiosos da Casa Branca descompuseram os paquistaneses e pediram que compartilhassem mais informações, incluindo dados sobre passageiros em voos saindo do Paquistão,
e parassem de reter vistos de entrada para os norte-americanos.
Em um representativo espetáculo de dissonância cognitiva, os
paquistaneses insistiram que já estavam compartilhando tudo
e se recusaram a repassar os dados de voos.[19]
A obstrução dos vistos de entrada era um ponto especial
das dificuldades. Quando cheguei ao Departamento de Estado,
em 2009, os paquistaneses estavam havia anos estrangulando
descaradamente o fluxo de documentos de viagem para autoridades dos Estados Unidos. A barreira era uma concessão
ao antiamericanismo dentro do Paquistão, que incluía o receio de agentes da CIA se infiltrarem em massa no país. A dificuldade que aquilo criava para os esforços na área de assistência civil era considerável. Com frequência, funcionários
do Departamento de Estado simplesmente não conseguiam
entrar no país. Certa vez, um dia antes de uma viagem a Islamabad, eu soube que meu pedido de visto, apresentado havia
meses, ainda tramitava. Como era comum no caso do Paquistão, a resposta não dependia dos civis. Consegui marcar uma
reunião com o adido militar, o tenente-general Nazir Ahmed
Butt. Encontramo-nos em seu amplo escritório no quarto andar da embaixada do Paquistão, com a embaixada chinesa visível do outro lado da rua. Butt, em uniforme completo com
três estrelas no colarinho, tinha aparência distinta, um bigode
anguloso e agrisalhado e, algo incomum para um paquistanês,

elétricos olhos azuis. Recostou-se na cadeira, escutando atentamente, enquanto um assessor servia o chá vindo de um bule de porcelana chinesa, pontilhado de flores cor-de-rosa, e eu falava sobre a importância de trabalhar com a sociedade civil paquistanesa, e me esforçava para agradar. Uma hora depois, saí da embaixada com um visto de múltiplas entradas, válido por um ano. Nem todos tiveram a mesma sorte. Em determinado momento, centenas de pedidos estavam pendentes, necessitando da aprovação direta dos militares ou de agentes da Inteligência paquistanesa.[20]

No fim, a situação ficou tão problemática que Hillary Clinton a levou até o primeiro-ministro, Yousuf Raza Gilani. Ele discretamente autorizou Husain Haqqani a aprovar vistos de entrada sem passar por Islamabad — fazendo dele, como colocou o próprio Haqqani, um "tsar dos vistos". No decorrer do ano seguinte, ele aprovou uma grande quantidade de pedidos de visto, impedindo que o relacionamento descambasse em hostilidades. Estava, em sua visão, "empapelando um monte de problemas entre o Paquistão e os Estados Unidos".[21] Haqqani sabia que sua diligência levantaria suspeitas nas autoridades políticas paquistanesas. Para ele, como fora o caso do esforço diplomático mal compreendido de Robin Raphel, conversar com o outro lado estava prestes a se tornar um jogo perigoso.

10.
O fazendeiro Holbrooke

Incapaz de mudar o rumo do que ele chamava de "cabeça de milico", Richard Holbrooke se pôs a comer pelas bordas. Ainda acreditava que qualquer esperança de sucesso dependia de ampliar o papel dos Estados Unidos, tanto no Afeganistão quanto no Paquistão, para além das aproximações táticas. No lado afegão da fronteira, ele propôs uma enxurrada de novas ajudas conduzidas por civis. Levado por seu arrebatamento, o governo Obama pediu ao Congresso, em 2009, 800 milhões de dólares a mais do que o governo Bush obtivera no ano anterior para a reconstrução.[1] Holbrooke assumiu o controle dos projetos da Usaid, insistindo em assinar muitos deles pessoalmente. Estava apto a conseguir tal controle porque a Usaid respondia ao Departamento de Estado. Sua influência fora do comum era motivo de rancor burocrático — especialmente quando Holbrooke, sempre um dervixe rodopiante em suas atividades, deixava projetos esperando por aprovação durante meses, relutando em abrir mão do controle. Mas ele julgava a concentração necessária. O Afeganistão estava cheio de projetos da Usaid dispendiosos, desnecessários e embaraçosos — desde estradas de paralelepípedos, que os afegãos consideravam inutilizáveis por machucarem as patas dos camelos, até projetos agrícolas em terras com águas subterrâneas salobras demais para sustentar as colheitas, ou fertilizantes que inadvertidamente melhoravam o cultivo da papoula e, em consequência, a economia das drogas no país.[2] Quando Holbrooke esteve no Vietnã, a Usaid tinha um robusto corpo de técnicos especialistas em áreas como agricultura. Durante o governo Obama, décadas de cortes em orçamentos haviam encolhido pela metade seus recursos humanos e a despojaram de sua perícia. Os fundos que a Usaid recebia eram com frequência mal gerenciados e mal gastos. Os projetos iam para megaempreiteiras norte-americanas com custo fixo alto e pouco conhecimento das condições no terreno. Esse era um dos sintomas do desequilíbrio que incomodou Holbrooke durante toda a carreira. Na guerra mais recente contra o terror, quase toda a competência e os recursos ficavam com o lado militar.

Holbrooke estava convencido de que a chave era a agricultura. Os militares norte-americanos, que lideravam vários esforços contra os narcóticos na região, havia muito combatiam a lucrativa cultura de papoula para a fabricação da heroína que sustentava o Talibã. O governo Bush se concentrara na erradicação dos cultivos, cortando e queimando seu caminho através dos campos do Afeganistão. Holbrooke reagira fortemente, chamando a atenção para avaliações da Inteligência segundo as quais o apoio do Paquistão e dos Estados do Golfo era muito mais importante para a subsistência do Talibã. Argumentou que a erradicação da papoula empurrava os fazendeiros pobres para os braços do Talibã — quase sempre a única fonte de recursos depois que suas colheitas eram arrasadas.

Ele trabalhou para mudar o foco dos Estados Unidos na ajuda aos fazendeiros afegãos. "Eles precisavam do mesmo tipo de apoio agrícola, de cabo a rabo, que Roosevelt dera aos agricultores durante a Grande Depressão",[3] disse. Estava possuído pela ideia. As romãs, que já haviam sido um lucrativo artigo de exportação dos afegãos, eram sua obsessão especial. A pedido de Holbrooke, organizei dezenas de reuniões relativas à fruta. Algumas vezes ele me interrompia no meio de uma frase sobre outro assunto e perguntava, como de um lugar distante: "Como vamos com as romãs?". No final de seu primeiro ano no cargo, Richard Holbrooke, um homem que, até onde eu sabia, jamais cuidara sequer de um cacto de vaso, discorria sobre os níveis de umidade necessários para uma romã, os tipos favoráveis de solo e o cronograma ideal para a colheita. Hillary Clinton começou a chamá-lo de "fazendeiro Holbrooke".[4]

No entanto, apesar de seus esforços, a reconstrução civil permanecia em uma ordem de magnitude menor do que os programas do Pentágono.[5] Nos primeiros anos do governo de George W. Bush, os gastos com reconstrução às vezes ultrapassavam os do Pentágono em uma razão maior do que dez para um. Quando Holbrooke chegou no Departamento de Estado, a situação praticamente se invertera. A tendência era difícil de passar despercebida: de 2008 a 2010, os gastos do Departamento de Estado com a reconstrução do Afeganistão pularam de 2,2 bilhões de dólares para 4,2 bilhões, enquanto o orçamento do Pentágono para esforços semelhantes mais do que triplicou, de 3,4 bilhões para 10,4 bilhões.[6] Isso incluía um mar de projetos de desenvolvimento tradicionalmente associados ao Departamento de Estado e à Usaid, concernentes ao programa de combate aos narcóticos, à educação e ao grande balaio do Programa de Resposta Emergencial do Comando, que era usado principalmente para construção e reparo de estradas.[7] O Corpo de Engenheiros do Exército, da mesma forma, trabalhava em projetos de infraestrutura por todo o país, e a Usaid muitas vezes era a última a saber.

Holbrooke teve problemas até para separar os projetos beneficiados pelos novos fundos da Usaid e do Departamento de Estado dos projetos e objetivos militares. A estratégia da contrainsurgência era tipicamente definida em três etapas: "limpar, manter, construir" — ou seja, limpar a área de inimigos, mantê-la com as Forças Armadas e começar a construir capacitação.

Enquanto o primeiro ano do governo Obama progredia, o linguajar da Coin, extraído do manual de contrainsurgência de Petraeus, começou a aparecer nos contratos para desenvolvimento da Usaid. Uma convocação de propostas para uma iniciativa de desenvolvimento comunitário pedia que as instituições filantrópicas parceiras da Usaid "permitissem que comunidades instáveis e focadas em Coin implementassem diretamente projetos em pequena escala em nível comunitário" e "apoiassem os esforços das Forças Armadas nas comunidades, ajudando a 'manter' as áreas depois que elas fossem liberadas".[8]

Objetivos relacionados à segurança e ao desenvolvimento, em um cenário de guerra, nunca eram completamente independentes, mas havia um entendimento histórico de que o desenvolvimento deveria ser pautado pela perícia técnica e pelos objetivos de longo prazo, desvinculado das táticas de guerra. A militarização explícita do linguajar dos contratos era novidade — e, no fim, incapaz de levar em conta as nuances. As organizações não governamentais que se inscreveram para os contratos ficaram revoltadas. O diretor de uma das instituições filantrópicas me disse que seus funcionários se tornaram alvo de ataques por causa de sua aparente identificação com os militares. Outros afirmaram que aquilo estava minando a confiança das comunidades afegãs, que se sentiam à vontade com a reconstrução norte-americana, mas não com seu poderio militar.

Holbrooke julgava, com razão, que os anos de comprometimento limitado e militarizado haviam também atrofiado o relacionamento com a sociedade civil, especialmente no nível local. Grandes empresas norte-americanas ganhavam comissões de grande vulto, depois subcontratavam outros grupos, que por sua vez também subcontratavam. O resultado era óbvio: ineficiência maciça e falta de governança.

Um dos primeiros problemas foi que os Estados Unidos simplesmente não sabiam quais organizações atuavam, ou onde.

A resposta de Holbrooke era particularmente ambiciosa: ele me pediu para listar toda e qualquer ONG no Afeganistão e no Paquistão. Contratei uma hacker que eu conhecia — uma programadora chamada Jillian Kozyra, que foi capturada pelo Google logo depois — e viramos noites em meu minúsculo estúdio na rua U, eu projetando e ela codificando. Usando a linguagem de programação Ruby, ela criou um aplicativo de raspagem — uma ferramenta automatizada que extrai dados de diferentes fontes na internet —, integrado ao Google Maps e a ferramentas básicas de análise, que conseguia, por exemplo, criar um gráfico de pizza com os diferentes tipos de atuação da sociedade civil em determinada parte de cada país. Ao final do processo, tínhamos um mapa do Afeganistão e do Paquistão preenchido com mais de 100 mil organizações locais. Colocamos tudo em uma URL aberta, não governamental, que eu adquirira. Holbrooke se maravilhou com a tecnologia e me pediu para apresentá-la na Casa Branca, no Pentágono e em nossas embaixadas no Afeganistão e no Paquistão.

No entanto, o projeto também ilustrava, em miniatura, as armadilhas de sua abordagem do tipo elefante em uma loja de cristais. As empreiteiras norte-americanas ficaram indignadas com seu "chega pra lá". Começaram a pressionar por sua demissão e a se queixar de seu foco em ONGs e na imprensa.[9] Além do mais, como em todos os empreendimentos de Holbrooke, os militares eram uma interface esmagadora e nem sempre amistosa. Dois anos após as primeiras demonstrações da tecnologia de acompanhamento de ONGs, advogados do Pentágono e da CIA foram até o meu escritório. Queriam saber de onde tinha vindo aquela misteriosa tecnologia. Onde eu obtinha os dados? Quem financiava? A resposta era, claro, que se tratava de uma solução improvisada que utilizava ferramentas livres e dados abertos, cujo custo era apenas o de um domínio na internet. Ambos os órgãos tomaram posse do produto, mas não fizeram nada com ele. Quando saí do governo, cerca de quatro anos depois, os Estados Unidos ainda não dispunham daquele banco de dados básico sobre instituições da sociedade civil com o qual Holbrooke sonhara.

Mais tarde, recebi um envelope de papel pardo remetido por uma caixa postal anônima na Virgínia. Dentro havia uma ficha de inscrição para um processo seletivo a ser conduzido sob estrito sigilo. Seguia-se uma agenda para um teste via internet e para uma série de reuniões em bares de hotéis, com funcionários não identificados. Mostraram pouco interesse por meu trabalho no Departamento de Estado. Estaria eu disposto a partir para um trabalho como advogado ou jornalista, com propósito não oficial?, perguntaram. "Convenhamos", disse um dos entrevistadores, "que o que vocês fazem lá é um espetáculo secundário. Este é o trabalho de verdade."

Como muitas coisas de Holbrooke, o SRAP era excitante e ambicioso, mas, para muitos, alienante. Ter priorizado gente de fora em detrimento de funcionários de carreira do Foreign Service fez seu escritório ser odiado pela burocracia do Departamento de Estado. O poder de convocação interinstitucional que ele assumira para si era domínio tradicional da Casa Branca — e aquela era uma Casa Branca particularmente controladora. Foram pecados originais que Holbrooke nunca conseguiu expiar. Desde o início de nosso trabalho, o sistema agiu para expelir o elemento estranho, como um corpo rejeita o órgão transplantado. Holbrooke pagaria caro por aquilo e, alguns argumentariam mais tarde, o país também.

II.

Um pouco menos de conversa

Uma semana depois da cerimônia que anunciou a função de Holbrooke na sala Ben Franklin, em janeiro de 2009, Holbrooke e Husain Haqqani estavam sentados na sala de jantar Lafayette do hotel Hay-Adams — um salão arejado e iluminado, com paredes creme e uma ampla vista para a Casa Branca. A propriedade abrigara o diplomata de carreira e secretário de Estado John Hay e seus lendários salões, onde ele e seu vizinho e afilhado político Henry Adams recebiam as elites intelectuais do Distrito Federal. Nos anos 1920, seu lar foi demolido para dar lugar ao elegante complexo renascentista italiano onde Haqqani e Holbrooke almoçavam. Holbrooke tivera breves encontros com Haqqani ao longo de suas carreiras diplomáticas simultâneas. Os dois estabeleceram um relacionamento em 2008, quando Haqqani se tornou embaixador nos Estados Unidos e Holbrooke, que na época era presidente da Asia Society, começou a viajar para construir sua imagem bona fide na região. No dia em que sua nova função foi anunciada, ele ligou para Haqqani e sugeriu que almoçassem juntos. Em algum lugar em que pudessem ser vistos, disse, de forma irônica mas assertiva. O Hay-Adams dificilmente poderia ser superado em matéria de visibilidade. No entanto, essa consideração flagrava Holbrooke como uma criatura de outra época, quando ser visto em um local proeminente sinalizava algo e quando havia uma panelinha de traficantes de poder e observadores prontos para receber tais sinais. Mas a verdade era que ninguém estava prestando atenção.

Holbrooke expôs seus objetivos: ele queria o fim da guerra do Afeganistão e um Paquistão estável. Queria um acordo. Como sempre, fez perguntas incisivas, muitas delas sobre trazer os atores regionais para a mesa de negociação. "Os Estados Unidos poderiam ser amigos da Índia e do Paquistão ao mesmo tempo?", perguntou. Queria uma discussão mais franca sobre os interesses nacionais do Paquistão. Se havia uma coisa que Haqqani sabia por experiência própria era que a sinceridade era difícil de ser obtida.

"Lembre-se de uma coisa", advertiu Haqqani. "Isto aqui não é a Iugoslávia."[1] Ele citou uma passagem do livro de Holbrooke sobre a Bósnia, To End a War: "Os líderes dos três lados estavam dispostos a deixar seu povo morrer enquanto discutiam".[2]

"No subcontinente", prosseguiu Haqqani, "não é só isso. As pessoas não estão dispostas e não compreendem o que significa compromisso. Não vai ser tão fácil quanto você pensa."[3]

Os dois homens — ambos, por diferentes razões, estranhos em seu establishment político, ambos encarando o problema de política externa mais difícil do mundo — se entreolharam.

Holbrooke observou que o novo eixo do presidente norte-americano para a região também poderia dificultar a vida de Haqqani. "Um olhar mais atento e um exame minucioso levantam questões para as quais não há respostas fáceis." Disse que não invejava o cargo de Haqqani. O sentimento era mútuo. Durante os dois anos seguintes, eles se aproximaram. Holbrooke fazia Haqqani pular da cama às sete da manhã, com ligações sobre o panorama diplomático atual. Caminhavam juntos nas proximidades da casa de Holbrooke em Georgetown. Nos fins de semana, quando a esposa de Holbrooke estava fora, iam ao cinema. Em março de 2010, foram até o cinema da rua E para assistir a *O escritor fantasma*, o suspense de Roman Polanski sobre um primeiro-ministro britânico acusado de crimes de guerra, cometidos quando trabalhava próximo demais dos norte-americanos, e sobre sua mulher, que no fim das contas era uma agente da CIA. Depois do filme, Holbrooke e Haqqani tomaram sorvete de iogurte.

Partes do papel regional que Holbrooke pretendera desempenhar lhe haviam sido tomadas antes de ele conseguir segurá--las.[4] O trabalho relativo ao Irã foi controlado pela Casa Branca, que designou Dennis Ross para conduzir o diálogo com aquele governo. Em um golpe ainda maior, os indianos, cuja meteórica ascensão econômica os havia transformado em um centro de gravidade diplomático muito maior do que os paquistaneses, lutaram contra a ideia de ser incluídos no portfólio de guerra de Holbrooke, ao lado de um Estado pária como o Paquistão. Conseguiram convencer a equipe de transição de Obama a descartar o envio de qualquer emissário para a Índia, particularmente se isso envolvesse Holbrooke.[5]

Holbrooke me disse que pretendia lidar com o elefante branco que era a Índia mesmo assim, e procedeu de forma a incluí-lo em sua diplomacia regional. Os indianos não eram seu único alvo. Em fevereiro de 2010, pediu à sua equipe, eu incluído, que elaborasse uma relação de suas viagens internacionais a trabalho. Só de olhar você já ficava cansado. Apenas nos primeiros dois meses de 2010, sua ponte aérea diplomática abrangeu viagens para vinte cidades, em quase igual número de países. Londres, Abu Dhabi, Islamabad, Cabul, Nova Délhi, Paris, Munique, Doha, Riad, Tashkent, Tbilisi, Berlim... e a lista continuava. Ao lado dela, anotamos os acordos que obtivera com parceiros estrangeiros, tanto para o Paquistão quanto para o Afeganistão. Nova Délhi solicitou assistência civil continuada para incrementar o comércio com o Afeganistão, além da promessa de evitar uma "assistência provocativa na área de segurança". Os russos ofereceram, em determinado momento, "treinamento técnico militar" e manutenção de helicópteros para o Paquistão. Tratava-se de uma ameaça global, e Holbrooke pretendia construir uma solução global.

O sonho era unir paquistaneses e indianos com o intuito de eliminar, pela raiz, o motivo do apoio dos paquistaneses aos terroristas. Chegou a marcar uma reunião secreta entre ele próprio, Haqqani e o ex-alto comissário indiano para o Paquistão, S. K. Lamba. "Encontramo-nos uma vez", admitiu Haqqani. "Holbrooke nos encorajou, a mim e aos indianos, a dialogar." No entanto, Haqqani considerava seu próprio país pouco propenso a negociações significativas. "O que satisfaria os paquistaneses", especulou, "afora a Índia deixar de existir?"[6] O problema entre indianos e paquistaneses requeria uma mudança fundamental na atitude das partes em negociação — do tipo que Holbrooke obtivera em Dayton apenas porque contava com o robusto apoio da Casa Branca e com a ameaça de ataques militares que ele poderia direcionar. Naquele caso, mal detinha um mandato para falar com os indianos, e frequentemente tinha de fazê-lo em sigilo para evitar a irritação não só dos paquistaneses, mas também da Casa Branca. Aqui, os militares comandavam o envolvimento. Aqui, teria que trabalhar contornando os limites definidos para sua missão.

Outro grande desafio era simplesmente falar com os paquistaneses. Anos de negociação, conduzida por agências de Inteligência com antolhos para um diálogo mais amplo, transcorreram durante a guerra contra os soviéticos. Todavia, durante aquele conflito, paquistaneses e norte-americanos estavam do mesmo lado. Ambos queriam as forças invasoras fora da região, cada qual por suas próprias razões. O relacionamento era recheado de dissimulações em outras áreas, como o desenvolvimento nuclear do Paquistão. Mas havia pelo menos um alinhamento estratégico. Não havia um diálogo mais abrangente, mas, lá, não era necessário.

Na guerra global contra o terrorismo, os norte-americanos tentaram reconstruir o mesmo tipo de relacionamento, mas havia uma diferença essencial que era quase impossível de ser superada: daquela vez, o Paquistão estava do outro lado. Agora, nós queríamos os militantes alinhados com a Al Qaeda fora da região. No entanto, o Paquistão continuava usando-os como testas de ferro para agirem em seu lugar, exatamente como os havíamos ensinado a fazer. Não importa quantas vezes o Paquistão parecesse concordar com os pedidos norte-americanos por colaboração: sempre tiveram objetivos opostos aos dos Estados Unidos. Para o Paquistão reconsiderar suas prioridades, seria necessário um diálogo mais abrangente e honesto. Para ser bem-sucedido, Holbrooke teria que transformar as constrangedoras negociações de uma guerra por procuração em uma verdadeira aliança diplomática — ou algo parecido.

Holbrooke sabia que seduzir os paquistaneses para um diálogo mais abrangente requeria um espetacular comprometimento dos Estados Unidos em áreas que iam além da ajuda militar. Ele precisava de ação — ou pelo menos de dinheiro. Em abril de 2009, reuniu a maioria dos países que constavam de sua lista daqueles a ser internacionalmente engajados em uma conferência de doadores em Tóquio, onde cortejou 5 bilhões de dólares em donativos para o Paquistão. "É uma oferta inicial de ações respeitável",[7] gracejou. "É suficiente?", perguntou um jornalista. "O Paquistão precisa de 50 bilhões", disse Holbrooke, "não de cinco."

De volta para casa, ele e David Petraeus prosseguiram em uma campanha frenética. "Richard e eu trabalhamos muito duro junto ao Capitólio",[8] disse-me Petraeus. "Lembro que nós dois trabalhamos juntos naquilo." Foi o auge do corpo a corpo de Holbrooke com seu BlackBerry. Ele trabalhou cada contato que tinha no escritório de cada congressista. Em setembro de 2009, o Senado autorizou por unanimidade 7,5 bilhões de dólares para uma nova ajuda ao Paquistão, ao longo de cinco anos. A lei foi chamada de Kerry-Lugar-Berman, nome de seus patrocinadores. Foi o primeiro pacote de ajuda civil de longo prazo nascido de um esforço deliberado para reverter a natureza quase que exclusivamente militar do relacionamento. "Foi uma grande tentativa estratégica para enfrentar o sentimento geral de que os Estados Unidos estavam envolvidos apenas com os militares paquistaneses e de que não se importavam com a democracia ou com o povo paquistanês", relembrou Alan Kronstadt, analista de assistência ao Paquistão junto ao Serviço de Pesquisas do Congresso.[9] No entanto, mudar aquela percepção mostrou-se mais difícil do que qualquer outra coisa que os norte-americanos tenham negociado.

No dia em que a lei Kerry-Lugar-Berman foi aprovada, Mark Siegel, o lobista de Benazir Bhutto, promoveu uma festa em sua casa. Ele trouxera a conta do Paquistão para sua empresa na época, a Locke Lord, e uma multidão de empregados, diplomatas paquistaneses e políticos brindaram à sua façanha. Menos de 24 horas depois, começou a derrocada. Mohsin Kamal, um jovem lobista paquistanês, juntara-se à empresa de Siegel no dia da festa. Contava se capitalizar com o aparente degelo do relacionamento. No entanto, seu primeiro trabalho acabou sendo um frenético controle de danos. Artigos começaram a aparecer na imprensa paquistanesa esculhambando o projeto. Era "degradante", com "desígnios viciosos sobre a soberania do Paquistão", enfureceu-se o jornal *The Nation*. "Uma afronta ao país, bem na vista de seu povo", opinou o diplomata Maleeha Lodhi no *News*.[10] Até o comandante do Exército, o general Kayani, expressou indignação e, privadamente, repreendeu funcionários norte-americanos.[11]

Logo na sequência surgiu um requerimento para que o secretário de Estado certificasse anualmente que o Paquistão estava cumprindo padrões básicos de bom comportamento, de modo que o fluxo de assistência em segurança continuasse.

Aquilo incluía colaboração para: assegurar que armas nucleares permaneceriam longe das mãos dos terroristas; cessar o apoio a grupos extremistas e terroristas; e auxiliar no combate aos refúgios em Fata e em Quetta. Era, na verdade, um aceno bem modesto na direção de uma prestação de contas. Esses requisitos para certificação se aplicavam somente à assistência relacionada à segurança e, mesmo assim, podiam ser livremente dispensados por qualquer razão de segurança nacional. Na prática, era um presente sem compromissos. Poucos legisladores norte-americanos consideraram a possibilidade de aquilo, na verdade, ameaçar todo o relacionamento. Entretanto, no Paquistão, a paranoia era o passatempo favorito. Aquele episódio, assim como todo o resto, desencadeou duas reações. Alguns ficaram convencidos de que era prova de uma interferência indiana. Outros de que era culpa de Haqqani. "Ele fez algo muito idiota",[12] foi a leitura linear do evento feita por Mohsin Kamal. "Foi ele quem inseriu esses dispositivos."

Quando o furor cresceu, Holbrooke reuniu a equipe em seu escritório para uma reunião de crise. Andava de um lado para outro. A resposta escolhida por Holbrooke, plantada para todo jornalista disposto a escutar, era que a ajuda viria "sem condições".[13] John Kerry, cujo nome a lei tomara emprestado, foi despachado rumo a Islamabad para tentar pacificar os paquistaneses. "Fizemos um tour apologético completo sobre a lei Kerry-Lugar-Berman quando encontramos com Nawaz e todo o bando de lá", lembrou um funcionário experiente. Em uma ocasião, Kerry se sentou por cinco horas com o general Kayani durante um jantar. "Queremos dar esse dinheiro a vocês, queremos mudar a natureza de nosso relacionamento", disse-lhe Kerry. "Mas, para isso acontecer, vocês precisam entender como serão julgados se continuarem a fazer as coisas erradas que têm feito." "Veja, eu também sou um político", replicou Kayani. "Entendo sua política. Sei o quanto é difícil."

Como era frequente, os paquistaneses transmitiam uma mensagem para seu povo e outra para os norte-americanos.

Perguntei-me, por um momento, o que um observador externo pensaria daquela insanidade: um suposto aliado convulsionado de raiva por causa de uma doação de 7,5 bilhões de dólares e uma potência global se rebaixando para negar que tal doação implicasse qualquer tipo de prestação de contas. A situação espelhava os profundos problemas do relacionamento. Holbrooke tentara comprar um diálogo mais abrangente. Só que o Paquistão funcionara como procurador dos interesses norte-americanos por tempo demais. Enquanto o diálogo entre chefes da espionagem e generais prosperava, o pretendido relacionamento mais abrangente se tornara uma verdadeira placa de Petri para a suspeita e a paranoia, coisas que 7,5 bilhões de dólares não podiam comprar de volta.

Robin Raphel aceitou a oferta de trabalho de Anne Patterson, na época embaixadora no Paquistão. Um mês antes da lei Kerry-Lugar-Berman ser aprovada pela Casa Branca e pelo Senado, em setembro de 2009, ela embalou seus pertences e se mudou, mais uma vez, para Islamabad. Instalou-se em uma casa de alvenaria de dois andares no confortável e arborizado setor F-6 da cidade, bem ao lado de Margalla Hills. Conseguiu um Toyota recondicionado e ia sozinha para eventos.[14] Durante minhas viagens a Islamabad, eu a via abrindo caminho em festas organizadas por diplomatas russos e filantropos britânicos, sempre apinhadas de paquistaneses. Robin Raphel estava novamente entre as elites de Islamabad, as quais conhecia desde seus vinte anos. A tarefa de gastar a nova enxurrada de dinheiro pela qual Holbrooke e Petraeus tinham lutado caíra em seu colo.

"Eu acreditava naquela época, e ainda acredito, que a lei Kerry-Lugar-Berman foi uma boa ideia, um grande gesto... ajudar a melhorar o padrão de vida de todo o povo, e não somente dos militares", ela me disse. Mas gastar o dinheiro mostrou-se tão complicado quanto fora anunciá-lo. Isso também, em parte, foi outro eco da longa história de um relacionamento apenas de conveniência — aquele relacionamento simplesmente não fora concebido para acomodar 1,5 bilhão por ano em ajuda civil. Logo ficou patente que havia mais dinheiro autorizado do que a Usaid conseguiria de fato gastar. O resultado era, aos olhos de muitos paquistaneses, mais uma promessa não cumprida — uma quantia empolgante que, depois do furor inicial, não se tornaria realidade.[15] Assim como no Afeganistão, faltava competência técnica. Em algumas áreas, como água e infraestrutura, simplesmente não havia ninguém qualificado na Usaid. Comecei a recrutar gente em organismos externos e a conectar essas pessoas com o governo paquistanês e com a Usaid. Mas nenhum montante de competência externa seria capaz de mover a máquina de assistência dos Estados Unidos de maneira suficientemente rápida para cumprir o cronograma estabelecido pela legislação em tempos de guerra. "O fato é que não estávamos indo muito longe", admitiu Raphel, "porque leva tempo para fazer as coisas funcionarem."[16] "Aí havia aquela enorme expectativa construída e não havia meios para atingi-la."

O mesmo sistema falho que havia frustrado os esforços de Holbrooke no Afeganistão frustrou a batalha de Raphel em fazer os projetos avançarem mais rapidamente. Apesar da batalha para identificar ONGs locais, a maior parte dos recursos da lei Kerry-Lugar-Berman passou por empreiteiras ineficientes que faziam sucessivas subcontratações. "Desperdiçamos a maior parte do dinheiro com as empreiteiras", disse Raphel. E não havia tempo suficiente para resolver os problemas. Cinco anos são um piscar de olhos no contexto de projetos de infraestrutura, e menos ainda nos termos da mudança de relacionamento de longo prazo que Holbrooke sonhara efetivar. "Não percebi no início que deveria ter sido um programa para dez anos, não cinco", disse-me Raphel mais tarde, "porque não conseguimos avaliar de maneira suficientemente rápida como gastar bem o dinheiro."[17] Mais uma vez, os prazos ditados pelas exigências militares e pelas pressões políticas domésticas não eram compatíveis com a realidade da diplomacia e do desenvolvimento.

Havia também a inércia das organizações responsáveis por implementar a assistência — que, assim como no Afeganistão, estavam pouco dispostas a ser identificadas como parte do esforço de guerra norte-americano. Holbrooke e Petraeus venderam a lei Kerry-Lugar-Berman baseados em uma lógica simples: gastamos um monte de dinheiro em barragens e em escolas, os paquistaneses vão ver todo esse fluxo de dólares americanos e — pronto! — o Paquistão deixaria de ser um avatar da CIA, envolvido em sombrias operações de contraterrorismo, e passaria a ser um amigo dos Estados Unidos. As reuniões sobre a ajuda ao Paquistão muitas vezes resultavam em altos funcionários fazendo apelos cada vez mais desesperados por "projetos de marca" de alta visibilidade, que poderiam produzir aquela fabulosa conquista de corações e mentes.

Holbrooke desejava aquilo tanto quanto os demais. Em uma foto, tirada em um campo de refugiados no nordeste do Paquistão, ele se aproxima negligentemente de um refugiado paquistanês barbado, sentado de pernas cruzadas com sua filha pequena no colo. Holbrooke havia tirado seus óculos escuros e estampava uma simpatia sincera e um olhar intenso no rosto. Tufos de cabelo grisalho escapavam de um boné cáqui com o emblema da Usaid sobre o slogan: "Do povo americano". Ele o usou até ficar gasto. "Parece que a imprensa paquistanesa está mais interessada no boné de RCH" — as iniciais de Holbrooke —, escreveu Vali Nasr em um e-mail para o próprio Holbrooke e sua chefe de gabinete, Rosemarie Pauli. "Teria isso um significado mais profundo, dr. Freud?" Holbrooke respondeu:

Era praticamente a única sinalização, ainda que precária, de que havia um esforço civil... A ajuda de todos os outros países, inclusive a do Irã, é melhor propagandeada do que a nossa. Apenas nossos helicópteros têm visibilidade. Hospitais de campo da China (por onde passei em Thatta), Turquia, Arábia Saudita (visitei seu campo de refugiados, onde estão construindo uma mesquita), Austrália (hospital de campo em Multan), Suíça, Reino Unido etc. Enquanto isso, nós ficamos escondidos, e as ONGs parceiras se recusam a admitir que as financiamos.[18]

Holbrooke estava certo — em áreas sensíveis do Paquistão com predominante sentimento antiamericano, organizações não governamentais frequentemente tentavam minimizar a presença de bandeiras nacionais por receio de que levassem a ataques aos trabalhadores. Nas áreas mais perigosas, os Estados Unidos chegavam a permitir a remoção completa de bandeiras e de logomarcas da Usaid, emitindo isenções. Assim funcionava, havia muito tempo, o acordo de cavalheiros. Mas Holbrooke começou a agitar, pública e privadamente. Encaminhou a troca de mensagens para o assistente de Hillary Clinton, Jake Sullivan, que a encaminhou a ela. Dias depois tornou a questão pública ao dizer: "Temos que lutar para ter a marca do governo dos Estados Unidos nos materiais, porque muitos de nossos trabalhadores humanitários e muitas de nossas ONGs parceiras têm medo de ser associados ao governo norte-americano".[19]

De repente, entramos em guerra com as organizações responsáveis pela maior parte da assistência, no coração da estratégia relativa ao Afeganistão e ao Paquistão. "Estamos ajudando o Paquistão. Não colem um alvo nas nossas costas", clamava a manchete de um artigo no *Washington Post*, escrito pelo chefe da coalização de ONGs InterAction.[20] "Em países como a Libéria e o Congo, ONGs norte-americanas financiadas pelo governo divulgam rotineiramente o fato de que fazem entregas 'do povo americano'", escreveu Sam Worthington. "Mas, no Paquistão, as vidas dos colaboradores humanitários estão frequentemente em jogo, e uma campanha de reforço na propaganda poderia [...] colocar vidas de norte-americanos e de seus colegas paquistaneses em perigo." Fui despachado para acalmar a tempestade, trazendo as organizações para o Departamento de Estado e chefiando uma cúpula de ONGs para argumentar contra um eventual boicote.

Os dois lados se entrincheiraram. Judith McHale, ex-executiva do Discovery Channel, que servia como subsecretária de Hillary Clinton para a diplomacia pública, enviou seu editorial por e-mail para a secretária de Estado, dizendo: "Como sabe, acredito piamente que não é do interesse nacional continuar a providenciar bilhões de dólares em ajuda e assistência sem que o próprio público que ajudamos saiba que somos nós que mandamos a ajuda". Hillary respondeu: "Obgd. Adoro trabalhar c/ você — às vezes acho que fomos separadas na maternidade!". Jake Sullivan aderiu à conversa em um e-mail para McHale: "Certamente não deveriam esconder o apoio que recebem, onde já se viu?". E acrescentou, usando a abreviação de uma letra para secretários de Estado: "S acredita que podemos estender isso para além do Paquistão — fazer dele um caso que mostre o apoio do povo americano em todo o mundo".[21]

Enquanto a crise era gerenciada por uma sequência de e--mails que não parava de crescer, fui convocado para ajudar a rascunhar um artigo que seria publicado com a assinatura de Rajiv Shah, diretor-geral da Usaid.

Por mais absurdo que pareça, dada minha categoria de novato, eu era o único a me comunicar ativamente com as organizações que ameaçavam cair fora. Achava que poderia haver uma solução ponderada — uma negociação mais específica, não se a marca norte-americana deveria ser usada ou não, mas quando, onde e como —, essencialmente, um ajuste na política de isenções que já estava em vigor. Outras mudanças, tais como trabalhar com organizações locais que tivessem expressado disposição para usar a bandeira norte-americana, mesmo em áreas difíceis, poderia ter um impacto maior do que partir para uma queda de braço com grupos ocidentais que já enfrentavam controvérsias no Paquistão. Tentei gentilmente apresentar o caso em uma série de memorandos para Holbrooke e e-mails para a equipe. Holbrooke subiu pelas paredes. Chamou-me em seu escritório, uma noite, depois de uma resposta que enviei ao grupo sugerindo um reconhecimento público das isenções já emitidas para regiões inseguras. Seu rosto estava brilhando de suor e ele parecia exausto. Estava, na ocasião, enfrentando quase que diariamente uma Casa Branca hostil. "Você perdeu o juízo?", trovejou. Agarrou o memorando que eu lhe levara com tanta força que o rasgou. Olhei para a meia página em minhas mãos e depois para uma veia saltada em sua testa. "Sei que você se acha especial", disse encolerizado. "Sei que se acha *predestinado*. Que fará grandes coisas. Que fará a diferença para seu país. Sei que teve certeza disso desde que era jovem…" Mesmo naquela hora, foi difícil evitar a sensação de que se segurara para não dizer "desde que esteve no Vietnã". Um retrato do jovem Holbrooke nos fitava em uma parede próxima, sorrindo por trás do vidro de uma garrafa de coca-cola, sob o sol do delta do Mekong. "Mas você *tem* que saber seu lugar. Escolher suas batalhas. Compreender que mesmo a melhor opinião não é uma boa opinião se ninguém quiser ouvir. E, agora mesmo, ninguém quer ouvir. DONNA?!" Sua assistente, uma senhora sulista de maneiras suaves chamada Donna Dejban, estava parada do lado de fora da porta, boquiaberta, chorando copiosamente. "Donna. PARE DE CHORAR!", berrou.

O editorial de Rajiv Shah foi publicado no *Huffington Post*, contendo uma breve menção às isenções.[22] Nenhum dos principais implementadores caiu fora, e a assistência continuou. Mas o sonho de uma ampla agenda de assistência civil no Paquistão quase não se materializou. Muitos dos recursos nem sequer foram destinados pelo Congresso. Em alguns casos, atos divinos interferiram. Respostas norte-americanas para enchentes e para uma crise de refugiados tiveram que ser bancadas pelos fundos autorizados. "A ajuda humanitária absorveu boa parte daquilo", disse Kronstadt, pesquisador do Congresso.[23] Mais significativamente, mudanças em curso alterariam dramaticamente as bases do relacionamento — e com essas mudanças viriam verbas dramaticamente menores.

Em março de 2010, Hillary Clinton e o ministro paquistanês das Relações Exteriores, Shah Mehmood Qureshi, sentaram-se à cabeceira de um arranjo de mesas dispostas em retângulo na sala Benjamin Franklin. Atrás deles, bandeiras alternadas dos Estados Unidos e do Paquistão: vermelho, branco e azul justapostos ao branco com o crescente verde. Uma delegação paquistanesa sentou-se do lado de Qureshi, e os norte-americanos ficaram do lado de Hillary, com Holbrooke logo depois do canto a partir dela. Apesar das querelas acumuladas contra ele por causa dos aumentos no financiamento civil para o Afeganistão e para o Paquistão, Holbrooke seguira em frente, tentando trazer os atores para a mesa. Convencera Hillary de que o Paquistão — assim como aliados de maior peso, como a Índia e a China — deveria ser convidado para um "diálogo estratégico"; uma conversa cerimonial de alto nível sobre os assuntos mais prementes do relacionamento.

Pouca coisa substancial foi discutida na primeira reunião, e os compromissos que Qureshi queria assegurar eram todos na tradicional arena da colaboração antiterrorista ("Concordamos em acelerar nossos pedidos de transferência de equipamento militar para o Paquistão, que estão pendentes há meses e anos",[24] disse aos jornalistas.) Mas o simples fato de ter ocorrido já era um pequeno milagre. Depois das negociações, Hillary Clinton ficou de pé ao lado de Qureshi em frente às paredes azuis e às colunas coríntias da sala de tratados do Departamento de Estado e agradeceu pela amizade. Holbrooke classificou as negociações como o começo de um novo tipo de relacionamento: "O Paquistão é importante por direito próprio. Não vemos isso apenas em função de seu gigantesco vizinho a leste, ou de seu vizinho devastado pela guerra a oeste". Era mais desejo do que realidade, mas já era um começo.

Holbrooke falou na maior parte da abertura. Defendeu negociações adicionais trilaterais com o Afeganistão. Grupos de trabalho foram criados para lidar com assuntos específicos. Era sua melhor oportunidade para enfrentar grandes desafios que ultrapassavam seu mandato, como as restrições ao comércio que eram resultado da animosidade entre o Paquistão e a Índia, e que estrangulavam a economia do Paquistão. Não conseguiu levar a Índia para a mesa, mas insistiu agressivamente por um diálogo trilateral entre Estados Unidos, Paquistão e Afeganistão, culminando com a assinatura de um acordo que abriria o comércio entre os signatários. Foi o primeiro avanço em um processo de negociação que estivera parado, literalmente, desde 1965.[25] Em 2015, até a Índia começou a sinalizar sua disposição em participar do pacto comercial.[26]

Outro foco de um grupo de trabalho trilateral — a política hídrica — tornou-se uma obsessão de Holbrooke.[27] Em uma análise pouco divulgada, chegou à conclusão de que a crescente tensão a respeito da água poderia desencadear um colapso total da difícil paz entre a Índia e o Paquistão. A bacia do rio Indo irriga ambos os países, correndo através da Índia e da disputada região da Caxemira em direção ao Paquistão. Um tratado de 1960, negociado pelo Banco Mundial, dividiu os diversos rios da bacia entre os dois países. Mas as mudanças climáticas tencionavam o frágil arranjo. Enchentes ameaçavam terras agricultáveis nos dois lados da fronteira, agravando o risco de uma guerra por campos férteis. Secas poderiam desencadear efeitos similares, e já eram uma tendência visível.[28] Um estudo previu que o encolhimento das geleiras poderia reduzir o fluxo do Indo em 8% por volta de 2050.[29] "Se ignorarmos o problema", disse-me Holbrooke, "ele poderá muito bem precipitar uma Terceira Guerra Mundial." Lancei-lhe um olhar incrédulo. Ele permaneceu absolutamente sério.

Holbrooke levantou a questão da importância da água no conflito regional em uma reunião do NSC, onde esperava expandir seus esforços por meio de um apoio de mais alto nível. Os funcionários da Casa Branca permaneceram incrédulos e perguntaram se Holbrooke estava brincando.[30] Se alguém fosse rir, Holbrooke riria por último — em 2016 os indianos começaram a fazer sinistras ameaças de se retirar do tratado hídrico do Indo.[31]

Ao perceber que estava sendo emparedado, Holbrooke batalhou para ter outro funcionário — a subsecretária de Estado Maria Otero — para ser uma espécie de enviado informal para assuntos hídricos. (Como sempre, não tinha a menor confiança em qualquer um que não fosse ele mesmo para fazer o trabalho. "Ela é legal?", perguntou-me após uma de suas sessões de instrução com ela. "É inteligente o bastante? Isso é importante.") E continuou insistindo nas negociações. Passei meses perambulando pelo mundo com o grupo de trabalho para assuntos hídricos, de modo a integrar peritos externos que poderiam ser úteis na preparação contra uma crise em potencial. Um ímã de geladeira, inexplicavelmente dado a mim pelos paquistaneses, mostrava um punhado de funcionários do Departamento de Agricultura e um ministro paquistanês fazendo sinal de positivo ao lado de um equipamento para medir o nível de águas subterrâneas. Em determinado momento, nos sentamos no extravagante hotel Ritz-Carlton, em Doha, tentando dar a partida em um diálogo sobre o assunto entre a Índia, o Paquistão e o Afeganistão. Afegãos barbudos sentaram-se às margens de lagos artificiais, recusando piña coladas. Pareceu uma perda de tempo. A Índia se recusou a enviar funcionários.

No entanto, Holbrooke não achava que estava lutando contra moinhos de vento. Negociações entre os atores regionais aconteciam, ainda que intermitentes, em uma dimensão não observada havia anos. Os paquistaneses estavam agindo contra os terroristas, dentro de suas fronteiras, em uma dimensão em que nunca haviam agido. "Houve um período, em 2009, em que pensamos: 'Isto está de fato funcionando'",[32] disse-me Petraeus. "E foi quando atuaram em Swat, Bajour, Mohmand, Khyber, Orakzai, Vaziristão do Sul... Estávamos fornecendo quantidades significativas de ajuda financeira e de Inteligência, treinamento, infraestrutura e logística, e julgamos estar indo muito bem." Holbrooke parecia confiante. Apesar dos obstáculos, disse-me, ele se aproximava de algo importante.

12.
A-Rod

Logo após o Dia de Ação de Graças de 2010, um reluzente jato trimotor Falcon 900EX pousou no aeroporto de Munique coberto de neve. O avião pertencia à Bundesnachrichtendienst — a CIA alemã — e tinha decolado do Catar. Levava a bordo um homem chamado Syed Tayyab Agha. Tinha trinta e tantos anos, traços juvenis e uma barba preta bem cuidada. Falava inglês escolhendo cuidadosamente as palavras, calmo e comedido.[1] Agha era um assistente de longa data do líder do Talibã, o mulá Omar, e servira na embaixada do regime no Paquistão. Envolvera-se durante anos em esforços espasmódicos para entabular negociações com o mundo exterior, incluindo uma aproximação com os afegãos em 2008. Seu voo para a Alemanha era o ponto culminante de um ano de cuidadosas negociações conduzidas pelo homólogo alemão de Holbrooke, Michael Steiner. Steiner, um homem magro e bem-apessoado, de traços rígidos e ombros arqueados, também fora uma interface de Holbrooke na Bósnia. Era igualmente reputado por utilizar táticas de negociação agressivas e uma teatralidade épica. (Mais tarde, durante uma temporada como embaixador na Índia, ele e sua mulher reencenaram integralmente um filme popular de Bollywood, com Steiner dublando números de música e dança — o vídeo com certeza está entre um dos mais bizarros já postados pelo Ministério das Relações Exteriores da Alemanha no YouTube.)[2] Ele compartilhava a crença de Holbrooke de que o diálogo era a única saída para o Afeganistão. Agentes

alemães tinham se comunicado com Agha apenas indiretamente, por meio de intermediários que mantiveram sua localização em segredo. Ele confirmou sua identidade aos alemães
através de mensagens específicas e pré-combinadas inseridas
em sites do Talibã.[3] Agha foi levado para o esconderijo da Inteligência alemã em
um elegante vilarejo no interior da Bavária, não muito longe da
cidade. A segurança era rigorosa, e a área ao redor da casa foi
interditada. No dia seguinte, dois norte-americanos se arrastaram no frio até a casa. Um deles era um funcionário da Casa
Branca chamado Jeff Hayes. O outro era nosso delegado, da
equipe de Holbrooke, Frank Ruggiero, que servira como conselheiro civil dos militares em Kandahar, um reduto talibã. Reuniram-se com Steiner, um príncipe do Catar que participava,
por insistência de Holbrooke, como garantia de segurança,
e Agha. Era a primeira vez, após uma década, que os Estados
Unidos conversavam com o Talibã.

Para Agha, o risco era alto. Ele estava nas listas alemã e norte-
-americana de terroristas procurados e somente aceitara estar
ali depois de ambos os países garantirem que não seria preso.
Se a Al Qaeda, ou as facções simpáticas a ela dentro do ISI paquistanês, soubesse das negociações, ele poderia sofrer um
destino ainda mais terrível. Os norte-americanos também corriam riscos. Apenas um ano antes, um suposto agente duplo
que passava informações sobre a Al Qaeda para a agência de
Inteligência jordaniana fora recebido em uma base em Khost,
no Afeganistão. Na verdade era um agente triplo, que ao detonar uma bomba matara sete agentes da CIA.[4] A lembrança
ainda estava fresca na memória de todos que trabalhavam no
Afeganistão. A Inteligência alemã garantiu aos norte-americanos que Agha fora examinado e revistado.

O grupo permaneceu reunido por onze horas. Muitas delas foram dedicadas a um passeio turístico (o representante do

Talibã estava animado para conhecer os castelos tradicionais alemães).[5] Seis horas foram gastas na negociação. Agha apresentou as principais reivindicações do Talibã: seus líderes queriam ser claramente diferenciados da Al Qaeda, queriam que nomes do Talibã fossem removidos das listas de sanções da ONU e solicitavam permissão para abrir um escritório político no Catar, não somente no Paquistão, onde já operavam. Havia mais uma, quase uma obsessão: queriam a libertação de prisioneiros talibãs detidos no Afeganistão e na baía de Guantánamo. Os norte-americanos apresentaram suas condições: que o Talibã abandonasse as armas, renunciasse à Al Qaeda e aceitasse a Constituição afegã, inclusive sua proteção às mulheres. Os Estados Unidos também tinham sua própria demanda relacionada a prisioneiros: a libertação do sargento Bowe Bergdahl, que tinha sido capturado pelo Talibã depois de desertar do Exército, um ano antes.

Depois que Agha foi embora, os negociadores se mostraram entusiasmados. Holbrooke, que ficara obsessivamente monitorando a reunião à distância, encontrou Ruggiero em seu voo de volta, no aeroporto Dulles, no dia seguinte. Holbrooke pediu um cheeseburguer no Harry's Tap Room do saguão B, e Ruggiero lhe fez um relatório minucioso.[6] Não fora uma negociação intensa — não ainda. Mas Agha não refugara diante das condições norte-americanas. Tinha sido a virada mais importante até então nos esforços ocidentais para criar uma cisão entre a Al Qaeda e o Talibã.

"Lembre-se deste momento", disse Holbrooke a Ruggiero quando o convencera a fazer a viagem, um mês antes, "estamos prestes a fazer história."[7] Era uma tarde de domingo em outubro de 2010, e Ruggiero estava dirigindo sobre a ponte Benjamin Franklin, na Filadélfia, com sua filha de sete anos, quando atendeu à ligação. Conforme instruído, nunca esqueceu. Por diversas razões — evitar o escrutínio público; evitar a decepção se o contato provasse ser um embuste; evitar riscos para sua tensa relação com a Casa Branca —, Holbrooke decidira não participar pessoalmente do primeiro encontro. Não obstante, a expectativa era de que ele se encarregasse de todas as negociações futuras.

Holbrooke ouvira falar de Agha pela primeira vez no outono de 2009, no Cairo, durante um de seus turbilhonantes ralis internacionais. Os egípcios lhe disseram que os líderes do Talibã, incluindo um assessor do mulá Omar, os tinham visitado. Steiner e os diplomatas alemães, que também haviam feito contato, consideravam Agha sincero. E ele estava, tentadoramente, querendo falar com os norte-americanos. Hillary Clinton, que no início fora cética a respeito de negociações de alto nível, disse a Holbrooke para começar a explorar a perspectiva sob o mais absoluto sigilo. O amor de Holbrooke pelos Yankees se solidificara quando tinha quinze anos e seu pai não o deixou matar aula para ver o quinto jogo da World Series, que acabou sendo o histórico jogo perfeito de Don Larsen.[8] Ele então passou a se referir a Agha como "A-Rod", rebatedor dos Yankees considerado um dos maiores jogadores de beisebol de todos os tempos, para evitar vazamentos.

Um possível acordo com o Talibã tinha sido, até aquele momento, uma baleia-branca para o Ahab dentro de Holbrooke. Barney Rubin, cuja mesa não ficava muito longe da minha no Departamento de Estado, tinha sido contratado pelo único motivo de ser, disparado, o maior perito em Talibã do mundo ocidental. Pouco antes de Holbrooke tê-lo desencavado, no início de 2009, Rubin reunira-se com intermediários do Talibã em Cabul e na Arábia Saudita. Durante aquelas viagens exploratórias, havia sondado quais condições tinham que ser cumpridas para que as negociações prosseguissem e chegara nas mesmas prioridades que A-Rod levantaria mais tarde. Rubin acreditava que o diálogo era uma possibilidade real. No dia em que Holbrooke assumiu seu cargo, reuniu-se com Rubin para conversarem sobre sua viagem e as perspectivas da negociação. "Se isso funcionar", disse Holbrooke, "será a única maneira de sairmos desta."[9] Holbrooke não considerava que a decisão de enviar mais tropas contrariasse a possibilidade de chegarem a um acordo político. Muito pelo contrário: sempre falava em usar o período de maior pressão militar como alavanca para levar as partes à mesa. Usara essa tática, com ótimos resultados, nos Bálcãs.

Havia duas escolas de pensamento sobre como negociar com o Talibã. A abordagem mais modesta era ir aos poucos capturando e reintegrando os guerrilheiros de baixo escalão — os que estavam lá mais pelo soldo do que por uma luta ideológica até a morte —, e ir subindo na hierarquia. A abordagem mais ambiciosa — aquela que Holbrooke e Rubin discutiam — era levar as lideranças talibãs à mesa numa tentativa de reconciliação. A exaustiva avaliação política liderada por Bruce Riedel endossou a reintegração dos combatentes de baixo escalão, mas rejeitou categoricamente um processo de paz. Líderes talibãs "não são reconciliáveis e não podemos fazer um acordo que os inclua",[10] concluiu o relatório. A própria ideia de uma negociação daquele tipo contrariava um éthos fundamental cristalizado durante os anos Bush: não se negocia com terroristas. Na maior parte dos dois primeiros anos do governo Obama, éramos proibidos até de falar na ideia de um contato público. A reconciliação, disse mais tarde Vali Nasr, era "um tabu... os militares diriam: olha, se você está falando com o Talibã, já está jogando a toalha".[11]

Holbrooke ansiava por apresentar seu caso ao presidente e insistiu por uma reunião, mas nunca teve sucesso. Em troca disso, defendeu a abordagem diplomática junto a todos no governo a quem tinha acesso. O osso mais duro de roer foram os militares. Muitos dos líderes, incluindo Petraeus em seu assento no Centcom, achavam que negociar com o Talibã interferiria em seu pleito por uma escalada militar. No entanto, o comandante militar sob Petraeus em Cabul, McChrystal, começou a considerar a ideia. Ele e Holbrooke não tinham um relacionamento fácil, mas eu o vi escutando atentamente enquanto Holbrooke arengava — ao contrário de Petraeus, que se mostrava indiferente. Um coronel do Exército chamado Christopher Kolenda, subordinado a McChrystal, vinha trabalhando no esforço de reintegração de insurgentes no âmbito local e chegou a acreditar que o Talibã estava, de alguma maneira, se tornando mais moderado. Assim, passou a compartilhar o ponto de vista de Holbrooke, segundo o qual uma negociação poderia ser promissora. Intrigado, McChrystal contatou Holbrooke e os dois começaram a discutir os prós e os contras de uma reconciliação, e como ela poderia ser compatível com a campanha militar dos Estados Unidos. No começo de junho, McChrystal avisou sua equipe que tinha "embarcado" nas negociações com o Talibã, e chegou mesmo a preparar uma apresentação para Hamid Karzai sobre o assunto.[12]

Algumas semanas mais tarde, Holbrooke acordou com uma ligação em seu BlackBerry. Eram duas e meia da madrugada e estávamos hospedados na embaixada norte-americana em Cabul — ele em uma suíte preparada para visitantes, eu em um contêiner de carga branco equipado com uma cama de campanha, um frigobar e uma pia minúscula. "Lembre-se de lavar as mãos! :)", dizia um aviso plastificado, descascado, à esquerda da pia. "INSTRUÇÕES EM CASO DE ATAQUE COM FOGUETES", dizia um aviso à direita. Uma das instruções dizia para se esconder embaixo da cama, o que não inspirava muita confiança. No dia anterior, Holbrooke estivera em Marja, uma cidade taticamente importante que fora tomada do Talibã alguns meses antes. Ao se aproximar, guerrilheiros do Talibã abriram fogo contra seu Osprey V-22 — uma futurística mas problemática aeronave de combate que funciona tanto como helicóptero quanto como avião. Ele aterrissou em segurança e riu do incidente ao se reunir com os jornalistas. ("Já fui alvejado em outros países", disse com sua coragem habitual. "Um monte de outros países, na verdade.") No entanto, o tiroteio prosseguiu durante sua breve visita, e logo depois que ele decolou três homens-bomba se explodiram por perto. Foi um lembrete violento de como as vitórias no Afeganistão costumavam ser.[13] Fiquei na embaixada, me alimentando de comida gordurosa no refeitório e participando de reuniões. Holbrooke retornou parecendo exausto. Às duas e meia da madrugada, ele estava dormindo.

A ligação que o acordou era de Stan McChrystal, do outro lado da cidade, no quartel-general da Isaf. Holbrooke ficou irritado. O que poderia ser tão urgente? "Vai sair uma matéria na *Rolling Stone*", disse McChrystal, "e eu disse coisas constrangedoras nela." "Stan, não se preocupe com isso", disse Holbrooke. McChrystal, é claro, tinha razões para se preocupar. O artigo de Michael Hastings, "O general desertor", registrou McChrystal e sua equipe apontando um lança-chamas para quase todo o governo. "O chefe disse que ele parece um animal ferido", comentou um membro de sua equipe a respeito de Holbrooke. "Ele continua dando ouvido aos boatos de que será demitido, e isso o torna perigoso. É um cara brilhante, mas assim que chega puxa uma alavanca, ou o que estiver pela frente. E isto aqui é Coin, não podemos ter alguém metendo a mão nas coisas." Outro momento memorável capta McChrystal olhando para seu BlackBerry e gemendo: "Ah, não, outro e-mail de Holbrooke. Não quero nem ver."[14] Dois dias depois, o presidente Obama aceitou a demissão de McChrystal. O apoio militar para a reconciliação foi-se com ele.

Obama designou Petraeus para o lugar de McChrystal no Afeganistão. Isso foi, tecnicamente, um rebaixamento para

Petraeus, uma vez que McChrystal fora seu subordinado. No entanto, promovia Petraeus a um papel muito mais direto na formulação política para a guerra. Ele não compartilhava da abertura de McChrystal para a negociação. "Simplesmente não acho que fosse negociável", disse-me Petraeus. "Nós tentamos, e nossas Forças Armadas garantiram a movimentação e a segurança de potenciais interlocutores. Mas duvido que pudéssemos convencer os talibãs certos a vir para a mesa e negociar de verdade. Seus pontos inegociáveis eram inaceitáveis para os afegãos e para nós. E mesmo que conseguíssemos convencer os verdadeiros líderes do Talibã, certamente não convenceríamos os líderes do 'Talibã Haqqani', ou do Movimento Islâmico do Uzbequistão, ou da Al Qaeda", disse ele, referindo-se aos elementos mais extremistas do outro lado da fronteira afegã. "Os líderes de todos os grupos estavam acomodados em santuários e ficou claro que os paquistaneses não estavam dispostos ou não seriam capazes de persegui-los." Ele entendia o incessante convite para negociações, por parte de Holbrooke e do Departamento de Estado, como uma distração inútil. "Havia sempre a sensação de que se tentássemos só um pouco mais poderíamos obter um acordo negociado",[15] disse. A mensagem enviada aos militares era de que "não estamos nos esforçando o suficiente. Vocês precisam se juntar a nós. Vocês são o empecilho. Falta determinação da sua parte". Anos mais tarde, Petraeus continuava na defensiva, argumentando que tinha feito "o que era humanamente possível", inclusive ao "reintegrar" dezenas de milhares de talibãs ao Afeganistão. "Mas nunca pudemos pressionar os líderes dos grupos de fora do Afeganistão, e eles tinham muito pouco incentivo para negociar, porque sabiam que tinham apenas que esperar, uma vez que fora anunciada a data para a redução do efetivo." Em outubro de 2010, quando Holbrooke aproximou-se das negociações com A-Rod, tentou abordar Petraeus. "Dave, precisamos conversar sobre a reconciliação", disse.

"Richard, essa é uma conversa de quinze segundos", retrucou Petraeus. "Quando tudo acabar, sim. Mas não. Não agora."[16]

O fato de aquelas primeiras negociações sigilosas em Munique terem ocorrido era um monumento à obstinação de Holbrooke. Muitas e muitas vezes ele havia insistido no assunto e fora rejeitado. A Casa Branca era ainda mais vigorosa em sua oposição do que os militares — à ideia de um diálogo e, ainda mais, à ideia de Holbrooke conduzi-lo. Em julho de 2009, os sauditas avisaram o presidente Obama de que o serviço de Inteligência deles estava em contato com autoridades do Talibã e que haviam tido a sensação de uma abertura para o diálogo. Pediram aos norte-americanos que enviassem um representante para encontrar com eles. Holbrooke enviou o pedido à Casa Branca, que nada fez. Mais tarde, batalhou para que alguns nomes do Talibã fossem removidos da lista da ONU — como já vimos, um dos primeiros pedidos de A-Rod em Munique. Isso também foi terminantemente rejeitado pela Casa Branca, pelos militares e pela CIA. Até mesmo levantar a questão durante as negociações com os afegãos estava proibido — a insistência de Holbrooke para que o diálogo com o Talibã entrasse na agenda do presidente durante uma viagem de Karzai aos Estados Unidos não deu em nada.[17]

Mas Holbrooke continuou insistindo, enviando membros do SRAP a Hillary Clinton para que explicassem os méritos de uma reconciliação e gradualmente diminuíssem seu ceticismo. Até a Casa Branca começou a pensar no assunto. No começo de 2010, o tenente-general Lute, conselheiro do presidente para o Afeganistão, começou a montar um plano para a reconciliação, conduzido não por Holbrooke, mas por um diplomata algeriano das Nações Unidas, Lakhdar Brahimi. Era um menosprezo deliberado dirigido diretamente a Holbrooke. Hillary subiu pelas paredes. "Não terceirizamos nossa política externa",[18] disse à sua equipe. Holbrooke "costumava dizer 'não se faz as pazes com os amigos' e precisávamos estar abertos para o diálogo com o Talibã para conhecê-lo melhor", lembrou Hillary. "Mas era uma árdua e constante batalha."[19] A batalha não era produto apenas de uma divergência ideológica sobre negociações com o inimigo — provinha também de mesquinhas políticas pessoais. O que começara com boatos sobre um descontentamento do círculo íntimo de Obama para com as bizarrices de Holbrooke acabara se transformando em uma humilhante chanchada. Tanto o general Jim Jones, conselheiro de Segurança Nacional, quanto Lute estavam acostumados com os militares dirigindo as cenas no teatro de guerra e trabalhavam para uma Casa Branca que havia lidado, agressivamente, com outras políticas sensíveis à segurança nacional sob seu próprio teto. Jones e Lute estavam furiosos com o fato de Holbrooke ter mantido o controle sobre as operações no Afeganistão e no Paquistão.

Toda segunda-feira à tarde, em uma sala de conferências com painéis de madeira e lugubremente iluminada, no sétimo andar do Departamento de Estado, Holbrooke organizava uma reunião interinstitucional sobre a região — denominada, em referência ao termo da região para consultas, "a shura". A reunião era uma invenção de Holbrooke, mas, como uma concessão às crescentes tensões com a Casa Branca, também era nominalmente conduzida por Lute. Toda semana olhávamos os dois homens tomarem assento nas cabeceiras da mesa, apoiados por um mapa e por relógios que mostravam a hora nas principais capitais do mundo e na localização atual da secretária de Estado. O frio que reinava entre eles era marcante. "É um prazer ter o general Lute aqui, organizando a reunião comigo", disse Holbrooke ao grupo, ao dar início a uma das primeiras reuniões. Lute ergueu-se rapidamente: "É um grande prazer o embaixador Holbrooke juntar-se a nós. E organizar a reunião *comigo*".

Jones e Lute compilaram um dossiê sobre supostos delitos de Holbrooke. Deixaram-no fora do avião na primeira viagem do presidente ao Afeganistão — uma viagem da qual ele nem sequer soube até que o presidente já estivesse a caminho. Em vez de apoiar Holbrooke durante as tensas reuniões com o presidente Karzai no Afeganistão, os funcionários da Casa Branca tentavam criar uma barreira entre o diplomata e o presidente afegão, como parte de sua pressão para conseguirem a demissão de Holbrooke. Durante uma das primeiras visitas de Karzai aos Estados Unidos, excluíram Holbrooke da lista de participantes da reunião com o presidente afegão no Salão Oval e rascunharam pontos para a fala do presidente Obama especificamente voltados para minar Holbrooke — ao salientar que somente aqueles que estavam na sala gozavam da confiança do presidente.[20] Hillary interveio e insistiu para que Holbrooke participasse.

Em outra ocasião, em um momento farsesco do governo que entrou para a mitologia do Departamento de Estado, Jones enviou uma nota ao embaixador dos Estados Unidos em Cabul, o tenente-general reformado Karl Eikenberry, garantindo que Holbrooke seria demitido em breve. Eikenberry também tinha uma visão sombria de Holbrooke, e Jones sabia que podia contar com sua discrição. Infelizmente, ele sem querer enviou a nota como se fosse uma correspondência oficial da Casa Branca, e ela foi automaticamente copiada para todos os órgãos envolvidos com a política sobre o Afeganistão. Jones movimentou-se depressa, e chamou Holbrooke para uma reunião na Casa Branca na qual desvalorizou o diplomata e disse que ele deveria planejar sua estratégia de saída do governo.[21] Hillary Clinton mais uma vez intercedeu, compilando seu próprio dossiê sobre as realizações de Holbrooke e indo falar diretamente com o presidente Obama com o intuito de barrar o complô para demiti-lo. "Os assessores da Casa Branca me pediram, em vão, para me livrar de Richard",[22] lembrou ela. "Disseram: 'Você precisa demiti-lo', e eu disse: 'Eu não vou fazer isso... Se a Casa Branca quer demiti--lo, que eles próprios lhe digam.'" Holbrooke não foi demitido, o que o deixou em uma espécie de purgatório: do lado de dentro, com todos querendo que estivesse do lado de fora. Lute "odiava Holbrooke, realmente odiava", disse-me um de seus funcionários. Quando, mais tarde, a campanha por sua demissão vazou para a imprensa, Lute parecia acanhado ao dizer: "Não sou movido pelo ódio por ninguém ou por nada", mas admitiu que "foi uma experiência muito pessoal, que em grande medida ainda estou digerindo. Mas acho que a tensão se tornou, em algum momento, um tanto personalizada".

O status de pária de Holbrooke era parcial ou total, dependendo de a quem se perguntasse, devido a ele mesmo. Ganhara a alcunha de "trator" durante o governo Clinton com razão, e agora, mais uma vez, assumia uma atitude arrogante, inclusive com Lute. "Veja, ele mesmo marcava o encontro, entrava, fechava a porta e punha os pés sobre a mesa", recordou Lute mais tarde, arrepiando-se com a lembrança. "Sabe, ele tinha orgulho de sua arrogância, sabia para onde ia e ninguém podia entrar em seu caminho."[23] Havia sempre a sensação de que Holbrooke não estava em sintonia com sua época. "Vou lhe dizer, com toda a sinceridade", prosseguiu Lute, "ele tinha liberdade total no governo Clinton e talvez esperasse o mesmo sob Obama."

Nada ilustrava melhor essa tensão do que a relação de Holbrooke com a imprensa, que ele havia usado com eficácia para amplificar suas táticas de negociação na Bósnia. A alegação de que ele era a fonte de uma série de vazamentos de mensagens no início do governo era um elemento frequente no caso de Jones e Lute contra Holbrooke.[24] Aquilo não era verdade. Jornalistas próximos a Holbrooke, incluindo Rajiv Chandrasekaran, do *Washington Post*, e Mark Landler, do *New York Times*, escreveram mais tarde que Holbrooke não vazava informações.[25] Mas ele de fato gostava de conversar com os jornalistas que respeitava, e eu ouvi a sua versão de incontáveis conversas de bastidor nas quais nunca vazou segredos, embora tivesse a língua solta para comentários.[26] Sacrificando suas próprias opiniões, aquelas conversas de bastidor tendiam a ser cuidadosamente cerimoniosas a respeito do governo; de fato, quando sua posição se tornou mais frágil, ele pareceu se corrigir em excesso, soando por vezes como o mais feliz jogador do time. No entanto, as conversas aumentaram o abismo entre Holbrooke e a equipe de Obama. Para Holbrooke, a imprensa era um palco, um espaço onde ressaltava ou espicaçava teatralmente os pontos fracos dos adversários. Aquelas táticas irritavam a filosofia "Obama sem drama" da Casa Branca, que se orgulhava por manter as discussões internas longe da imprensa e o foco no chefe. (Ou, pelo menos, em aliados escolhidos do presidente — à medida que o governo avançava, praticamente todos os seus principais auxiliares procuravam ter perfis de alta visibilidade.) Em setembro de 2009, uma matéria de George Packer na *New Yorker* lançou uma granada de mão no relacionamento já tenso com a Casa Branca, quando Holbrooke apenas começava. Packer, um jornalista incisivo e com pendores narrativos, transformou o que Holbrooke esperava ser uma celebração à sua política com relação ao Afeganistão e ao Paquistão e à sua batalha por um diálogo com o Talibã em uma biografia arrebatadora, repleta de imagens de Holbrooke no Vietnã.[27] Quando o alcance da matéria ficou aparente, Holbrooke tentou puxar o freio. Recusou-se a posar para uma foto. (A *New Yorker* usou uma de arquivo, um retrato mal-humorado tirado pela fotógrafa de celebridades Brigitte Lacombe.) A esposa de Holbrooke, Kati Marton, ligou para o editor da *New Yorker*, David Remnick, e implorou para segurar a matéria. "Kati", disse ele, "você não deveria ter me ligado."[28]

Quando a revista contatou o Departamento de Estado para verificar os fatos da matéria, um alarme soou em todo o governo.

"Importância: Alta", lia-se no e-mail enviado por P. J. Crowley aos assistentes de Hillary Clinton — Jake Sullivan, Huma Abedin, Cheryl Mills e Philippe Reines. "Obviamente, Richard desviou-se, digamos, da discussão de nossa estratégia. Acabou sendo meio que um perfil dele. Vou avisar a CB."[29] Holbrooke já tinha avisado Hillary. "Se você quiser discutir, sei de mais coisas a respeito disso", respondeu ela a Mills. O episódio confirmou o que os conselheiros dentro da Casa Branca de Obama acreditavam sobre Holbrooke: que o resto de nós éramos apenas personagens de sua história.

"O perfil na *New Yorker* o desgraçou perante o governo", disse Marton. "Eles não queriam que ninguém naqueles primeiros anos roubasse o brilho do presidente." Ela disse ao marido que não se preocupasse, que ele fazia parte da equipe e que o círculo íntimo de Obama certamente veria uma matéria positiva como um benefício. "Você não entende como eles são",[30] disse Holbrooke. De fato, Marton não entendia.

13.
Me prometa que vai acabar com a guerra

Chegamos a Fort McNair às sete da manhã em ponto. Era setembro de 2010, e Holbrooke fora designado para ajudar a organizar uma avaliação civil-militar da política em relação ao Paquistão com o sucessor de Petraeus no Centcom — o general James "Cachorro Louco" Mattis, futuro secretário da Defesa. Mais de 225 participantes eram esperados, incluindo as interfaces britânica, alemã e francesa de Holbrooke, assim como o embaixador britânico no Paquistão. Os convidados ingressaram no salão George C. Marshall da Universidade de Defesa Nacional (NDU, na sigla em inglês), uma imensa estrutura de tijolos e concreto construída no estilo de uma enorme igreja, com trabalhos em cantaria cinza e um átrio com vários andares de altura. Assim como o resto do campus da NDU, o salão estava localizado em uma península estreita ao sul de Washington, DC, no encontro dos rios Potomac e Anacostia. Mattis parecia receptivo à agenda de Holbrooke, ouvindo atentamente enquanto eu discorria sobre minha tecnologia de rastreamento de ONGs, e sugeriu que eu repetisse a exposição para sua equipe no Centcom, em Tampa. Holbrooke estava distraído. O conflito com a Casa Branca atingira seu ponto mais crítico, com uma série de boatos sugerindo que seus dias estavam contados. Mas, contra todas as probabilidades, ele achava que ainda tinha forças. Um mês antes, Marton o havia flagrado com o que ela descreveu como "um olhar distante" e lhe perguntara no que pensava. "Acho que entendi. Agora vejo como as peças podem se encaixar."[1] Marton e Holbrooke compartilhavam certo pendor pela construção de narrativas ou, no caso, a noção de que faltava uma resposta, um meio de montar o quebra-cabeça, em oposição a um monte de problemas incrivelmente difíceis e complicados que nunca se encaixariam perfeitamente e que precisavam menos de uma solução grandiosa do que de uma quantidade massacrante de trabalho. Não obstante, nas semanas que se seguiram, ele começou a elaborar um memorando para Hillary Clinton, articulando com rigor o que dera errado no relacionamento dos Estados Unidos com o Afeganistão e com o Paquistão, e como corrigir aquilo. Era para ser, disse-me, um documento digno de registro; a mais completa explicação de seus pontos de vista, que foram com frequência amordaçados ao longo do governo. Enviar documentos através da burocracia do governo é uma espécie de inferno. Os memorandos para a secretária de Estado passam pela "Linha", um corpo de guardiões que garante que sejam "liberados" por algum escritório credenciado antes de chegar à mesa dela. No caso, significava embaixadas e a Casa Branca — os rivais burocráticos que arquitetavam a remoção de Holbrooke. Ele queria enviar a mensagem diretamente a Hillary Clinton, sem um registro digital. Seus assistentes originais na equipe tinham sido substituídos por novos funcionários que, Holbrooke temia, eram mais leais ao sistema do que a ele. Em um sinal de quão profundo era seu isolamento burocrático, perguntou-me se eu poderia ajudá-lo a montar o memorando e enviá-lo a Hillary. Apesar do caso amoroso ininterrupto de Holbrooke com seu BlackBerry, nunca o vi usando um processador de texto. Nem sequer tinha um computador em sua mesa no escritório. Assim, no dia anterior à nossa viagem a Fort McNair, ele ditou um primeiro rascunho para mim. Na manhã seguinte, saiu de suas sessões com Mattis para rabiscar notas e correções nas margens. Era, segundo ele, um documento "apenas para os olhos dela", instrução dada para garantir que somente Hillary o visse — porém, graças ao esforço de Holbrooke para contornar o sistema, o material nunca foi formalmente considerado secreto. Ainda assim, enviei uma mensagem a um amigo da época dizendo que me sentia inquieto ao circular com ele.

"PARA: HRC; DE: RCH", começava o e-mail. "ASSUNTO: ENCRUZILHADA." Em nove páginas, com fonte Times New Roman e espaçamento simples, Holbrooke expôs seu caso nos seguintes termos: "Ainda acredito na importância do Afeganistão e do Paquistão para nossa segurança nacional, e a região continua sendo, como sempre, de alta prioridade. [...] Mas nossa atual estratégia não terá sucesso".[2] O governo afegão, povoado por chefes militares que tínhamos utilizado como testas de ferro na esteira do Onze de Setembro, nos moldes do que fazíamos na Guerra Fria, estava adernando sob o peso da corrupção e mostrando poucos sinais de um alinhamento estratégico com os Estados Unidos. "Não importa o que aconteça com a contrainsurgência, nossa política está em perigo por uma razão básica: a falta de um aliado verossímil e confiável que compartilhe de nossos objetivos", prosseguiu, desfiando uma ladainha de situações em que o governo de Karzai se envolvera em negociações ambíguas e em corrupção.

Não conheço outro aliado estratégico, na história das Relações Exteriores dos Estados Unidos, que tenha se comportado dessa maneira inusitada. No entanto, toleramos tudo, concedemos permissões e aceitamos desculpas, e de uma maneira geral lhe demos a sensação de que pode fazer o que quiser.

Embora os relatos do processo de avaliação sobre o Afeganistão, feitos por Bob Woodward e outros, tenham amplamente caracterizado as perspectivas de Holbrooke sobre o envio de tropas, ele sempre foi meticuloso em não expor seus pontos de vista em público ou em documentos distribuídos pelos canais normais do governo. "Durante o debate do último ano", escreveu, "compartilhei minhas recomendações apenas com você e com Tom Donilon, que disse tê-las compartilhado com o presidente. Nunca se tornaram públicas." O memorando continha talvez o único sumário sincero daquelas recomendações, segundo suas próprias palavras.

Recomendei, na época, uma estratégia que daria a McChrystal um pouco menos de soldados, mas em uma configuração significativamente diferente — cerca de 20 mil a 25 mil, "divididos em somente uma brigada de combate (cerca de 10 mil soldados) e cerca de 10 mil a 15 mil instrutores, conselheiros e apoio". Minha opinião era de que isso causaria menos baixas norte-americanas e civis, seria menos provocativo para os paquistaneses (que se opunham a um número maior) e talvez ganhasse mais tempo junto ao público norte-americano. Teria sido, também, cerca de 10 bilhões a 15 bilhões de dólares mais barato.

Ele também discordava da definição por Obama do prazo de julho de 2011 para o começo da retirada das tropas, que "foi introduzida no último momento, quase como uma ideia posterior, tarde demais para que levássemos em conta todas as suas consequências". Entre tais consequências estava, disse-me, um desperdício do peso norte-americano nas negociações com o Talibã, que agora sabia que podiam esperar pela saída dos norte-americanos.

Usar os paquistaneses como procuradores dos interesses antiterroristas norte-americanos também tinha sido um erro. Ele postulava por uma diplomacia mais abrangente, incluindo outra tentativa de levar a Índia à mesa. Obama viajaria à Índia no mês seguinte, e Holbrooke defendeu uma escala no Paquistão. Inserir o país em viagens presidenciais sempre fora uma matéria espinhosa, uma vez que arriscava irritar os indianos — e, dependendo, também os paquistaneses, já que eles invariavelmente recebiam visitas mais curtas e menos comemoradas. No entanto, Holbrooke sugeriu que aquele era o momento de dar o salto.

Esse seria um momento óbvio para uma viagem como esta, uma vez que sobrevoar a área afetada sem fazer uma escala poderia provocar críticas. Nessas circunstâncias únicas, acho que a eterna questão de equilibrar as relações e as visitas aos dois países, algo que o presidente Clinton conseguiu com sucesso em 2000, pode ser resolvida com habilidade.

No fim das contas, o presidente visitou apenas a Índia, conforme planejado.[3] Holbrooke sugeriu que o fracasso em fazer a transição, no Paquistão, de uma relação baseada em objetivos apenas militares para uma parceria mais abrangente deixara os Estados Unidos com poucas perspectivas para enfrentar permanentemente os refúgios terroristas na região de fronteira. No frigir dos ovos, ele só conseguia ver um caminho à frente. Holbrooke negritou o trecho seguinte, baseando-se nas lições do Vietnã que o governo parecia estar pouco disposto a escutar:

No fim das contas, no entanto, para os insurgentes vencerem uma guerra de guerrilhas basta que não a percam. Além disso, existe uma constante na contrainsurgência: não se consegue vencer um inimigo que tenha um refúgio seguro. Entretanto, não podemos convencer o Paquistão a alinhar seus interesses estratégicos aos nossos, devido à sua obsessão pela Índia e pelo domínio militar sobre sua estratégia política. Por essas razões, devemos investigar se existe uma base para um acordo político com o Talibã que se enquadre dentro de nossos limites. Nada é menos atraente do que a ideia de negociar com o Talibã, mas seria irresponsável continuar ignorando essa área.

Além da tentativa com A-Rod, que se aproximava e sobre a qual prometeu informá-la, sugeriu que os Estados Unidos anunciassem publicamente seu apoio ao diálogo entre o governo Karzai e todas as forças que renunciassem à Al Qaeda. Pediu a continuação do tipo de pensamento que estava por trás da lei Kerry-Lugar-Berman, com "um novo grande esforço para ajudar o povo do Paquistão", realizado "com a devida atenção à Índia". Jogou todo o seu peso em uma redução mais lenta de tropas, dando um prazo de três a cinco anos para a transferência de autoridade às forças afegãs (sobre cuja aptidão pintou um quadro sombrio) e com a promessa de manter pelo menos alguma presença militar norte-americana, durante "o tempo necessário para perseguir os grupos terroristas que ameaçam diretamente os Estados Unidos".

No memorando, Holbrooke argumentava que os Estados Unidos tinham perdido oportunidades cruciais para a diplomacia, apontando o dedo diretamente para o sistemático domínio militar sobre o processo político. No topo de sua lista de desafios constava:

1. O domínio dos militares sobre o processo de avaliação deve ser interrompido. Mesmo que todos tenham fingido concordar com a afirmação de que a "contrainsurgência" exigiria uma estratégia civil-militar mista, no ano passado os militares dominaram e definiram as opções. E mesmo todos concordando que a guerra não terminaria com um

resultado puramente militar, o Departamento de Estado nunca conseguiu fazer uma apresentação detalhada a todo o NSC sobre o processo político-civil ou sobre a necessidade de buscar uma solução política para a guerra. Ao contrário dos militares, nunca tivemos uma reunião a sós com o presidente, com a importante exceção de sua sessão privada semanal com o presidente, sobre todas as questões, à qual compareci uma vez. No debate que virá, devemos procurar corrigir esse desequilíbrio.

Os militares, disse ele, estavam se "autopromovendo", ocupando o espaço que permitiria uma "franca avaliação" do progresso no terreno. Era um eco direto de seus primeiros memorandos no Vietnã. Ao contrário da avaliação dos militares, de que só precisavam de mais tempo e de mais soldados, Holbrooke achava que a Coin era fundamentalmente insustentável no Afeganistão, por muitas das mesmas razões pelas quais fora insustentável no Vietnã:

A 'Coin clássica', uma frase usada repetidas vezes por Petraeus e McChrystal na avaliação do ano passado, é apenas isso — algo do passado que, onde foi bem-sucedida, foi basicamente um conceito colonial que envolvia uma grande quantidade de força coercitiva [...]. E a Coin não pode ser bem-sucedida quando os insurgentes têm um refúgio seguro.

Nesse caso, a retirada das tropas dos Estados Unidos e da Otan, segundo um cronograma ditado por preocupações políticas domésticas, exigiria um governo no Afeganistão autossuficiente, com forças de segurança autônomas. Era, disse Holbrooke, simplesmente "irrealista".

A falta de espaço para as vozes civis, incluindo o doloroso desprestígio dele mesmo, levara a uma falta de disposição em renunciar ao pensamento militarista. Isso, por sua vez, levara ao fracasso na busca por relacionamentos estratégicos mais abrangentes, no momento em que os Estados Unidos haviam exercido o máximo de influência. O resultado era um prognóstico sombrio. "O *máximo* que podemos conseguir, em um período de tempo razoável, é um resultado melancólico, no qual a violência local continue, embora em um nível muito menor."[4] Mas ainda achava que podia conseguir que o Paquistão comprasse a ideia de um acordo regional, e ainda considerava realista um acordo com o Talibã — até "um que ainda proteja as mulheres de um retorno aos piores momentos dos 'anos negros'". Ele foi sóbrio. O governo perdera oportunidades importantes. Mas ele não tinha desistido.

Aquele outono trouxe um sentimento sinistro. À medida que a animosidade com a Casa Branca atingia seu pico febril, todos os dias pareciam anunciar a saída de Holbrooke. Quando ele convocou uma reunião de equipe, tipo "todos para o convés", no final de novembro, vários funcionários confidenciaram que achavam que era o fim. Sem falar no próprio Holbrooke, que parecia cada vez mais desgastado e cansado. Ele chegou e ficou quieto, mais do que de costume. Manteve-se em silêncio, como se estivesse sem fôlego. No memorando para Hillary, estabelecera o cronograma de uma ponte aérea diplomática sem pausas para descanso, e as viagens constantes cobravam seu preço. Anteriormente, em outra reunião geral no início do ano, Holbrooke se erguera, com a voz tremendo de emoção, para anunciar que teria de cancelar uma importante viagem ao Afeganistão devido aos resultados de exames que revelaram uma doença cardíaca que requeria tratamento urgente. Depois, estranhamente, a viagem foi programada de novo. Ele disse que havia sido liberado após mais exames.

No entanto, muitos de nós continuávamos preocupados. Frank Wisner, outro diplomata veterano com quem Holbrooke fizera amizade no Vietnã, contou mais tarde a um repórter como, durante um almoço naquele outono, a concha de um mexilhão espetou o nariz de Holbrooke (ele não era um comensal comedido), fazendo-o sangrar profusamente. "O que diabos está acontecendo com você?", perguntou Wisner. Holbrooke disse que vinha tomando grandes doses do anticoagulante Coumadin para problemas cardíacos. "Hoje foi um dia difícil, porque acordei me sentindo bastante desconfortável e percebi que a fibrilação atrial voltara", disse Holbrooke em uma de suas gravações noturnas para suas memórias. Ele exagerou o "desconfortável" em sua pronúncia diferenciada que era quase um sotaque, escandindo cada sílaba com nitidez. "Não fiz o tipo de trabalho que deveria ter feito no fim de semana, mas isso é compreensível. Pode-se sentir a tensão e a pressão crescentes de todos os lados. Certamente posso sentir." Wisner foi um dos vários amigos que começaram a aconselhar Holbrooke a se demitir. "Não houve uma semana que eu não lhe dissesse para sair", disse Les Gelb.

Holbrooke estava na luta profissional mais importante de sua vida. Assistia outra missão fracassando, como no Vietnã, e em ambas era o único capaz de fazer uma avaliação honesta da dura realidade. No entanto, sob o turbilhão da história havia uma pequena luta humana, que envolvia ego, idade e medo. Demitir-se significava admitir o quanto sua estrela decaíra. Hillary protegera Holbrooke de ser mandado embora, mas não de ser marginalizado. Ele também era um insurgente com um refúgio seguro. Talvez também pudesse vencer ao não perder.

"Ele sempre esperava que amanhã acontecesse um milagre e Obama passasse a gostar dele", prosseguiu Gelb, "então tudo ficaria bem."[5]

Foi durante esse período que Holbrooke e eu tivemos nossa briga "arrasa quarteirão", a ponto de deixar a pobre Donna

Dejban em lágrimas. Nossas comunicações permaneceram superficiais nas semanas que se seguiram. Esse tipo de frieza era rotina para aqueles que trabalhavam com Richard Holbrooke ano após ano — consolei seus assistentes mais próximos em meio a lacrimosos momentos de baixa em sua relação, igualmente volátil, com eles. Nos últimos dias de novembro, quando a primeira conversa com A-Rod aconteceu, encontrei Holbrooke no corredor perto da lanchonete. "Você não está nos deixando, está?", perguntou ele. Eu tinha acabado de ser aprovado na Ordem dos Advogados de Nova York, para a qual estudara durante a noite em meu primeiro ano no Departamento de Estado. "Não pratique a advocacia. Não levará você a lugar absolutamente nenhum." Então sorriu para mim, as profundas linhas vincadas em torno de seus olhos azuis. "Afinal, você está apenas se aquecendo." Em 8 de dezembro, pediu-me um favor. Seu amigo James Hoge, por muito tempo editor da *Foreign Affairs*, seria homenageado em um evento naquela noite. Ele pretendia caçoar do outro. Será que eu poderia encontrar um artigo de "algum dia na década de 1970" que fizesse troça dele, Holbrooke, por ser bonito demais? Sua memória foi, como de costume, sobrenatural — depois de várias horas assediando funcionários na biblioteca do Congresso, encontrei um perfil escrito por Hoge na *Esquire*, de setembro de 1979, intitulado "Os perigos de ser bonito demais". Passei uma cópia para Holbrooke pouco antes de ele pegar a ponte aérea para Nova York. "Ótimo trabalho, Ronan!", me mandou em um e-mail. "Eu sabia que, se alguém podia fazer isso, era você. Obrigado, é exatamente do que eu precisava." Foi o último e-mail que recebi dele.

Numa manhã fria, dois dias depois, Holbrooke e Husain Haqqani sentaram-se para o café da manhã no hotel Four Seasons, em Georgetown. Ambos estavam frustrados. Holbrooke se preparava para mais uma tentativa de encontrar o presidente e pleitear o mesmo acordo político que fizera com Clinton. Haqqani estava, cada vez mais, sendo fritado pelo ISI. Sua estreita relação com os norte-americanos tinha gerado controvérsias em todas as suas encarnações ao longo dos anos. Depois que o congelamento de vistos de entrada diminuiu e ele começou a deixar entrar mais norte-americanos, a controvérsia atingiu novos patamares, com alguns murmurando que ele estava permitindo a entrada de espiões que sabotariam os interesses paquistaneses. "Tenho todos esses problemas com o ISI e você tem todos esses problemas com o NSC, quanto tempo vamos aguentar?", perguntou Haqqani. "Husain", respondeu Holbrooke. "Vamos aguentar enquanto pudermos fazer a diferença."

A reunião seguinte de Holbrooke foi na Casa Branca, onde ele fez o último fervoroso esforço junto a um assessor próximo de Obama, David Axelrod, para conseguir uma audiência com o presidente. Hillary entregara um memorando a Obama sobre as negociações com o Talibã, e Holbrooke achou que, aproveitando a ocasião, poderia vender ao presidente seu plano de usá-las como uma saída para o Afeganistão. "Hillary entregou o importantíssimo memorando ao presidente buscando negociar uma rota de saída para tudo aquilo", disse em uma de suas gravações. "Finalmente o presidente focou no assunto. Talvez a gente olhe para trás, um dia, e o enxergue como um dos memorandos mais importantes que escrevemos, mas isso ainda teremos que ver."[6] Axelrod disse que ia ver. Holbrooke estava afogueado e parecia sem fôlego — a assistente de Axelrod lhe ofereceu um copo de água.[7]

Ele atravessou correndo a Casa Branca e chegou atrasado ao seu próximo encontro, com Hillary Clinton, Jake Sullivan e Frank Ruggiero — a primeira grande reunião estratégica deles sobre o diálogo com o Talibã desde o encontro secreto com A-Rod. Ela esperava em seu escritório externo, uma sala espaçosa revestida de madeira branca com apliques dourados, cortinas azuis e rosa e uma variedade de cadeiras e sofás com estofados coloridos. Durante todo o meu tempo subordinado a ela, mais tarde, vi Hillary sentar-se apenas no sofá, com os convidados de honra na grande cadeira virada de lado para ela. Naquele dia, ela o deixou desocupado para ele. "Holbrooke veio correndo", disse Hillary mais tarde. "E, sabe, dizendo: 'Ah, eu sinto muito, sinto muito'." Sentou-se pesadamente e tirou o paletó, desfiando uma ladainha sobre seus últimos encontros, incluindo sua parada na Casa Branca. "Aquilo era típico de Richard. Foi, tipo, 'estou fazendo um milhão de coisas, estou tentando manter todos os pratos girando'", lembrou. Enquanto ele falava, um rubor "escarlate" subiu por seu rosto, segundo Hillary. Ele pressionou os olhos com a mão, o peito arfando.

"Richard, qual é o problema?", perguntou Hillary.

"Algo horrível está acontecendo", disse ele.

Poucos minutos depois, Holbrooke estava em uma ambulância, preso a uma maca, indo para o hospital universitário George Washington, onde Hillary dissera a seu próprio médico para preparar a sala de emergência.[8] Em seu típico estilo impetuoso, ele exigiu que a ambulância o levasse ao hospital Sibley Memorial, mais distante. Hillary se impôs. Um dos nossos representantes na equipe do SRAP, Dan Feldman, foi com ele e segurou sua mão. Feldman não estava com seu Black-Berry, então rabiscou anotações em um formulário de despesas do Departamento de Estado, relativo a um jantar no restaurante Meiwah, enquanto Holbrooke ditava mensagens e um médico o examinava. As notas refletem o fluxo não linear da personalidade indomável de Holbrooke, entrecortado por realidades médicas. "Ligar para Eric no escritório de Axelrod", dizia a primeira. Logo ao lado: "dissecção aórtica — tipo A... risco da operação: 50%" — a chance de ele morrer. Uma série de mensagens para as pessoas com quem convivia, novamente interrompidas pelo agravamento da sua condição: "S" — a secretária Hillary — "por que estamos sempre juntos nas crises médicas?". (No ano anterior, ele estava com Hillary quando ela caiu no chão de concreto da garagem do Departamento de Estado, fraturando o cotovelo.) "Crianças — quanto as amo + filhos adotivos..." "a melhor equipe que tive..." "Não o deixe morrer aqui..." "cirurgia vascular..." "Sem circulação, sem sentir as pernas..." "Coágulo..." E então, novamente: "Não deixe que ele morra aqui, quer morrer em casa c/ sua fam". Com a gravidade da situação o ultrapassando, Holbrooke pensou no trabalho: "Diga a Frank" — Ruggiero — "ele está atuando". E, finalmente: "Eu amo tantas pessoas... Tenho muito o que fazer... minha carreira no serviço público acabou".

Holbrooke fez graça, e com verve, até quando optaram pela intervenção cirúrgica. "Me consigam tudo o que vocês precisarem", exigiu. "Um coração de porco. O coração de Dan."

Quando o informaram da natureza arriscada do procedimento, disse: "Prefiro assim. Agora eu sei que vocês não estão me enrolando". Quando um de seus médicos, Jehan El-Bayoumi, o fez prometer que ia relaxar, ele gracejou: "Então me prometa que vai acabar com a guerra no Afeganistão".[9] Variações da frase foram tão divulgadas pela mídia que P. J. Crowley, porta-voz do Departamento de Estado, teve que ir ao púlpito na sala de imprensa para esclarecer que se tratava de uma piada.[10] Mas a única piada era ele pedir a qualquer outra pessoa para fazer aquilo.

Três noites depois, centenas de convidados lotaram a sala Ben Franklin, enquanto Hillary Clinton ficava diante do mesmo púlpito onde, dois anos antes, anunciara a função de Richard Holbrooke. Embaixadores estrangeiros nos Estados Unidos lá estavam, assim como seis membros do gabinete de Obama. "O embaixador Richard Holbrooke tem sido um gigante do corpo diplomático durante quase cinquenta anos", começou ela.

Esta semana, seus médicos estão aprendendo o que diplomatas e ditadores em todo o mundo já sabem há muito tempo:
não há ninguém mais duro na queda do que Richard Holbrooke. Ele é um negociador feroz. Tenho certeza de que alguns de vocês, aqui esta noite, ainda estão um pouco dolori-
dos depois de lhe darem o braço a torcer.

Prestou uma sombria homenagem à equipe de Holbrooke e aos
dignitários presentes. "Agora, daqui a pouco", disse ela, ele-
vando a voz alegremente, "vocês serão presenteados com outra
feliz atração, uma performance musical dos incomparáveis Mar-
vin Hamlisch e J. Mark McVey!". Afastou-se, revelando um brilhante piano preto atrás dela. Hamlisch e McVey começaram a
executar uma versão otimista de "Deck the Halls". O Coro das
Crianças do Mundo juntou-se a eles. Luzes brilhantes, como
refletores de TV, instaladas ao redor do palco, lançaram um ful-
gor antisséptico na celebração. Alguém havia decidido que a
maneira mais apropriada de organizar a festa de Natal anual do
Departamento de Estado para embaixadores estrangeiros era
misturá-la com um evento em homenagem a Holbrooke.[11] Ali,
ouvindo canções natalinas, eu não tinha tanta certeza.

 O presidente chegou para balançar brevemente a cabeça
ao som das canções de Natal e depois dizer algumas palavras.
Após uma piada sobre o encanto bipartidário de Hillary, que
superava o seu (uma observação comum na época), ele mudou
de assunto, mencionando:

 nosso amigo e parceiro Richard Holbrooke. Richard Holbrooke tem servido a esta nação, com distinção, por quase
 cinquenta anos... Nunca para, nunca desiste. Porque sempre acreditou que, se mantivermos o foco, se agirmos de
 acordo com nossos interesses mútuos, esse progresso é
 possível. Guerras podem terminar, a paz pode ser forjada.

Chamou nossa equipe, desanimada, reunida na multidão. "A equipe do SRAP, onde estão? Richard os recrutou e os orientou, e eu quero que saibam que, em nossas reuniões, ele sempre deu a vocês um crédito incrível. Ele estava, e está, muito orgulhoso do trabalho que fazem." Os embaixadores estrangeiros aplaudiram, murmurando com admiração em vários idiomas. Olhamos para o presidente. Holbrooke teria explodido sua aorta de livre e espontânea vontade se soubesse que ternas reminiscências seriam evocadas.

"Os Estados Unidos estão mais seguros e o mundo é um lugar mais seguro por causa do trabalho do embaixador Richard Holbrooke", continuou Obama. "E o filho da mãe é durão, por isso estamos confiantes de que, por mais difícil que seja, vai travar uma luta tremenda." Ele prosseguiu, parecendo um pouco aliviado, com uma piada sobre a agenda de viagens de Hillary.

A três quarteirões de distância, Richard Holbrooke estava em coma induzido, com o peito aberto. Depois de vinte horas de cirurgia, estava, conforme disseram vagamente os médicos, "se segurando". Na véspera da festa, eles haviam realizado uma cirurgia complementar para restaurar a circulação nas extremidades inferiores. Tinham percebido a pulsação fraca em seus pés. A condição de seu atributo mais célebre, o cérebro, era completamente desconhecida.

Como mantinham seu peito aberto, ninguém era admitido na sala, mas a equipe passara os três dias anteriores ao lado da porta, para qualquer eventualidade. Dividimos o plantão no hospital em turnos de duas horas, cada um assumido por um par de funcionários. O par de plantão saudaria os figurões de alto calibre que começaram a chegar para prestar seu tributo. Eu recepcionei Joe Biden, John e Teresa Heinz Kerry e Judy Woodruff. Sentei-me com o futuro secretário do Tesouro, Jack Lew, e com a chefe de gabinete de Hillary, Cheryl Mills, enquanto tentavam não parecer horrorizados com os esboços médicos da aorta rompida, em uma mesa próxima. As pessoas falavam vagamente sobre Holbrooke "sentir" a "energia positiva". Mas parecia um velório.

Meu limite para canções natalinas sombrias já fora ultrapassado, então, quando voltei para minha mesa no primeiro andar, Rina Amiri entrou correndo e se jogou no sofá, soluçando. Estavam desligando o sistema de suporte vital. À noite, caminhei penosamente de volta ao hospital com Rosemarie Pauli, a tinhosa chefe de gabinete de Holbrooke, com quem ele trabalhava desde a Bósnia. Fazia um frio de rachar e soprava um vento forte. "Afegãos", murmurou Rosemarie, apertando o casaco junto ao corpo e inclinando-se contra o vento. "Tão dramáticos." (É verdade: o luto afegão é diferente de tudo que já vi em outros lugares, com seu usual período de luto de quarenta dias.) Os sinais de trânsito balançavam. Chegamos ao hospital e ficamos no saguão enquanto eles o desconectavam.

Hillary Clinton encaminhava-se para um jantar na Casa Branca, depois de sair da festa no Departamento de Estado, quando recebeu a ligação.[12] Mudou rapidamente de direção e chegou a tempo de estar com ele em seu final. Ainda vestindo um blazer trespassado de prata e ouro, com uma gola de Peter Pan que a fazia parecer embrulhada para presente, ficou sob as luzes do hospital e reuniu a equipe, que chorava. Eu distribuía lenços. "Lá vai o nosso ongueiro, sempre ajudando", disse. "Ele era quase um pai para mim", eu disse baixinho, para minha própria surpresa. Ela me abraçou. Para uma mulher que acabara de perder um amigo de muitos anos, Hillary foi generosa. "Bom, não sei vocês", disse ao grupo, "mas eu estou indo para o bar mais próximo."

Quando começou a nevar do lado de fora, nos amontoamos no bar do saguão do hotel Ritz-Carlton, ali perto. Um grupo crescente de pessoas enlutadas foi se juntando a nós. Maureen White, esposa do financista e conselheiro de Obama, Steven

Rattner, abriu uma conta. Hillary estava cercada por seu séquito. Todos trocavam histórias sobre o inimitável Richard Holbrooke.

Na época, o governo dos Estados Unidos estava prestes a lançar sua primeira Avaliação Quadrienal sobre Desenvolvimento e Diplomacia (QDDR, da sigla em inglês), um plano de longo prazo para reorganizar o Departamento de Estado e a Usaid, de forma a torná-los mais eficientes e mais sintonizados com as mudanças nos objetivos de segurança nacional. (Por exemplo, o primeiro processo destacava o contraterrorismo no conjunto da burocracia.) Os objetivos do projeto traziam de volta à baila o ensaio do jovem Holbrooke na primeira edição da *Foreign Policy*, onde sugerira uma reorganização da burocracia do Departamento de Estado, que descreveu como "uma máquina avariada". O que a iniciativa trazia à tona, por outro lado, era o tipo de burocracia pesada e ineficiente que Holbrooke havia depreciado no passado, durante todos aqueles anos de lutas internas que só levaram a mudanças organizacionais, na maioria sutis. "Ah, o QDDR", disse Hillary melancolicamente. Ela odiava esse documento. "Devemos dedicá-lo a ele." E assim o fez.

"Eu realmente acreditava que, se Richard tivesse sobrevivido, teríamos sido capazes de apresentar ao governo algum tipo de acordo de paz", disse-me Hillary.

E ainda acredito nisso, mesmo. Não tenho certeza de que eles teriam aceitado, mas com todo o trabalho que ele fez, que Frank Ruggiero fez, as reuniões que estavam acontecendo... Eu estava muito esperançosa de que, com o encontro que teríamos em Lisboa, na conferência da Otan, pudéssemos construir algo com os esforços de paz que Richard liderava. Óbvio, não foi o caso, devido ao que aconteceu com ele, terrivelmente, naquele mês de dezembro.[13]

Talvez seja verdade.

Enquanto prosseguíamos noite adentro, por volta das duas da madrugada uma mulher solitária e embriagada, de cabelos lisos e grisalhos, chamou-me de uma mesa próxima. "Eu sei quem você é", balbuciou, olhando para nós. "Sei quem são todos vocês." "Boa noite", eu disse, virando-me para sair. "Não leve isto tão a sério, querido", ela me disse. Olhei por cima do ombro. Dava um largo sorriso, mostrando uma fileira de dentes vermelhos, manchados de vinho. "Tudo termina."

14.
O ônibus perdeu a direção

No mês que se seguiu à morte de Holbrooke, um Honda Civic aproximou-se de um cruzamento em Lahore, no Paquistão, e parou no sinal vermelho. Conhecido como parada Mozang Chungi, o cruzamento marcava o início da estrada Ferozepur, uma rota comercial que vai até a cidade de mesmo nome na Índia. A uma curta distância do carro, os arcos em ruínas da antiga Cidade Murada refletiam a história de Lahore, sede do poder do Império Mogol. No entanto, a interseção incorpora também um lado mais moderno de Lahore: a expansão urbana superpovoada, alimentada por um setor de negócios em rápida expansão. Era de tarde, e uma névoa poluída pairava sobre o denso tráfego de bicicletas, riquixás e carros maltratados de diferentes épocas.

Dentro do Honda estava um norte-americano de tórax amplo e ombros largos. O cabelo grisalho se tornava escasso e ele estava a um dia sem se barbear. Usava camisa xadrez sobre camiseta branca. Criado na empobrecida cidade carvoeira de Big Stone Gap, na Virgínia, fora lutador na Powell Valley High, onde os amigos se lembravam dele como "músculos maciços" e "Rambo americano". Servira nas Forças Especiais do Exército e, depois, havia seguido carreira na área de segurança privada . "Ninguém aqui se lembra do cara", disse mais tarde seu comandante em Fort Bragg, Carolina do Norte, a um jornalista. "Se você o pusesse em uma multidão de cinquenta pessoas, ele não ia sobressair",[1] confirmou um ex-treinador de futebol americano na Powell Valley High. Alguns anos mais tarde, até mesmo a escola de ensino médio foi vendida a um banco e demolida, outra vítima do sonho norte-americano que abandonou cidades carvoeiras como Big Stone Gap.[2] Aos 36 anos, Raymond Davis nunca tinha deixado sua marca até aquela tarde em Lahore.

Quando Davis parou, uma motocicleta preta com dois jovens paquistaneses veio pela direção contrária e virou em frente ao Honda. O passageiro de trás empunhava uma arma. Davis puxou uma Glock semiautomática de nove milímetros e mirou, sentado atrás do volante. Atirou cinco vezes, abrindo uma série de buracos no para-brisa, desenhando teias de aranha fractais no vidro de segurança. As balas atingiram um dos dois homens, o assaltante de rua Mohammed Faheem, de dezenove anos, no estômago e nos braços. Ele caiu no chão, morto. O outro, Faizan Haider, fugiu. Chegou a percorrer cerca de nove metros antes de Davis sair do carro e atirar nele várias vezes pelas costas, matando-o também. Davis usou um radiocomunicador que estava no carro para pedir ajuda, depois tirou fotos dos corpos com seu celular. "Ele estava muito tranquilo e confiante",[3] disse uma testemunha. "Eu me perguntava como podia ficar assim depois de matar duas pessoas."

Minutos depois, um Toyota Land Cruiser percorreu a rua movimentada na contramão, matando um pedestre e dispersando os demais.[4] Quando o Land Cruiser chegou ao cruzamento, Davis já tinha ido embora. O motorista norte-americano acenou com um fuzil para os espectadores, ordenando que saíssem do caminho, e retornou ao consulado dos Estados Unidos. Davis tinha fugido, e percorrera cerca de três quilômetros antes que a polícia paquistanesa o detivesse.

Um vídeo granulado mostra Davis sendo interrogado na cadeia Kot Lakhpat, de Lahore. "Eu só... eu preciso dizer à embaixada onde estou", falou aos policiais, com um leve sotaque sulista, tirando um walkie-talkie do bolso. "Você é norte-americano?", perguntou um dos policiais. "Sim", disse Davis, apontando para a identidade pendurada em um cordão no pescoço. "Estados Unidos." Disse-lhes que trabalhava no consulado. "Como um...?", perguntou o policial. "Hã, sou só um consultor", ele respondeu.

Para um consultor, Raymond Davis tinha uma mira admirável. Os detritos deixados no cruzamento — munição, facas e luvas, uma venda para os olhos — sugeriam outra coisa. Assim como o celular de Davis, que estava cheio de fotos clandestinas tiradas de locais militares paquistaneses. Raymond Davis era, óbvio, um espião — mais especificamente, como se veio a saber mais tarde, um contratado da CIA. Isso foi sabido pelo público paquistanês quase tão depressa quanto pelo ISI. Assim que Davis desapareceu do movimentado cruzamento e foi parar na prisão de Kot Lakhpat, a nação praticamente entrou em convulsão, incluindo desde protestos de rua até cobertura da imprensa 24 horas por dia.

Duas semanas mais tarde, o presidente Obama, indignado, descreveu Davis como "nosso diplomata" e pediu sua libertação, alegando "um princípio muito simples" estabelecido na Convenção de Viena: "Se nossos diplomatas estão em outro país, eles não estão sujeitos à justiça local".[5] Leon Panetta transmitiu uma mensagem privada semelhante ao general Pasha e ao ISI. Quando Pasha perguntou, preto no branco, se Davis era um agente da CIA, Panetta disse: "Não, ele não é um dos nossos".[6] Panetta não comentou sobre os detalhes daquela conversa, mas disse que, em geral, "se tivermos que fazer jogo duplo com esses caras para garantir que, no final, estamos protegendo nosso pessoal, é o que vamos fazer".[7] Se os paquistaneses mentiam para ele, Panetta, aparentemente, não hesitaria em devolver na mesma moeda.

No dia seguinte, Mohsin Kamal, o lobista que Mark Siegel contratara quando começou o imbróglio da lei Kerry-Lugar-Berman, estava no bairro de Chinatown, no Distrito Federal, onde ficava a empresa de lobby Locke Lord. Kamal tinha um escritório-padrão compartilhado, com móveis anódinos e uma vista deprimente para o Verizon Center. Logo depois das onze da manhã o telefone tocou. Era o general Butt, com quem eu gastara minha lábia para obter um visto de entrada no ano anterior. Os dois homens tinham se conhecido anos antes, quando Kamal servira no Exército, e tinham um bom relacionamento. "Ei, onde você está?",[8] perguntou Butt. Kamal já sabia do que se tratava — o escândalo de Raymond Davis ganhara as manchetes nas últimas 24 horas, tanto na imprensa norte-americana quanto na paquistanesa.

Uma hora depois, ele estava no escritório de Butt, no quarto andar da embaixada paquistanesa. Um assistente lhes serviu chá. Kamal tomou o seu com leite e açúcar. "Você tem que dizer muito claramente ao Congresso que ele não tem imunidade", disse Butt. "Ele foi contratado e é da CIA." O incidente ofendera o Paquistão profundamente, esbarrando em inseguranças existenciais sobre sua soberania. Talvez, sugeriu Butt, eles pudessem aproveitar a confusão como uma oportunidade para refutar a demanda da CIA por mais acesso. Disse a Kamal que estava preocupado com Husain Haqqani, que ao desobstruir a aprovação de vistos de entrada se tornara mais suspeito do que nunca. Seria ele o responsável por deixar que Davis entrasse, e talvez dezenas de outros? Tentaria ajudar os norte-americanos a resgatar seu espião?

"Que papel Husain terá nisso?", perguntou Butt.

"Um papel que nenhum de nós pode imaginar", respondeu Kamal. "Ele é o homem mais imprevisível que conheço."[9]

Kamal e Mark Siegel percorreram toda Washington divulgando a indignação paquistanesa e disseminando detalhes chocantes da investigação do ISI. Davis morava em um esconderijo com outros espiões. Os agentes norte-americanos referiram-se ao local como "La Whore House",* disseram Kamal e Siegel a funcionários perplexos do Capitólio. A CIA arriscava todo o relacionamento com um importante aliado, argumentaram. Um acordo teria que ser feito com os paquistaneses. John Kerry foi enviado para Lahore para tentar fazer exatamente isso. Antes de sair, Siegel deu a um dos ajudantes de Kerry, Jonah Blank, um relatório completo sobre a perspectiva paquistanesa. Kerry comportou-se exatamente como os lobistas paquistaneses esperavam. Bajulações feitas por ele e pelo embaixador dos Estados Unidos no Paquistão, Cameron Munter, trouxeram o general Pasha para um acordo. Husain Haqqani, como Butt previra, ajudou os norte-americanos a encontrar uma solução: a CIA pagaria 2,3 milhões de dólares para as famílias dos mortos no incidente com Davis. Dois altos oficiais da Inteligência paquistanesa me disseram que havia outra garantia feita pelos norte-americanos que nunca veio a público. Os Estados Unidos restringiriam severamente as atividades da CIA no Paquistão, para sempre. Mohsin Kamal disse-me que foi assim que Butt descreveu o acordo para ele. Nenhum norte-americano confirmaria que houve um compromisso explícito.[10] Quer fosse parte de um acordo ou uma consequência natural da tensão que o incidente causara sobre o relacionamento, a agência começou a retirar silenciosamente dúzias de seus agentes disfarçados no Paquistão.[11]

"O ônibus do relacionamento perdeu a direção, naquele momento, na esteira dos problemas criados pelo WikiLeaks e pelas afirmações indelicadas por parte dos paquistaneses em

---

* Literalmente, "bordel", trocadilho envolvendo a pronúncia parecida com o nome da cidade paquistanesa de Lahore. [N. T.]

um livro de Bob Woodward",[12] disse-me Petraeus. O governo Obama congelou todas as negociações de alto nível, incluindo o rígido diálogo estratégico de Holbrooke e os organismos trilaterais de trabalho com o Afeganistão. Hillary cancelou uma reunião com o ministro das Relações Exteriores, Qureshi.[13] Ao longo dos meses que se seguiram, os dominós continuaram desabando. Pouco depois das onze em uma noite no início de maio de 2011, dois helicópteros Black Hawk, equipados com uma nova tecnologia para evitar a detecção por radares, decolaram de Jalalabad, no leste do Afeganistão. Dois grandes Chinooks os seguiam, caso sua missão falhasse. No total, as aeronaves continham 79 comandos norte-americanos e um cachorro. (Nome: Cairo. Raça: pastor-belga.) O resto é história: uma equipe de SEALs da Marinha norte-americana desceu na cidade paquistanesa de Abbottabad, usou explosivos C4 para explodir os portões de um complexo residencial murado e atirou em Osama bin Laden na cabeça e no peito. Os norte-americanos desapareceram com o corpo e uma amostra reserva da medula óssea para dentro da noite. Um único Black Hawk, que caíra durante a descida inicial, foi destruído para salvaguardar sua tecnologia dos paquistaneses, deixando para trás uma cauda em chamas e muitas perguntas.[14]

Se o incidente com Raymond Davis deixara o relacionamento entre os Estados Unidos e o Paquistão de joelhos, aquilo acabou por levá-lo à lona. O homem mais procurado do mundo fora descoberto, não em um esconderijo ilegal na fronteira do Paquistão, mas em uma cidade suburbana cheia de casas de verão para as elites de Islamabad. O conjunto de Bin Laden ficava a apenas algumas centenas de metros da academia militar de Kakul — basicamente a West Point do Paquistão. Ou os paquistaneses eram incompetentes, ou sabiam que ele estava lá.[15] O ataque aconteceu sem o consentimento do Paquistão, e o país não foi notificado de antemão, pelo menos os altos escalões não foram. "Ainda estamos falando com os paquistaneses e tentando entender o que eles sabiam e o que não sabiam",[16] disse Michele Flournoy, subsecretária de Defesa, alguns dias depois. É um debate que continua até hoje. Durante o turbilhão político que se seguiu no Paquistão, o general Pasha alegou ignorância diante do Parlamento do país e ofereceu sua renúncia — que, no fim das contas, não foi aceita.[17] Petraeus, que assumiu a CIA alguns meses depois, mostrava-se propenso a aceitar as alegações de Pasha. "É bem possível que alguém de nível mais baixo soubesse, mas até disso eu duvido", disse ele. "As pessoas simplesmente não entendem o Paquistão ou muros altos, ou que pessoas não conheçam todos os seus vizinhos. Era possível esconder alguém lá."[18] Mas o ISI é uma organização multifacetada, e o quanto sabiam suas seções mais obscuras, como o Diretório S, favorável à Al Qaeda, ninguém sabe, de acordo com vários analistas da CIA que trabalharam no caso Bin Laden.

Os paquistaneses, como sempre, aparentavam uma resignação silenciosa no privado e agressividade em público. Minutos depois do ataque ter sido declarado um sucesso, Panetta viu o chefe do Estado-Maior conjunto, almirante Mike Mullen, chamar o comandante do Exército paquistanês, general Kayani, do lado de fora da sala de situação. "O único momento em que eles foram mais honestos conosco", disse-me Panetta,

foi na noite do ataque, porque eles sabiam muito bem o que tinha acontecido... O general [Kayani] basicamente disse: "Eu entendo o que aconteceu aqui e vocês deviam anunciar para o mundo". Esse foi provavelmente o momento mais sincero daquele relacionamento. Depois disso, a política assumiu o controle e eles fizeram tudo o que podiam para parecer que não tinham culpa de que ele morasse lá.[19]

Publicamente, Kayani ordenou em alto e bom som que os militares dos Estados Unidos diminuíssem sua presença no país para o "mínimo necessário" e os advertiu contra futuros ataques. A Casa Branca se reuniu para debater como endurecer com os paquistaneses.[20] O Paquistão ainda era importante na luta mais geral contra o extremismo, mas Bin Laden tinha um significado totêmico. Sem ele, houve uma mudança de atitude, palpável até mesmo no Departamento de Estado. Precisávamos do Paquistão, mas quanto? "As pessoas diziam: 'Cara, o ataque a Bin Laden, aquilo realmente deteriorou seu relacionamento com o ISI'", refletiu o general Hayden. "De maneira alguma, apenas levantou o véu de como ele era difícil."[21]

No mês seguinte ao ataque, o presidente enviou Panetta e o assessor de Segurança Nacional, Jim Jones, a Islamabad, para fazer uma ácida condenação ao jogo duplo do Paquistão. Panetta sabia que elementos dentro do ISI vinham alertando os combatentes da Al Qaeda antes das operações norte-americanas — e agora existia vontade política para enfrentar a questão.[22]

Já era alguma coisa. Steve Kappes, que era meu vice na época, já havia passado por isso antes e posto a inteligência de que dispúnhamos para investigar o jogo duplo. Eles disseram que iam agir para emendar as coisas, mas nunca o fizeram. Assim, o presidente achou importante ir ao topo da hierarquia... sentar à mesa e deixar a coisa bem clara. Porque eu acho que ele estava muito preocupado com o fato de os Estados Unidos ignorarem demasiadamente o comportamento que eles assumiam, e achava que, se isso viesse à tona — que estávamos simplesmente ignorando ou aceitando esse tipo de comportamento —, a posição dos Estados Unidos na região seria enfraquecida.

"Ele estava irritado com isso?", perguntei.

"Sim. Acho que se pode dizer que estava *puto da vida*",[23] disse Panetta, com outra sonora gargalhada.

Obama não estava sozinho. O almirante Mullen investira anos na construção de um relacionamento com Kayani e muitas vezes aconselhara a conciliação, a partir de sua posição como chefe do Estado-Maior conjunto. Sentado em uma sala diante de representantes do Congresso, um mês depois da explosiva sessão de Panetta com Pasha, fez a mais veemente condenação pública, por parte dos Estados Unidos, até aquele momento. A rede militante Haqqani "atua como um verdadeiro braço armado da Agência Interserviços de Inteligência do Paquistão",[24] disse ele. "O apoio ao terrorismo faz parte de sua estratégia nacional."

Os golpes continuaram chegando. Na fria madrugada de 26 de novembro de 2011, o apoio aéreo dos Estados Unidos, requisitado pelos afegãos para conduzir uma operação contra o Talibã, abriu fogo contra as tropas paquistanesas estacionadas na fronteira entre os dois países. O general John Allen, que sucedera a Petraeus como comandante no Afeganistão, foi um dos primeiros a ser notificado. "Acabamos matando 24 deles durante a noite", lembrou ele. "Agora muitos dedos estão sendo apontados, e não quero entrar nisso, mas o resumo da história é que meu pessoal se defendeu e 24 soldados de fronteira paquistaneses foram mortos." As recriminações foram rancorosas e rápidas.[25] Dois dias depois, o Paquistão fechou as importantíssimas Linhas de Comunicação Terrestres, (GLOCs, na sigla em inglês), as rotas da Otan usadas para enviar 80% dos suprimentos para as forças dos Estados Unidos no Afeganistão.[26] "Imagine um teatro de guerra com 150 mil homens e outros 100 mil civis, tendo 80% de meus suprimentos cortados em um dia", lembrou Allen. Restavam para ele apenas sessenta dias de suprimentos e um problema sem solução elegante.[27]

A situação era um duro lembrete das realidades estratégicas que fizeram do Paquistão, desde o início, uma importante força auxiliar. Mas também ilustrava até que ponto a atitude dos Estados Unidos estava mudando. Com o relacionamento esfriando, Allen simplesmente contornou os paquistaneses. "Tive que enviar tudo por via aérea ou a partir da Ásia Central, pelo norte... Foi um reabastecimento por via aérea, a partir de Berlim. Só os Estados Unidos poderiam fazer isso. Mas nós conseguimos." A manobra custava aos Estados Unidos 100 milhões de dólares por mês, mas funcionou.[28] Por fim, um pedido de desculpas de Hillary Clinton pacificou os paquistaneses. No dia em que esclareceu a situação com eles, enviou um e-mail à subsecretária de Estado, Wendy Sherman: "Você sabe como se soletra 'alívio'? 'G-L-O-C-S'".[29] Como nunca fora alguém que menosprezasse uma boa frase, vinte minutos depois ela enviou um e-mail ao vice-secretário Bill Burns: "Você sabe como se soletra 'alívio'? 'G-L-O-C-S'".

Allen disse que o pior que aconteceu nas relações Estados Unidos-Paquistão foi a oportunidade estratégica perdida, que nunca mais poderia ser resgatada. "Depois disso, não tivemos mais nenhuma relação com o Paquistão durante nove meses... e nesse período de tempo meus números estavam caindo", disse ele, referindo-se à diminuição do número de soldados norte-americanos em campo.

Nossa capacidade de ter os paquistaneses de um lado e nós do outro, de se conseguir um efeito decisivo e verdadeiro com relação aos refúgios, foi perdida durante esses nove meses. Olhar para trás e ver o quanto poderíamos ter feito para acabar com os refúgios é, francamente, um triste balanço.[30]

O Congresso, que já tinha pouco apetite por uma assistência ao Paquistão depois do ataque a Bin Laden, recusou-se a reembolsar os militares paquistaneses por suas atividades durante os longos meses em que as linhas terrestres ficaram fechadas.

Esse foi o maior obstáculo para o ambicioso plano de assistência quinquenal de Holbrooke.[31] Um ano depois de ter sido enterrado, o relacionamento que lutara desesperadamente para transformar teve o mesmo destino. Hillary, em suas memórias, foi condescendente em relação à sua temporada no Departamento de Estado, escrevendo que "as negociações e o acordo final sobre as linhas de abastecimento nos dão uma lição de como os Estados Unidos e o Paquistão podem trabalhar juntos, no futuro, na busca por interesses compartilhados".[32] Alguém poderia concluir, também corretamente, que a lição era sobre o perigo em confiar em uma junta militar sem alinhamento estratégico com os Estados Unidos.

Em fevereiro de 2011, vi Hillary subir ao palco da Asia Society, uma organização com a qual Richard Holbrooke tivera uma longa história, e formalmente anunciar o apoio dos Estados Unidos a um acordo político no Afeganistão, incluindo negociações com o Talibã. Frank Ruggiero foi enviado para uma série de novos encontros com A-Rod, o contato secreto do Talibã. A fim de aumentar o grau de confiança, os Estados Unidos pressionaram a ONU para que separasse o Talibã da Al Qaeda em suas listas de terroristas — outra proposta de Holbrooke. Mas o governo de Karzai em Cabul fez descarrilhar as tentativas de negociação. Um escritório político para o Talibã no Catar, um dos primeiros pedidos de A-Rod, aberto em 2013, foi fechado um mês depois de ter levantado a bandeira de um "Emirado Islâmico do Afeganistão" — que apresentava o Talibã como um governo no exílio em lugar de uma facção política. Karzai mais uma vez subiu pelas paredes. As negociações ficaram congeladas durante anos. Foi somente a partir de 2016 e 2017 que elas, mais uma vez, começaram a dar intermitentes sinais de vida, com os afegãos na liderança e pelo menos um funcionário dos Estados Unidos acompanhando as reuniões.[33] O futuro permanece incerto.

Vários funcionários do governo Obama, simpatizantes de Holbrooke, disseram achar que a antipatia em relação a ele e à sua campanha por diplomacia pode ter desperdiçado o período de máximo potencial dos Estados Unidos na região. Quando a quantidade de tropas dos Estados Unidos estava em seu auge, tanto o Talibã quanto os paquistaneses se sentiam encorajados a comparecer à mesa e a responder a negociações mais duras. Uma vez que estávamos indo embora, havia poucos motivos para colaborar. A falta de apoio da Casa Branca à abertura diplomática de Holbrooke para o Paquistão desperdiçou, da mesma forma, a disposição em fortalecer o relacionamento, contribuindo para o completo colapso que se seguiu. Richard Olson, que assumiu em 2012 o cargo de embaixador no Paquistão, denominou o ano após a morte de Holbrooke de "*annus horribilis*". Perdemos a guerra, e foi ali que isso aconteceu.

15.
O memorando

Husain Haqqani tentou criar o hábito de não verificar o celular pela manhã, "caso contrário, as coisas poderiam não correr bem".[1] Em 10 de outubro de 2011, depois de acordar bem cedo na suíte residencial da embaixada paquistanesa, vestiu-se à luz do amanhecer e em seguida caminhou até o escritório ao lado de seu quarto, forrado de livros. Haqqani tinha muitos; afinal de contas, era professor. Sentou-se numa enorme cadeira de escritório e folheou os jornais. Enquanto percorria as grandes páginas salmão do *Financial Times*, uma coluna de opinião chamou a sua atenção. "Já é hora de enfrentar os espiões jihadistas do Paquistão", dizia a manchete. Fora escrita por um conhecido seu chamado Mansoor Ijaz.

"Uma semana depois de as Forças Especiais dos Estados Unidos terem invadido o esconderijo de Osama bin Laden e o terem matado", começava a coluna, "um experiente diplomata paquistanês me telefonou com um pedido urgente". Ijaz afirmava que o diplomata queria passar uma mensagem do presidente paquistanês, Zardari, para o almirante Mullen, chefe do Estado-Maior conjunto — sem que o ISI soubesse. "O constrangimento pelo fato de Bin Laden ter sido encontrado em solo paquistanês humilhara a tal ponto o fraco governo civil do sr. Zardari que o presidente temia que um golpe militar fosse iminente", escreveu Ijaz. "Ele precisava de um soco norte-americano na mesa de seu comandante do Exército para acabar com quaisquer pretensões equivocadas de um golpe — e rápido." Ijaz afirmou que tinha elaborado um memorando de acordo com as normas diplomáticas depois de uma série de telefonemas. Seu pedido: que os Estados Unidos ordenassem ao comandante do Exército paquistanês, o general Kayani, "a remoção das autoridades da Inteligência militar paquistanesa". Havia mais: o presidente Zardari estava supostamente montando uma nova equipe de segurança nacional para assumir o poder e eliminar elementos radicais dentro do ISI.[2] Fosse qual fosse sua origem, Ijaz de fato escreveu um memorando e o enviou ao recentemente substituído conselheiro de Segurança Nacional, Jim Jones, que o repassou a Mullen.

O incidente com Raymond Davis e o ataque a Bin Laden tinham reanimado os murmúrios sobre a lealdade de Haqqani. No ano anterior, ele havia sido o responsável por retomar o fluxo de vistos de entrada.[3] Agora, enquanto histórias de espiões indesejados e SEALs da Marinha agitavam o Paquistão, dedos apontavam para ele. "Uma das coisas que o ISI sustentava contra mim era que as pessoas no local que haviam ajudado no ataque provavelmente receberam vistos por meu intermédio, pelas costas do ISI", disse Haqqani. "Pensaram assim porque são muito conspiratórios." A narrativa alimentada pelos teóricos da conspiração — de que Haqqani conspirava com os norte-americanos para deixar entrar uma rede secreta de espiões — ainda sobrevive no Paquistão. Em março de 2017, a cópia de uma carta do gabinete do primeiro-ministro autorizando Haqqani a emitir vistos sem notificar Islamabad surgiu na imprensa, dando crédito à afirmação de Haqqani de que não estava agindo unilateralmente. Mas isso foi logo seguido por outro vazamento, uma carta do Ministério das Relações Exteriores, supostamente advertindo Haqqani a não aprovar vistos para agentes da CIA.[4] Aos olhos de alguns no meio militar, Haqqani era um vira-casaca; o homem que abrira as fronteiras do Paquistão para intrusos.[5]

Haqqani percebeu como o artigo do *Financial Times* pareceria para qualquer pessoa com aquela visão. Era difícil pensar em outro "experiente diplomata paquistanês" que se encaixasse tão bem na ideologia pró-civil e pró-norte-americana descrita no memorando. Quando chegou ao fim da coluna, pegou seu Black-Berry pela primeira vez naquela manhã e ligou para o celular de Mansoor Ijaz, com o código de área de Londres.

"O que está acontecendo?", perguntou Haqqani.

"Você não é o único funcionário paquistanês que eu conheço", respondeu Ijaz, conforme os dois se lembraram da conversa. Haqqani disse que Ijaz riu quando disse aquilo.

"Isso pode provocar uma crise política", disse Haqqani, achando menos graça.

"Não, não acho que isso vai acontecer", disse Ijaz, de acordo com a lembrança de Haqqani. "O resto do artigo é o mais importante."

Haqqani balançou a cabeça ante a lembrança. "O homem não tinha a menor noção da profundidade do que tinha feito",[6] disse-me. Ijaz recordou outro momento na conversa, quando Haqqani disse a ele, pouco antes de desligar: "Você acaba de me matar".

Mansoor Ijaz estava em seu iate quando, segundo sua versão, recebeu a ligação de Husain Haqqani e entrou em ação para rascunhar um memorando. A biografia de Ijaz era como a de um personagem coadjuvante em um romance de Agatha Christie. Talvez a tivesse planejado daquela maneira. Homem de negócios paquistanês-americano que fizera fortuna como administrador de fundos de investimentos, circulava pela Riviera Francesa. Ele enfatizava sua história, de alguém que saiu do nada e ficou rico, ao falar com a imprensa: nasceu na Flórida; foi criado em uma fazenda no condado de Floyd, Virgínia; estudou na Universidade da Virgínia com uma bolsa de estudos de atleta de levantamento de peso. Chamava bastante a atenção para a parte relativa à sua riqueza também. "Deus me deu tantas coisas neste mundo, mas se tudo que eu deixasse para trás fosse um jato na pista, um iate no porto, dez casas ao redor do mundo e os 5 mil pares de sapatos da minha esposa, eu não teria cumprido minha missão",[7] disse ele ao *Washington Post* por ocasião do escândalo. Seu pai uma vez lhe disse: "Deus lhe deu um grande cérebro, mas uma personalidade de merda. Você tem que entrar na política para aprender a ser humilde". Quando Ijaz obteve sucesso no mundo das finanças, começou a doar centenas de milhares de dólares para os democratas e estabeleceu o maior número possível de contatos. Escrevia colunas de opinião. Começou a obter projeção nos conflitos internacionais. Nos anos 1990, aproximou-se do governo Clinton, dizendo que estava negociando com o Sudão para conseguir a captura de Osama bin Laden, que na época se abrigava lá. Funcionários de Clinton o rejeitaram como sendo uma espécie de "Walter Mitty, vivendo uma fantasia pessoal", de acordo com um relatório. Mais tarde, apareceu como comentarista da Fox News e fez afirmações sensacionalistas de que os mulás radicais iranianos estavam contrabandeando armas químicas para o Iraque. Admitiu depois que era "um equívoco". Uma série de outras afirmações, na TV e em artigos de opinião, foi similarmente pitoresca — e suspeita.[8]

Mas nenhuma delas precipitou um incidente internacional como esta última. Alguns dias após o artigo no *Financial Times* ser divulgado, as primeiras matérias começaram a aparecer na imprensa paquistanesa. Zardari tinha feito um acordo com o diabo, cantaram os críticos. O governo civil estava em conluio com os norte-americanos. Haqqani recebeu um telefonema do presidente Zardari. "O que aconteceu? O Exército está levando isso a sério." Haqqani, que não fora mencionado explicitamente na matéria inicial, tornou-se um elemento de destaque na cobertura subsequente depois que o político Imran Khan o nomeou como culpado.[9] O ISI iniciou uma investigação e o general Pasha se encontrou com Ijaz em Londres, enquanto baixava evidências em seu BlackBerry.[10] Registros de suas ligações e mensagens, apresentados posteriormente no tribunal, mostraram uma enxurrada de comunicações entre os dois, embora as ligações fossem breves e as mensagens muitas vezes proviessem de Ijaz, não de Haqqani. Haqqani disse que ele foi vítima de sua própria boa educação, pois as respostas polidas estilo "muito obrigado pela mensagem" estavam sendo usadas contra ele.[11] Dois meses após a publicação do artigo, Zardari ligou novamente e ordenou que Haqqani voltasse ao Paquistão, onde o ISI e o público estavam sedentos de sangue.

Haqqani recebeu uma série de telefonemas de alerta dos norte-americanos: do sucessor de Holbrooke, Marc Grossman; de um dos funcionários de Doug Lute; do vice-diretor da CIA, Mike Morell. "Não vá", Haqqani lembrou que Morell disse, "os rapazes do ISI já armaram tudo contra você." Haqqani já estava embarcando em um voo para Doha, na rota para Islamabad. "Eu tinha lutado por muito tempo por um governo civil para deixar que ele caísse com base em uma falsa alegação contra mim", disse. "Não deixaria os militares derrubarem o governo eleito." Ele disse à esposa e aos filhos que, se não voltasse de lá, seria por ter pago o preço por suas crenças. Em seu voo, passava um filme sobre Harry Houdini. Haqqani decidiu que aquela seria a referência para seu confronto final com o ISI: "Eles podem me amarrar, podem fazer qualquer coisa, serei um Houdini e vou me safar. Vou, sim, porra".[12]

Quando chegou, seu passaporte foi confiscado e ele foi imediatamente levado para o palácio presidencial, onde Zardari garantira sua segurança. Tinha levado roupa para três dias. Acabou ficando mais de dois meses. Kayani e Pasha, os todo-poderosos chefes do Exército e da agência de Inteligência do Paquistão, o interrogaram.

"O que você tem a dizer sobre tudo isso?", perguntou Kayani.

"Não passa de bobagem", respondeu Haqqani. O número do almirante Mullen estava na discagem rápida de seu celular, apontou. Por que ele usaria um homem de negócios na Riviera como intermediário? A conversa de Haqqani com Kayani e Pasha foi jocosamente apresentada pela mídia como um interrogatório de várias horas. "Que porra estou fazendo aqui?", murmurou Haqqani para si mesmo, observando os relatos repulsivos. Não obstante, com o passar dos meses, acabou ficando mais preocupado. Seu caso foi entregue não ao Parlamento, que tinha vozes pró-civis, mas ao Supremo Tribunal, que estava nas mãos dos militares. O tribunal o proibiu de viajar. Em determinado momento, Zardari sofreu um derrame e foi levado de avião para Dubai. Seu protetor foi-se embora, e Haqqani foi transferido para a casa do primeiro-ministro, vigiada pelo Exército. No meio da noite, ele ouviu um pisar desordenado de botas e pensou, por um momento, que poderiam finalmente ter decidido sequestrá-lo. Mas era apenas uma troca rotineira da guarda.[13]

Sua ansiedade chegou no auge quando, em uma noite de sexta-feira, no final de janeiro, o Supremo Tribunal anunciou uma audiência repentina para a segunda-feira. Audiências nunca eram anunciadas à noite. Bateram na porta. Um empresário, cujo nome Haqqani e outros envolvidos se recusaram a fornecer, lhe deu instruções: o Supremo Tribunal funcionaria na manhã seguinte, apesar de ser um sábado. Haqqani deveria apresentar uma petição para deixar o país. Depois deveria partir imediatamente, antes da audiência. Na ausência de Haqqani, o tribunal prosseguiu *ex parte*, e emitiu um relatório baseado apenas no testemunho de Ijaz, que continuou a apontar o dedo para Haqqani. Em uma alegação posteriormente retomada pelas autoridades paquistanesas, em 2018, Haqqani também foi acusado de ter remunerado norte-americanos por meio de um fundo secreto paquistanês e por não ter relatado o detalhe em seu retorno para casa. Mas como Haqqani não estava presente, não houve um julgamento legal formal. Foi um clássico teatro político paquistanês. Os militares e a

Inteligência aparentaram agir contra um fantoche norte-americano, mas não houve nenhuma consequência.

Mansoor Ijaz sustentou que Haqqani ditara o memorando para ele, mas, fora isso, recusou-se a tecer comentários. "Existem imprecisões materiais nessa retratação", disse ele sobre a versão de Haqqani a propósito dos acontecimentos. "Demasiadas, temo, e vai levar muito tempo para repará-las."[14] Haqqani chegou a suspeitar de que Ijaz poderia ter forjado o memorando a pedido do ISI. Mas admitiu que era mais provável que aquilo estivesse além da capacidade do fantasista contumaz — e que o ISI e os militares tinham aproveitado a oportunidade para eliminar um inimigo.

Alguns anos mais tarde, conversei com Haqqani em seu pequeno escritório no Instituto Hudson, um centro de estudos conservador. Uma janela estreita dava para os prédios cinza da avenida Pennsylvania. Fotos de Haqqani apertando a mão de George W. Bush e de Barack Obama pendiam nas paredes. Em uma delas, ele estava de braços dados com Richard Holbrooke. Haqqani sentou-se em frente a uma mesa atulhada de papéis avulsos. Era 2017, e ele estava em uma posição que lhe era familiar: sofrendo um tiroteio da imprensa paquistanesa. Em um artigo de opinião no *Washington Post*, defendeu os contatos de Donald Trump com os russos, comparando-os com sua própria inserção no governo Obama. Sugeriu que sua colaboração, durante a transição de Obama, ajudou, mais tarde, os Estados Unidos a realizar o ataque a Bin Laden.[15] Indiretamente, era verdade. No fim das contas, coube a ele aprovar os vistos de entrada para o comandante das operações especiais conjuntas, o almirante McRaven, e para outros envolvidos no planejamento da operação. Assim que o artigo foi divulgado no Paquistão, foi destacado como a confirmação, havia muito esperada, de que Husain Haqqani construíra uma rede de agentes da CIA bem debaixo do nariz de seus chefes.[16] "A veracidade das suspeitas sobre seu papel em toda a questão também foi confirmada",[17] escreveu satisfeito em um tuíte um porta-voz do Exército do Paquistão. De certo modo, Haqqani optara por aquela vida de pária. Mas nunca abandonou o desejo de que sua pátria compreendesse sua crença no diálogo e seu ceticismo quanto a um relacionamento bilateral baseado em transações entre generais. Ele me entregou um documento após o outro detalhando minuciosamente a controvérsia do "memogate", que ainda pairava ameaçadora em sua imaginação. Vestindo um terno cinza folgado e uma gravata ciano pontilhada de tridentes brancos, ele aparentava cansaço. "Olha, foi preciso me adaptar", disse com severidade. "Na opinião de muita gente no Paquistão, não sou um patriota."

"Você passou a vida toda trabalhando para seu governo", eu disse. "Isso deve ser doloroso."

"Sim. Pelo meu país e pela democracia em meu país. Isso me machuca."

Ele ainda se perguntava se deveria voltar, mas sempre parava para pensar. "E se alguém realmente pensa que sou um traidor e atira em mim?", ponderou. O exílio era agridoce. Haqqani sobreviveu, e o trabalho de sua vida — sua luta para transformar a relação entre os dois países, para construir algo mais sustentável e menos interesseiro — foi feito. Em sua última conversa com Richard Holbrooke no Four Seasons, os dois haviam se comprometido a continuar suas respectivas lutas contra o pensamento militar entrincheirado, até não poderem mais. Um ano após a luta de Holbrooke terminar, o mesmo aconteceu com a de Haqqani.[18]

16.

A coisa em si

Naquele terrível dia de 2014, Robin Raphel examinou, de pé na varanda de sua casa, o mandado de busca e a citação da lei contra espionagem que nele constava. Os dois jovens agentes do FBI olhavam para ela. Um deles perguntou: "Você conhece algum estrangeiro?". Raphel arregalou os olhos. "Milhares", disse. "Sou diplomata." Os agentes perguntaram a ela sobre os paquistaneses. Raphel nomeou Husain Haqqani e seu sucessor como embaixador nos Estados Unidos, Jalil Abbas Jilani. Os agentes se entreolharam. "Você tem algum material secreto na sua casa?", insistiu o outro agente.

"Não", disse Raphel, "claro que não."

Eles entregaram para ela várias mensagens do Departamento de Estado marcadas com "SECRETO", datadas de seu tempo como secretária adjunta. Haviam encontrado todas em um arquivo no porão de Raphel. Mais tarde, ao se lembrar da situação, ela espalmou a mão na testa. Ao esvaziar seu escritório, anos antes, levara alguns objetos para casa e se esquecera de se desfazer das mensagens. "Não deveriam estar lá", admitiu prontamente, "mas foi apenas um lapso quando deixei o escritório, sem tempo para verificar tudo."[1] Raphel conhecia dezenas de autoridades proeminentes com hábitos piores. Todos conhecíamos.

Quando o interrogatório dos agentes ficou mais incisivo, Raphel tentou convencê-los de que houvera um mal-entendido.

"Quer dizer, eu fui uma idiota, muito idiota. Porque pensei: 'Ah, basta eu me explicar!'" Ela levou quase duas horas para perceber que precisava de um advogado. Ligou para um conhecido — um especialista em contratos governamentais que conhecera quando fazia lobby na Cassidy & Associates.[2] Poucas horas depois, ela e sua filha Alexandra sentaram-se no DeCarlo's, um restaurante italiano ali perto que servia grissinis de antepasto e tinha carpete verde desbotado. As filhas dela sempre o chamavam de "cantinho mafioso". Era um ponto de encontro frequente para agentes da CIA, de acordo com o folclore do bairro. A elas juntaram-se dois advogados: o que Raphel tinha chamado e um assistente, mais jovem, que tinha ido de Uber para chegar mais rápido. Alexandra, uma ruiva baixinha e mal-humorada, estava inconsolável. "Como você pôde guardar documentos em casa?", lamentou. "O que tinha na cabeça?" Raphel tentou pensar no que acontecera. Pediu uma taça de vinho. "A verdade é que eu estava em estado de choque", contou-me mais tarde. "Em termos médicos."[3]

No dia seguinte, a segurança diplomática foi até sua casa para confiscar seu BlackBerry e sua identidade funcional. Foi convocada pelos recursos humanos do Departamento de Estado e informada de que sua credencial de segurança estava suspensa e que seu contrato, que estava prestes a ser renovado, ia expirar. Foi a primeira vez em anos que ela entrou no Departamento sem seu crachá. Raphel lembrou-se do guarda na entrada da rua C tremendo visivelmente quando viu o nome em sua carteira de motorista. Dias depois, a história chegou à primeira página do *New York Times*: "FBI investiga diplomata aposentada dos Estados Unidos". Um porta-voz do Departamento de Estado disse a jornalistas apenas que o Departamento estava colaborando com o cumprimento da lei. "A nomeação da sra. Raphel expirou", acrescentou o porta-voz, "ela não é mais funcionária do Departamento."[4] Nunca mais foi permitido a

Robin Raphel voltar ao seu escritório. Agentes do FBI vasculharam sua mesa e lacraram as portas.

Algumas semanas antes disso tudo acontecer, ela chegara a Islamabad em uma missão entregue por Dan Feldman, aquele cujo coração Holbrooke havia solicitado, em tom de brincadeira. Ele assumira recentemente o cargo de representante especial para o Afeganistão e o Paquistão. Manifestantes tomavam as ruas do Paquistão, protestando contra a suposta fraude que, em 2013, impulsionara Nawaz Sharif de volta ao poder. Alguns comentaristas argumentavam que um "golpe brando" estava em andamento, com Sharif entregando discretamente o controle aos militares. Robin Raphel, com sua insuperável agenda de contatos em Islamabad, estava lá para investigar se o governo cairia de verdade. Pôs-se a trabalhar, indo a jantares e fazendo anotações sobre os boatos que ouvia, os quais reportou a Feldman e ao embaixador em Islamabad, Richard Olson. "O que ela estava fazendo", disse Olson, "era diplomacia."[5] Desde o *annus horribilis* de 2011, três anos antes, o relacionamento entre os dois países permanecera congelado. Colegas no Departamento de Estado enxergavam Raphel como um ativo em depreciação: alguém com quem os paquistaneses ainda conversavam.

Ela não tinha como saber que todos os seus movimentos durante aquela viagem a Islamabad estavam sendo vigiados pelo FBI. A marca de Raphel, a diplomacia tradicional, lutava por encontrar seu espaço diante não só do domínio militar sobre a política externa, mas também do Estado de vigilância que evoluíra desde o Onze de Setembro. As negociações presenciais foram constantemente eclipsadas pela "Inteligência dos sinais" ou pela interceptação das comunicações. No início de 2013, os analistas da Agência de Segurança Nacional (NSA) que investigavam ligações telefônicas de políticos paquistaneses começaram a se concentrar em uma norte-americana partícipe das conversas: Robin Raphel. Ela parecia discutir assuntos sensíveis — ataques de drones, golpes de Estado. Enviaram uma "referência 811" — indicativa de suspeita de conversas sobre material confidencial — para o FBI. Os dois agentes que Raphel encontrou mais tarde em sua varanda tinham sido selecionados para liderar a investigação, com foco em "atividades 65" — casos de espionagem. Eles começaram por investigar os contatos de Raphel, seus arquivos pessoais no Departamento de Estado, sua vida pessoal. Depois de alguns meses, obtiveram um mandado do Tribunal de Vigilância da Inteligência Externa para monitorar suas chamadas pelo Skype e suas ligações para autoridades paquistanesas.[6]

Já se passara um ano desde a denúncia de Edward Snowden, e o FBI estava à procura de agentes infiltrados e pessoas que vazassem informações. Com Raphel eles pensaram ter achado um veio promissor. Seu histórico parecia preencher todos os requisitos: décadas passadas em grande parte no exterior, um status como lobista registrada, indisfarçada simpatia pelo ambíguo Paquistão. ("Ah, totalmente", ela me disse quando perguntei se achava que aquele preconceito distorcia a investigação. "Todo mundo odiava o Paquistão, então é claro que sim.")[7] Os paquistaneses com quem falava por vezes referiam-se a ela como uma "fonte" e se jactavam da forma como era informativa. O aprofundar das investigações acendeu outros sinais de alerta: Raphel tinha sido citada por um punhado de infrações menores relacionadas ao manuseio de material confidencial: não guardar documentos ou deixar computadores desbloqueados. Por fim, havia os documentos no arquivo do seu porão — que podiam levar a um processo criminal, além de acusações mais sérias de espionagem.[8]

Mas a investigação do FBI também ocorreu em meio a múltiplas camadas de mal-entendidos. As agências de Inteligência e policiais em busca de responsáveis por vazamentos conheciam pouco os rituais peculiares da diplomacia no Paquistão.

Qualquer um que já tenha passado cinco minutos em um jantar em Islamabad sabe que os tópicos nominalmente "secretos" que Raphel discutia, como os ataques com drones, eram um assunto inevitável no debate público. Vangloriar-se de norte-americanos que forneciam informações era a expressão de uma bravata tipicamente paquistanesa. Raphel também enfrentou um tipo mais geral de confusão. Os antiquados conchavos políticos e a construção de relacionamentos sobre os quais erguera sua carreira estavam fora de moda e eram estranhos a uma geração criada na era da vigilância. A equipe SRAP de Holbrooke, à qual se juntou — com a turma interinstitucional, todos com o objetivo de ampliar as negociações na região, em vez de restringi-las —, estava particularmente fora de sintonia com os tempos. "As pessoas não entendiam o escritório do SRAP, o que, com certeza, não surpreende você", recordou Raphel. "Eles não entendiam sua estrutura burocrática. Quem eram todas aquelas pessoas? A quem se reportavam, o que faziam lá? Qual era seu escopo de trabalho?"[9] O valor de todo aquele diálogo não era evidente. Como poderia ser? Em lugares como o Paquistão, havia muito que dialogar se tornara uma preocupação menor nas atividades dos generais e dos espiões.

Uma noite, cerca de uma semana antes da posse de Donald Trump em 2017, Robin Raphel entrou, fugindo do inverno de Washington, e tirou o casaco. Estávamos no Garden Cafe, um bistrô tranquilo na esquina do Departamento de Estado, com paredes cor de pêssego decoradas com amenas pinturas de flores. Um jazz suave se fazia ouvir. Como sempre, o estilo pessoal dela refletia seus anos no Paquistão. Usava uma pashmina marrom bordada com fios prata, jogada sobre uma das ombreiras de um casaco cinza, seu cabelo loiro arrumado em um coque embutido. Pediu um sauvignon blanc. "Hoje olho para trás e vejo *graça* naquilo tudo", disse ela, com uma entonação que sugeria que não via nenhuma graça naquilo tudo, "mas era... você sabe, não importa como se encare, foi muito errado fazer aquilo com alguém." Parecia a mesma de sempre: lábios bem apertados, queixo erguido, a mesma entonação arrogante. Mas, na verdade, quase tudo mudara para Robin Raphel. Enquanto o FBI se aprofundava, o caso perdia força. Ao circular em torno de Raphel durante meses, os investigadores evitavam conversar com seus colegas de trabalho no Departamento de Estado, para não a alertar e perder a chance de pegá-la em flagrante. Assim que passaram a falar com funcionários familiarizados com o trabalho dela, começaram a compreender que o comportamento incriminador de Raphel era, na verdade, simplesmente a diplomacia tradicional pró-relacionamento. No início de 2015, o escritório da promotoria dos Estados Unidos que supervisionava o caso anunciou ao advogado de Raphel estar desistindo das acusações de espionagem. Os promotores pareciam ainda querer arrancar algo para salvar sua reputação, como uma objeção qualquer no processo, de menor importância, relacionado ao material secreto. Raphel nem se moveu — sabia que tais infrações eram comuns e não levavam a processos criminais significativos. Em março de 2016, os promotores por fim desistiram do caso. Dezessete meses após a busca em sua casa. Ela gastara mais de 100 mil dólares com advogados. Amigos se reuniram para ajudar a cobri-los, mas Raphel ainda estava financeiramente devastada e sem trabalhar.

"Não consigo um trabalho há dois anos", disse-me ela, "e ainda tenho considerável responsabilidade com minhas filhas, contas legais, coisas desse tipo." Riu friamente. "É inimaginável alguém passar quarenta anos trabalhando duro e isso acontecer." Ela estava procurando trabalho, mas a nuvem de suspeita tornava aquilo difícil. "Ninguém vai contratar alguém que o FBI acusou de ser um espião na parte superior da primeira página do *New York Times*."[10] O anúncio da investigação fora um circo. O desfecho passou em branco. Mais tarde, Raphel prestou algumas consultorias eventuais, só meio expediente — qualquer coisa que encontrasse para poder pagar as contas. Foi difícil se ajustar à vida lá fora. O trabalho era tudo para ela, desde sempre. "Sou uma trabalhadora",[11] disse Raphel. "Não sou dona de casa. Quer dizer, sei cozinhar e fazer várias coisas, mas nunca fui uma pessoa caseira." Ela lutou para manter algum vestígio de seu mundo anterior. Todos os dias acordava cedo, sentava-se à mesa da sala de jantar diante de um velho laptop e dirigia suas antenas para o trabalho. Aconselhava organizações não governamentais sobre o tema da reconciliação no Afeganistão, um projeto que o governo dos Estados Unidos, mais uma vez, deixara morrer. Lia copiosamente, em especial sobre política e Paquistão. Ia a todos os eventos de centros de estudos e sobre política externa que podia, principalmente sobre o sul da Ásia. No início de 2016, entrevistei o cineasta paquistanês Sharmeen Obaid-Chinoy a respeito de seu documentário sobre crimes de honra, em frente a um pequeno público no Instituto Americano pela Paz. Lá estava Robin Raphel, na primeira fila, tomando notas. Alguns participantes olhavam para ela com curiosidade e cochichavam entre si.

A família teve que se adaptar. Alexandra continuava se sentindo "mortificada... foi um verdadeiro golpe para ela", disse Raphel. Estava noiva, e explicar o escândalo para a família do rapaz constituiu uma crise familiar. "Ela tinha medo de que as pessoas não fossem [ao casamento], todo mundo ficaria pensando naquela história embaraçosa", recordou. Raphel pegou um ônibus até Nova York e se encontrou com os pais do noivo, um banqueiro de investimentos de sucesso e sua educada esposa que fazia ioga. "Não sou uma espiã",[12] disse ela. "Ah", responderam eles.

Aquela noite, no Garden Cafe, Raphel arranhava a toalha de mesa branca com suas unhas pintadas de vermelho, fazendo um leve ruído. "Se alguém pôs aqueles caras atrás de mim", disse ela, "foi um americano."

"Um americano que achou que você chegara perto demais", disse eu.

"É. E você sabe", disse ela em voz baixa, inclinando-se conspiratória,

a comunidade de Inteligência está impressionantemente *cheia* de indiano-americanos que têm um enorme ressentimento com o Paquistão. Estão lá graças ao seu conhecimento do idioma. Você vê essas pessoas entrando no INR [o escritório de Inteligência do Departamento de Estado] para dar informações sobre as quais não fazem a menor ideia. Eles só têm pose. Não sabem de nada![13]

Ela se inclinou para trás e agarrou seu sauvignon blanc com brusquidão. Conversei com mais de uma dúzia de colegas de Raphel sobre a investigação. Nenhum deles achava que ela era uma espiã. Vários questionavam sua proximidade com um regime traiçoeiro. O termo "paquistanite" surgiu algumas vezes. Robin Raphel era uma funcionária pública norte-americana leal e até mesmo patriótica. Mas havia internalizado as atitudes paquistanesas — inclusive a tendência a culpabilizar a Índia ou até mesmo os norte-americanos de ascendência indiana.

A abordagem de Raphel não era perfeita. Ao contrário de Richard Holbrooke, que usou a diplomacia para transformar a orientação estratégica dos relacionamentos que enfrentou, ela se conformou às regras. Usava a diplomacia para manter o status quo, e o status quo, no Paquistão, mantivera as aparências apenas o suficiente para que a cooperação militar e de Inteligência continuasse, durante décadas. Às vezes, aquilo era uma acomodação. Uma diplomacia fortalecida, usada como uma arma na linha de frente, como Richard Holbrooke havia sugerido, era algo muito diferente. Contudo, Raphel acreditava numa antiquada máxima diplomática: nunca deixe de negociar. Desde a sua defesa do Talibã, ela incorporou esse éthos ao máximo. Agora, em uma época em que qualquer tipo de diplomacia estava sendo marginalizado nos relacionamentos mais delicados dos Estados Unidos, tal comportamento era mais do que incomum — parecia até criminoso. "Ela tentava trabalhar pelo interesse nacional dos Estados Unidos, fazendo coisas que todos considerávamos importantes", disse-me uma autoridade, sob condição de anonimato, uma vez que a investigação ainda era um ponto sensível na observância da lei. "E, ao fazer isso, pareceu, aos olhos de alguém, ser uma espiã. O perigo em tudo aquilo era criminalizar a própria diplomacia."[14]

Quando o *Wall Street Journal* fez um perfil completo do caso, estampou "A última diplomata" na manchete. Raphel levantou-se da nossa mesa e balançou a cabeça ante a caracterização. "Ronan, podemos, por favor, encarar a coisa de frente? Pessoas da política externa chegaram para mim e disseram: 'Você fazia a coisa à moda antiga e agora existem novidades'." Ela fixou seus olhos azuis em mim. "Eu não estava fazendo a coisa errada. Eu não estava fazendo a coisa de forma ultrapassada. Eu estava fazendo a coisa em si." Robin Raphel vestiu o casaco e saiu, de volta para o frio.

Parte 2
Atire primeiro, nunca pergunte

Síria, 2016
Afeganistão, 2002
Chifre da África, 2006
Egito, 2013
Colômbia, 2006

Não vos deixeis iludir: "As más companhias
corrompem os bons costumes".

1 Coríntios 15,33

17.
Regra geral

Sete anos após a morte de Holbrooke, passei pela porta da frente do que antes fora o escritório da representação especial para o Afeganistão e o Paquistão. A pintura branca hospitalar da parede ainda era a mesma, assim como a porta de madeira com uma mancha cor de mel. O letreiro era novo. "Enviado especial da presidência para a coalizão global de combate ao EI", lia-se. A equipe do SRAP, assim como o sonho de Holbrooke de negociar com o Talibã, fora discretamente desmanchada ao longo do primeiro ano de Donald Trump na presidência, e seus últimos funcionários foram dispensados. Nos primeiros dias de 2018, o primeiro secretário de Estado de Trump, Rex Tillerson, disse-me que ainda não tomara uma decisão final sobre o futuro do escritório, mas era óbvio que não pensara muito a respeito. "Se precisamos ou não de um SRAP, ainda estamos considerando",[1] disse ele. Tillerson argumentou que os cargos convencionais responsáveis pelo Afeganistão e pelo Paquistão — os embaixadores nos dois países e o secretário adjunto para o sul e o centro da Ásia — eram "muito melhores do que um SRAP. Muito melhores". No entanto, no início de 2018, o departamento para o sul e o centro da Ásia ainda não tinha um secretário adjunto permanente. Se é que havia alguém defendendo ativamente soluções diplomáticas para a região, não dava para ver.

O temor da militarização, que Holbrooke expressara em seus desesperados memorandos finais, confirmou-se em um grau que ele jamais poderia ter imaginado. O presidente Trump concentrou ainda mais poder no Pentágono, conferindo-lhe autoridade quase unilateral em áreas políticas antes orquestradas por várias agências, incluindo o Departamento de Estado. No Iraque e na Síria, a Casa Branca delegou discretamente aos militares mais poder de decisão sobre o envio de tropas. No Iêmen e na Somália, os comandantes em campo receberam autoridade para lançar ataques sem a aprovação da Casa Branca.[2] No Afeganistão, Trump concedeu ao secretário de Defesa, o general James Mattis, autoridade irrestrita para definir a quantidade de soldados. Em declarações públicas, a Casa Branca minimizou o alcance das medidas, ao dizer que o Pentágono ainda tinha que respeitar as diretrizes das políticas estabelecidas pela Casa Branca. Contudo, na prática, o destino de milhares de soldados, em um conflito que era um barril de pólvora diplomático, foi posto, pela primeira vez na história recente, apenas em mãos militares. Diplomatas não estavam mais perdendo a discussão sobre o Afeganistão: nem sequer tomavam parte. No início de 2018, os militares começaram a anunciar publicamente um novo aumento: nos meses seguintes, até mil novos soldados iam se juntar aos 14 mil já existentes.[3]

A própria Casa Branca estava repleta de vozes militares. Em poucos meses de governo Trump, pelo menos dez dos 25 cargos de liderança no Conselho de Segurança Nacional do presidente foram ocupados por oficiais militares da ativa ou reformados.[4] Como a rotatividade de demissões e contratações continuou, esse número cresceu até incluir o chefe de gabinete da Casa Branca, função entregue ao ex-general John Kelly. Ao mesmo tempo, a Casa Branca acabou com a prática de "enfeitar" o Conselho de Segurança Nacional com funcionários do Departamento de Estado.[5] Agora haveria menos vozes diplomáticas no processo político, por definição.

As relações dos Estados Unidos ao redor do mundo também assumiram um distintivo sabor militar. No início de 2018, o governo Trump vazou seus planos para a estratégia "Buy American", que daria aos diplomatas do Departamento de Estado em todo o mundo um novo mandato: incrementar as vendas de armas para parceiros na área de Defesa. As vendas de armas norte-americanas já haviam crescido ao longo dos cinco anos anteriores.[6] Mas uma onda de novos acordos sob o governo Trump sugeria um abismo crescente entre tais vendas e qualquer tipo de diplomacia que as pudesse contextualizar e direcionar. Durante uma crise diplomática entre o Catar e outros países do Golfo, em 2017, quando Trump censurou o governo do Catar por seus laços com os terroristas, o Pentágono anunciou que estava vendendo 12 bilhões de dólares em caças F-15 para o país. Mattis, o secretário da Defesa, encontrou-se com seu homólogo, o ministro da Defesa do Catar, para selar o acordo. Segundo vários funcionários do Pentágono, o Departamento de Estado mal foi chamado a participar.[7]

Exigências militares superaram as preocupações que haviam dificultado tais acordos em governos anteriores. Em meio ao desrespeito aos direitos humanos no Bahrein — que incluía assassinatos e tortura por forças do governo —, o Departamento de Estado anunciou que retomaria a venda de caças F-16 para a monarquia daquele país sem quaisquer condições relativas a direitos humanos.[8] No Departamento de Estado, no final de maio de 2017, um jornalista perguntou ao secretário adjunto de Estado interino, Stuart E. Jones — um funcionário de carreira que ocupava um cargo para o qual ninguém havia sido nomeado permanentemente —, como o governo conciliava uma negociação recorde de 110 bilhões de dólares em armas para a Arábia Saudita com o péssimo histórico em direitos humanos do regime. Jones suspirou pesadamente. "Hã... Hã...", murmurou ele, olhando ao redor, torcendo e retorcendo os dedos. Ficou paralisado por vinte segundos, relaxando o rosto em um olhar distante. Disse algumas frases hesitantes sobre o combate ao extremismo e fez outra pausa interminável antes de sair de cena correndo, cabisbaixo, como se tivesse percebido, durante um sonho, que estava nu.[9]

Mais e mais vezes o presidente Trump elogiava homens poderosos e autoritários. Abdel Fattah el-Sisi, do Egito, que presidiu uma das piores repressões aos direitos humanos na história de seu país, era "fantástico" e "damos muito respaldo [a ele]".[10] O filipino Rodrigo Duterte, que admitiu ter assassinado oponentes e encorajou com alegria seus soldados a estuprar mulheres, estava fazendo um "inacreditável" e "ótimo" trabalho.[11] Trump convidou ambos, pessoalmente, para a Casa Branca, contrariando o governo anterior. De todos os ex-secretários de Estado vivos, apenas um, James Baker, endossou, de todo coração, a aproximação. "O Egito, as Filipinas e a Turquia são parceiros históricos dos Estados Unidos e é importante que lidemos com esses líderes",[12] disse Baker. "Uma observação atribuída com frequência ao presidente Franklin D. Roosevelt coloca esse fenômeno na perspectiva correta: 'Ele pode ser um FDP', disse Roosevelt sobre um ditador latino-americano, 'mas ele é o nosso FDP'." John Kerry colocou o problema em uma perspectiva mais usual:

Eu não entendo o que este presidente pretende conseguir indo tão longe a ponto de considerar positivas, ou descrever como "sólidas", coisas que violam as normas internacionais e, certamente, nunca saíram da boca de um presidente norte-americano, de qualquer partido.[13]

Os diplomatas, outrora encarregados de administrar esses relacionamentos delicados, eram pegos de surpresa tanto quanto os demais: reiteradamente, nem eram informados.[14]

"Se alguém testemunhou a crescente militarização da política externa, definitivamente fui eu",[15] disse Chris LaVine, funcionário de carreira e um dos assistentes especiais de Holbrooke na equipe do SRAP, que estava trabalhando nas políticas para a Síria quando chegaram as notícias sobre os cortes e as demissões no Departamento de Estado. Designado para uma série de tarefas voltadas para o Estado Islâmico, ele testemunhou duas dinâmicas que ajudaram a mergulhar a política norte-americana para a Síria no caos. A primeira era interna ao Departamento de Estado. O novo letreiro na porta que uma vez fora de Holbrooke não era incidental. As atividades de combate ao EI eram um sorvedouro, engolindo cada vez mais recursos e atividades do Departamento. Brett McGurk, enviado especial para combater o EI, tornou-se um dos funcionários mais poderosos do prédio. A segunda mudança veio de fora. O Departamento concedeu cada vez mais poderes aos militares. "Cedemos muito terreno político para os caras que operam contra o EI, no Pentágono, em Tampa e no prédio do Departamento de Estado", disse ele, referindo-se à sede do Comando Central do Pentágono na Flórida, o Centcom. "Partes subjacentes fundamentais da diplomacia foram totalmente entregues, e o progresso em outras questões políticas, como os direitos humanos, a economia e o relacionamento bilateral [com a Turquia] foi muito sacrificado."[16]

Sem um diálogo centralizado que os diplomatas pudessem controlar, distantes da Casa Branca — fato que começou com Obama e que continua sob Trump —, a CIA e o Pentágono, oscilando entre diferentes meias medidas, praticamente construíram a política dos Estados Unidos em relação à Síria. Isso provou ser problemático quando os dois órgãos começaram a construir relacionamentos independentes, e algumas vezes conflitantes, com as forças da região. A CIA armou e treinou em segredo uma coalizão bastante frouxa de rebeldes considerados "moderados", o Exército Livre da Síria (FSA, na sigla em inglês). O Pentágono criou e começou a armar uma coalizão denominada Forças Democráticas da Síria (SDF, na sigla em inglês), controlada pelos curdos e suas Unidades de Proteção às Pessoas (YPG, na sigla em inglês). Ambas as relações se mostraram problemáticas. As armas do FSA acabaram nas mãos de grupos terroristas como o Jabhat al-Nusra.[17] E as YPG estavam inextricavelmente ligadas ao Partido dos Trabalhadores do Curdistão (PKK, na sigla em curdo), um grupo revolucionário rotulado como organização terrorista pelos Estados Unidos.[18] "Eles gostam de confundir com os nomes de suas organizações",[19] disse LaVine. "Esses caras são o mesmo que o PKK." O desenfreado relacionamento do Pentágono com as YPG causou mais uma rusga: os curdos são inimigos mortais dos turcos. "Devido ao nosso foco exclusivo em eliminar a ameaça imediata do EI, exacerbamos um conflito de 35 anos entre as forças de segurança turcas e o PKK, que provavelmente permanecerão furiosos por muito tempo", continuou ele.

Em meio aos escombros bombardeados que antes eram a cidade de Alepo, um comandante do FSA, Abdullah Al-Mousa, foi o mais franco: "A política norte-americana com a SDF causará uma guerra civil, no futuro, entre árabes e curdos... os Estados Unidos cometem um erro muito grande".[20] Esse grande erro já era visível no terreno: em várias ocasiões, curdos, turcos e rebeldes sírios estavam todos atracados em batalhas uns contra os outros, todos sustentados pelas armas e pelo apoio aéreo dos Estados Unidos.[21] Em um sábado quente de verão, em agosto de 2016, mísseis atingiram dois tanques turcos no norte da Síria, matando um soldado da Turquia e revelando uma delicada teia de alianças dos Estados Unidos. A Turquia rapidamente culpou as YPG e revidou duramente, matando 25 combatentes das YPG curdas no dia seguinte, de acordo com a mídia estatal turca — além de vinte civis. O FSA anunciou a captura de dez aldeias curdas no mesmo dia. Vídeos divulgados na internet mostraram combatentes do FSA, apoiados pelos Estados Unidos, espancando brutalmente soldados das YPG, apoiados pelos Estados Unidos.

Um mês depois, Abdullah Al-Mousa, o comandante do FSA, abrigou-se em um acampamento fora de Alepo, com o bombardeio podendo ser ouvido mesmo através das janelas fechadas, até tarde da noite. "É realmente um caos", disse ele. "Quando os Estados Unidos apoiam grupos como as organizações curdas, que não enfrentam [o presidente sírio, Bashar] al-Assad, e só querem construir seu próprio país, é realmente um erro muito grande."[22] Não é de admirar que ele tenha enxergado suas próprias forças do FSA como o aliado mais adequado — embora admitisse que combater o regime sírio era sua primeira preocupação, antes de combater o EI a mando dos Estados Unidos.

O advogado do Exército Livre da Síria, Osama Abu Zaid, disse que a presença dos Estados Unidos no conflito sírio gerava confusão, com a CIA apoiando o FSA e o Pentágono apoiando a SDF e seus subsidiários curdos. "Não há comunicação direta entre o Pentágono e o Exército Livre da Síria", disse ele. As dissenções entre os órgãos dos Estados Unidos levaram a situações estranhas dentro dos centros de comando e treinamento conjuntos, com funcionários do Pentágono se recusando a conversar com os confusos comandantes do FSA, armados pela CIA. Abu Zaid disse que os norte-americanos pareciam gostar da tensão criada: "Às vezes, o pessoal da CIA ficava feliz aqui, porque o programa do Pentágono era uma farsa".[23] Era o que táticas sem estratégia aparentavam ser: uma farsa mortal.

Durante a primeira metade de 2017, o governo Trump escolheu seu lado, primeiro autorizando de novo o apoio do Pentágono aos curdos, passando por cima das objeções dos turcos, e depois suspendendo o apoio secreto da CIA aos elementos rebeldes.[24] A tomada do controle por parte do Pentágono efetivamente excluiu o Departamento de Estado do que deveria ter sido um mandato importante: manter as relações com a Turquia, um aliado regional necessário, porém difícil. Naquele pedaço do mapa, o abandono da diplomacia por guerras por procuração foi, do ponto de vista estratégico, "totalmente corrosivo",[25] disse LaVine.

Trabalhei na gestão do relacionamento com a Turquia, e os Estados Unidos, ao armar as YPG, corroeram e competiram abertamente com nosso relacionamento bilateral. A Turquia entendia a questão das YPG como nós entenderíamos se eles estivessem no Texas armando o cartel de Sinaloa.

Tudo aquilo cortou pela raiz os esforços civis para dialogar com os turcos em uma série de questões. "Tivemos que evitar questões de interesse mútuo que deveríamos ter abordado: os direitos humanos na Turquia, o rebaixamento da sociedade civil e os expurgos em massa relacionados à tentativa de golpe de julho de 2016, bem como o progresso em questões bilaterais com um aliado da Otan", acrescentou LaVine. "Em vez disso, a colaboração com os curdos sírios dominou a conversa e limitou nossa capacidade de conduzir a diplomacia."

Hillary Clinton contestou a insinuação de que teria se ausentado da formulação de políticas sobre a Síria. Ela apoiara o pedido de seus colegas das Forças Armadas e da Inteligência para uma intervenção mais vigorosa. "Achei que precisávamos apoiar mais a oposição legítima a Bashar al-Assad",[26] explicou ela. "Consegui que a CIA e o Departamento de Defesa se engajassem nisso."[27] Mas vários funcionários disseram que o Departamento de Estado abdicou de tanto poder que pouco fez para equilibrar as vozes civis — pelo menos daqueles que não entraram em sintonia com os pedidos do Pentágono ou de Langley. "O que existe, em sua maioria, são contatos do tipo militar-militar", disse LaVine. "Assim, é o Pentágono falando com seus equivalentes. O Departamento de Estado sentia-se como o quarto ou quinto órgão em importância na política externa." Enquanto isso, na Ala Mogno, nenhuma alternativa era formulada. As vozes mais empoderadas do prédio estavam:

alinhadas com os comandantes que conduziam a campanha contra o EI, à custa dos objetivos de longo prazo da política externa dos Estados Unidos para a região. O Departamento de Estado tornou-se incapaz de sustentar uma divergência política honesta com os homens de uniforme, pois corria o risco de ficar totalmente fora da discussão.[28]

LaVine, "um rapaz do Brooklyn que testemunhou o Onze de Setembro e queria servir", de início cogitou deixar o Departamento de Estado em 2010, depois que sua designação para o Afeganistão e o Paquistão terminou. Acabou permanecendo por lá depois de prometer a Holbrooke, não muito antes de sua morte, que ficaria para lutar por mais um dia. Ele saiu em meio aos cortes no orçamento e às demissões em meados de 2017, depois de mais de dez anos no Departamento. "Estava claro", disse ele, "que criávamos mais problemas do que conseguíamos resolver, devido à inação e à indecisão sistêmica."

Apoiar-se em forças estrangeiras e em homens poderosos, um dos pilares da Guerra Fria, estava no centro de um renascimento. Assim havia sido, por quase duas décadas, desde os primeiros dias após 11 de setembro de 2001. Alguns desses relacionamentos nasceram sob a liderança de George W. Bush, em um momento de urgência, imediatamente após os ataques. Mas muitos foram continuados e expandidos ao longo do governo Obama. Ironicamente, foi a abordagem não intervencionista de Obama, no estilo "não faça bobagem", que provocou uma dupla falência dessas táticas de política externa. A intenção de seu governo era deixar um legado de intervenções de baixo impacto, e as alianças com Forças Armadas e milícias estrangeiras, junto com os drones, estavam no coração desse legado. Em 2014, ele esteve na Academia Militar dos Estados Unidos, em West Point, Nova York, e descreveu para mais de mil cadetes graduandos, trajando o cinza tradicional, sua visão de uma nova era para o envolvimento norte-americano no mundo. No centro dessa visão estava a guerra por procuração: vezes sem conta usou a palavra "parceiro" referindo-se a militares estrangeiros ou milícias cumprindo contrato com os Estados Unidos.[29] Por que mandar filhos e filhas norte-americanos para fazer um trabalho que iemenitas e paquistaneses poderiam ser pagos para fazer por nós? Ainda que os objetivos tenham mudado, de governo para governo, os três presidentes desde 2001 reaplicaram esse princípio.

No entanto, essas relações invariavelmente implicam graves concessões no campo dos direitos humanos e dos interesses estratégicos mais amplos, como LaVine pôde testemunhar na política dos Estados Unidos para a Síria. Não é preciso especular sobre os efeitos: essa tendência já se comprovou desastrosa na trajetória dos Estados Unidos em conflitos por todo o mundo. Marginalizar a diplomacia em prol de negociações diretas entre nossas Forças Armadas e chefes militares locais está no coração do declínio do sucesso norte-americano no Afeganistão. Escolhas semelhantes contribuíram para desencadear novas ameaças terroristas no Chifre da África. Uma política construída em torno de homens poderosos nos deixou a pé quando a revolução alcançou o Egito e impotentes para impedir as atrocidades posteriores. Houve também exceções: poucas e preciosas alianças entre militares com uma abordagem mais equilibrada por integrar interesses diplomáticos, como foi o caso das intervenções dos Estados Unidos no triângulo da cocaína na América Latina.

No governo Trump, que decididamente pendeu para uma política externa liderada por militares, os alertas foram em grande parte esquecidos. Mas permaneciam inelutáveis para muitos diplomatas que achavam seu trabalho cada vez mais sobrepujado por alianças de caráter militar — incluindo aqueles que trabalharam no Afeganistão. Para alguns de nós, essa percepção começou com um chefe militar e um assassinato não resolvido.

18.
Dostum: Ele fala a verdade e condena todas as mentiras

Pode-se sentir o mau cheiro de uma cova coletiva antes mesmo de vê-la. Jennifer Leaning tinha seu cachecol de lã, preto, azul e vermelho, o mesmo com o qual sempre viajava, bem justo em volta do pescoço. Sua jaqueta Marmot preta era grande demais para ela, escondendo sua silhueta esguia e permitindo que, à distância, parecesse um homem, pequena proteção durante uma missão perigosa. Levara um chapéu também, mas o entregara ao intérprete local. Ele era apenas um rapaz, com dezoito anos talvez, e estava meio trêmulo — em parte pelo frio, em parte por medo do lugar aonde estavam indo. Era meio-dia e não fazia muito frio, como costumava acontecer no Afeganistão em janeiro, mas o vento soprava forte. Trazia consigo um cheiro nauseante: o odor pútrido da morte, gravado na memória de Leaning desde o tempo em que fora médica em zonas de conflito, do Kosovo à Somália. Não vinha de nenhuma direção. Era como se o próprio chão estivesse em decomposição. Diminuta sob o vasto céu cinzento, ela se sentia exposta. O deserto ali era plano, de horizonte a horizonte; não havia onde se esconder. Leaning avançou com cautela, consciente de que o terreno poderia estar minado. A cena era inconfundível: diante do deserto ao seu redor, o solo recém-revolvido se destacava, escuro, úmido e entrecruzado por marcas de pneus profundas. Estava ainda pontilhado por uma estranha plantação: tufos pretos, brancos e vermelho vivo. Demorou alguns instantes até Leaning perceber o que eram: turbantes, roupas e, no meio deles, chinelos e contas de oração. Ela estacou, gelando: "Fragmentos de crânio. Pedaços de caixa torácica. Ossos humanos".[1] Ao seu lado, outro investigador, John Heffernan, tirou uma foto.

Era o começo de 2002, no remoto norte do Afeganistão. Leaning e Heffernan tinham sido enviados pela organização Médicos pelos Direitos Humanos para investigar o tratamento dado aos prisioneiros da nova guerra contra o terror.[2] Em vez disso, encontraram um mistério mais profundo e mais perigoso, que alimentaria mais de uma década de recriminações, aterrissaria nas mesas de algumas das pessoas mais poderosas do mundo e provocaria uma dissimulação que perpassou dois governos.

Os investigadores observaram uma das primeiras evidências do quanto custava uma crise naquela modalidade de política externa, pós-Onze de Setembro, que não era conduzida por diplomatas, mas sim por soldados e espiões. A cova não identificada era, em parte, o resultado das relações norte-americanas com chefes militares que preencheram o vácuo criado pela marginalização dos diplomatas. As consequências diziam respeito a bem mais do que direitos humanos: o apoio norte-americano a déspotas provinciais reestruturou o Afeganistão, ajudando a criar as condições para a mais longa guerra da história norte-americana.

Os investigadores não faziam a menor ideia daquilo enquanto tentavam medir o tamanho da cova. Especialistas em crimes de guerra não são treinados para estimar contagens de corpos, mas estava claro que se tratava de um sítio de grandes dimensões: um corpo após o outro, estendendo-se por um terreno do tamanho de um campo de futebol. Enquanto Heffernan tirava fotos, Leaning pegou seu caderno. Era do tipo marmorizado em preto e branco, o favorito dos alunos de ensino médio. A capa dura facilitava equilibrá-lo sobre os joelhos, no campo, e sua caligrafia desorganizada cabia em suas linhas espaçadas. Não teve muito tempo para anotações. Não haviam decorrido nem dez minutos quando viram a nuvem de poeira no horizonte e, dentro dela, a sombra dos veículos. Eram quatro ou cinco Jeeps com capota ou Toyota Land Cruisers, adivinhou Leaning à distância, e estavam vindo muito rápido.

Leaning e Heffernan voltaram para seu próprio Toyota, maltratado pelas intempéries. O intérprete estava lívido. O motorista, um homem grisalho com cinquenta e poucos anos, deu a partida. Ele também tinha medo daquela parte do deserto — fizera a viagem olhando nervosamente para os retrovisores laterais, examinando o horizonte. Pisou fundo no acelerador, com os Jeeps atrás deles, perseguindo-os enquanto cruzavam o desértico meio quilômetro até a capital da província, Sheberghan. Não pararam até deixar a cidade para trás, prosseguindo para o leste em direção ao centro regional de Mazar-i-Sharif. Leaning e Heffernan permaneceram sentados em um silêncio inquieto durante a viagem. Todos no carro suspeitavam ter se esquivado de uma bala — ou de várias.

A cova coletiva estava dentro do alcance visual da fortaleza de um dos chefes militares mais temidos e míticos da história recente do Afeganistão: um guerreiro uzbeque, cavaleiro e espadachim, o general Abdul Rashid Dostum. Fora aliado e traidor de todos os lados da Guerra Fria. Nos meses que se seguiram ao ataque de Onze de Setembro, ele estivera no coração da nova estratégia dos Estados Unidos para o Afeganistão. Armado pelos norte-americanos e acobertado pelas Forças Especiais, seus guerreiros a cavalo conquistaram fortalezas talibãs por todo o norte do país. Os prisioneiros que os investigadores dos Médicos pelos Direitos Humanos rastreavam tinham se rendido nas batalhas contra Dostum. E os Jeeps tinham saído de dentro de seus portões.

Catorze anos mais tarde, eu estava no quartel do general Dostum, olhei para a sua rena e tentei não aparentar surpresa. A rena parecia confusa quanto ao que estava fazendo ali, e eu devo ter parecido confuso quanto ao que ela estava fazendo ali. Mas lá estava o animal, pesando pelo menos noventa quilos, com um chifre quebrado, debatendo-se contra a corda em volta do focinho. Saí do caminho para evitar ser empalado por um chifre. Enquanto um assistente lutava para segurar a outra ponta da corda, Dostum apresentou o animal com as duas mãos, como Vanna White apresentando um prêmio no programa *Wheel of Fortune*. Sorriu para a rena e depois para mim — um sorriso magnânimo que dizia "viu, eu trouxe uma rena", como se fosse a coisa mais normal do mundo chegar para uma entrevista daquela maneira. Franzi os lábios por um momento. Ele esperava por uma resposta. "É um belo animal, general", eu disse. Há que se escolher com cuidado as palavras nos quartéis dos chefes militares, especialmente quando são escoltados por homens com fuzis M4 pendurados no pescoço. Fora os chifres.

Estávamos em agosto de 2016. O general Dostum já havia sido um chefe militar antiamericano, depois um combatente por procuração dos Estados Unidos, e àquela altura era o vice-presidente do Afeganistão. A encarnação viva da militarização da política externa norte-americana: um chefe militar, que, por trás da colaboração com os norte-americanos, ascendeu ao topo das novas estruturas de poder criadas em seu país pelos Estados Unidos. Naquela noite, em 2016, estávamos no palácio vice-presidencial em Cabul, uma espécie de cruzamento entre o covil de um vilão de James Bond e o camarim de Liberace. Dostum havia coberto todo o lugar com grama natural e, até onde posso dizer, onde quer que alguém pudesse colocar uma planta ele tentara fazê-lo. Centenas de árvores e arbustos, em inadequados vasos de terracota, preenchiam o local. Um extravagante conjunto de luzes de Natal enfeitava cada galho, como se alguém tivesse esvaziado o estoque de uma seção da Home Depot. Havia grandes lâmpadas que piscavam em sequência, pingentes de gelo falso formando um padrão de gotejamento luminoso e, em toda parte, metros de cordões de luz iridescente. Era preciso afastar a folhagem e as luzes para se chegar até a área de estar central, um estrado com um conjunto de cadeiras de vime e poltronas de couro reclináveis da La-Z-Boy que não combinavam entre si. Vasos com flores artificiais e estatuetas de porcelana de soldados a cavalo, estilo Hummel, ficavam em cima de mesas laterais Luís XIV. Em uma gaiola de vime, uma gorda perdiz cacarejava pesarosamente. Havia, claro, um tanque gigantesco cheio de tubarões. Tratava-se de um chefe militar refinado.

Eis como um jornalista descreveu o general Dostum: "Mais de um metro e oitenta de altura com bíceps salientes... um urso feito homem com a risada áspera que, segundo alguns uzbeques, tinha por vezes aterrorizado pessoas até a morte".[3] (Esse jornalista, Rashid Ahmed, alegou que pouco antes de visitar a fortaleza de Dostum, no norte do Afeganistão, o general amarrou na esteira de um tanque russo um soldado que fora pego roubando e o arrastou até que seu corpo fosse reduzido a uma pasta de carne, acusação que Dostum mais tarde negou.)[4] Mas Dostum também era, como ele mesmo me lembrava muitas vezes, um amante dos animais. "Quando as pessoas trazem aves, ovelhas ou outros animais para ser abatidos para alimentação, eu lhes digo: 'Por favor, leve embora, leve. Não quero matar essa ave, essa ovelha ou essa cabra'", disse ele, visivelmente emocionado. O general Dostum não era um amante dos animais do jeito que você ou eu poderíamos ser, com um gato ou um cachorro. Ele era um amante dos animais do jeito que apenas um poderoso chefe militar uzbeque poderia ser: criando um zoológico com centenas de cervos, cavalos e aves de rapina. Em cada dia que passei com ele, pelo menos uma vez Dostum mencionava um cavalo ou um cervo ferido, então seus olhos se enchiam de lágrimas e seu lábio inferior se projetava, exatamente como uma criança que acaba de saber que o hamster da família partiu dessa para a melhor.

"É muito raro que eu aceite dar uma entrevista para um jornalista", ele disse em uzbeque, por intermédio de um conselheiro/tradutor que fazia o melhor que podia. Grande parte da pronúncia uzbeque é formada no fundo da garganta, e a fala de Dostum era particularmente profunda e gutural. Ele falava de forma lenta e ligeiramente arrastada, como uma gravação reproduzida a meia velocidade. "Tenho amigos que me dizem para dar entrevistas, mas até agora nunca concordei", continuou. Seus comentários à imprensa limitavam-se a raras citações por telefone, e ele conversara apenas com acadêmicos e aventureiros que transcreveram suas lendas em panegíricos arrebatados. "Você é um bom sujeito, de um país amigo, portanto concordei em aceitá-lo aqui, hoje", disse Dostum, com os olhos me varrendo de cima a baixo, com certa suspeita.[5]

Mas eu não fora ali para contar a história do general Dostum, ou pelo menos não da maneira como ele parecia muito seguro que eu faria. Eu fora ao palácio de Dostum em Cabul, com um carpete de grama, para perguntar sobre uma cova coletiva, sem identificação, nos confins do planeta.

Originalmente, Dostum era apenas Abdul Rashid, um de nove irmãos nascidos de camponeses uzbeques nas planícies desérticas da província de Jowzjan, no Afeganistão. O nome de guerra "Dostum" — "meu amigo", em uzbeque — veio mais tarde, quando ganhava poder como comandante militar.[6] Sua família possuía uma casa simples de alvenaria: três cômodos, chão de terra batida, sem eletricidade. Sobreviver no desolado norte do Afeganistão era uma proeza, e Dostum mostrou uma particular resiliência. Alegava que, quando criança, fora arrastado por uma repentina inundação causada pelo degelo, agarrara-se a um galho de árvore e sobrevivera sozinho na água gelada. Um aldeão vira por fim sua mãozinha acima das ondas e a puxara. "O que é isso?!", declamou Dostum, representando teatralmente seu salvador. "Ah, é a mão de um bebê!"[7] O aldeão o levou a uma mesquita próxima e o segurou de cabeça para baixo contra uma parede de barro, até que a água escorresse e ele recuperasse a consciência.

Outras lendas sobre sua infância falam de mais uma peculiaridade: seu constante pendor para a violência, a começar pelas brigas na escola. "Eu estava sempre brigando com as outras crianças", admitiu. "E ainda sou a mesma pessoa." Então fez uma pausa, parecendo, por um momento, levemente pesaroso. "Mas nunca, em toda a minha vida, ataquei outra pessoa. Quando me atacavam, eu me defendia."

Seu passatempo favorito era o ancestral jogo da Ásia Central, *buzkashi*, ou "pega a cabra", no qual quinze cavaleiros disputam a posse de uma carcaça de cabra sem cabeça, que eles têm que conduzir de uma extremidade do campo até um círculo de giz na outra. O jogo era reputado por ser violento e caótico, com garanhões aterrorizados galopando e relinchando enquanto os jogadores os chicoteavam, socavam-se e atropelavam-se. Não era incomum que os árbitros carregassem fuzis para manter os jogadores indisciplinados na linha.[8] *Buzkashi* requeria "cavalos fortes para um homem forte", explicou Dostum. "Eu amo os cavalos. Trago lembranças muito boas de cavalos." Mais uma vez, seus olhos ficaram embaçados. Eu lhe disse que teria que me ensinar a jogar. Ele guardou para si sua avaliação de minhas potencialidades competitivas, mas a olhadela cética que me lançou não foi de bom agouro. (Assim como Petraeus, Dostum julgou corretamente minha destreza atlética.) No entanto, convidou-me para ir a Sheberghan como espectador. Avisou com seriedade que sua equipe tinha ficado forte o suficiente para superá-lo de vez em quando. Em seu apogeu, Dostum era imbatível.[9]

O general trabalhou por breves períodos como funcionário de uma refinaria de petróleo, encanador e lutador, mas a guerra era sua verdadeira disciplina. Foi recrutado para o serviço militar na adolescência e subiu na hierarquia, dominando com facilidade o obsoleto combate de cavalaria de seus ancestrais. Mais tarde, alistou-se no Exército afegão, permanecendo alinhado à corporação e aos soviéticos mesmo quando os mujahedins antissoviéticos se fortaleceram.

Os combatentes antissoviéticos foram, ao longo da década de 1980, inundados com dinheiro e armas norte-americanos. Ronald Reagan apelidou-os de "combatentes da liberdade", e eles se tornaram uma pedra de toque para os norte-americanos dominados pelo pânico vermelho. Uma socialite texana chamada Joanne Herring — toda cílios postiços, cabelos longos e citações bíblicas[10] — conseguiu incitar seu amante na época, um dissoluto deputado alcoólatra chamado Charlie Wilson, a angariar apoio no Capitólio. No auge do furor pró-mujahedins, o Congresso destinava mais dinheiro aos combatentes do que a CIA gostaria.[11] O fato de que muitos dos mujahedins antissoviéticos eram radicais de linha dura, na época, significava apenas uma característica, não um defeito. Em meados da década de 1980, a CIA chegou a encomendar traduções do Corão em língua local e a pagar para distribuí-las, aos milhares, por trás das linhas soviéticas. Milt Bearden, um agente da CIA que intermediou algumas das relações com os mujahedins, anos depois defendeu isso. "Vamos ser claros sobre uma coisa: os moderados nunca ganham nada", disse-me ele. "Moderados... não... ganham... guerras." A CIA estava mais preocupada com desafios táticos de pequena escala. "Você tinha que fazer coisas 'à prova de mujahedins'", lembrou Bearden, a respeito da distribuição do equipamento. "Para eles não poderem colocar o fio rosa no polo verde e depois apertar o botão e, em seguida, BAM, se explodir!", riu estrondosamente. "Alguns caras explodiram, mas não eram suicidas."[12] Não naquela época, pelo menos.

Aquela história ecoaria sinistramente após o Onze de Setembro, quando os Estados Unidos mais uma vez apostaram no inimigo do inimigo para virar a maré. Até mesmo Joanne Herring ressurgiu naquela época, invadindo o Departamento de Estado em uma nuvem de perfume e laquê quando eu estava lá. Ela estava com oitenta anos, toda esticada e mexida, e ainda "salvava" o Afeganistão, daquela vez pedindo centenas de milhões de dólares para uma coalizão de organizações para o desenvolvimento que ela administrava, com o nome pouco original de "Plano de Caridade Marshall". Pegou em minha mão, disse que eu era "uma bênção", e mandou os diplomatas encarregados da Ásia do Sul e Central unirem as mãos e rezarem antes de uma reunião. Com os olhos cerrados, fez uma oração apaixonada ao Senhor e aos fundos do Programa de Resposta Emergencial do Comando, que ela cobiçava. Depois que saiu, Holbrooke balançou a cabeça, incrédulo, e a chamou de algo muito vulgar para ser repetido. Quando perguntei a Herring sobre seu papel ao sustentar os mujahedins — na opinião de alguns, algo que lançou as bases para o Onze de Setembro —, ela se irritou, dizendo que os mísseis Stinger fornecidos aos combatentes tinham uma vida útil limitada e que seu legado terminara com eles.

Quando o roteiro original de Aaron Sorkin para *Jogos do poder*, o filme hollywoodiano sobre a batalha de Herring e Wilson para obter apoio para os mujahedins, terminou com uma nuvem de fumaça saindo do Pentágono, em Onze de Setembro, comentou-se que Herring teria pedido a seu advogado que fizesse ameaças até que fosse alterado.[13] No entanto, o filme termina com uma nota de advertência: enquanto os soviéticos se retiram e Wilson comemora, o agente da CIA Gust Avrakotos conta a história de um mestre zen que vê um menino ganhando um cavalo e sua aldeia comemorando a bênção recebida. "Veremos", diz o mestre zen. Quando o menino quebra a perna ao cair do cavalo e os aldeões declaram o animal uma maldição, o mestre apenas pronuncia outro "veremos". Mais tarde, quando uma guerra irrompe e o menino evita o recrutamento por causa de seus ferimentos, a aldeia volta a celebrar o cavalo como um dom. "Veremos", diz novamente o mestre. Enquanto Wilson percebe as implicações, ouve-se acima o rugir de aviões.

Dostum não era um radical. No entanto, no final da Guerra Fria, provou ser perigoso de outras maneiras. Sua religião era a sobrevivência, que ele conseguia por meio de uma sucessão vertiginosa de mudanças de lado. Mesmo durante seus anos no comando da unidade mais poderosa do Exército, alinhada com os soviéticos, manteve contato com os comandantes mujahedins do outro lado do campo de batalha e considerou abertamente desertar para sua causa.[14] O pragmatismo compensou — com o enfraquecimento do domínio soviético sobre o Afeganistão, Ahmed Shah Massoud, o filho dileto dos norte-americanos entre os mujahedins, informou Dostum de que o regime soviético se sentia ameaçado por sua crescente popularidade e planejava forçá-lo a sair. Dostum abandonou Moscou antes que Moscou pudesse abandoná-lo, incorporando seus 40 mil soldados aos mujahedins islamistas, os quais havia enfrentado durante anos no campo de batalha. O movimento se mostrou decisivo para inverter o equilíbrio de forças em desfavor dos soviéticos.[15]

Depois que os soviéticos se retiraram, os antigos combatentes da liberdade desceram até Cabul e a banharam de sangue. Dostum estava na linha de frente — suas milícias estavam por trás de uma onda de estupros e execuções.[16] Mas quando um novo governo começou a tomar forma, ele se viu paralisado. Os ministérios foram distribuídos aos outros comandantes, e Dostum se retirou para seu feudo no norte, onde seu poder diminuía à medida que os talibãs avançavam. Quando seu segundo no comando o traiu e desertou para o Talibã, em 1997, Dostum fugiu do país e foi para a Turquia. No início de 2001, no entanto, estava de volta, armando suas forças esfarrapadas contra o Talibã. Logo ia se tornar uma solução conveniente para o mais novo problema dos Estados Unidos no Afeganistão.

As limitadas opções dos Estados Unidos na região depois do Onze de Setembro e a consequente decisão de armar Dostum e seus colegas chefes militares foram o resultado direto de um vácuo de diplomacia. Devido a uma combinação de diferença ideológica, inércia e descuido, durante anos ninguém procurou entabular uma negociação significativa com o medieval regime talibã que acolhera Bin Laden no Afeganistão. Funcionários norte-americanos fizeram algumas reuniões com o Talibã ao longo da década de 1990, mas todas foram superficiais ou limitadas à exigência de que o movimento entregasse Bin Laden.[17] Apesar da campanha por parte dos defensores do diálogo, como Robin Raphel, as reuniões nunca evoluíram para algo parecido com negociações reais. No início de 2001, quando a ameaça na região se tornou mais premente, os Estados Unidos defenderam sanções no Conselho de Segurança da ONU, o que acarretou a proibição de armas e o congelamento de bens do Talibã.[18] Mas foram somente tapas, sem beijos. Não pretendiam levar o Talibã à mesa; o objetivo era derrubar um regime brutal.

No final dos anos 1990, as Nações Unidas insistiram brevemente em um diálogo regional mais amplo, que se mostrou promissor. Lakhdar Brahimi, o enviado argelino da ONU ao Afeganistão, manteve contato civil com o segundo no comando do Talibã, o mulá Mohammed Rabbani, que resistia à crescente dependência de sua organização em relação à Al Qaeda e ao aprofundamento do vínculo com Osama bin Laden.[19] Um funcionário do Talibã chegou a participar, como observador, das negociações de 1999, em Tashkent, Uzbequistão, entre norte-americanos, russos e seis vizinhos regionais do Afeganistão, para discutir uma solução pacífica para o conflito civil no país.[20] Mas tais esforços foram rapidamente superados pela aliança militar escolhida pelos Estados Unidos na região, ou seja, com o Paquistão. Poucos dias depois de os países em Tashkent concordarem em parar de armar as partes no conflito afegão, o Paquistão tramou com o Talibã o lançamento de uma grande ofensiva contra os comandantes militares rivais.[21]

Após os ataques de Onze de Setembro, as oportunidades para obter acordos negociados foram descartadas ou sabotadas. Quando as forças de Dostum, trabalhando com os norte-americanos, cercaram a fortaleza talibã de Kunduz, houve um processo de negociação de três dias, envolvendo o general e mais de uma dúzia de oficiais das Forças Especiais norte-americanas e agentes da Inteligência. Aos talibãs que se rendessem pacificamente foi feita uma oferta generosa: poderiam voltar à sua aldeia em segurança em troca da deposição de armas, com exceção de alvos da Inteligência de alto valor, selecionados pelos norte-americanos. Em troca, Dostum prometeu anistiar dois generais do Talibã, Mohammad Fazl e Nurullah Nuri, promessa que anunciou publicamente como sinal de uma reconciliação mais ampla no futuro. No entanto, ambos os comandantes foram logo parar na baía de Guantánamo. Foi, durante anos, um assunto misterioso e motivo de consternação para aqueles que acompanharam a descida do Afeganistão em direção ao caos. "Fazl e Nuri estavam do seu lado e você prometeu anistiá-los, depois acabaram em Guantánamo", eu disse a Dostum. Ele grunhiu: "Pergunte logo. Não me sinto bem".[22]

"Os norte-americanos pressionaram você para entregá-los?", insisti.

Dostum deu uma enorme risada. Disse ele:

Eu não os entreguei às forças dos Estados Unidos. Mas eles não os tomaram pela força. Eles vieram para levá-los e eu disse: "Escute, eles são do Talibã, são muçulmanos. Eu também sou muçulmano, vocês não são. Se eu entregá-los, se eu os der a vocês, serei acusado. 'O general Dostum é muçulmano, mas entregou o Talibã aos norte-americanos...' Isso prejudicaria minha credibilidade... Bush falava na TV sobre como lidar com prisioneiros...".

Ele se referia aos primeiros comentários a respeito das convenções de Genebra. "Então o pessoal militar veio e me disse: 'Escute, nós temos que cumprir a ordem, não importa o que Bush diz. Se eu quiser levá-los, vou levá-los." Dostum encolheu os ombros, balançando os joelhos, impaciente. "Eu disse: 'Certo, como vocês quiserem'."[23] Nos primeiros meses da guerra no Afeganistão, essa mesma dinâmica foi repetida várias vezes, inclusive em Kandahar, onde as tentativas de reconciliação de Hamid Karzai foram anuladas por Donald Rumsfeld, que se arrepiava só em pensar em negociar com o Talibã.

O fato de os Estados Unidos terem evitado negociações com os talibãs em favor da ação militar logo após os ataques não foi uma grande surpresa. Sugerir a diplomacia em vez da força para lidar com o regime que acolhia os autores do ataque de Onze de Setembro era, politicamente, o mesmo que propor um programa nacional de canibalismo nas escolas públicas. Mas a resistência obstinada continuou por muito tempo, mesmo depois que o Talibã foi contido no campo de batalha. Nunca houve um esforço concertado para inserir os ganhos militares em um contexto estratégico mais amplo, e durante anos não houve espaço político para reconhecer o que se tornou óbvio: que a derrota e a total eliminação do Talibã não eram possíveis e que, sem isso, a paz só viria pela diplomacia.

Em vez disso, nas semanas após os terroristas terem mergulhado aviões sequestrados nos centros de poder e consciência dos Estados Unidos, o debate sobre como dar uma resposta ocorreu quase que inteiramente dentro da comunidade militar e de Inteligência. Havia aqueles, como o chefe do posto

da CIA em Islamabad na época, que queriam continuar trabalhando apenas com a aliança militar dos Estados Unidos com
o Paquistão, usando os paquistaneses para pressionar o regime
talibã, ao qual tinham apoiado durante anos, a entregar Osama
bin Laden. Outros, no centro de contraterrorismo da CIA em
Washington, tinham uma sugestão mais simples: entregar armas norte-americanas a qualquer um que pudesse combater o
Talibã. Antes que qualquer política coerente pudesse ser desen-
volvida pelo governo dos Estados Unidos, esta última facção
começou a executar silenciosamente sua proposta. "Qualquer
um que pudesse lutar contra o Talibã" significava os chefes militares e os bandoleiros da Aliança do Norte.[24]

Robin Raphel, que batalhou longa e duramente por uma negociação com o Talibã, desesperou-se com a escolha. "Não precisávamos lutar [contra o Talibã]... eles sabiam quem éramos
e o poder que tínhamos. Queriam voltar para casa. E nós não
aceitaríamos isso... éramos os caras durões, certo?" Ela revi-
rou os olhos. "Mas montamos nos jumentos com a Aliança do
Norte... Isso foi um absurdo. Desculpe, mas foi."[25]

Em dezembro de 2001, as Nações Unidas lideraram uma tênue tentativa de construir um novo governo afegão, que culmi-
nou com negociações em Bonn, na Alemanha. O Talibã — lado
vencido e parte indispensável de qualquer solução política sustentável — ficou ausente das negociações. Em vez disso, a conferência foi dominada pelos combatentes da Aliança do Norte,
em quem os norte-americanos tinham se apoiado durante a
ofensiva militar inicial. Para os diplomatas que defendiam o diálogo, foi uma falha elementar. "Eu disse, desde o começo, que
eles — o Talibã — deveriam estar em Bonn", disse-me Raphel
mais tarde. "Esse foi nosso maior erro."[26] Barnett Rubin, que
fazia parte da equipe da ONU que organizou as negociações e
cuja mesa ficava perto da minha no escritório de Holbrooke no
Departamento de Estado, sempre me dizia que a exclusão teria

repercussões de longo alcance. "O acordo de Bonn tornou a política e o governo afegãos mais inclusivos, mas não conseguiu superar a política de contraterrorismo dos Estados Unidos, que impôs a exclusão do Talibã",[27] escreveu ele mais tarde.

Imediatamente após a conclusão das negociações, os líderes do Talibã foram até Hamid Karzai, o recém-empossado presidente interino do Afeganistão, para oferecer uma trégua em troca de anistia — oferta que foi rejeitada de imediato por Donald Rumsfeld e pelos norte-americanos. Líderes talibãs que juraram fidelidade ao novo governo central e retornaram a seus povoados foram perseguidos e capturados, muitas vezes pelos chefes militares da Aliança do Norte.

Esses novos soldados de infantaria na guerra norte-americana contra o terror compunham uma desagradável galeria de trapaceiros. Abdul Sayyaf, ex-mentor de Osama bin Laden, ajudou a montar os campos de treinamento no Paquistão e no Afeganistão que formaram as bases do terrorismo islâmico moderno e estava por trás do sangrento massacre de hazaras xiitas durante a luta por Cabul, após a Guerra Fria. As forças de Burhanuddin Rabbani, que operavam junto com as de Sayyaf, foram acusadas de massacrar idosos, crianças e até cachorros durante o cerco.[28] Mohammad Mohaqiq e seus homens foram implicados em assassinatos, estupros e saques sistemáticos nos meses após o Onze de Setembro. A marca registrada de suas milícias era sequestrar jovens garotas e forçá-las a se casar.[29] No mesmo período, as milícias de Atta Mohammed Nur estavam por trás de uma campanha de saques e estupros contra pachtos.[30] E havia ainda o rival de Atta em incontáveis escaramuças sangrentas: Abdul Rashid Dostum.

Quando e como Dostum começou a trabalhar com os norte-americanos é uma questão um tanto controversa. Hank Crumpton, o agente da CIA que, como chefe da recém-formada Divisão de Atividades Especiais, supervisionou a resposta inicial ao ataque em Onze de Setembro, disse-me depois que a agência vinha construindo seu relacionamento com o chefe militar já havia algum tempo, antes dos atentados, trabalhando com um agente fluente em uzbeque chamado Dave Tyson.[31] Dostum insistiu que Tyson só entrou em contato após os ataques. Onde não há controvérsia é o fato de que veio uma equipe da CIA e depois uma unidade de Boinas Verdes do 5º Grupo de Forças Especiais do Exército, de codinome "595". Era uma aliança peculiar. "A poeira meio que se assentou. E da poeira saiu o povo da areia", lembrou o sargento Paul Evans. "Você vê um homem com uma AK vestido exatamente como seu inimigo, então chega perto dele e simplesmente pergunta: 'Ei, como vai?'. Você não tem a menor ideia se ele vai estender a mão ou atirar em você."[32] Um membro do "povo da areia" era o general Dostum. "Ele e seu destacamento de segurança avançada vêm cavalgando", disse o capitão Mark Nutsch. "O general pula do cavalo e..."

"Caramba, o cavalo ainda estava se movendo e ele pula fora! Ele fica tipo 'uhuuu!!!'",[33] interrompeu o suboficial Bob Puttington, fazendo um gesto expansivo.

"O general Dostum concordou em levar a mim e aos membros da minha equipe até seu posto avançado de comando", prosseguiu Nutsch. "Montaríamos cavalos em combate pela primeira vez."

Um controlador da Força Aérea, que chegou vários dias depois para coordenar ataques de helicópteros Lockheed AC-130 e pediu para ser identificado apenas pelo seu primeiro nome, Bart, disse que a sensação era a de uma máquina do tempo. "Você fica tipo 'em que ano eu estou?!'. Você acabou de sair de um helicóptero do século XXI, com aviônica sofisticada e tudo mais, e agora voltou no tempo."[34] Ele e outros norte-americanos montaram em cavalos enquanto os suprimentos eram amarrados nas costas de burros conduzidos por afegãos. Dormiram em uma série de cavernas geladas nas montanhas, só com velas e lanternas para atravessar o breu da escuridão, muito distantes de qualquer luz urbana. "Quando você cavalga pelas montanhas, as estrelas parecem estar bem ali na sua cara", continuou Bart. "Você cavalga para dentro delas. Era incrível." Acima de tudo, ele se lembrava da estatura de Dostum, tanto em seu tamanho físico literal quanto em termos da reverência que produzia. "Ah, ele era o cara", disse. "Ele era o líder... Aqueles caras da Aliança do Norte montavam sua barraca enquanto ele tinha uma cama com travesseiros ali... Eles carregavam tudo aquilo para o cara, nas costas de burros... Ele se deitava no conforto. Nós nos deitávamos em uma vala."[35]

Os aviões norte-americanos lançavam suprimentos, principalmente centenas de armas. Não o armamento sofisticado produzido pelos norte-americanos, mas Kalashnikovs russos antigos. Chegou dinheiro, mas, esnobou Dostum, menos do que precisavam. Ele ficou ofendido mesmo quando os norte--americanos lançaram sacolas de comida para seus cavalos que continham apenas palha. Teoricamente, era adequada para animais de criação, mas os cavalos se recusaram a tocá-la. "Os Estados Unidos são um grande país",[36] disse Dostum, rindo. "Um grande povo, mas por que é tão difícil darem dinheiro?"

Houve desafios mais sérios decorrentes do trabalho com chefes militares locais. Bart e os outros norte-americanos verificavam seus relógios para se certificar de que ainda estavam com eles. E havia dores de cabeça em Langley. "David [Tyson, o agente da CIA] estava com Dostum, mas nós também tínhamos Atta [Mohammed Nur] e um dos nossos desafios era evitar que aqueles caras se matassem", admitiu Hank Crumpton, desanimado. "Os caras são guerreiros. Mataram pessoas a vida toda, em um dos piores locais do planeta." Ainda assim, a maioria dos norte-americanos foi conquistada. "Ele tinha um encanto quase jovial", disse Crumpton sobre Dostum. "Tinha um bom humor que eu sei que mascarava o fato de ser implacável. Mas, sinceramente, eu gostava de conversar com ele." Na maior parte do tempo, disse, sentia-se grato "por sua parceria, sua liderança e pelo que ele, Atta e outros conquistaram no campo de batalha".[37]

O que eles conquistaram no campo de batalha foi, em termos táticos imediatos, um sucesso esmagador. O bombardeio começou em outubro e, ao longo de novembro, os chefes militares da Aliança do Norte expulsaram os talibãs de Mazar-i-Sharif, no norte do Afeganistão, em seguida em Cabul e depois de Kunduz, no nordeste, onde o Talibã se rendeu após um cerco de doze dias.[38] Junto com cada sucesso vinham mais prisioneiros de guerra. Alguns eram ferozes combatentes que tinham viajado desde o Paquistão e os Estados do Golfo para se juntar a Osama bin Laden. Muitos outros eram homens e rapazes afegãos comuns; soldados de infantaria a serviço de um regime com valores medievais, porém pouco interesse na jihad global dos fanáticos filhinhos de papai sauditas que protegiam. No final de novembro, o general Dostum e os norte-americanos da unidade de Nutsch tomaram Kunduz, o último reduto para milhares de combatentes talibãs. Cerca de 3500 pessoas se renderam pacificamente, segundo uma estimativa militar dos Estados Unidos.[39] Houve rumores de que a contagem total de prisioneiros poderia ser o dobro.[40]

Os prisioneiros foram postos em grupos separados. De acordo com Bart, o controlador da Força Aérea, alguns foram levados para uma prisão secreta, "outro local sobre o qual não posso falar".[41] A grande maioria foi levada para oeste pelas forças de Dostum. Alguns foram enviados diretamente do local de rendição, no deserto de Kunduz, para a prisão no quartel-general de Dostum, em Sheberghan. Outros foram enviados para uma prisão diferente, uma fortaleza do século XIX chamada Qala-i-Jangi, para serem interrogados pelos norte-americanos. As muralhas altas e enlameadas de Qala-i-Jangi tinham assistido a séculos de conflitos envolvendo forças de ocupação, dos britânicos aos soviéticos. A fortaleza estava prestes a se tornar o local da primeira baixa norte-americana na nova guerra contra o terror.

Os prisioneiros no forte se sublevaram em uma emboscada espetacular, dominaram seus inquisidores norte-americanos e mataram um agente da CIA, Mike Spann.[42] Seguiu-se um sangrento cerco de três dias. Dostum, que estava em Kunduz, retornou junto com Mark Nutsch e outros membros da equipe 595 para encontrar um quadro apocalíptico de metal retorcido e corpos destroçados. "Os corpos...",[43] recordou o general, balançando a cabeça. "Eles não conseguiam reconhecer quem era soldado meu, quem era da Al Qaeda, quem era talibã." Tanto os norte-americanos quanto os combatentes da Aliança do Norte ficaram abalados com a perda de vidas e amargamente enfurecidos com os prisioneiros do Talibã. "Eu chorava por meus cavalos", continuou Dostum, com a voz embargada. Mais tarde, quando funcionários da Cruz Vermelha descobriram um desses animais vivos, "chorei de felicidade... Ordenei que meu pessoal o levasse imediatamente ao hospital para tratamento". Dostum nomeou o cavalo K'okcha, Azulão, e acabou por cavalgá-lo em batalha. Para os norte-americanos, a primeira baixa de guerra dos Estados Unidos levou a "uma dolorosa constatação do preço que pagamos por irmos rápido demais, com pouquíssimas pessoas no terreno",[44] disse Crumpton, agente da CIA. "Ademais, aquilo nos levou a questionar quem era responsável pelos prisioneiros de guerra." A questão foi posta à prova quase que imediatamente, quando os homens de Dostum carregaram caminhões com os sobreviventes de Qala-i-Jangi e os transportaram para o oeste, de novo, para se juntarem ao resto dos prisioneiros em Sheberghan.

Em janeiro de 2002, questionamentos sobre o destino desses detentos passavam das fronteiras do Afeganistão às manchetes internacionais. Quando Jennifer Leaning e John Heffernan chegaram naquele mês, até mesmo a Cruz Vermelha — em geral um túmulo sobre qualquer coisa que testemunhasse, a fim de manter a imparcialidade e o acesso a prisioneiros necessitados — parecia estar empunhando bandeiras. "Vão para o norte", insistiu uma advogada da Cruz Vermelha, em Cabul. Leaning perguntou: "Você está falando dos prisioneiros de Kunduz?".[45] A advogada assentiu. "Foi tudo o que conseguimos, mas já era suficiente", lembrou Heffernan. Os investigadores foram até a prisão, um forte atarracado com pintura branca descascando nas paredes de alvenaria e grades de metal enferrujado protegendo as janelas. Visitantes internacionais não tinham, até então, sido bem recebidos no local. Uma tentativa inicial de obter acesso pela Cruz Vermelha foi barrada por dois oficiais militares norte-americanos, de acordo com vários relatos dados a Leaning e Heffernan.[46] Mas eles conseguiram construir um bom relacionamento com um encarregado que estava perturbado com o que testemunhava dentro das paredes da prisão castigadas pelo tempo, e ele discretamente os deixou entrar.[47]

Logo confirmaram os rumores que tinham ouvido. Por meio de tradutores paquistaneses, os prisioneiros contaram histórias angustiantes de fome, superlotação e um crescente número de mortes. Pediram alimentos, água e atendimento médico. Mas Leaning e Heffernan notaram outra coisa: os números não batiam. "O número de pessoas detidas na prisão, em Sheberghan, não era o número divulgado de pessoas capturadas em Kunduz", disse-me. "Supostamente tinham sido capturados de 7 mil a 8 mil. Vimos, talvez, uns 3 mil presos. A questão era: 'Onde está o resto?'"[48] Foi essa questão que levou os investigadores até o deserto de Dasht-i-Leili, no dia seguinte, e até os cadáveres, possivelmente milhares.

O que teria acontecido com os prisioneiros desaparecidos? Como aqueles homens e rapazes haviam acabado em uma vala comum, naquele lugar? E restava uma questão que ninguém dentro do governo dos Estados Unidos quis abordar por mais de uma década: o que sabiam e tinham visto os norte-americanos no local, quando a terra foi removida e a cova foi preenchida com um corpo após o outro? Havíamos feito um acordo com Dostum em nome do território que ele poderia conquistar para nós e do sangue que poderia derramar dos inimigos que compartilhávamos. Qual tinha sido o preço? O que havíamos cedido quando apertamos sua mão? De que forma poderia se sustentar toda aquela conversa sobre interferência de menor impacto e uso de forças aliadas, diante de um fêmur brotando do chão? Eram dilemas éticos conhecidos quando se tratava de alianças sensíveis à segurança nacional dos Estados Unidos. No entanto, ali no deserto, assim como o mau cheiro, tais dilemas eram excepcionalmente difíceis de ignorar.

Nos anos que se seguiram à descoberta pelos investigadores da cova coletiva no deserto, as alianças com os chefes militares no Afeganistão foram reformuladas. Os combatentes mujahedins antissoviéticos, armados pelos norte-americanos, que haviam se transformado em comandantes da Aliança do Norte, armada pelos norte-americanos, finalmente foram transformados em governadores e ministros, instalados pelos norte-americanos — ou, pelo menos, com seu consentimento tácito e um mínimo de objeções. Atta Mohammed Nur, quando foi governador da província de Balkh, entregou parcelas de terra aos seus leais seguidores e construiu uma riqueza fabulosa ao receber uma fatia das receitas alfandegárias da província. Suas milícias estavam envolvidas em inúmeras brutalidades, de assassinato a sequestro e extorsão.[49] Ismael Khan, que se tornou governador de Herat e depois ministro de Águas e Energia, foi acusado de assediar os pachtos e de reter receitas provinciais do governo.[50] Um comandante chamado Mir Alam tornou-se chefe de polícia na província de Baghlan e criou fama por sua espetacular corrupção e pelo apoio a máfias de drogas.[51] Um telegrama da embaixada dos Estados Unidos, em 2006, concluiu que Alam e outro comandante "continuavam a agir como comandantes mujahedins em vez de policiais profissionais... abusando de suas posições de autoridade para se envolverem em uma ampla gama de atividades criminosas, incluindo extorsão, suborno e tráfico de drogas".[52] O governador da província de Nangahar, Gul Agha Sherzai, provocou devastação semelhante[53] — desde assassinato até tráfico de drogas e corrupção — em benefício de sua tribo.

E havia ainda o general Dostum, que serviu como vice-ministro da Defesa antes de finalmente se tornar vice-presidente. Robert Finn, o primeiro embaixador dos Estados Unidos em Cabul após o Onze de Setembro, confrontou os chefes militares, sobretudo Dostum e Atta, que pulavam com frequência um no pescoço do outro. Aquilo contribuía para uma dura parábola: os dois chefes militares controlavam reservas de petróleo que haviam gerado receitas de centenas de milhões de dólares durante a era soviética, e que poderiam ter sido facilmente exploradas para a reconstrução afegã, melhor e mais cedo. "Eu tentei convencer Dostum e Atta a ficar ricos", recordou Finn, "mas eles preferiam matar uns aos outros por causa de uma vaca."[54] E assim perdeu-se a oportunidade para reconstruir o Afeganistão.

Muitos desses homens foram pagos pelos norte-americanos durante décadas. Alguns trocaram os uniformes rotos por ternos macios ao fazer negócios longe das drogas, mas a maioria continuou a se comportar como sempre se comportara: como chefes militares. Só que agora eram chefes militares no poder, com o aval de um governo central apoiado pelos Estados Unidos e um fluxo constante de lucrativos contratos internacionais usados em proveito próprio. Finn chegou à conclusão de que os chefes militares estavam no centro de muitos dos problemas mais gerais do Afeganistão. "Os ministérios foram inicialmente entregues a diferentes chefes militares, que começaram a dirigi-los como se fossem seus feudos, o que se tornou um problema", disse-me.

No entanto, era difícil remover os chefes militares, em alguns casos por causa de seu tenaz controle sobre as estruturas locais de poder e em outros porque nunca houve um sério esforço para transferir poder a lideranças alternativas. Frequentemente as opções que os norte-americanos tinham eram ou o domínio dos chefes militares, ou o caos total. Atta, por exemplo, dirigia uma das províncias mais estáveis do país — tirá-lo do poder era a última coisa que passava pela cabeça dos norte-americanos. "Acho que deveríamos ter agido para nos afastarmos deles", refletiu Finn, anos depois. "Entendo o que aconteceu. Nós fomos e dissemos: 'Muito bem, quem pode nos ajudar?'. Mas isso não significa que era preciso se fiar neles para sempre. Acho que nos apoiamos nesses homens por tempo demais. Uma vez que estejam lá, é difícil se livrar deles."[55]

A incapacidade dos Estados Unidos em reformular suas relações no Afeganistão — forjar um novo conjunto de vínculos com políticos civis que pudesse contrabalançar a cultura enraizada dos chefes militares — refletia um mal mais profundo. Os objetivos dos Estados Unidos no Afeganistão haviam passado da conquista para o desenvolvimento. Mas o tônus diplomático se atrofiou. As consequências do fechamento de embaixadas e de um mirrado Foreign Service em todo o mundo atingiram seu ápice na guerra norte-americana mais importante: não havia diplomatas suficientes e os que estavam em serviço não tinham os recursos ou a vivência necessários para lidar com o Afeganistão. "Não tínhamos o apoio da experiência", disse Finn.

Todos os diplomatas ficavam lá por um período muito curto, aprendendo um pouco a cada ano. Quem permanecia ao longo do tempo [pessoas como Dostum e os outros chefes militares] sabiam como usar os norte-americanos. Eles sabiam exatamente o que dizer e o que os norte-americanos gostariam que dissessem.[56]

Os pontos de apoio dos chefes militares nas estruturas de poder, avalizadas pelos norte-americanos, minavam os esforços para criar algum tipo de governança. O mistério dos prisioneiros de Dostum que desapareceram foi um excelente exemplo. Dois sucessivos presidentes norte-americanos evitaram perguntas sobre o assunto. O governo Bush anulou pelo menos três esforços para investigar a cova coletiva, em vários órgãos. Um agente do FBI na baía de Guantánamo começou a ouvir histórias de prisioneiros do Talibã que tinham sobrevivido a um assassinato em massa, mas lhe disseram para se afastar e deixar o assunto para os militares. O Pentágono, por sua vez, conduziu apenas um breve "inquérito informal", perguntando aos membros da equipe 595 se tinham visto alguma coisa e depois emitindo uma negativa, acobertando. Havia, conforme lembrou mais tarde uma autoridade do Pentágono, "pouco apetite para esse assunto dentro do Departamento de Defesa".[57] No Departamento de Estado, Colin Powell atribuiu a investigação ao embaixador-geral para crimes de guerra, Pierre Prosper, que rapidamente deparou com a oposição tanto dos afegãos quanto de funcionários norte-americanos. "Eles diziam: 'Tivemos décadas de crimes de guerra. Por onde você quer começar?'",[58] lembrou. Pouco depois, seu escritório desistiu do inquérito.

Quando o presidente Obama assumiu o cargo, a esperança foi renovada. Durante uma entrevista à CNN, em 2009, ele saiu do roteiro e prometeu uma investigação. Anderson Cooper começou corajosamente: "Parece claro que o governo Bush se opôs aos esforços para investigar um chefe militar afegão chamado general Dostum, que estava na folha de pagamento da CIA. Agora veio à tona que centenas de prisioneiros do Talibã sob seus cuidados foram mortos...". "Certo", disse o presidente Obama. Cooper mencionou o mistério da cova coletiva e perguntou se Obama pediria uma investigação sobre possíveis crimes de guerra. O presidente respondeu: "Sim. Os indícios de que isso não foi devidamente investigado atraíram minha atenção recentemente. Por isso, pedi à minha equipe de Segurança Nacional que reunisse os fatos conhecidos. Devemos tomar uma decisão de como abordar o assunto logo que tivermos todos os fatos reunidos".

"Mas você não se opõe, taxativamente, a uma investigação?", insistiu Cooper.

"Acho que, você sabe, há responsabilidades que todas as nações têm, mesmo em tempos de guerra. E se nossa conduta de alguma forma apoiou violações das leis de guerra, então acho que, você sabe, precisamos ter ciência disso."[59]

Mas também na Casa Branca de Obama ninguém queria tocar no assunto. Como funcionário do Departamento de Estado encarregado da comunicação com organizações não governamentais, recebi algumas ligações de organizações, como a dos Médicos pelos Direitos Humanos. Vezes sem conta insisti com o pessoal da Casa Branca para revelar algo, qualquer coisa; para me deixar convocar uma reunião para falar ou pelo menos ouvir sobre a cova. A resposta era sempre a mesma: sem comentários, sem reuniões. Escrevi para o diretor de comunicação de Holbrooke, Ashley Bommer, em março de 2010:

Passei o dia todo ao telefone com o NSC, ouvindo-os dizer para adiar as reuniões que tínhamos marcado com organizações de direitos humanos, porque receavam perguntas sobre o massacre de Dasht-i-Leili e não queriam lidar com o fato de que abandonamos completamente a promessa da presidência de investigá-lo.

Em um resumo preparado por mim, no mesmo mês, havia um tópico para meu pronunciamento para as organizações de direitos humanos: "Dasht-i-Leili c/ Médicos pelos Direitos Humanos (trabalhando com o NSC para formular uma posição mais clara)". Em outro memorando, que preenchi dez meses depois, a frase não havia mudado.

Frustradas com as obstruções do Poder Executivo, as organizações de direitos humanos tentaram recorrer ao Congresso. No início de 2010, outro investigador dos Médicos pelos Direitos Humanos, Nathaniel Raymond, recebeu o depoimento de um ex-tradutor das forças norte-americanas em Kunduz e Qala--i-Jangi, que tinha pedido asilo nos Estados Unidos. Ele alegou ter testemunhado o que aconteceu com os prisioneiros — e se os norte-americanos estavam presentes ou não. Raymond levou as informações até o comitê de Relações Exteriores do Senado e a seu principal investigador na época, o ex-agente da CIA John Kiriakou, que mais tarde foi condenado a trinta meses de prisão por revelar a identidade de um colega da agência (ele sustentou que era uma questão de princípio denunciar o uso de tortura pelo governo na guerra global contra o terrorismo).[60] Kiriakou considerou explosiva a história sobre a cova coletiva. De acordo com ele, a reação de seus superiores, incluindo o presidente do comitê, John Kerry, também foi explosiva — mas não a que ele esperava. "O chefe de gabinete na época, Frank [Lowenstein], soube disso, me chamou em seu escritório e disse: 'Pare e desista imediatamente'." Atordoado, Kiriakou afirma que levou o assunto direto a Kerry.

Kerry desceu depois até o escritório e disse: "O que é isso que estou ouvindo sobre o Afeganistão?". Eu contei para ele... e ele disse: "Você falou com o Frank?". E eu disse: "Sim, Frank me ligou e me disse para encerrar o assunto". Ele disse: "Certo". Levantei-me e disse: "Então, o que eu faço?". Ele disse: "Você encerra". Eu disse: "Tudo bem, vou encerrar". E isso foi o fim de tudo.[61]

Kiriakou viu nisso a vocação pragmática de Kerry e Lowenstein.

Frank dedicou sua vida para proteger John Kerry, e o que John Kerry mais queria no mundo era ser secretário de Estado. Assim, simplesmente não podíamos arriscar qualquer tipo de complicação, mesmo que fosse de natureza histórica, algo controverso, então ele deixou o assunto morrer. Foi uma vergonha. Fiquei muito decepcionado.[62]

Kerry disse: "Nunca ouvi algo sobre isso. Nunca". E afirmou que "nunca agrediu" os direitos humanos afegãos durante seu tempo no comitê.[63] Frank Lowenstein, de início, negou igualmente ter qualquer lembrança das conversas com Kiriakou, depois sugeriu que ele "deve ter me interpretado mal... ou pode ter saído da nossa conversa com a impressão de que não era um assunto que eu estivesse particularmente interessado em elucidar, mas eu nunca teria dito para encerrá-lo".[64]

Naquela entrevista, em 2009, o presidente Obama prometeu abrir um novo inquérito sobre o massacre. Quatro anos mais tarde, depois de se recusar intermitentemente a tecer comentários para os jornalistas, a Casa Branca reconheceu com discrição que uma investigação fora concluída, mas permaneceria sigilosa. Um porta-voz mencionou a descoberta de que nenhum funcionário dos Estados Unidos estava envolvido. A Casa Branca se recusou a entrar em detalhes.[65] "Foi covardia", disse-me

Raymond. "Fui entrevistado pelo NSC como parte da investigação. Não deu em nada, porque não era o que eles queriam ouvir." Os Médicos pelos Direitos Humanos, por pura insistência, conseguiu um punhado de reuniões com altos funcionários. Também enviou mais de uma dúzia de cartas para autoridades de todo o governo. Nenhuma das abordagens produziu efeito. As consequências foram concretas e específicas: após uma série inicial de missões de perícia forense, antes que mais equipes pudessem retornar para uma escavação completa, a cova coletiva desapareceu. Em 2008, uma equipe da ONU descobriu, no local, uma série de grandes buracos[66] — e nenhum dos corpos documentados antes. Era exatamente a eventualidade que os defensores dos direitos humanos tinham lutado para evitar. "É claro que percebemos que, se algo vazasse, o sítio provavelmente seria destruído", disse Susannah Sirkin, dos Médicos pelos Direitos Humanos. Vazou, e as potências mundiais não fizeram nada para proteger as evidências. "Existe agora um segundo nível de infração", disse-me Sirkin. "A literal obstrução da investigação e a supressão de informações [pelo governo dos Estados Unidos]."[67] Não fui capaz de superar essa indiferença, era pesado demais para mim. Quando fui novamente a Cabul, anos depois, estava determinado a voltar com respostas.

Por quase quinze anos o general Dostum nunca se dispôs a dar uma entrevista detalhada sobre os prisioneiros desaparecidos e a cova coletiva. Mas, depois de meses de negociações, entusiasmou-se com a ideia de uma entrevista comigo. Conseguir isso com ele envolve muita espera. Foi necessário um ano de negociação com seus assessores, que viajam em seu nome para Nova York e Washington, todos fiéis uzbeques afegãos, alguns entre os mais jovens da fortaleza de Dostum em Sheberghan, que cresceram imersos em lendas sobre seu heroísmo. Fui apresentado aos seus filhos, Batur, que estava sendo preparado para uma carreira política, e Babur, que estava na Força Aérea afegã. Inesperadamente, recebi uma ligação. Eu poderia pegar um voo para Cabul no dia seguinte? O general Dostum ia me ver. Concordei e rascunhei um e-mail para uma amiga próxima, cujo casamento, na noite seguinte, eu teria que perder. Nessa área, a diplomacia ainda é praticada. Quando cheguei a Cabul, no dia marcado, o general não me recebeu. Ele estava cansado. Um conselheiro me informou gravemente que Dostum *estava resfriado*. Esperei, como Gay Talese, em uma boate. Passeei pelas ruas empoeiradas de Cabul. Dirigi através de postos de controle até a embaixada dos Estados Unidos, que mais parece um bunker, para me encontrar com funcionários norte-americanos. Tomei café com os conselheiros de Dostum nos jardins do hotel Serena de Cabul, no calor sufocante do final de agosto. Finalmente, perguntaram se eu participaria de uma reunião entre o general Dostum e ativistas pelos direitos das mulheres de todo o Afeganistão. Aquilo era fundamental para o que Dostum queria me comunicar e, por extensão, ao mundo ocidental. Ele, ao contrário de outros remanescentes da Guerra Fria, tinha uma visão mais progressista das mulheres. "Devo estar entre as pouquíssimas pessoas do Afeganistão que estão fortemente comprometidas com os direitos das mulheres, com a proteção a elas",[68] me disse Dostum mais tarde.

Essa convicção parecia ser sincera, e ele a repetiu muitas vezes durante os vários dias de entrevistas. Mas o general Dostum tampouco compareceu ao encontro com as ativistas. Um consultor me apresentou em seu lugar. Uma dúzia de mulheres formidáveis foram reunidas em uma lúgubre sala de reuniões do governo, sob um mural contendo a inscrição de um verso do Corão: "Alá nunca mudará a condição de um povo, a menos que ele próprio mude". Cada uma trazia uma demanda pessoal, da professora que implorou por melhores salários à advogada que pediu por mais mulheres no governo. À primeira menção sobre a ausência do vice-presidente, murmúrios de surpresa e decepção percorreram a sala. Uma médica, que viajara várias horas desde a província de Logar, foi embora chorando.

Quando enfim recebi a ligação dizendo que o general Dostum estava disponível, já era tarde da noite. Depois de passar pelas sucessivas barricadas e por guardas armados até os portões dourados do palácio vice-presidencial, fiquei mais uma hora esperando em sua estranha sala de estar acarpetada com grama. Quando o general Dostum entrou na sala, eram dez da noite.

O temido guerreiro já tinha seus sessenta anos. Seu cabelo estava ralo e embranquecido, e sua barriga se expandira prodigiosamente. Mas ele ainda era imponente: um bloco humano, com a constituição de uma geladeira. Seu traje — uma jaqueta ocidental sobre uma túnica uzbeque fluida — acentuava seu porte. Ele entrou na sala e se jogou no trono com um espaldar alto, de madeira entalhada e estofamento dourado pontilhado de flores de lis. Os olhos de Dostum, estreitos e repuxados, refletiam sua ancestralidade, que, segundo ele, poderia ser rastreada até Gengis Khan, que de fato passeava bastante.

Dostum esfregou os olhos e bocejou. O tão falado resfriado talvez fosse real, mas outras pessoas, incluindo um ex-embaixador norte-americano no Afeganistão, disseram que os atrasos poderiam ser atribuídos a outra coisa. "Ele continua a ter um temperamento extremamente violento, é alcoólatra e disfuncional",[69] disse o embaixador. "Precisa sair do país para se desintoxicar melhor do que aqui." Durante várias de nossas reuniões, Dostum sorveu uma bebida não revelada em uma ostensiva caneca, estampada com o logotipo dourado com brilhantes da Chanel. Perguntei-me se sua reunião anterior tinha sido com as Kardashian ou algo parecido.

"Não sei por que às vezes a mídia não diz a verdade", resmungou Dostum. Eu tinha acionado o gravador do meu celular, mas um assessor logo pediu que eu parasse. Um pequeno rebuliço se seguiu quando insisti em continuar. Dostum olhou para o telefone, infeliz. "Lamentavelmente, hoje, às vezes os jornalistas, o *New York Times*, eles escreveram tantas coisas." Franziu a testa, o mesmo olhar magoado cruzando seu rosto.

"Ele massacrou, direitos humanos, ele matou prisioneiros do Talibã, ele fez isto ou aquilo." Meus amigos norte-americanos da CIA e outras pessoas vieram a minha casa e disseram: "Olha, eles estão te retratando nos Estados Unidos dessa maneira, mas sabemos que você é uma pessoa diferente".[70]

O general Dostum não estava enganado a respeito de sua imagem na imprensa ocidental. Organizações de direitos humanos levantaram acusações bem documentadas contra ele, de atrocidades em massa e assassinatos, desde a década de 1990.[71] Reportagens o acusaram de violentas represálias contra rivais políticos e suas famílias[72] — e até, ocasionalmente, contra aliados que mostraram desvios em sua lealdade. A Human Rights Watch, poucos dias antes de eu me encontrar com Dostum, acusara seus milicianos do Movimento Islâmico Nacional do Afeganistão de assassinar e agredir civis sob o disfarce de operações contra o Talibã.[73] Até mesmo o presidente afegão, Ashraf Ghani — que escolheu Dostum como seu companheiro de chapa para aproveitar seus votos, requisitando sua popularidade duradoura entre os uzbeques do Afeganistão —, chamou o general uma vez de "conhecido assassino".[74] O Departamento de Estado norte-americano fez eco a Ghani, chamando Dostum de "um senhor da guerra por excelência" e depois deu um passo além ao negar-lhe um visto de entrada nos Estados Unidos.[75]

A raiz da crítica, Dostum insistiu, era política. "Nossos adversários… eles inventam muitas coisas contra nós para dar uma imagem errada ao público norte-americano", disse. A acusação de que ele havia agredido adversários políticos era, acrescentou,

uma alegação muito injusta. A motivação é política. A razão é, em primeiro lugar, eu ter saído de um grupo étnico muito carente. Em segundo lugar, eu vir de uma família pobre. Em terceiro lugar, eu ter uma visão para o Afeganistão. Queria justiça, um sistema descentralizado, federalizado, em que todas as pessoas no Afeganistão, incluindo meu povo, deveriam ter os mesmos direitos. Então eles começaram a me acusar injustamente.

O mesmo, disse, valia para os supostos massacres executados por suas forças. "Fui para o norte do Afeganistão e lutamos ao lado das forças de segurança afegãs para dar segurança às províncias. As pessoas estavam tão felizes, fizemos tantas coisas boas para elas!" O general franziu a testa novamente.

Mas em vez de aprovar e agradecer... começaram de novo com essas alegações políticas... Acredito que mesmo a Human Rights Watch e outras organizações de direitos humanos não são apenas organizações de direitos humanos, também são políticas... elas inventam o que querem contra você.[76]

A negativa para o visto de entrada atingiu Dostum em um nível pessoal, pois ele ainda considerava os norte-americanos, que o armaram contra os talibãs, como irmãos. "Acredito que fui traído por meus amigos norte-americanos... Nós lutamos juntos. Depois de tudo aquilo, é uma traição. Mas, ainda assim, os Estados Unidos não têm outro amigo tão próximo como Dostum. Não têm." Os norte-americanos, achava, o haviam usado "como um lenço de papel". Indignado, ele desfiou uma lista de amigos que ainda o apoiavam, incluindo vários oficiais militares, um comissário da polícia de Nova York, Arnold Schwarzenegger e Hillary Clinton, com quem ele afirmou ter se unido pelos direitos das mulheres.

A sra. Clinton, quando era senadora, visitou Cabul, e eles me convidaram... eu contei a história daquela norte-americana que estava coordenando a operação aérea em Kunduz, então ela riu e disse que eu deveria ir para os Estados Unidos compartilhar aquela história, lá, com as pilotas.

Ele fez uma pausa e me olhou novamente. "Pois é, ela também me convidou para visitar os Estados Unidos", repetiu, caso eu tivesse perdido aquela parte. (Quando Hillary foi a Cabul para a posse de Hamid Karzai, Richard Holbrooke se precipitou para impedi-la de apertar a mão de Dostum.)[77] O pai de um falecido agente da CIA dera a ele a chave da cidade de Winfield, Alabama. "Eu não preciso de visto", fungou Dostum. "Tenho a chave, posso ir quando quiser!"[78]

Ainda assim, Dostum pareceu perceber que sua imagem precisava ser renovada. "É nossa culpa não podermos dizer ao público norte-americano que tipo de bom amigo para os Estados Unidos somos." Suspirou. Para ele, a verdadeira história era bem simples. "Você tem um inimigo forte e mau como a Al Qaeda, que está aterrorizando seu povo, e também tem um amigo forte e bom como Dostum, que está pronto para lutar contra seu inimigo e vingar o sangue de seu povo inocente que foi derramado nos Estados Unidos." Dostum, tal qual um Bob Dole afegão, referia-se muito a si mesmo em terceira pessoa. "Somos parceiros", continuou, "lutamos contra o mesmo inimigo por uma boa causa."[79]

Assim era o general Dostum, visto por ele mesmo, ou pelo menos como esperava que jornalistas como eu o vissem: um incompreendido defensor de seu povo. Um amante dos animais que chorava por cervos feridos. Um chefe militar com um coração de ouro. O chefe militar do povo! Foi, ainda que por pouco tempo, um guru dos exercícios físicos, responsável pelo projeto Ginástica Para Todos — o equivalente do "Let's Move!" de Michelle Obama. "Quando foi necessário lutar, ele lutou, mas agora precisamos de paz e ele está nos dando isso", disse um guarda do palácio aos jornalistas quando o programa foi lançado. "Vai encorajar os jovens a praticar esportes, ver o vice-presidente se exercitando todas as manhãs." Atrás dele, o general Dostum, vestindo trajes esportivos, fazia polichinelos.[80] Fotos de Dostum transpirando e bufando em meio a sessões de aeróbica, superpostas por slogans em dari, foram curtidas por milhares de leais seguidores em sua página oficial no Facebook. "Exercícios: a força de vontade de hoje, o vigor de amanhã!", foi a legenda de uma delas. "O traje esportivo é o traje da virtude!", acrescentou outra.

"Você se ressente do termo 'senhor da guerra'?", perguntei a Dostum.

"A guerra me foi imposta", disse ele. "Se um inimigo vai a sua casa, o que você deve fazer? Tem que se defender." Ele pensou por um momento. "Senhor da guerra, não", decidiu. "Eu diria senhor da paz."[81]

O leal tradutor do general Dostum ergueu as sobrancelhas.

Quando perguntei sobre a cova coletiva em Dasht-i-Leili, Dostum a princípio deu a mesma resposta que os norte-americanos tinham dado por anos. "Há tantas covas", disse ele, balançando a cabeça, "tantos corpos." Aqueles, jurou, eram de outros períodos — de quando ele esteve exilado na Turquia, antes do Onze de Setembro, e seu segundo no comando o traíra. Disse que foi esse comandante, Malek, o responsável pela maioria dos corpos no deserto. "Mas, especificamente, e os prisioneiros de Kunduz depois da revolta em Qala-i-Jangi?",[82] insisti.

Dostum gemeu, mostrando cansaço. Ele estava esperando por aquilo. "O fato é que puseram os prisioneiros de Kunduz no caminhão aberto e os enviaram para Sheberghan." Dostum disse que cuidara pessoalmente para que os prisioneiros fossem embarcados. Tinha sido um processo tenebroso. "Alguns corriam, outros se escondiam", admitiu. Mas, enquanto ele esteve lá, os prisioneiros foram postos em caminhões abertos. É bem possível que fosse verdade, pelo menos com relação a esse trecho da jornada.

No entanto, de acordo com vários relatos de testemunhas oculares, o comboio de Kunduz não foi direto para Sheberghan. Em vez disso, prisioneiros sobreviventes da revolta em Qala-i-Jangi acabaram parando em um forte chamado Qala-i-Zeini. Um motorista disse à imprensa, em 2002, que havia sido contratado para dirigir um caminhão-contêiner fechado para o local — do tipo com um baú de metal lacrado, para frete, geralmente com cerca de $12 \times 2,5$ m. Segundo ele, outros motoristas e prisioneiros sobreviventes, os homens de Dostum amontoaram prisioneiros, aos berros, nos baús. Por vezes eram manietados e jogados lá dentro. Dez prisioneiros que sobreviveram e chegaram à baía de Guantánamo disseram a um funcionário do FBI que foram "empilhados como lenha", centenas em um caminhão, antes que as portas fossem fechadas e trancadas.[83] Um morador local disse aos jornalistas que aqueles que não se moviam com rapidez eram violentamente espancados. "O único propósito" da operação, disse, "era matar os prisioneiros." As histórias de horror que os sobreviventes contaram são as que perseguiram Dostum com mais pertinácia durante todos esses anos. Falavam de gritos e de batidas nas paredes, de lamber suor e urina para evitar a morte por desidratação, de morder os membros uns dos outros por fome ou por demência.

Era um método de execução bem conhecido no deserto afegão — prender prisioneiros em contêineres e permitir que fossem cozidos vivos ou sufocassem, dependendo da estação do ano. Naquele novembro, o ar frio teria feito do sufocamento e da desidratação os métodos letais. Os homens de Dostum supostamente realizaram toda a operação. Cada motorista foi acompanhado por pelo menos um soldado na cabine do caminhão. Segundo contaram os motoristas, quando tentavam fazer furos nos contêineres para ventilação ou para passar discretamente garrafas de água, eram espancados pelas forças de Dostum. Sobreviventes alegaram que, em alguns casos, os soldados chegaram a abrir fogo contra os caminhões para silenciar os gritos. Os motoristas que prestaram depoimento disseram que os comboios prosseguiram por dias a fio.[84] Um telegrama ultrassecreto[85] enviado pelo departamento de Inteligência e pesquisa do Departamento de Estado concluiu: "Acreditamos que o número de mortos do Talibã, durante o transporte até a prisão de Sheberghan, tenha sido maior do que os mil amplamente divulgados".[86] Um órgão de Inteligência com uma sigla de três letras, suprimida na versão do telegrama liberado por meio de um pedido baseado na Lei de Liberdade de Informação, "estipula o número de pelo menos 1500, e o número real pode se aproximar de 2 mil".[87]

Dostum suspirou quando mencionei as acusações. No passado, um de seus porta-vozes dissera que só houvera mortes acidentais, devidas a ferimentos preexistentes. Dostum me contou uma história diferente. "A estrada", explicou, "estava fechada. A estrada de Chimtal e também a de Balkh estavam fechadas porque o Talibã estava lá, sublevado." A maioria dos prisioneiros, insistiu, ficou em caminhões abertos. "Mas podia haver talibãs em um contêiner."

"Em *um* contêiner?", perguntei. Aquilo levaria a talvez um sexto da contagem feita, até mesmo pelas estimativas mais conservadoras de testemunhas oculares.

"Em um contêiner", disse o tradutor de Dostum com confiança.[88] Enquanto falava, Dostum começou a balançar a cabeça para a frente e para trás, esticando o lábio inferior, reconsiderando. "Possivelmente dois ou três", admitiu. "Quem os colocou nos contêineres?", perguntei. "Um comandante, os comandantes locais que deveriam transferi-los, provavelmente estavam com medo por causa da revolta em Qala-i-Jangi. A estrada estava bloqueada em Chimtal e em Balkh. Eles acharam que poderiam escapar e os atacariam, então os colocaram em dois ou três contêineres."

Pedi-lhe um nome. Dostum balançava os joelhos com impaciência outra vez. "O comandante, seu nome era Kamal Khan, ele era um deles, sim." Dostum passou uma mão pelo rosto. "Outro comandante, seu nome era Hazarat Chunta, provavelmente abriu fogo."[89] Dostum e seus assessores não deram indícios de que algum dos comandantes tivesse sofrido represálias pelo incidente, e disseram que não tinham certeza de onde estavam, anos depois.

O general evitou perguntas sobre o quanto daquilo havia ordenado. O fato de prisioneiros terem morrido foi uma surpresa, disse. De acordo com a sua versão dos acontecimentos, estava almoçando em Kunduz quando um assessor chegou para informá-lo. "'Alguns prisioneiros do Talibã foram mortos em contêineres'", disse ele, repetindo a fala do assessor. "E eu lhe perguntei: 'Você os mostrou à Cruz Vermelha?'. Ele disse: 'Não'. Então fiquei muito bravo com ele. 'Por que não mostrou para a Cruz Vermelha?! Está tentando minar minha credibilidade. Meus inimigos vão usar isso contra mim. Estou tentando ser justo nessa guerra... você tinha que mostrar para a Cruz Vermelha." No entanto, de acordo com os investigadores dos Médicos pelos Direitos Humanos, a Cruz Vermelha só obteve acesso semanas mais tarde, quando os assassinatos já tinham sido executados e os segredos, enterrados. Fiz força para imaginar Dostum dizendo para alguém ligar para a Cruz Vermelha em algum momento. Independente do conhecimento que ele tinha sobre as mortes, as evidências disponíveis sugerem que esteve envolvido no encobrimento subsequente. Os telegramas da Inteligência do Departamento de Estado liberados diziam que era preciso fazer mais para proteger as testemunhas, que estavam desaparecendo. Dostum e um de seus comandantes tinham:

sido implicados em abusos contra várias testemunhas relacionadas com os eventos que envolviam Dasht-i-Leili. Uma testemunha ocular, que relatou ter operado um trator empregado no local para enterrar corpos, foi morta e seu corpo foi encontrado no deserto. Pelo menos três afegãos que trabalharam em assuntos relacionados com a cova coletiva foram espancados ou estão desaparecidos.

A ONU concluiu que outra testemunha fora presa e torturada pelas forças de Dostum.

Tive que perguntar ao general duas vezes sobre as testemunhas que desapareciam. Finalmente, entreguei-lhe uma cópia do telegrama. Ele olhou-o sem qualquer reação aparente e, em seguida, entregou-o a um ajudante. "É verossímil", perguntei, "esta acusação de que testemunhas foram posteriormente mortas ou intimidadas?"

Ele encolheu os ombros. "Não sei. Não me lembro."[90]

Mais espinhosa ainda era a questão do quanto os norte-americanos tinham presenciado. A testemunha cujo depoimento Nathaniel Raymond levou a John Kerry e ao comitê de Relações Exteriores do Senado era um tradutor das forças norte-americanas em Kunduz e Qala-i-Jangi. Ele alegou ter presenciado a transferência de prisioneiros para os contêineres — e ter testemunhado dois norte-americanos, usando jeans e falando inglês, observando os procedimentos no local. "Quem poderia estar em Dasht-i-Leili em 30 de novembro e 1º de dezembro de 2001, falando inglês e vestindo jeans?",[91] perguntou Raymond. "Quando fui embora de Qala-i-Jangi, colegas norte-americanos me acompanharam o tempo todo", disse-me Dostum. Foi inflexível quanto a isso, motivo de orgulho pessoal ao defender seu vacilante relacionamento com a nação que o usara para alcançar a vitória e agora parecia decidida a virar as costas para ele. O general disse que Mark Nutsch, o capitão da equipe 595 das Forças Especiais, esteve ao seu lado quase o tempo todo, uma afirmação que Nutsch disse ser, de uma maneira geral, precisa. "Sim...", lembrou, "trabalhávamos muito perto [de Dostum], quase todos os dias."[92]

"Algum norte-americano foi designado para Qala-i-Zeini [onde os contêineres foram carregados]?", perguntei a Dostum. "Todos eles estavam comigo", respondeu, batendo o pé com impaciência. "Foram acusados injustamente", acrescentou, referindo-se a insinuações, dentro da comunidade de direitos humanos, de que norte-americanos poderiam ter se envolvido no massacre. "Eles dizem: 'Ah, Dostum, ele matou, norte-americanos atiravam'. Não é verdade." O general os inocentou como prova de sua lealdade aos norte-americanos. Mas sua convicção de que os norte-americanos estavam ao seu lado durante o incidente levantou outras questões igualmente incômodas: se as Forças Especiais e o pessoal da CIA teriam testemunhado quaisquer comunicações entre Dostum e seus comandantes a respeito dos assassinatos e falharam por não os ter impedido ou por não relatar, depois, o fato.

Nutsch me disse não ter ciência de abusos. "Minha equipe foi investigada várias vezes sobre isso", disse, "mas não vimos nem desconfiamos de nada."[93] Assim como Dostum, que considerava as Forças Especiais norte-americanas suas irmãs, a camaradagem ficou visível do lado de Nutsch. "Eu o via como um líder carismático. Liderava na frente de batalha. Cuidava de seus homens", ele disse. Em uma versão elogiosa de Hollywood sobre a colaboração da 595 com Dostum, intitulada *12 heróis*, Nutsch foi representado, exibindo músculos e ardor exagerados, por Chris Hemsworth, o mesmo ator que interpretou o super-herói Thor. Nutsch insurgiu-se irritado quando fiz uma série de perguntas sobre a realidade mais complexa da história. "Quem fez essas acusações são os inimigos de Dostum", disse. Quando eu contei que Dostum admitira que as mortes poderiam ter ocorrido e que ele sugerira que dois de seus comandantes poderiam ter se envolvido, Nutsch fez uma pausa e depois falou: "Não tenho nada a dizer sobre isso".

Quando insisti com Dostum sobre o quanto os norte-americanos sabiam ou deveriam ter sabido, sua inquietação aumentou. Estava resfriado, lembrou-me. Em determinado momento, me interrompeu no meio da pergunta. "Ouça, toda escola tem um intervalo depois de uma hora", resmungou e mudou de assunto. "Você deveria fazer algumas [perguntas] sobre mulheres, crianças", disse um assessor apressadamente. Quando voltei para os norte-americanos, Dostum estreitou os olhos de novo: "Você está fazendo tantas perguntas... É curiosa a maneira como está fazendo perguntas. Não é para um livro, não é para escrever um roteiro... por que tantos detalhes, tantas perguntas?". A atmosfera no palácio vice-presidencial estava pesada. Dostum parecia ter atingido seu limite. "Sempre fui muito sincero, fiel às minhas amizades, nunca traí ninguém", disse ele em certo momento. Seus olhos faiscaram para seu filho Babur, que estava em posição de sentido, M4 na mão. "E eu espero que você não faça isso comigo." Fiquei incerto sobre como responder. Então Dostum caiu na gargalhada. "Você pediu só mais trinta minutos!", explicou ele. Eu ri, aliviado. "E eu passei do tempo! Traí a agenda!"[94] O general Dostum sabia fazer piadas.

Ao encerrarmos nossa última noite de entrevistas, macios tatames foram colocados no salão do palácio, em preparação para uma partida de *kurash*, uma tradicional arte marcial da Ásia Central. Logo depois, cerca de cinquenta rapazes e homens vestindo quimonos azuis e brancos da Adidas entraram, aos pares, girando um em torno do outro, avançando e lutando até que um deles caísse no chão. Era um evento completamente intertribal, observou Dostum com orgulho: uzbeques contra pachtos, hazaras contra tadjiques. Os homens eram provenientes de nove províncias. Após cada luta, os combatentes se beijavam. Mas era difícil dizer se parecia mais com reconciliação ou com guerra: os estalos audíveis de membros torcidos soaram pelo salão até tarde da noite, e alguns dos jovens saíram mancando, cambaleantes. Quando as lutas começaram, um *dombra*, alaúde turco tradicional, soou notas esparsas, e os espectadores ali reunidos começaram a cantar em uzbeque:

Sejamos fortes
Vivamos como homens
Como Dostum

Sirvamos nosso país
Respeitemo-nos uns aos outros
Como Dostum

Nascemos como homens
Viveremos como homens
Seremos sinceros e leais
Não trairemos uns aos outros
E seremos amigos
Como Dostum

Mosquitos enxameavam no ar quente. Dostum, envolto em uma capa de seda azul brilhante, típica do Uzbequistão, estava sentado em seu trono, segurando sua caneca Chanel. Enquanto observava, seus olhos se enchiam de lágrimas.

Alguns meses depois de eu deixar o palácio de Dostum, ele estava em uma nevasca em Sheberghan, ouvindo outra música. Fora assistir a um jogo de *buzkashi* e, antes que a cabra fosse abatida, músicos locais prestaram tributo aos mártires da luta contra o Talibã. A letra da música tocava em um ponto sensível: um mês antes, o Talibã atacara seu comboio em uma emboscada, ferindo-o e matando vários milicianos do seu Movimento Islâmico Nacional do Afeganistão.[95] Em um vídeo da partida, Dostum pode ser visto na lateral do campo, olhos cerrados, lábios trêmulos, soluçando em silêncio.[96] Grandes flocos de neve volteavam no ar enquanto ele pegava um lenço branco e enxugava os olhos.

Quando a partida começou e quinze cavalos entraram na contenda, com suas intricadas regras de pontuação herdadas da época de Gengis Khan, incompreensíveis para qualquer observador casual, outra contenda irrompeu nas arquibancadas. Dostum deu um soco em um rival político de longa data, Ahmad Ishchi. A coisa só piorou: o vice-presidente derrubou Ishchi e apoiou um calcanhar em seu pescoço, diante do olhar de mais de mil torcedores. "Posso matar você agora, e ninguém vai fazer perguntas", disse-lhe Dostum, conforme alegou Ishchi mais tarde. Testemunhas disseram que viram os homens do vice-presidente arrastando o corpo ensanguentado de Ishchi para um caminhão e o levando embora. Ischi alegou mais tarde que Dostum e seus homens o mantiveram em cativeiro por cinco dias, o espancaram impiedosamente e o sodomizaram com uma Kalashnikov. Provas forenses fornecidas à imprensa pareciam sustentar a alegação de Ishchi de que sofrera graves lesões internas.[97] O general Dostum disse que as alegações eram uma conspiração para removê-lo do poder. A mesma resposta que deu quando uma acusação similar de abuso físico fora feita por outro rival político, oito anos antes.[98] O controle que Dostum exercia sobre o poder vinha diminuindo havia algum tempo. Meses antes, ele se queixara para mim de que "os doutores" — o presidente Ashraf Ghani e o chefe-executivo Abdullah Abdullah — o ignoravam. No ano anterior, ele se desmanchara em lágrimas em uma reunião do Conselho de Segurança Nacional afegão. "Ninguém retorna minhas ligações!",[99] uivou. As novas alegações o mergulharam em uma crise política. "Para o governo afegão, ninguém está acima da lei. O Estado de direito e a responsabilização começam dentro do próprio governo, e estamos comprometidos com isso", disse um porta-voz do governo, ao anunciar uma investigação criminal.[100]

Seguiu-se um impasse que durou seis meses, revelando mais uma vez o perigo de se instalar chefes militares em altos cargos de governo. Em determinado momento, soldados e policiais cercaram o palácio vice-presidencial, tentando prender Dostum e seus assessores. Mas ele comandava sua própria milícia independente, e a polícia teve medo de que toda aquela área de Cabul se transformasse em uma zona de guerra. Saiu de mãos abanando. Posteriormente, quando o presidente Ghani deixou o Afeganistão para participar de uma conferência sobre segurança na Europa, Dostum e uma confraria de guardas armados foram até o complexo presidencial e anunciaram, unilateralmente, que ele atuaria como presidente interino na ausência de Ghani, para grande alarme da comunidade internacional. Ghani retornou antes que Dostum pudesse consumar a ameaça.[101]

Em todo o Afeganistão, em 2017, as instáveis estruturas do governo negociado pelos norte-americanos após o Onze de Setembro esforçavam-se para conter os chefes militares, fincando estacas. Na província de Takhar, um chefe militar associado a um proeminente partido islâmico, o comandante Bashir Qanet, criou seu próprio Estado policial, abrindo fogo contra partidários do governo central. Em Mazar-i-Sharif, um vereador provincial chamado Asif Mohmand comprou uma briga pelas redes sociais com Atta Mohammed Nur, ameaçando "enfiar trinta balas na sua cabeça e depois me servir de você" em uma publicação no Facebook. Quando Atta enviou suas forças para prender Mohmand, encontrou-o protegido por suas próprias milícias. O tiroteio que se seguiu matou duas pessoas, feriu dezessete e mergulhou o aeroporto internacional de Mazar-i-Sharif em um caos sangrento. O Talibã também estava ressurgindo. Suas forças uniram-se a outra ameaça crescente, ainda mais preocupante para os norte-americanos: um afiliado ao EI chamado Estado Islâmico do Iraque e do Levante, província de Khorasan. O grupo era menor do que a Al Qaeda, mas, em 2017, provou ser igualmente resiliente na guerra de desgaste nas montanhas afegãs.[102]

Nos Estados Unidos, Donald Trump defendeu, durante a campanha, as virtudes de uma retirada. "Devemos deixar o Afeganistão imediatamente", disse ele. A guerra estava "desperdiçando nosso dinheiro", era "um desastre total e completo".[103] Mas, uma vez no cargo, Donald Trump e uma equipe de Segurança Nacional dominada por generais pressionaram por um maior envio de tropas. Richard Holbrooke passou seus últimos dias alarmado com o domínio dos generais sobre a avaliação de Obama a respeito do Afeganistão, mas Trump expandiu esse fenômeno quase a ponto de uma paródia. O general Mattis, como secretário de Defesa, o general H. R. McMaster, como conselheiro de Segurança Nacional, e o general reformado John F. Kelly formaram a espinha dorsal da análise sobre o Afeganistão no governo Trump. Em frente a uma sala repleta de soldados e de mulheres no quartel do Exército de

Fort Myer, em Arlington, Virgínia, respaldado pelas bandeiras dos setores das Forças Armadas dos Estados Unidos, Trump anunciou que o país dobraria seus efetivos no Afeganistão. Um mês depois, o general Mattis despachou para o país o primeiro dos milhares de novos soldados norte-americanos.[104] Era um fato anunciado: no ano anterior à posse de Trump, os militares já haviam começado uma discreta sondagem por meio de mensagens públicas, informando ao povo afegão que os norte-americanos permaneceriam no Afeganistão durante décadas, não somente anos. Após o anúncio, a mesma linguagem foi retomada, dessa vez por representantes de Trump, que compararam seu engajamento não com outras operações de contraterrorismo, mas com o engajamento de tropas norte-americanas na Coreia, na Alemanha e no Japão.[105] "Estamos com vocês nesta luta",[106] disse o general comandante no Afeganistão, John Nicholson Jr., para uma plateia de afegãos. "Vamos permanecer com vocês."

Enquanto Obama propunha um "incremento civil" e pelo menos fez um gesto na direção da importância do aumento da diplomacia norte-americana na região, Trump simplesmente reconheceu que o Pentágono era quem definiria as políticas. Mencionou a negociação, porém, mais como uma miragem distante do que como uma realidade. "Talvez um dia, depois de um esforço militar efetivo, seja possível obter um acordo político que inclua elementos do Talibã no Afeganistão", disse ele aos oficiais em Fort Myer. "Mas ninguém sabe se ou quando isso vai acontecer."[107] À luz da situação em Foggy Bottom — com o escritório do representante especial para o Afeganistão e o Paquistão fechado e sem subsecretário permanente para a Ásia do Sul e Central[108] —, essa parecia ser uma caracterização correta.

Entrementes, a guerra mais longa travada pelos Estados Unidos continuava sem chegar ao seu fim, sem sequer ter esperança de um fim. Lembrei-me de algo que o general Dostum me dissera, naquele salão relvado, sob as luzes natalinas piscando, com um tanque cheio de tubarões borbulhando absurdamente ao fundo.

Ele disse que era tão desordeiro quando pequeno que sua mãe acabou por amarrar uma corda em sua mão. "Não vá embora", advertiu-o. Dostum livrou-se da corda e evadiu-se quase que imediatamente.

"Ainda é difícil controlar você?", perguntei.

"Claro", disse Dostum. "Infância é infância. Mas quando se trata da realidade... se algo está certo, eu apoio. Se é a coisa certa, se tem lógica... mas se for algo injusto, não tiver lógica, se não for verdade, ninguém pode me controlar."[109]

Ele afastou as pernas e esticou o queixo para a frente. "No final das contas", disse com um sorriso zombeteiro, como se estivéssemos brincando, "você deveria intitular seu livro *Dostum: Ele fala a verdade e condena todas as mentiras.*" De certo modo, o general estava certo. Abdul Rashid Dostum e seu legado revelaram duras verdades: sobre os Estados Unidos e sobre como eles acabaram em uma guerra infinita, nos confins da terra.

19.
A fera branca

Algumas barbas eram vermelhas de hena, algumas brancas, outras pretas, mas todos os homens tinham barba. Sentaram-se ao sol do fim da tarde, com lenços de cabeça estampados e gorros de oração, bebendo chá. Quando os vi, estavam reunidos em torno de mesas de café metálicas em um jardim murado perto do hotel Embasoira, em Asmara, Eritreia. Eram os primeiros dias de 2008 e, bem no meio do caótico Chifre da África, Asmara era um oásis de tranquilidade. Suas largas avenidas, sombreadas por palmeiras de pequeno porte e por acácias, eram ladeadas por joias arquitetônicas imaculadamente preservadas, em um choque de estilos— romanesco, art déco, barroco, cubista —, legado de décadas de domínio colonial italiano. Até mesmo o nome, Asmara, que significa "eles os uniram", em tigrínia, não passava de uma atraente ilusão, em se tratando de uma cidade que naquele momento estava repleta de indivíduos em pé de guerra, expulsos do turbilhão da vizinha Somália. Os homens tomando chá no Embasoira estavam entre eles. Meu intérprete se inclinou e sussurrou, em tom conspiratório: "Lá estão eles!".

"Quem?", perguntei.

Ele balançou a cabeça — um gesto que, até onde pude perceber, dizia que isso significava problemas — e respondeu: "Os homens dos tribunais islâmicos". Na Somália, a ampla coalizão de tribunais da xaria (a lei islâmica), conhecida como União dos Tribunais Islâmicos (UTI), fora no passado a única alternativa para o usual estado caótico daquele país: um caldeirão fervilhante de chefes militares, ligando-se e enganando-se interminavelmente. Os tribunais eram retrógrados, mas em grande parte sem pendor para a violência. No entanto, os Estados Unidos, dominados pelo medo de que a Somália pudesse se tornar o próximo Afeganistão, jogaram todo o seu peso em uma sucessão de forças combatentes locais, com a intenção de derrubar a UTI. Pouco depois da decisão de armar Dostum e seus colegas comandantes, a CIA começou a trabalhar na construção de um conjunto similar de alianças com os chefes militares da Somália. Mais tarde, quando essas alianças configuraram um tiro pela culatra e galvanizaram o apoio à UTI, o Pentágono recorreu aos militares etíopes, apoiando uma invasão que dispersou os líderes dos tribunais para cidades como Asmara, deixando para trás elementos radicais e acelerando a ascensão da organização terrorista Al-Shabaab. Naquela tarde, pouco mais de um ano depois, quando vi os funcionários exilados da UTI do lado de fora do Embasoira, essa transformação já estava em curso. Os norte-americanos transformaram um transtorno local em uma nova e terrível ameaça à segurança internacional.

No Chifre da África, assim como no Afeganistão, uma luta pelo controle da política externa norte-americana estava ocorrendo, nos anos pós-Onze de Setembro. Em ambos os casos, as soluções militares e de Inteligência prevaleceram. Em ambos os casos, os Estados Unidos sabotaram ativamente as oportunidades de diplomacia. E, em ambos os casos, o efeito desestabilizador foi sentido em muitos continentes e culturas.

É difícil imaginar um lugar mais distante da Somália do que Wooburn Green, em Buckinghamshire, Inglaterra, um subúrbio operário de Londres. E era difícil imaginar uma pessoa menos suscetível a ser afetada pelo caos do Chifre da África do que Sally Evans, a quem vi pela primeira vez na exígua cozinha de uma das casas de tijolos térreas de Wooburn Green, em 2016. Evans tinha 58 anos, cabelos grisalhos com um corte reto simples, estilo pagem, e sapatos confortáveis. Andava pela sala e me ofereceu uma xícara de café solúvel. "Somos apenas pessoas comuns",[1] disse ela, olhando para a rua lá fora, ladeada de arbustos. "Eu nunca pensei que isso ia acontecer. Nunca." Mas Sally Evans trazia com ela um segredo absolutamente estranho para as outras mães de sua rua em Wooburn Green. Os filhos de Evans, Thomas e Micheal, tinham crescido juntos. Nos vídeos caseiros, parecem intercambiáveis: garotos magrelos e despreocupados, rindo e brincando, com cabelos castanhos e desgrenhados idênticos. "Nós meio que fazíamos tudo juntos", disse-me Micheal. "Crescemos com o mesmo grupo de amigos." Thomas tinha dezenove anos quando tudo começou a mudar. Quando ele se converteu ao islã, disse Sally, a mãe considerou algo positivo, um sinal de que ele estava procurando uma estrutura moral mais significativa em sua vida. Mas isso foi antes de Thomas passar a frequentar uma mesquita conservadora fundamentalista. Depois disso, ela lembrou, "pequenas coisas começaram a mudar. Como sua aparência. Ele deixou crescer a barba. Parou de ouvir música. E não comia minha comida. O que eu cozinhava não era mais adequado para ele, porque não era carne halal. Simplesmente se afastou de nós". Algumas coisas em sua transformação pareciam absurdas. Thomas não entrou na sala enquanto a árvore de Natal ficou lá, durante as festas.

Ele começou a passar mais e mais tempo com a porta fechada, em frente ao computador. "Ficava sempre no andar de cima, em seu quarto", lembrou Sally. "Não consigo acreditar que ficava lá apenas no Facebook ou em qualquer coisa do tipo", acrescentou Micheal. "Ele ficava lá olhando especificamente..." Micheal fez uma pausa. "Coisas que tinham lhe dito para olhar."

Então Thomas começou a tentar sair do país. Em fevereiro de 2011, foi detido pela polícia de combate ao terrorismo em

Heathrow, prestes a voar para o Quênia. Alguns meses depois, conseguiu embarcar em um voo para o Egito. Inicialmente, disse à mãe que ia estudar árabe.[2] Mas desapareceu por meses e, quando ligou para Sally, em janeiro de 2012, foi para dizer que estava na Somália. Havia se integrado à Al-Shabaab. "Foi o que ele disse, não foi?", ela perguntou, voltando-se para Micheal. "Para eu entrar na internet e procurar por eles. Ver quem eram. Foi aí que percebi o que ele havia se tornado." Sally implorou ao filho que voltasse para casa. Disse que o que ele fazia "não estava certo". Thomas apenas invocava Alá. "Eu dizia: 'Não, não, não'", ela me contou. "'Nenhum deus conduziria você a isso.'"[3]

No ano seguinte, mãe e filho prosseguiram num ritmo estranho. Thomas, que passara a se chamar Abdul Hakim e ganhara um nome de guerra, Fera Branca, ligava para casa a cada poucas semanas. As notícias sobre a vida do "Fera Branca" — uma persona na qual ela tentava enxergar o filho que havia criado — se tornaram cada vez mais estranhas. Em uma ligação, ele disse à mãe que havia se casado com uma menina de treze ou catorze anos que não falava inglês. Em outras, falou sobre a violência de sua nova vida. Sally Evans registrou algumas das conversas em uma série de diários. "Thomas ligou", escreveu em um deles em 2012.[4] "Perguntei se ele havia ferido alguém, e ele não respondeu."

Um ano depois de Thomas sair de casa, curvei-me até o chão em uma viela de Nairóbi e peguei uma cápsula de bala vazia. Atrás de mim, a fachada de gesso do centro comercial Westgate ainda estava perfurada pelos tiros recentes. Eu estava lá com uma equipe de televisão, relatando um ataque recente que dava uma resposta inequívoca à pergunta de Sally Evans: se seu filho não tinha ferido ninguém, seus companheiros militantes certamente tinham.

Uma sucessão de sobreviventes — daquele que havia sido, até o momento, o ataque mais elaborado da Al-Shabaab, executado havia apenas algumas semanas — veio ter comigo na viela perfurada de balas, compartilhando lembranças ainda cruas e dolorosas. A artista Preeyam Sehmi se despediu de seu namorado com um beijo, desvencilhou-se de uma incumbência e encontrou uma amiga para tomar um café no sofisticado shopping center não muito longe de sua casa. Ela e a amiga conversaram alegremente, por uma hora, sobre o trabalho de Sehmi como artista local, antes de ela se levantar para pagar sua conta, por volta das 12h30. Estava esperando pelo troco quando uma explosão ensurdecedora abalou o edifício. Ela não tinha a menor ideia do que estava acontecendo. "Só vi pessoas voando das cadeiras e mesas", lembrou. Logo em seguida, "todos estavam no chão", alguns rastejando em busca de um lugar seguro, outros já imóveis e sem vida. Lembrava-se da cena em câmera lenta, "como se fosse um filme". Sehmi refugiou-se em uma loja de roupas nas proximidades e esperou, tapando os ouvidos diante de uma onda após a outra de tiros e gritos.[5]

Rapazes com metralhadoras, a maioria trajando roupas simples, alguns usando lenço na cabeça, corriam pelo shopping, atiravam granadas e alvejavam homens, mulheres e crianças com balas. Aqueles que sobreviveram ao ataque inicial foram feitos reféns e submetidos a terríveis torturas e mutilações.[6] Os atacantes permaneceram no shopping por três dias, enfrentando as tentativas de intervenção das autoridades quenianas. Sehmi estava entre os afortunados que conseguiram fugir, resgatada pelos policiais depois de seis horas angustiantes escondida. Ao fim do ataque, 72 pessoas foram mortas, das quais 61 eram civis.[7]

A Al-Shabaab rapidamente assumiu a responsabilidade, dizendo que estava combatendo a interferência estrangeira na Somália.[8] A organização já havia lançado ataques bem-sucedidos fora do país, incluindo atentados a bomba em Uganda, em 2010, que deixaram 76 mortos.[9] O tiroteio no shopping era um severo lembrete de suas aspirações internacionais. Os Estados Unidos consideraram aquilo "uma ameaça direta" e enviaram agentes do FBI para os destroços em busca de pistas.[10] Thomas Evans disse à família que não estava diretamente envolvido no ataque ao shopping. Mas, de longe, aplaudiu. Aquela, disse, era a razão pela qual ele se juntara à Al-Shabaab. "Falei com Thomas no dia 14 de novembro de 2013, e não foi uma boa conversa", escreveu Sally Evans em seu diário, logo após o incidente. "Remoemos aquele cerco ao shopping center no Quênia. De forma egoísta, fico aliviada por ele não estar envolvido, mas muito zangada porque acha que está tudo bem em matar homens e mulheres inocentes fazendo compras."[11]

A destruição da família de Sally Evans e a violência provocada pelo grupo ao qual, naquele período, Thomas Evans e outros rapazes em todo o mundo se juntaram ligavam-se a um longo ciclo na política externa dos Estados Unidos. O paralelo entre as alianças norte-americanas no Afeganistão e na Somália, no fim das contas, remontava a décadas antes. Durante anos, a União Soviética e os norte-americanos tinham tentado comprar a lealdade do homem forte da Somália, Siad Barre, na esperança de controlar o país estrategicamente localizado. Depois que Barre foi destituído, o país caiu na desordem, alimentada por armas dos Estados Unidos e de outros apoiadores estrangeiros, como Muammar Gaddafi, da Líbia, e da vizinha Etiópia. As tentativas internacionais de proteger os interesses humanitários terminaram em um sonoro fracasso. Para a maioria dos norte-americanos, a palavra "Somália" evoca a frase "Falcão Negro em perigo", título do livro de Mark Bowden e do filme de Hollywood que narra a Batalha de Mogadíscio, em 1993, que tirou a vida de vários soldados norte-americanos. As forças ocidentais se retiraram e deixaram o país ser governado por um chefe militar.

Na década seguinte, os chefes militares tinham apenas uma opção: os tribunais da xaria, que se fortaleceram e ficaram cada vez mais institucionalizados no início dos anos 2000. Financiados e armados pelo rival regional da Etiópia, a Eritreia, os tribunais começaram a se reunir. Em 2004, doze deles se uniram sob uma bandeira compartilhada, a UTI.

Na sequência dos bombardeios das embaixadas dos Estados Unidos no Quênia e na Tanzânia, em 1998 — e mais seriamente após o ataque de Onze de Setembro —, a UTI se tornou uma obsessão para os líderes norte-americanos. Mas havia um problema: de acordo com os especialistas em África, fluentes nas complexas dinâmicas da região, havia pouco fundamento para fazer da Somália o ponto focal da nova guerra norte-americana contra o terror. "Existia uma sensação de que, depois do Onze de Setembro, a Somália poderia se tornar o próximo Afeganistão. Que iria se tornar um campo de treinamento terrorista, uma nova base de apoio ao terrorismo global", disse-me Princeton Lyman, que assumiu duas embaixadas na África e foi enviado especial do presidente Obama no Sudão. "Na verdade, a Somália não se prestava a isso."[12] Em 2002, o analista Ken Menkhaus, que atuou como consultor sobre contraterrorismo no Departamento de Estado e na ONU, estimou que menos de uma dúzia de cidadãos somalis tinham "laços significativos" com a Al Qaeda. "Não havia necessidade de se precipitar para a Somália",[13] concordou David Shinn, diplomata norte-americano aposentado.

A UTI até pareceu exercer um efeito estabilizador. Os tribunais podiam ser brutalmente conservadores, ao amputar membros de ladrões, apedrejar adúlteros até a morte e declarar os esportes atividades ilegais satânicas.[14] Mas também demonstraram ter pouco propósito extremista além da manutenção da lei islâmica na Somália. Os clérigos com maiores aspirações jihadistas eram uma minoria pouco influente. Dos 97 tribunais, apenas nove eram controlados pela Al-Shabaab.[15] Sob o governo da UTI, portos e aeroportos foram abertos pela primeira vez em anos.[16] Até os telegramas diplomáticos norte-americanos da época reconheceram os ganhos obtidos pela assistência humanitária sob a lei do tribunal.[17]

No entanto, as Forças Armadas norte-americanas e as comunidades de Inteligência dos Estados Unidos decidiram derrubar os tribunais. A intervenção direta seria uma ação politicamente destinada ao fracasso, à sombra do incidente com o Falcão Negro. Assim, outra guerra secreta tomou forma. Em 2004, a CIA se aproximou discretamente dos chefes militares considerados leigos e lhes ofereceu aliança em troca de cooperação contra o terrorismo.[18] Nos dois anos seguintes, a agência financiou líderes de clãs e chefes militares em toda a Somália. Executada de dentro do escritório da CIA em Nairóbi, a operação era uma guerra por procuração em pequena escala. Com os bolsos recheados de dólares, esperava-se que os chefes militares lutassem contra a UTI e militantes suspeitos — não importava se de fato tinham laços com a Al Qaeda ou não. A operação foi ampliada até que "finalmente, constituiu-se um grupo de cerca de uma dúzia de líderes de milícias que se uniram, com apoio dos Estados Unidos",[19] lembrou Matthew Bryden, o líder de um grupo das Nações Unidas que monitorava o fluxo de armas na região. Os chefes militares apoiados pelos Estados Unidos ganharam até um nome, bom para suas relações públicas: Aliança para a Restauração da Paz e Contraterrorismo, um acrônimo difícil o bastante para deixar qualquer burocracia governamental orgulhosa: ARPCT. A estratégia era muito parecida com a união entre a agência e os chefes militares da Aliança do Norte, no Afeganistão: os membros da ARPCT, aparentemente, eram os melhores possíveis, se não os mocinhos. Ainda que não fossem laicos, pelo menos eram mais laicos do que a alternativa.

Dizer que os chefes militares somalis trouxeram complicações seria um eufemismo. Ironicamente, muitos deles tinham lutado contra as forças norte-americanas nas ruas de Mogadíscio, em 1993.[20] Alguns, como Yusuf Mohammed Siad — conhecido no campo de batalha como "Olhos Brancos" ou, para aqueles que se lembravam de seu reinado de terror quando conquistou parte da Somália, nos anos 1990, como "Açougueiro" —, foram durante anos aliados da Al Qaeda. Quando Fazul Abdullah Mohammed, o notório terrorista por trás dos atentados de 1998 na Tanzânia e no Quênia, fugiu da CIA, foi Olhos Brancos quem o ajudou. Depois do Onze de Setembro, ele se tornou uma volúvel fonte de antiamericanismo. No entanto, afirmou em entrevistas para a imprensa que a CIA o abordara durante o mesmo período. "Eles me ofereceram dinheiro, ofereceram financiamento para a região que eu controlava",[21] disse em 2011. Naquela época, recusou.

No entanto, outras abordagens foram bem-sucedidas. Mohamed Afrah Qanyare foi contactado, no final de 2002, por agentes da CIA em busca dos benefícios de seu aeroporto particular, perto de Mogadíscio, e de sua milícia, composta por 1500 homens. Autoridades militares e da Inteligência norte-americanas fecharam o acordo em 2003, dando início a uma série de reuniões regulares e a uma amizade dispendiosa — segundo a estimativa de Qanyare, algo entre 100 mil e 150 mil dólares por mês como remuneração pelo uso do aeroporto e, explicitamente, pela lealdade de seus homens. Qanyare estava entre os vários chefes militares que, a mando de funcionários da CIA ou com sua tácita aprovação, começaram a realizar operações para capturar e matar supostos terroristas islâmicos.[22] Algumas vezes, os alvos das operações dos chefes militares eram simplesmente executados. Outras vezes, foram entregues à custódia dos Estados Unidos, como foi o caso de Suleiman Ahmed Hemed Salim, transferido da Somália para uma sucessão de penitenciárias no Afeganistão.

O relacionamento da CIA com os chefes militares desestabilizou a Somália. O governo dos chefes militares, em meados dos anos 2000, tornou-se profundamente impopular em todo o país. As operações de captura e morte[23] — com frequência dirigidas contra imãs e líderes religiosos locais, sem relação aparente com os terroristas internacionais — inflamaram o sentimento islâmico. "É uma bomba-relógio", disse o prefeito de Mogadíscio sobre o apoio norte-americano aos chefes. "Eles estão à espreita, querem enfraquecer o governo. Estão esperando que a qualquer momento o governo caia para que cada um pegue sua fatia."[24] Quando um frágil novo governo de transição foi empossado na Somália, em 2004, visando contrabalançar os chefes militares, o presidente Abdullahi Yusuf Ahmed, durante uma reunião com o embaixador norte-americano, "perguntou-se, em voz alta, por que os Estados Unidos gostariam de começar uma guerra aberta em Mogadíscio".[25]

A aliança com os chefes militares tornou-se uma fonte de problemas nos anos seguintes. Jendayi Frazer, secretária adjunta de Estado para assuntos africanos durante o segundo governo de George W. Bush, disse-me que o Departamento de Estado herdou a política da CIA e teve poucas oportunidades para interferir. "A ação da CIA na Somália, de 2002 até 2005, era um canal restrito, e não um objeto de muita discussão ou debate interinstitucional", disse ela. Quando as relações por fim apareceram, em conversas fora da CIA, por meio do Grupo de Segurança Contra o Terrorismo de Richard A. Clarke, na Casa Branca, "foi uma grande surpresa para todos os órgãos, excetuando-se a agência". Para Frazer, a CIA queria apenas ticar o item "notificar os diplomatas norte-americanos", mas sem realmente fazê-lo. "Para ser franca", disse-me, "acho que eles mencionaram o assunto para o grupo do NSC, mas o fizeram de modo a garantir que ninguém soubesse do que estavam falando. Assim, poderiam alegar que estávamos cientes."[26]

De qualquer modo, assim que Frazer e outros na cadeia diplomática de comando ficaram cientes da aliança com os chefes militares, começaram a defendê-la. Telegramas diplomáticos de 2006 descrevem uma política para usar "conexões parceiras não tradicionais (por exemplo, líderes de milícia)" na Somália, para "localizar e anular alvos de alto valor".[27] Diplomatas que se opuseram ao uso dos chefes militares foram logo neutralizados. Michael Zorick, funcionário político da embaixada dos Estados Unidos em Nairóbi, enviou um telegrama discordante e foi transferido depressa para o Chade, ação que foi amplamente percebida como uma punição por excesso de perguntas.[28]

Quando uma opção diplomática se concretizou, foi saudada como uma inconveniência, algo a ser cortado pela raiz. Em 2004, os vizinhos da Somália se reuniram para um intenso esforço diplomático voltado à construção de uma alternativa aos chefes militares e aos tribunais. O novo governo de transição da Somália representava um lampejo de esperança. No entanto, exercia pouco controle além de alguns quarteirões de Mogadíscio e pouca capacidade para neutralizar os homens fortes que os Estados Unidos haviam empoderado. Assim, os membros da Autoridade Intergovernamental para o Desenvolvimento (IGAD, na sigla em inglês) — um bloco comercial regional que incluía Etiópia, Djibuti, Eritreia, Sudão, Quênia e Uganda — reuniram-se em outubro de 2004 e emitiram um pedido unânime para que tropas africanas fossem enviadas à Somália, de forma a garantir que o jovem governo permanecesse ileso. Dois meses depois, representantes do governo de transição, da ONU, da União Africana, da União Europeia e dos Estados árabes reuniram-se no Quênia para discutir um plano. Em janeiro de 2005, a Missão da União Africana para a Somália estava criada, e os chefes de Estado adotaram uma resolução, saudando-a como uma "missão de apoio à paz". No fim daquele ano, ela recebeu o apoio formal do Conselho de Segurança da ONU.

Tekeda Alemu, um diplomata etíope veterano que esteve envolvido nas negociações, achava que uma força regional para manutenção da paz poderia evitar o desastre. "Eu era o chefe da delegação etíope", disse-me. "Aceitamos a proposta por unanimidade." Observou, erguendo uma sobrancelha, que até mesmo a grande rival regional da Etiópia, a Eritreia, colaborou. (Etiópia e Eritreia assinarem uma iniciativa compartilhada para manutenção da paz é algo como Israel e o Hamas fazerem o mesmo. Foi um evolução extraordinária.) Alemu aparentava um perfil peculiar, com cabelos curtos ficando grisalhos, óculos professorais e apenas um toque da ostentação típica de um novo-rico africano: um volumoso anel de ouro e um relógio de tamanho exagerado, com cristais Swarovski em volta do mostrador. Quando conversei com ele, estava sentado em seu decadente escritório na missão etíope, situado no centro de Manhattan, a um mundo de distância do Chifre da África. Estávamos sentados em amplos sofás de camurça, do tipo que se compra barato em lojas de móveis populares, como a Raymour Flanigan. Havia um ficus de plástico atrás dele. "Naquele momento, não havia nenhum problema com os Estados Unidos",[29] disse-me com um suspiro. "O problema viria mais tarde."

O "problema" foi que, quando as nações africanas começaram o esforço para proteger o governo de transição dos chefes militares, os Estados Unidos já haviam apostado no outro lado. A CIA e o Pentágono estavam centrados em um único objetivo: a destruição da ameaça islâmica, imaginada ou real. Iniciativas diplomáticas mais amplas na região eram uma mosca na sopa, ou, pior ainda, um potencial criador de oposição às facções com as quais os Estados Unidos trabalhavam. Nominalmente, a política norte-americana — articulada por funcionários do Departamento de Estado tais como Frazer — foi neutra. No entanto, por baixo dos panos, os Estados Unidos começaram a travar uma batalha diplomática com o intuito de sabotar o envio de tropas pacificadoras.

No início de 2005, a força internacional pacificadora estava, após meses de intensa negociação, essencialmente pronta para partir. Os Estados Unidos opuseram-se discretamente — muitas vezes por meio de funcionários do Departamento de Estado, mas aplicando políticas que, em sua raiz, foram projetadas pela comunidade de Inteligência. Em fevereiro de 2005, o diplomata Marc Meznar, que representava a Agência para Refugiados e Migração na embaixada norte-americana em Bruxelas, reuniu-se com um funcionário da UE, Mark Boucey, para deixar claro que os Estados Unidos iam se opor ao esforço pacificador. Àquela altura, uma equipe da UE estava em Nairóbi realizando investigações em prol da iniciativa e programada para, dali a dias, viajar até Mogadíscio e apoiar o avanço da força internacional. Logo após a reunião com Boucey, a equipe da UE cancelou a viagem para Mogadíscio. O Pentágono também manobrou seus relacionamentos: a vice-secretária adjunta de Defesa dos Estados Unidos para a África, Theresa Whelan, reuniu-se com um funcionário da UE chamado Matthew Reece, que declarou na sequência que a iniciativa de pacificação que a UE apoiara era um "plano louco". Várias semanas depois, quando funcionários de alguns países da UE começaram a oferecer seu apoio aos pacificadores, de maneira independente, Tom Countryman — na época ministro-conselheiro para assuntos políticos da embaixada dos Estados Unidos em Roma — foi enviado para se encontrar com autoridades italianas e afastá-las da operação.[30]

No final, quando o apoio internacional à operação se consolidou amplamente, o que restou foi a suspensão de um embargo de armas à Somália, imposto em 1992, para permitir que a força de paz treinasse seus soldados. Aos 44 minutos do segundo tempo, os Estados Unidos enfiaram uma trava nos procedimentos, enviando uma declaração concisa ao Conselho de Ministros dos países da região que estavam prestes a enviar forças. "Não planejamos financiar o envio de tropas da IGAD para a Somália, e não estamos preparados para apoiar um mandato do Conselho de Segurança da ONU para o destacamento da IGAD", dizia o documento.[31] Mais tarde, os Estados Unidos ameaçaram publicamente vetar qualquer iniciativa para levar tropas de paz à Somália. O esforço, por fim, fracassou.

O coronel Rick Orth, na época adido militar dos Estados Unidos, explicou claramente a oposição do país: "Não queríamos ser distraídos por aquela ação marginal terciária".[32] Uma vez que pelo menos alguns dos líderes da UTI tinham laços históricos com a Al Qaeda, "a agência executava operações de perseguição a indivíduos selecionados... Não era um esforço para se obter uma solução mais abrangente, íamos atrás de alvos pontuais".[33]

Tekeda Alemu disse que a oposição dos Estados Unidos ao plano era evidente desde o princípio. "Ficou muito claro", lembrou. "Eles não queriam nem saber se o plano que tínhamos feito daria certo ou não, se era bom ou não. Não lhe foi dada uma oportunidade sequer." Um ajudante colocou uma xícara de porcelana com café preto etíope na frente dele. Alemu a pegou, franziu a testa e a pousou na mesa, refletindo sobre o fracassado esforço diplomático. "Aparentemente, tinham algum plano", disse sobre os norte-americanos, "para capturar algumas pessoas em Mogadíscio usando os chefes militares que colaboravam com eles. Não queriam que ninguém atrapalhasse isso... Tinham um projeto que haviam encampado e não queriam que fosse prejudicado de forma alguma." Ele pegou o café novamente. "É assim que as superpotências se comportam."[34] Alemu tomou um gole e sorriu.

Autoridades dos Estados Unidos argumentaram que havia razões legítimas para sua oposição. A falta de competência entre os africanos que contribuiriam com tropas foi mencionada, assim como o custo. Acima de tudo, argumentaram que enviar os assim chamados "Estados da linha de frente" — vizinhos diretos da Somália, como a Etiópia — inflamaria as tensões regionais. Era uma falsa questão: o plano já exigia que as tropas viessem de países que não eram vizinhos. No entanto, os norte-americanos argumentaram que mesmo o apoio indireto dos etíopes seria visto na Somália como uma tomada de poder por países maiores e mais fortes, o que agravaria a violência.[35] Era uma posição que logo depois iria se provar assombrosamente hipócrita.

Sem uma força de paz que se opusesse aos chefes militares, apenas a UTI serviu de contrapeso. Previsivelmente, os tribunais se tornaram mais populares e poderosos, assumindo o controle de territórios por toda a Somália entre 2004 e 2006. Afinal, após vários meses de combates brutais,[36] tiraram o controle de Mogadíscio das milícias apoiadas pelos Estados Unidos. "No início, as pessoas — o povo de Mogadíscio — admiravam aquele tribunal islâmico", explicou Tekeda. "Tinha sido capaz de derrotar um grupo de pessoas, aqueles chefes militares, que eram apoiados por uma grande potência. Então o tribunal islâmico começou a ser muito procurado. Foi assim que ficou inflado, totalmente incontrolável."[37]

Pouco depois da derrota dos chefes militares aliados da CIA, o Pentágono começou a elaborar outro plano para forçar a saída da UTI. Ainda alérgicos à intervenção direta, os norte-americanos se voltaram para seu aliado de longa data — e para o rival regional da Somália — a Etiópia. Os Estados Unidos eram os maiores financiadores da Etiópia.[38] Em grande parte graças ao apoio norte-americano, as Forças Armadas do país eram as mais poderosas da região.[39]

As declarações dos Estados Unidos ao longo de 2006 tiveram o cuidado de manter distância da Etiópia e de seu papel como liderança daquilo que era cada vez mais percebido como uma guerra por procuração norte-americana. "Não é como se tivéssemos organizado grandes reuniões do NSC, dizendo: 'Ei, por que não usamos os etíopes?'. Não, não fizemos isso. Os etíopes fizeram", disse, hesitante, o general Hayden, na época diretor da CIA, quando perguntei sobre o papel dos Estados Unidos na invasão. Ele deu de ombros. "Eles tinham lá suas razões para fazê-lo." Mas até mesmo ele admitiu que a mudança se encaixava com perfeição nos objetivos norte-americanos. "Dado o caos que era a Somália na época", disse, "foi certamente um paliativo de curto prazo muito bem-vindo."[40]

Muitos contestaram a hipótese de a invasão etíope simplesmente ter caído no colo do Pentágono e da CIA. Simiyu Werunga, ex-oficial militar queniano e especialista em contraterrorismo, disse que "o desmantelamento da União Islâmica não teria ocorrido sem o apoio e os recursos do governo norte-americano. Esse é o sentimento geral na região".[41] O pano de fundo de uma colaboração secreta entre as duas nações corrobora essa narrativa: após o Onze de Setembro, a CIA e o FBI interrogaram supostos suspeitos de terrorismo de dezenove países em prisões secretas da Etiópia, notórias por abuso, tortura e mortes inexplicadas de prisioneiros.[42]

As evidências do papel norte-americano na operação cresceram ao longo de 2006. Os Estados Unidos começaram a enfatizar publicamente os abusos contra os direitos humanos da UTI e a defender a ideia de uma intervenção etíope.[43] Memorandos secretos do Departamento de Estado da época sugerem que a decisão de apoiar a invasão já havia sido tomada, um deles com a observação de que os Estados Unidos pretendiam "alinhar-se com a Etiópia se os 'jihadistas' tomarem o poder". Mais à frente, esclarecia: "Qualquer ação etíope na Somália terá a bênção de Washington".[44]

Quando a Etiópia atacou, em dezembro de 2006, despejando milhares de soldados na Somália, teve mais do que a bênção norte-americana. As Forças Especiais dos Estados Unidos acompanharam secretamente as tropas etíopes, funcionando como conselheiros e treinadores.[45] A Marinha norte-americana se aglomerou na costa para oferecer apoio, e ataques aéreos dos Estados Unidos somaram-se aos da Etiópia.[46] "A posição dos Estados Unidos foi: descubra o que os etíopes querem e nós providenciaremos",[47] disse um alto funcionário da Defesa, falando sob condição de anonimato devido ao sigilo da operação. "Boa parte foi Inteligência e apoio a operações especiais... Disseram-me que eles se envolveram em mais do que aconselhamento, basicamente trabalharam em equipe com as Forças Especiais etíopes."

A operação, em termos táticos, foi um sucesso. O poder combinado das tropas etíopes e do apoio norte-americano fragmentou a UTI e a pôs em fuga de Mogadíscio no Ano-Novo. Em um jantar em janeiro de 2007, o príncipe herdeiro de Abu Dhabi, o xeque Mohammed bin Zayed al Nahyan, fez um elogio despretensioso ao chefe do Comando Central dos Estados Unidos, o general John Abizaid: "O trabalho na Somália foi fantástico".[48]

No entanto, ao mesmo tempo que arrasava a estrutura formal da UTI, a invasão também conseguiu dar aos islamistas uma nova razão de vida. Protestos contra as forças etíopes recém-instaladas começaram quase que de imediato.[49] A invasão se encaixava perfeitamente na longa história de animosidade somali em relação à Etiópia — um sentimento que os elementos extremistas passaram a explorar. "A invasão legitimou a causa da Al-Shabaab e lhe propiciou uma rede de apoio tanto no interior da Somália quanto fora, na diáspora que se seguiu, pois graças a ela podia reivindicar uma jihad legítima"[50] contra as forças de ocupação, explicou Bryden. Até mesmo Frazer admitiu que "do ponto de vista da propaganda, a invasão foi, certamente, bastante útil [para a Al-Shabaab]".[51]

Contribuindo ainda mais para o jogo da Al-Shabaab, a invasão etíope fez com que grande parte da liderança da maioria moderada da UTI fugisse da Somália. Os que ficaram para trás tendiam a ser os de linha dura,[52] dispostos a permanecer e lutar, incluindo a liderança da organização. Ao longo do ano que se seguiu à invasão, a Al-Shabaab se transformou de um elemento marginal, com influência limitada, em um recurso taticamente relevante, com ambições para além das fronteiras da Somália — uma organização que recrutaria pessoas em todo o mundo, com uma mensagem sanguinolenta que chegaria a um perturbado e irritado jovem morador dos subúrbios de Londres e ressoaria em alguma fragilidade sua que a família nunca chegaria a compreender.

A Al-Shabaab também era hábil em explorar o sentimento antiamericano, alegando em uma declaração que "judeus" nos Estados Unidos tinham enviado a Etiópia para "corromper" a Somália.[53] A Al Qaeda, reconhecendo a força dessa narrativa, fortaleceu seu apoio ao grupo extremista somali.[54] Os índices de recrutamento subiram.[55] O período após a invasão, de 2007 a 2009, foi "o de maior crescimento da Al-Shabaab", recordou Bryden, "porque eles eram uma resistência".[56]

Em 2008, os Estados Unidos declararam a Al-Shabaab uma organização terrorista.[57] Alguns anos depois, o grupo anunciou sua afiliação formal à Al Qaeda, completando sua mudança de foco, da política somali para a jihad global.[58]

Ironicamente, para libertar a Somália das garras da Al-Shabaab, os Estados Unidos foram forçados a recorrer a algo que se parecia muito com a solução de paz que tinham rejeitado em 2004. A partir de 2007, uma força internacional — a Missão da União Africana na Somália (Amisom, na sigla em inglês) — emergiu como o único antídoto potencial para o caos. Quando a operação pacificadora ficou mais robusta, "criou o espaço... para os etíopes terem um papel menos visível",[59] lembrou Frazer, e, enfim, "para se poder dizer que eles estavam indo embora, o que desautorizou a propaganda antiocupação da Al-Shabaab".[60] Nos anos seguintes, os Estados Unidos apoiaram a nova força. Em fevereiro de 2012, despacharam fuzileiros navais a Uganda, para que treinassem os engenheiros de combate da Amisom,[61] agora com equipamento norte-americano, desde detectores de minas até coletes à prova de balas. Esse esforço foi incrementado pela contratação de empresas privadas de treinamento, pagas pelos Estados Unidos.[62] Depois de tantos anos avessos à ideia, os Estados Unidos adotaram uma força de paz multinacional, nascida da diplomacia, que trouxe os primeiros sinais de estabilidade depois de anos. O número de crianças mortas ou mutiladas na luta entre a Al-Shabaab e as forças do governo caiu.[63] Eleições foram retomadas.

No entanto, assim como no Afeganistão, as cicatrizes da desventura norte-americana permaneceram e os chefes militares continuaram entrincheirados. Alguns, como Olhos Brancos, ocuparam postos ministeriais de alto escalão. E mesmo os esforços mais bem-intencionados, destinados a apoiar as forças pacificadoras internacionais, por vezes saíram pela culatra: segundo um relatório das Nações Unidas, em determinado momento quase metade das armas fornecidas pelos Estados Unidos para a União Africana na Somália acabou nas mãos da Al-Shabaab.[64]

A ameaça da Al-Shabaab mostrou-se difícil de reverter. De certa forma, ela estava enfraquecida e contida. Mas Bryden, o ex-monitor das Nações Unidas, disse que o grupo havia mais mudado do que diminuído. Em resposta ao seu minguante território na Somália, a Al-Shabaab estava "abandonando as táticas de guerrilha e voltando às suas raízes como uma organização terrorista em grande parte clandestina", focada em assassinatos e ataques com bombas caseiras. "Suas competências e táticas se tornaram mais sofisticadas",[65] explicou ele. Uma década após eu ter visto os líderes exilados dos Tribunais Islâmicos tomando chá e planejando os próximos passos em Asmara, a Al-Shabaab aumentava sua lista de fatalidades a cada ano. Em setembro de 2017, o ataque a uma base militar somali, próxima à cidade portuária de Kismayo, deixou mais de vinte militares somalis mortos.[66] Os Estados Unidos permaneceram em constante conflito com uma organização que, em parte, era criação sua, lançando uma nova onda de ataques aéreos nos últimos meses daquele ano.[67] As opiniões variam em relação ao alcance internacional da Al-Shabaab. Anders Folk, ex-agente do FBI que atuava em uma força-tarefa dedicada à organização, considerou "possível" o cenário de um ataque bem-sucedido aos Estados Unidos. E acrescentou: "Teriam eles a ambição de realizar ataques terroristas violentos contra inocentes nos Estados Unidos? Sua retórica nos diz, com certeza, que sim".[68]

Para alguns, o alcance internacional do grupo já estava claro havia muitos anos. Na noite de 14 de junho de 2015, Sally Evans estava sozinha em sua sala de estar quando recebeu o pior telefonema de sua vida. "Eram 21h35 de um domingo à noite", lembrou. "Era um jornalista, perguntando como eu me sentia com a morte do meu filho." Ela disse ao repórter que ele não estava morto. "Notei que ele estava recuando", disse ela. "Pensando 'disse algo que ela não sabia'." Uma hora depois, Micheal, seu outro filho, chegou em casa. "Entrei pela porta da frente. Quando cheguei aqui minha mãe estava sentada na mesa da sala de estar. Na hora, vi que tinha acontecido alguma coisa." Micheal entrou no Twitter. De início, pensou em procurar por "Thomas Evans". Então digitou o novo nome do irmão, o nome de um homem que eles nunca sentiram que conheciam de fato, Abdul Hakim. "E a primeira coisa a aparecer foi uma foto do Exército queniano. Mostrava todos os corpos dispostos na rua, deitados na poeira. E ficou óbvio que era ele."

Óbvio, talvez, mas para Sally era difícil conciliar aquilo com o homem que ela criara. "Fiquei arrasada ao ver meu filho deitado no chão daquela maneira. Ele estava..." Ela fez uma pausa para se recompor. "Estava tão magro. Simplesmente não parecia com o meu Thomas."[69]

Um vídeo, feito por Thomas e divulgado pela Al-Shabaab como propaganda pouco depois de sua morte, mostrou os momentos finais da vida do jihadista suburbano. No início daquele mês, sob a cobertura da escuridão, ele e seus companheiros terroristas tinham lançado um ataque a uma base militar no norte do Quênia. O vídeo mostra a noite silenciosa se estilhaçando em explosões de tiros e faíscas, vermelhas, rosa e azuis. Thomas finalmente é atingido, e a câmera cai no chão. "Devo admitir que vi aquilo, sim", disse Sally Evans. "Nenhuma mãe deveria ver. Foi horrível. E não dava para ver... fiquei só ouvindo... ouvindo os momentos finais, como mãe, e não havia nada que eu pudesse fazer."

A morte de Thomas constituiu um paradoxo emocional para a família. "Espero que Deus me perdoe", disse Sally Evans, "mas estou aliviada por Hakim ter partido. Ele não podia mais fazer aquilo. Não podia causar sofrimento a mais ninguém." Suas fotos ainda estavam por toda a casa. Ela ria, folheando álbuns com Micheal, olhando para fotos da infância de dois garotos pálidos e esguios, com sorrisos francos. "Tiraram 99% dele, mas havia 1% que ainda era meu filho", disse Evans. "Não posso abandonar isso." Mesmo quando se tornou Abdul Hakim, "ele sempre dizia: 'Eu te amo, mamãe.'"[70]

Quando ela finalmente teve que pegar o ônibus para o trabalho, acompanhou-me até a porta e eu saí para a rua em Wooburn Green. Agradeci-lhe pelo tempo dispensado e expressei meus sentimentos por sua perda. Com algum esforço, Evans sorriu. "Isso nunca vai passar, não é?", disse ela.[71]

20.
A mais breve primavera

Os agentes de segurança rapidamente deram meia-volta, afastando-se dos manifestantes que os perseguiam, aglomerados em volta de seu veículo blindado. Em uma explosão de poeira e destroços, o veículo se chocou contra uma barreira na entrada da ponte Seis de Outubro, no Cairo, e derrubou um poste de iluminação que, depois de voar por cima do parapeito, se despedaçou no concreto quinze metros abaixo. O blindado balançou, depois mergulhou. Aterrissou sobre a capota, fragorosamente. Sangue se espalhou pelo chão. A multidão, lá embaixo, cercou os destroços, atirando pedras e gritando. Era 14 de agosto de 2013, e a ponte estava repleta de manifestantes contrários ao regime militar do Egito. Para eles, o rombo aberto na barreira era um símbolo de esperança: um golpe dado nos militares e em sua crescente repressão.

Teo Butturini, fotógrafo italiano, fora acordado bem cedo naquela manhã pelo telefonema de outro jornalista, avisando-o de que a polícia estava reprimindo um gigantesco protesto na praça Rabaa al-Adawiya. Manifestantes, tanto lá quanto em Al-Nahda, em Gizé, tomaram as ruas após a deposição por militares, seis semanas antes, do presidente da Irmandade Muçulmana, Mohamed Morsi, democraticamente eleito. Os protestos evoluíram de forma gradual para acampamentos semipermanentes, alimentando cada vez mais a ira do regime militar. A repressão que se seguiu era um fato anunciado. O governo enfatizaria, mais tarde, que os manifestantes tinham sido avisados.[1]

Até que Butturini chegasse à ponte, junto com milhares de outras pessoas, a polícia já havia cercado a área. Ele ouviu o estrondo do blindado colidindo com o chão e viu os manifestantes se aproximarem. Foi quando as forças de segurança egípcias abriram fogo contra a multidão. "O Exército começou a atirar em nós", lembrou. "E as pessoas começaram a cair ao meu lado." Butturini se escondeu atrás de um poste, embaixo da ponte. Foi somente depois, quando as forças de segurança começaram a lançar gás lacrimogêneo, que ele percebeu que o melhor era fugir, correndo em direção à proteção dos edifícios mais próximos. Não foi muito longe. "Ouvi cinco balas passando perto de mim e me atingindo no lado esquerdo", lembrou. Butturini arrastou-se pelas ruas, sangrando, acenando para os carros que passavam. Finalmente, um deles parou e o levou para um hospital.

Os médicos do pronto-socorro salvaram sua vida e removeram a maior parte de um rim perfurado por balas. O resto permaneceu nublado em sua memória. Sua lembrança mais nítida era dos corpos, dúzias deles empilhados nas caçambas de caminhões militares, e a mais opressiva era a do hospital. "Eu tentei gritar", disse ele, "mas não tenho certeza se emiti algum som."[2] Butturini, um fotojornalista meticuloso que cobrira outras crises violentas, guardou poucas imagens daquele dia. Seu cartão de memória, escondido em uma bota quando chegou ao hospital,[3] desapareceu quando agentes de segurança egípcios invadiram o local, levando os manifestantes sobreviventes sob custódia.[4]

Foi a "Praça da Paz Celestial" do Egito, observaram muitos dos que viveram para contar a história.[5] Relatos sugerem que 817 pessoas foram mortas apenas na praça Rabaa al-Adawiya. Na maioria das contagens, mais de mil foram mortos naquele dia em repressões por todo o país. A Human Rights Watch, após uma investigação exaustiva que durou um ano inteiro, concluiu que "as forças policiais e do Exército egípcias empregaram sistemática e intencionalmente uma força letal excessiva... que resultou no assassinato de manifestantes em uma escala sem precedentes no Egito".[6] Atiradores de elite foram dispostos nos telhados para atirar contra os manifestantes. Soldados foram posicionados para bloquear as saídas enquanto pessoas tentavam desesperadamente escapar.[7]

Os Estados Unidos sabiam que o massacre era iminente. "Não era segredo que o governo ia entrar com força esmagadora", disse Anne Patterson, a quem eu encontrara no Paquistão e que, em agosto de 2013, era a embaixadora norte-americana no Cairo. "Isso nos preocupou por semanas antes de acontecer."[8] Durante aquelas semanas, os Estados Unidos procuraram uma solução diplomática, tanto por meio de funcionários do Departamento de Estado, como Patterson, quanto de líderes do Congresso. O secretário de Estado John Kerry enviou seu vice, Bill Burns, para arquitetar um acordo que limitasse o alcance e a dimensão dos protestos da Irmandade. O Congresso enviou seus dois principais falcões da política externa — os senadores John McCain e Lindsey Graham — na semana anterior ao massacre para pressionar por um retorno à calma e ao controle civil. Ambos suplicaram ao general mais importante do Egito, Abdul Fattah al-Sisi, ao vice-presidente interino Mohamed ElBaradei, ao primeiro-ministro interino Hazem el-Beblawi e a outras autoridades antes que o gabinete egípcio se dispusesse a debater a intervenção.

Graham disse depois à imprensa que o esforço nunca inspirou otimismo. "Era visível que as pessoas estavam ansiosas por uma briga. O primeiro-ministro era um desastre", disse ele ao descrever a abordagem de Beblawi das crescentes hordas de manifestantes. "Ele só pregava: 'Não se pode negociar com essas pessoas. Elas têm que sair das ruas e respeitar as regras legais.'" Sisi, no entanto, parecia "intoxicado pelo poder",[9] recordou Graham. "Conversamos interminavelmente com os militares naquele momento",[10] explicou a embaixadora Patterson. "Eles receberam ligações de Washington, de mim. Simplesmente parecia não haver mais nada a fazer. Falei com Sisi no dia anterior. Eles disseram que haveria repressão."

Até mesmo a liderança do Pentágono acabou intervindo, por meio do então secretário de Defesa Chuck Hagel, que ligou repetidas vezes para o general Sisi, em algumas ocasiões a cada dois dias, por semanas a fio. John Kerry estava entre as autoridades que me disseram que o relacionamento entre os militares dos dois países, que havia muito ancorava as relações entre Estados Unidos e Egito, era o canal mais poderoso para neutralizar essas crises. "O investimento dos Estados Unidos, ao longo de décadas, na melhoria do Exército egípcio... fez diferença quando Mubarak pensou em atirar nos manifestantes",[11] disse Kerry. Naquele caso, "houve conversas sigilosas entre militares, e eu garanto a você que elas influenciaram os militares egípcios a dizer a Mubarak que não seguiriam suas ordens se ordenasse o assassinato de 10 mil crianças na praça". Entretanto, no caso do massacre de Rabaa, alguns anos depois, sob a liderança de Sisi, esses mesmos apelos dos líderes militares norte-americanos caíram em ouvidos moucos. Nada disso foi registrado no Cairo.

"Você fez ao menos um telefonema de protesto, depois que tudo começou?", perguntei a Patterson.

"Acho que não", disse ela. "Porque já tínhamos dito tudo o que poderíamos dizer naquele momento."[12]

Nos dias que antecederam o massacre, o gabinete egípcio se reuniu em um edifício do governo, na praça Tahrir, para discutir o que fazer com os manifestantes. Os esforços dos norte-americanos tiveram pouca influência na conversa. "Encontrei-me com McCain e Graham, mas senti que eles não eram capazes de entender quão importante era para um governo de transição... garantir que podia proteger a segurança das pessoas", disse Beblawi, o primeiro-ministro interino. "O povo nunca vai admitir e acreditar que está seguro", continuou ele, "se achar que alguém está ocupando terreno à força, no centro da capital." Beblawi me disse que recebera telefonemas da embaixadora Patterson e a ouvira mas, fundamentalmente, "não senti nenhuma pressão".[13]

Ele estava em seu escritório no Fundo Monetário Internacional, em Washington, DC, afundado em uma cadeira verde que engolia seu corpo pequeno. Um manto de caspa empoeirava seus ombros. Três anos haviam se passado desde o massacre de Rabaa. "Não me arrependo",[14] disse ele. "Sinto muito que tenha acontecido. Não sei como foi terminar daquele jeito, mas acho que se tivesse ocorrido o inverso poderia ter sido ainda pior." Franziu as sobrancelhas grisalhas. "O custo foi muito alto, ninguém esperava tanto. Além disso, houve muito exagero e muitos números foram trazidos de fora", disse ele com ceticismo. A resposta de Beblawi, assim como a da maioria dos funcionários por trás da repressão, era um cipoal contraditório. A perda de vidas, lamentável, ao mesmo tempo não fora tão ruim assim. A decisão havia sido correta, mas estava fora de suas mãos. A polícia e os militares, disse-me mais tarde com azedume, "não podem ser controlados o tempo todo". Em todo caso, achava, quem começara tinham sido os manifestantes. "Claro, eles estavam desafiando a autoridade, desafiando-a pela força, e, na verdade, tanto em Rabaa quanto em Al-Nahda, a primeira bala veio da Irmandade Muçulmana. Com certeza quem começou a atirar foram eles." Observei para Beblawi que a maioria das avaliações internacionais sobre direitos humanos contestava aquela narrativa. Ele encolheu os ombros. "Eles pediram por aquilo." Quando perguntei se a influência norte-americana causara algum efeito, ele simplesmente disse "não".

O vice-presidente interino ElBaradei — que liderava as negociações com os manifestantes da Irmandade e atuou como um dos principais contatos com Graham e McCain — opôs-se à intervenção armada e argumentou que era possível um acordo com os manifestantes, segundo várias fontes presentes naquela época. Fahmy, o ministro interino das Relações Exteriores, supostamente ficou ao seu lado, embora tenha se recusado a confirmar para mim sua posição sobre o episódio. "A decisão sobre Rabaa foi uma decisão de gabinete",[15] disse Fahmy, recusando-se a discutir a divergência de perspectivas naqueles críticos dias. Depois do fato consumado, Fahmy, assim como Beblawi, assumiu uma postura defensiva, atribuindo a culpa aos manifestantes. "Eles bloquearam todas as ruas", disse-me, balançando a cabeça. "E aquela área, diga-se de passagem, é densamente habitada." Os manifestantes, em grande parte desarmados, eram uma ameaça à segurança pública, sugeriu ele. Essa foi a influência que a intervenção diplomática mais vigorosa dos Estados Unidos — e um pacote anual de assistência militar no total de 1,3 bilhão de dólares — tinha conseguido comprar: na melhor das hipóteses, algumas palavras adicionais, a portas fechadas, pouco antes do massacre.

Um ano e meio antes, em um sábado quente de fevereiro de 2012, acompanhei Hillary Clinton quando entrou em um palácio com vistas para o Mediterrâneo, na Tunísia, para proferir um discurso sobre o futuro da democracia na região. Depois da morte de Richard Holbrooke, eu reunira uma pequena equipe de funcionários do Foreign Service, focada nas implicações globais da inquietação juvenil que eu tinha observado claramente no Afeganistão e que depois se desdobrara para o norte da África e para o Oriente Médio. Naquele mês de fevereiro, na Tunísia, Hillary anunciava meu papel como parte de uma iniciativa direcionada aos jovens e à diplomacia pública.

Havia um cartaz no púlpito com um mapa-múndi que mostrava um gradiente luminoso centrado no Oriente Médio. A intenção era sugerir uma onda concêntrica de iluminismo democrático, só que lembrava mais os raios de uma explosão. Hillary parecia pequena atrás do púlpito, situado em um anfiteatro abobadado no coração do palácio, uma joia arquitetônica azul e branca chamada Nejma Ezzohara (Estrela de Vênus, em árabe), construída na década de 1920 por um francês herdeiro de uma fortuna bancária, o barão Rodolphe d'Erlanger.

Um mar de rostos erguidos — pertencentes aos típicos jovens otimistas, instruídos e em geral não representativos que são reunidos nas embaixadas norte-americanas para sessões de fotos — observava enquanto Hillary pregava as virtudes da democracia. "Vocês foram corajosos nas linhas de frente da revolução, suportaram gás lacrimogêneo e espancamentos. Mas é preciso um tipo diferente de coragem para que sejam guardiões de sua nova democracia", disse ela. "As transições podem descarrilhar e ser desviadas para novas autocracias",[16] continuou ela.

Os vitoriosos das revoluções podem se tornar suas vítimas. Cabe a vocês resistir aos apelos dos demagogos, construir coalizões, manter a fé no sistema mesmo quando seus candidatos perdem nas urnas... Isso significa não apenas falar sobre tolerância e pluralismo — significa vivenciá-los.

Na saída, Hillary, com os cabelos puxados para trás como os de uma bailarina, vestindo um ondulante blazer azul e preto, fez uma pausa em um dos espetaculares terraços de Nejma Ezzohara. Estreitando os olhos devido ao sol, estendeu um braço para o azul brilhante do Mediterrâneo. "As coisas estão mudando", meditou.

Mas a verdade era que aquelas mudanças tinham pegado os Estados Unidos de calças curtas e roubado sua credibilidade sobre os temas presentes no discurso de Hillary. Os governos norte-americanos tinham decidido ficar do lado dos homens poderosos e autocráticos do Oriente Médio durante décadas. Quando os regimes daqueles autocratas desmoronaram e as alianças com eles passaram a representar um passivo, os Estados Unidos demoraram para se adaptar. No Oriente Médio, assim como na Ásia Central, os acordos entre militares eclipsaram a diplomacia por tanto tempo que mal sabíamos agir de outra forma. O Egito era a demonstração principal.

Ao longo da Guerra Fria, o patrocínio soviético[17] aos militares do Egito e o constante conflito[18] com Israel[19] estavam no coração do relacionamento Estados Unidos-Egito. Escaramuças sangrentas por territórios[20] — incluindo a tentativa de recuperar o Sinai,[21] após a qual a ponte Seis de Outubro foi nomeada — continuaram nos anos 1970.[22] Mas o novo líder do Egito na época, Anwar Sadat, foi tenaz em sua reorientação do país na direção de dois novos objetivos radicais: um acordo de paz com Israel e laços mais estreitos com os Estados Unidos. Acima de tudo, queria que o Sinai voltasse para as mãos egípcias e achava que a paz era o caminho para consegui-lo.[23]

Nos Estados Unidos, o recém-eleito presidente Jimmy Carter[24] aproveitou o momento, reunindo Egito e Israel em Camp David[25] para uma icônica negociação de treze dias. Um de seus resultados, o tratado de paz assinado seis meses depois, forjou o relacionamento posterior entre Israel, Egito e Estados Unidos. Israel concordou em se retirar do Sinai e devolvê-lo ao Egito. Em troca, as relações diplomáticas foram restabelecidas entre os dois países, e Israel teve assegurada a livre passagem pelo canal de Suez. A conquista diplomática foi alcançada por meio de um financiamento militar, um arranjo que corroeria o relacionamento durante décadas. Por baixo do acordo, os Estados Unidos se comprometeram[26] a financiar o Egito.[27]

Desde 1987 essa assistência permanecera estável em 1,3 bilhão de dólares por ano.[28] As balas que atingiram os manifestantes durante o massacre de Rabaa foram quase que certamente adquiridas com fundos norte-americanos. A ajuda militar dos Estados Unidos[29] cobria o custo de até 80% das armas do Egito.[30] Em 2011, a palavra "Egito" apareceu 13 500 vezes na base de dados de contratos militares do Pentágono.[31] Esse arranjo era o reflexo de uma das mais antigas suposições da política externa: a segurança pode ser comprada. Durante uma geração, o Egito pareceu ser a comprovação dessa maneira de pensar. Os líderes repressores do país — durante a maior parte desses anos, o regime de Mubarak — ajudaram a assegurar os investimentos norte-americanos na região. Mas, entre as revoltas de 2011 e o massacre de Rabaa, em 2013, os ventos da mudança que varreram a região demonstraram inconsistências fatais na mentalidade norte-americana convencional. Comprar segurança não era suficiente. Anos de negligência diplomática significavam que Washington não possuía outras ferramentas de persuasão, essenciais quando o conflito irrompeu.

As fissuras começaram a aparecer em janeiro de 2011. A revolução se espalhava[32] — da vizinha Tunísia atá Alexandria, e depois para o Cairo. Naquele mês, milhares de manifestantes na praça Tahrir se reuniram motivados por uma série de frustrações com Mubarak e seu regime: do desemprego em massa à corrupção e à mão pesada da polícia.[33]

Os manifestantes que sacudiram o mundo árabe olhavam com desconfiança para a opção dos Estados Unidos em ter o regime militar repressivo do Egito como seu representante. Entretanto, os Estados Unidos demoraram a perceber isso: quando a violência começou a aflorar, a então secretária de Estado, Hillary

Clinton, proclamou o regime como "estável".[34] Enviou Frank Wisner, velho amigo de Richard Holbrooke e diplomata veterano que havia muito simpatizava com os Mubarak. Ele fez uma declaração pública dizendo que "o presidente deve permanecer no cargo".[35] O Departamento de Estado foi forçado a desautorizar as observações de seu próprio enviado. Conclamaram Mubarak a renunciar,[36] porém tarde demais e com efeito reduzido.[37] Em apenas dezessete dias, a revolta encerrou 59 anos de governo militar. Mubarak foi deposto e o relacionamento entre os Estados Unidos e o Egito foi interrompido.

Um comitê de generais, conhecido como o Conselho Supremo das Forças Armadas (SCAF, na sigla em inglês), que entrou em cena como um governo interino enquanto se preparavam as primeiras eleições livres na história egípcia,[38] iniciou imediatamente uma série de repressões violentas contra a sociedade civil. Em um incidente em dezembro de 2011, funcionários de dez ONGs foram proibidos de deixar o país — entre eles, Sam LaHood,[39] filho do então secretário de Transportes dos Estados Unidos, Ray LaHood. A liderança militar dava uma banana para os norte-americanos.

Anne Patterson, que nos primeiros meses da liderança do SCAF chegou como a nova embaixadora dos Estados Unidos no Egito, chamou esse período de "muito, muito disruptivo... Havia alguns norte-americanos na embaixada; levou semanas para tirá-los de lá, talvez mais. Basicamente pagávamos uma fiança e depois as pessoas se evadiam — esse era o acordo. Começamos com o pé esquerdo".[40]

Quando as eleições foram realizadas, o partido da Irmandade Muçulmana dominou o parlamento, e seu líder, Mohamed Morsi, assumiu a presidência.[41] Foi mais uma mudança no centro de gravidade para a qual os Estados Unidos não estavam preparados. A Irmandade logo se mostrou mais problemática do que o SCAF. O pior de tudo, segundo a perspectiva das autoridades responsáveis pela política externa norte-americana, foi que Morsi questionou o princípio central da aliança Estados Unidos--Egito: o apoio a Israel. O político descrevera, anos antes, os sionistas como "sanguessugas" e "traficantes de guerra",[42] e queixara-se de que "as infrutíferas negociações [entre israelenses e palestinos] são um desperdício de tempo e de oportunidades". Internamente, as duras políticas sociais da Irmandade,[43] relativas a questões como os direitos das mulheres e o consumo de álcool, alienaram grande parte da população leiga egípcia. Uma Constituição construída e ratificada de forma fraudulenta, com termos favoráveis à Irmandade, enfureceu ainda mais os egípcios. Depois de apenas um ano no poder, Morsi enfrentou protestos de rua tão grandes quanto os que depuseram Mubarak.[44]

À medida que os protestos se tornaram mais violentos, os militares — liderados pelo até então ministro da Defesa, Abdul Fattah al-Sisi — arrancaram Morsi do poder e o levaram a julgamento. Sisi foi, de certa forma, um retorno ao status quo anterior: um homem poderoso que manteria contato com Israel.

"Eu conhecia Sisi muito bem e sabia que ele não seria ótimo, não me entenda mal", disse Patterson. "Mas, francamente, ele provou ser muito mais brutal do que eu jamais teria previsto."[45] As forças de segurança de Sisi entraram em confronto com os manifestantes que tomaram as ruas, enfurecidos com a queda do regime democraticamente eleito da Irmandade Muçulmana. As tensões aumentaram à medida que os protestos e as manifestações aumentavam, culminando por fim com os sangrentos massacres de agosto de 2013, em Rabaa e em outros locais. Nos anos seguintes, a repressão continuou inabalável. No primeiro ano após o golpe de 2013, sob o governo de Sisi, pelo menos 2500 civis foram mortos e 17 mil foram feridos pela polícia ou pelos militares.[46] Em março de 2015 as forças de segurança haviam prendido mais de 40 mil pessoas, a maioria delas com base em um suposto apoio à Irmandade Muçulmana, embora ativistas de esquerda, jornalistas e estudantes universitários também tivessem sido detidos. Centenas de egípcios foram "desaparecidos".[47] A repressão, segundo a Human Rights Watch, foi "em uma escala sem precedentes na história recente do Egito".[48] A maioria dos indivíduos visados foi presa com base em falsas acusações — ou sem nenhuma acusação. Como um prisioneiro recordou de seu tempo em Azouli, uma prisão militar isolada: "Não existe nenhum documento que diga que você está lá. Se morrer em Azouli, ninguém vai saber". Em abril de 2014, 529 membros da Irmandade foram sentenciados à morte, uma das maiores sentenças de morte coletivas em qualquer lugar do mundo. Os advogados dos acusados tiveram seu acesso às "provas" negado e aqueles que protestaram foram ameaçados.[49]

No ano seguinte, o mesmo tribunal condenou Morsi por seu suposto papel na insurreição de 2011. O ex-presidente foi submetido a uma execução pública por enforcamento, com mais de cem outros sentenciados. Outros "conspiradores" além de Morsi incluíam um homem que já estava preso desde os anos 1990 e dois que já estavam mortos.[50]

"Eu diria que é o pior de todos os lugares que eu jamais vi fora de uma zona de guerra",[51] disse Frank Lowenstein, o conselheiro de longa data de John Kerry. Tony Blinken, o vice-assessor de Segurança Nacional da época, ofereceu um sombrio prognóstico do impacto de Sisi:

Com o passar do tempo, e quase que inevitavelmente, se ele continuar reprimindo uma minoria significativa de seu próprio povo... liberais, leigos, moderados, jornalistas, quem você puder imaginar, todos terão sua voz calada e muitos deles serão postos na cadeia, onde serão misturados com radicais de verdade, o que é a receita para radicalizar muito mais gente. Não podemos esquecer que a Al Qaeda nasceu em uma prisão egípcia.[52]

A crescente preocupação com o regime de Sisi e com o uso que poderia fazer de armas norte-americanas ao menos desencadeou um debate sobre sua responsabilização. Após a deposição de Morsi, surgiram dúvidas sobre a observância à chamada "cláusula do golpe" na lei de destinação de verbas dos Estados Unidos[53] — que determina a suspensão da assistência direta a "qualquer país cujo chefe de governo devidamente eleito seja deposto por golpe militar" até a democracia ser restaurada.[54] O presidente Morsi, embora controverso, fora, de qualquer ponto de vista, "devidamente eleito". Sua deposição foi amplamente chamada de golpe porque, bem, do que mais poderia ser chamada? O regime militar de Sisi não tinha qualquer pretensão a ser democrático.

No entanto, com 1,3 bilhão de dólares por ano de assistência militar em jogo, o governo Obama se recusou a usar a palavra correta. Primeiro, recorreu ao que a Associated Press chamou de "árduas contorções" da linguagem para evitar o termo.[55] No fim, Bill Burns, alto funcionário do Departamento de Estado, foi enviado para informar os legisladores da decisão formal do governo: aquele golpe não seria chamado de golpe.[56] Os setores mais militarizados da política externa norte-americana também estavam entre os mais constrangidos, de tal forma que um dos golpes mais óbvios da história recente não pôde jamais ser chamado do que era na realidade. As restrições eram ainda mais severas pela falta de opção: não havia uma estratégia diplomática que enfrentasse as complicações que se seguiriam à aplicação daquela provisão legal.

O Congresso acrescentou às suas destinações de fundos a exigência de que o secretário de Estado atestasse que o governo egípcio estava introduzindo reformas democráticas, realizando eleições, defendendo os direitos das mulheres e salvaguardando a liberdade de expressão. Mas as condições eram inofensivas: as novas exigências permitiam isenções no caso de segurança nacional, grandes o suficiente para caberem em um helicóptero Apache, ou em vários. Citando atividades extremistas no Sinai, o governo americano logo retomou a entrega de helicópteros desse modelo aos egípcios,[57] apesar da crescente repressão.[58]

Pouco depois do massacre em Rabaa, em 2013, o governo Obama paralisou, discreta e temporariamente, a transferência de vários sistemas bélicos.[59] As entregas previstas de helicópteros, aviões F-16, tanques M1A1 e mísseis Harpoon foram suspensas. Eram todos equipamentos de grande porte, em vez de gás lacrimogêneo e armas leves a ser utilizados nas repressões urbanas do regime. Outros apoios militares, como operações de treinamento e entrega de peças sobressalentes para armas, continuaram. Em março de 2015, o presidente Obama anunciou uma retomada total da ajuda. "Naquele momento", recordou Anne Patterson, "a situação no Sinai se inflamou... E a decisão foi: 'Sim, eles precisam de helicópteros'."[60]

A postura no Capitólio era exatamente essa. De fato, havia pouca margem para alterar o relacionamento. "O problema que tivemos... foi que a ajuda já estava prometida",[61] disse Sarah Leah Whitson, da Human Rights Watch. "Tudo estava previamente vendido." Era uma máquina que não podia ser desligada. O governo Obama tentou discretamente uma reforma mais modesta, assinando o fim do "financiamento para fluxo de caixa"[62] — um sistema preferencial concedido ao Egito e a Israel que lhes permitia comprar equipamento militar de sua escolha a crédito, o que comprometia dotações referentes à ajuda dos Estados Unidos, potencialmente para muitos anos à frente. "Eles perderam um elemento muito importante" com essa mudança, disse Patterson. "Foram forçados a comprar coisas que queríamos que comprassem." Era uma pequena parcela de responsabilização mútua — e não permitia nenhum controle sobre o que era feito, na realidade, com o equipamento. Uma severa auditoria de 2016,[63] realizada pelo escritório de contabilidade do governo, concluiu que nem o Departamento de Estado nem o Pentágono possuíam sistemas eficazes para monitorar como as armas norte-americanas estavam sendo usadas no Egito.

No fim das contas, a suspensão das iniciativas reformistas foi um duro lembrete da resistência a alterações nas alianças militares importantes. Assim como o Paquistão, o Egito era simplesmente grande demais para dar errado, aos seus próprios olhos e aos olhos dos políticos norte-americanos.

Uma nova série de ameaças, incluindo a ascensão do EI na península do Sinai egípcia, reforçou essa tendência. A competição também desempenhou seu papel na imobilização do relacionamento. A Arábia Saudita, o Kuwait e os Emirados Árabes Unidos prometeram bilhões de dólares em apoio econômico ao Egito,[64] algumas vezes oferecendo mais do que os Estados Unidos, e com melhores condições. A Arábia Saudita, em particular, cultivou um íntimo relacionamento com Sisi.[65] A Rússia também entrou na briga, promovendo reuniões entre Putin e Sisi e incrementando os pacotes de assistência.[66]

"Certamente exercemos influência",[67] refletiu Kerry. "Mas nosso poder de barganha não pode ser expresso em uma fórmula tão simples quanto algumas pessoas imaginam. Estamos longe de ser o único ator... E a influência é uma via de mão dupla — precisávamos da ajuda do Egito em um conjunto de questões, incluindo o EI e Israel." Como resultado, disse Frank Lowenstein, "a atitude dos egípcios foi: 'Que porra vocês vão fazer a respeito? O nosso fracasso também é péssimo para os Estados Unidos'. Era a última pressão que Sisi podia exercer:

seu possível fracasso. E era uma forma extraordinariamente poderosa de pressionar".[68]

Entrementes, anos de dependência de assistência militar convenceram os dois lados de que as vendas de armas e equipamentos eram a única moeda que poderia comprar influência, e que as propostas diplomáticas eram essencialmente cosméticas. Como resultado, muito pouco mudou na relação Estados Unidos-Egito desde o massacre de Rabaa. Segurança não era simplesmente a prioridade número um, na verdade era quase sempre a única. Os formuladores de políticas em Washington retomaram os tradicionais contatos baseados em armas e no financiamento militar para aplicá-las, em parte porque haviam forjado poucas opções significativas.

O povo egípcio sofreu as consequências quando os Estados Unidos deram a Sisi seu endosso e apoio. "Ele tem sido... 'implacável' é uma boa palavra. Penas de morte. Prisões em massa de jornalistas. Fechamento de ONGs",[69] disse o general Hayden, ex-diretor da CIA, refletindo o pensamento comum sobre Sisi entre as autoridades norte-americanas. No entanto, quando perguntei a Hayden se havia um ponto em que aquilo poderia acarretar uma diminuição da assistência militar, ele fechou a cara. "Não estou preparado para dizer isso", disse. Ergueu rapidamente as mãos, espiando por cima dos óculos sem aro para mim. "Fazemos nossas concessões", meditou. "Podemos incorrer em uma dívida para o futuro."

Samantha Power, a embaixadora dos Estados Unidos nas Nações Unidas durante o massacre de Rabaa, era crítica com relação à resposta norte-americana àquela crise, e assim permaneceu. "Devíamos ter reformulado completamente o relacionamento, sendo Sisi quem era, transformando-o em apenas uma troca de interesses", explicou, exasperada. Em vez disso, após breves interrupções, a assistência dos Estados Unidos foi inevitavelmente retomada, e o relacionamento "pareceu ser basicamente o mesmo de antes do massacre".[70]

Power sabia que cortar o pacote de ajuda de 1,3 bilhão de dólares para o Egito não era política ou estrategicamente realista, mas estava entre as autoridades que achavam que aqueles fundos poderiam ser alocados com mais cautela. "Agora, o argumento de Camp David perdeu a validade, porque Bibi [Netanyahu, de Israel] e Sisi estabeleceram o relacionamento que precisavam", e muito da lógica em dar aos egípcios qualquer equipamento que quisessem tinha acabado, disse ela. "Argumentei no sentido de dar uma grande parte desse dinheiro para a Tunísia. Deveríamos recompensar os países que lutavam para progredir na direção que queríamos."[71]

Dilemas morais e éticos como esses não eram novos na geopolítica. Mas a particular intimidade entre Washington e Cairo fez as concessões parecerem mais próximas de casa. De todos os ditadores que encantaram Donald Trump depois que ele assumiu o cargo, Sisi foi o que pareceu ganhar mais atenção e elogios. Trump reverteu a decisão do governo Obama de recusar convites à Casa Branca para Sisi e seu alto escalão. Alguns dos egípcios que vivenciaram o relacionamento da era Obama estavam otimistas com relação à mudança. "Com Trump", disse Nabil Fahmy, ex-ministro interino do Exterior, "finalmente temos os dois presidentes conversando."[72]

Para melhor ou para pior, até mesmo as vacilantes tentativas de responsabilização estavam desparecendo no espelho retrovisor. "Sisi ainda está recebendo apoio dos Estados Unidos", disse Teo Butturini, o fotógrafo italiano, balançando a cabeça. "Ao mesmo tempo, ele é a mesma pessoa que de fato decidiu atirar nas pessoas em Rabaa. Ele é a pessoa que... fez a lei antiprotesto. Ele é a pessoa que está prendendo um monte de jornalistas." Uma das poucas fotos que Butturini conservou de seu angustiante dia, no meio do turbilhão, foi a de uma bomba de gás lacrimogêneo, uma das muitas apanhadas por sobreviventes atordoados no concreto ensanguentado. Várias pareciam ser de fabricação norte-americana. Uma das que ele fotografou ostentava o logotipo da Combined Tactical Systems (CTS), fabricante de armas sediada em Jamestown, na Pensilvânia. Tinha até um número de contato para atendimento, com o código de área da Pensilvânia, para o qual, presume-se, um egípcio poderia ligar durante o horário comercial para registrar uma reclamação. Butturini nunca esqueceu os gritos dos manifestantes ao seu redor, brandindo latas vazias: "Estavam jogando gás lacrimogêneo em nós, e ele vinha dos Estados Unidos".[73]

21.
Meia-noite na fazenda

Ao acordar na caçamba de uma picape Chevrolet branca que rodava pelos pântanos da Colômbia central, Freddy Torres começou a suspeitar que sua noite iria de mal a pior. O clima ameno de outono dera lugar a um vento frio; as florestas de altitude tinham sido substituídas por um pântano baixo e plano. Casas espalhadas pontilhavam a paisagem, e a madrugada estava silenciosa. O mais preocupante eram os sacos de aniagem que batiam em suas pernas estendidas e nas garrafas vazias de aguardente: estavam cheios de fuzis. Não tinha sido intenção de Torres — um jovem de vinte e poucos anos, nascido e criado na aldeia de Cabrera, em Cundinamarca, a uma hora de carro ao sul de Bogotá — estar ali, de ressaca, confuso e a horas de distância de sua casa. O passeio de picape era o ato final de uma farra de doze horas, abastecida com bebidas alcoólicas. Agora, três homens estranhos com nomes estranhos — Paisa, um apelido comum em Medellín, Costeño, que significa "praiano", e outro homem que, inusitadamente, também se chamava Freddy — o tinham levado ao que parecia ser o fim do mundo.

Era a madrugada de 17 de setembro de 2006, e Torres estava prestes a ficar frente a frente com os custos secretos da mais dispendiosa aliança militar dos Estados Unidos na América Latina. No frenesi cocainômano da guerra antidrogas naquela região, muitas das mesmas dinâmicas evidenciadas no Afeganistão, na Somália e no Egito infestaram as alianças dos Estados Unidos. A Colômbia, onde o mais caro dos relacionamentos na região se desdobrou no pacote multibilionário de assistência militar e para o desenvolvimento chamado Plano Colômbia, evidenciou algumas das piores armadilhas dos faustosos pactos dos Estados Unidos com Forças Armadas estrangeiras. Durante anos, o relacionamento com a Colômbia serviu principalmente como uma advertência sobre as violações dos direitos humanos, a corrupção desenfreada e a explosão de drogas que surgiram das intervenções militares norte-americanas na América Latina e de sua insistência em priorizar as armas em detrimento de negociações. No entanto, a Colômbia, nos últimos anos, também se tornou algo que as autoridades norte-americanas descrevem como uma história de sucesso, um modelo de como colocar a assistência civil em primeiro plano em um relacionamento sensível à segurança nacional, dominado por generais negociando com generais.

Aquela noite em setembro de 2006 começara tranquila para Freddy Torres. Ao voltar a pé para casa depois do trabalho — muitas vezes cumpria turnos de 24 horas como caminhoneiro, atividade que o levava para lugares distantes do país —, ele topou com seu primo, Elvir, em uma *rocola*, um estabelecimento que é uma mistura de venda e bar. Elvir — sempre sociável e amante do prazer, jamais sem amigos — estava com um conhecido, um homem também chamado Freddy, e com três rodadas de cerveja encomendadas. Divertiam-se, matando o tempo tranquilamente, observando crianças chutarem uma bola de futebol no parque ao lado.

Quando a noite caiu, os jovens ficaram inquietos. Depois de várias rodadas, seu novo amigo Freddy sugeriu aos primos que o acompanhassem a um bar em Fusa, uma cidade maior a várias horas de distância. Após o amigo se oferecer para pagar a viagem, os primos concordaram em acompanhá-lo, de farra. O amigo saiu para fazer um telefonema — do qual Torres captou uma frase: "Estou levando duas pessoas". Voltou quinze minutos depois, dizendo para Elvir procurar um carro para alugar.

Os três entraram em um Renault anos 1980 e partiram para Fusa, apanhando dois homens no caminho — Paisa e Costeño. Uma viagem que normalmente levaria apenas duas ou três horas se estendeu por toda a noite, parando em bares ordinários, um após o outro, vilarejo após vilarejo. Com a mesma frequência trocavam de veículo — um detalhe ao qual Torres, cada vez mais bêbado, deu pouca atenção. Por volta da meia-noite, depois de uma parada em um posto de controle, os rapazes alcoolizados chegaram a Fusa, e após várias horas se embriagando no clube de strip La Curva e de uma refeição de rua à base de empanadas, arepas e espetinhos, Freddy, Paisa e Costeño sugeriram que os primos os acompanhassem até um rancho próximo — propriedade de um amigo, mas havia muito abandonado — para curtir a bebedeira antes de voltar para casa. O amanhecer já se aproximava, e eles não pensaram duas vezes antes de aceitar. Após subir na caçamba da picape — seu quarto veículo naquela noite —, Torres e Elvir logo adormeceram.

Foi ao acordar que Torres percebeu as armas.

Depois de uma longa e tensa viagem, os homens estacionaram o veículo e entregaram a Torres e a seu primo moletons pretos para vestirem. Seus novos amigos, que Torres achava cada vez mais que não eram amigos, os levaram a uma isolada casa de fazenda de dois quartos, aparentemente vazia e abandonada, e lhes disseram que esperassem no quarto enquanto os outros buscavam suprimentos.

Torres saiu da casa para urinar. Foi quando notou pegadas frescas na terra ao redor da casa — fato estranho para uma propriedade supostamente abandonada. Estava inquieto desde a chegada, e considerou as pegadas como a confirmação de seus temores: estavam armando para eles, possivelmente mais homens do que aqueles com quem tinham bebido. Decidido a não esperar para saber se estava certo, correu para dentro da casa e disse ao primo que era hora de partir. Os dois estavam quase saindo da casa quando seus companheiros de bebedeira abriram fogo. Esquivando-se da saraivada mortal, Torres saltou pela janela de trás e correu na direção de uma floresta próxima, onde se escondeu por quase dez horas, enquanto seus possíveis assassinos vasculhavam as colinas à sua procura. Quando o sol começou a se pôr, caminhou até a cidade mais próxima e ligou para a polícia e sua família.

Torres sobreviveu. Elvir foi morto.

Esse foi apenas o começo da estranha saga de Freddy Torres. Para sua surpresa, as Forças Armadas falsamente declararam Elvir um guerrilheiro combatente da guerra civil e registraram sua morte como uma baixa em combate. Torres começou uma campanha para limpar o nome do primo, o que lhe rendeu ameaças de morte. Em fevereiro de 2007, um atirador invisível estacionou perto de sua casa, em Bogotá, e disparou através do para-brisa. Torres escapou ileso, mas, após a tentativa de assassinato, tirou sua família de lá e adotou uma vida peripatética, mudando de celular e de residência a cada poucos meses. As autoridades, disse, não responderam aos seus pedidos de proteção. ("Eles não ajudam ninguém", disse-me, "porque não querem ter problemas com o Estado.")[1] Torres estava convencido de que o assassinato de Elvir e os subsequentes atos de intimidação só poderiam ter vindo de personagens poderosos dentro do Exército colombiano. Finalmente, suas suspeitas se concretizaram quando um coronel do Exército que encorajava seus soldados a matar civis foi indiciado pelo assassinato de Elvir.[2] Os homens que se passaram por "Freddy", "Paisa" e "Costeño" nunca foram encontrados, muito menos presos.

A história de Torres coincidia com a de milhares de outros espectadores da guerra "vitoriosa" contra o terrorismo na Colômbia. Elvir foi vítima do fenômeno dos "falsos positivos": uma prática de assassinatos extrajudiciais, desde muito tempo negada pelos militares colombianos. Sob pressão de seus comandantes para forjar uma aparência de sucesso na guerra contra os guerrilheiros, membros das Forças Armadas atraíam civis desavisados, os matavam e vestiam seus corpos como rebeldes das Farc. As mortes eram usadas para inflar o "saldo de gols" dos militares. Aqueles que executavam os assassinatos de falsos positivos eram recompensados com férias, promoções e medalhas. As vítimas incluíam agricultores, crianças, moradores de rua, usuários de drogas, deficientes mentais e pequenos criminosos. Raramente — se alguma vez houve — as vítimas eram guerrilheiros de carteirinha das Farc.

Até 2008, a maioria dos colombianos formuladores de políticas podia fingir que os falsos positivos eram apenas um boato, mas, naquele mês de setembro, o chamado "escândalo de Soacha" descortinou a realidade. Os promotores descobriram o destino de 22 jovens pobres das favelas de Bogotá, aos quais haviam sido prometidos empregos bem remunerados e que depois foram transportados para fora da cidade, assassinados e então vestidos como membros das Farc. O general Mario Montoya, comandante do Exército colombiano, pediu exoneração em 4 de novembro de 2008. Os promotores passaram a investigar mais de 3 mil supostos falsos positivos executados por milicianos nos anos 2000.[3] Em 2015, a agência da ONU para refugiados, a Acnur, informou que o número total de vítimas que eram falsos positivos poderia chegar a 5 mil.

A Colômbia estava habituada com execuções civis, mas essa prática se multiplicou no estágio final das décadas da guerra civil, no início dos anos 2000. O Exército enfrentou os rebeldes das Farc com fúria renovada e estava ansioso para demonstrar progresso a um público frustrado e aos seus financiadores norte-americanos. O ministro da Defesa, Camilo Ospina, endossou de fato a prática em 2005, quando emitiu a chamada Diretriz 29, que autorizava "o pagamento de recompensas pela captura ou morte dos cabeças de grupos armados ilegais".[4]

A recompensa foi estipulada em 1500 dólares por morte — um pouco menos da metade do que um colombiano médio levava para casa a cada ano. As execuções civis dobraram no ano seguinte. Até onde o escândalo ia, não estava claro, mas a prática era comum e não se limitava a uma ou outra unidade ou região. O relator especial da ONU, Philip Alston, depois de realizar uma investigação, não encontrou "evidências a sugerir que essas mortes tenham sido realizadas como política oficial de governo, ou que tenham sido dirigidas ou realizadas com o conhecimento do presidente ou dos sucessivos ministros da Defesa".[5]

Para Washington, os assassinatos de falsos positivos poderiam ter sido apenas uma trágica luzinha piscando na história de outro país, exceto por um fato: muitos dos piores infratores eram treinados e financiados pelos Estados Unidos. Pesquisadores descobriram que as brigadas do Exército colombiano que receberam mais assistência dos Estados Unidos eram as mesmas associadas a um número significativamente maior de execuções.[6] Na corrida de Washington para apoiar seus parceiros colombianos na missão de proteger o país dos chamados terroristas, os oficiais militares dos Estados Unidos e outros formuladores de políticas muitas vezes falharam em dar uma boa olhada nos combatentes que estavam preparando para a batalha. Quase metade dos comandantes colombianos treinados no Instituto para Cooperação em Segurança do Hemisfério Ocidental,[7] em Fort Benning, foi acusada de crimes graves ou comandava unidades cujos membros haviam cometido execuções extrajudiciais. Comandantes como o general Jaime Lasprilla[8] — um ex-docente em Fort Benning que sancionou ou incentivou centenas de assassinatos sob seu comando — eram comuns.

Mesmo antes do escândalo de Soacha ter surgido, ouviam-se murmúrios, dentro dos órgãos militares, diplomáticos e de

Inteligência dos Estados Unidos, sobre assassinatos extrajudiciais. Um telegrama de 1994 do embaixador norte-americano em Bogotá alertava para a "mentalidade de contagem de corpos" e explicava: "Oficiais de campo que não conseguissem apresentar registros de ações agressivas antiguerrilha (onde ocorre a maioria dos casos de abusos ofensivos aos direitos humanos por parte de militares) são prejudicados em seu tempo de carreira".[9] Um relatório da CIA do mesmo ano foi ainda mais explícito ao afirmar que as forças de segurança colombianas "empregam táticas de esquadrão da morte em sua campanha de contrainsurgência" e "tinham um histórico de assassinatos de militantes civis de esquerda em zonas de guerrilha em colaboração com grupos paramilitares ligados a narcóticos, com o intuito de realizar ataques contra supostos simpatizantes da guerrilha e matar combatentes capturados".[10] O Pentágono chegou a uma conclusão semelhante, relatando em 1997 uma "síndrome de contagem de corpos" no Exército, "que tende a alimentar abusos de direitos humanos por parte de soldados bem-intencionados que tentam alcançar sua cota para impressionar os superiores" e uma "abordagem irresponsável, ou pelo menos passiva, quando se trata de usar os paramilitares como representantes [...] do Exército colombiano, ao contribuírem para a contagem de corpos de guerrilheiros".[11] Mas os colombianos — e, por extensão, os norte-americanos — travavam uma guerra. Muitas vezes, os oficiais superiores não tinham tempo para policiar seus soldados ou mesmo interesse em fazê-lo.

No dia 28 de outubro de 1998, o novo presidente da Colômbia, Andrés Pastrana Arango, ficou de pé ao lado do presidente Clinton no Jardim das Rosas da Casa Branca, para participar de uma das mais estranhas coletivas de imprensa políticas já registradas. O objetivo era discutir o aprofundamento dos laços entre os dois países, o qual terminaria por assumir a forma de um novo pacote de assistência destinado a ser um divisor de águas. "Essa foi a primeira etapa do Plano Colômbia",[12] disse-me Pastrana. "A primeira vez que, realmente, de fato, falamos sobre a Colômbia" em tão alto nível.

Os repórteres presentes tinham outros tópicos em mente. "A primeira pergunta na coletiva de imprensa", recordou Pastrana, "foi: 'Como você vai explicar o escândalo a Chelsea?'." Na verdade, a pergunta foi feita mais para a frente, mas de resto sua lembrança está correta. A transcrição da coletiva de imprensa consiste em Clinton tentando bravamente redirecionar a conversa para a política externa e a imprensa pressionando-o pelo escândalo sexual que envolvia uma estagiária da Casa Branca e que asfixiava sua presidência.

Clinton, lembrou Pastrana, estava tenso. "Ele me ofereceu uma coca. Dava para ver que era um ser humano, pela primeira vez a gente via o lado humano." A surreal saia justa continuou. Fora da coletiva de imprensa, Pastrana pediu dez minutos com Clinton no Salão Oval. Segundo lembrou, Clinton foi até sua mesa, puxou um mapa da Colômbia e os dois observaram as áreas que Pastrana pretendia desmilitarizar. "Ele me perguntou o que eu tinha achado de sua resposta à primeira pergunta", Pastrana me contou, referindo-se a Monica Lewinsky. Ele disse a Clinton que tinha feito tudo de maneira correta. Riu da lembrança. "Foi estranho", comentou comigo. Os dois homens se deram muito bem. "Houve uma boa química." As conversas continuaram e, no ano seguinte, evoluíram para o plano que definiria o legado de Clinton para a América Latina. "Eu propus o que chamei de Plano Marshall para a Colômbia", disse Pastrana. O resultado foram 10 bilhões de dólares em assistência, desenvolvimento e ajuda militar.

Ao propagandear o dispendioso plano, Clinton apelou para um público obcecado por drogas. As pesquisas do Instituto Gallup de 2001 mostravam que a esmagadora maioria dos norte-americanos expressava uma "grande preocupação" com o uso de drogas.[13] Uma vez que 90% da cocaína nos Estados Unidos vinha da Colômbia, naquele momento, fazia sentido que toda a atenção fosse dada ao país latino-americano. Clinton vendeu a ideia com facilidade: "Os narcotraficantes da Colômbia ameaçam diretamente a segurança dos Estados Unidos", disse ele ao público.[14] O Plano Colômbia "permitiria que o programa antidrogas infligisse sérios danos à rápida expansão da produção de drogas, em áreas hoje dominadas por guerrilheiros ou grupos paramilitares". Anne Patterson, ex-embaixadora dos Estados Unidos no Paquistão, durante a passagem de Holbrooke pela região, e depois no Egito, foi também embaixadora na Colômbia durante os três primeiros anos do novo plano de assistência. "A estratégia era proporcionar ao governo colombiano as ferramentas necessárias para combater o terrorismo e o narcotráfico, duas batalhas que se tornaram uma só",[15] disse-me ela. "Para combater o narcotráfico e o terrorismo, é necessário atacar todos os elos da corrente ao mesmo tempo."

O presidente Clinton decidiu abrir mão dos dispositivos sobre direitos humanos na legislação de financiamento, argumentando que a segurança vinha em primeiro lugar.[16] Ao justificar a inobservância, explicou: "Nosso pacote de assistência é crucial para manter nossos esforços no combate às drogas e para ajudar o governo e o povo colombianos a preservar a democracia no país".

Inicialmente, a Colômbia queria uma proporção de setenta para trinta entre as ações sociais e militares; os Estados Unidos queriam o inverso. O plano final foi redigido em grande parte por um colombiano — Jaime Ruiz, um dos auxiliares mais próximos de Pastrana, segundo os relatos de ambos —, mas trazia os sinais óbvios das prioridades norte-americanas. O plano reservou 1,3 bilhão de dólares por ano, durante uma década, para combater o narcoterrorismo.[17] No primeiro ano, mais de

70% dos fundos foram para assistência militar e policial — incluindo tudo, desde Black Hawks a equipamentos de comunicação e treinamento em tecnologia para guerra química. Conforme colocou o ex-embaixador dos Estados Unidos, Robert White: "[A Colômbia] vem e pede pão, e você lhes dá pedras".[18] Mas o restante do dinheiro norte-americano foi para desenvolvimento econômico, reformas judiciais e auxílio a pessoas desalojadas. Os maiores sucessos do acordo vieram apenas quando o equilíbrio entre assistência militar e civil foi alcançado e as autoridades norte-americanas e colombianas começaram a valorizar a reconstrução das combalidas instituições do país.

O envolvimento dos Estados Unidos na Colômbia foi moldado pelo mesmo zelo anticomunista que impulsionou o envolvimento norte-americano do Vietnã ao Afeganistão. Preocupações com drogas viriam mais tarde. Algumas sementes das tendências que culminariam sob o presidente Trump — a desvalorização e a despriorização da diplomacia, a ascensão de generais na formulação de políticas — foram lançadas nesse período anterior, em meio às aventuras militares da Guerra Fria. Centenas de milhares de inocentes seriam vítimas dessas intervenções.

A intervenção na Colômbia começou com uma viagem bélica especial a Bogotá em 1962, liderada pelo tenente-general William Yarborough, comandante do Centro Bélico Especial do Exército dos Estados Unidos, que propôs uma das clássicas guerras por procuração daquela época, que utilizavam moradores locais "para realizar funções de contrapropaganda e combate a agentes inimigos e, quando necessário, executar ações paramilitares, de sabotagem e/ou terroristas contra ativistas comunistas conhecidos".[19]

Com base em suas descobertas, os Estados Unidos ajudaram o governo colombiano a formular o Plano Lazo, uma estratégia de contrainsurgência modelada no Programa Phoenix empregado no Vietnã. Adotado formalmente pelos militares colombianos em 1º de julho de 1962, o Plano Lazo foi vendido para os colombianos como uma estratégia para "corações e mentes".[20] Na verdade, era uma trama norte-americana para acabar com os comunistas, com auxílio de informantes civis. O Plano Lazo foi reforçado por uma ordem presidencial colombiana chamada Decreto 3398, que declarava: "Todos os colombianos, homens e mulheres [...] serão usados pelo governo em atividades e trabalhos que contribuam para o restabelecimento da ordem". Isso permitia que as autoridades colombianas organizassem cidadãos comuns em milícias.[21] Junto com o Plano Lazo, apoiado pelos Estados Unidos, o Decreto 3398 criou "unidades de autodefesa" e "equipes de caçadores-matadores" civis, treinadas e autorizadas a matar camponeses, armados ou não.[22]

O Exército dos Estados Unidos e a CIA começaram a treinar soldados colombianos nas mesmas técnicas que foram introduzidas no Vietnã. Como parte de um programa da CIA, a Usaid forneceu treinamento para a polícia colombiana na "escola de bombas" da agência, em Los Fresnos, onde o currículo incluía cursos como "dispositivos terroristas", "agitadores" e "armas para assassinatos".[23]

Os Estados Unidos não estavam apenas ensinando o Exército colombiano a lutar contra os comunistas — estavam subscrevendo aquela luta. A partir da década de 1960, as forças colombianas utilizaram veículos, equipamentos de comunicação e armas fornecidos pelos norte-americanos para destruir comunidades rebeldes por todo o país. A campanha de contrainsurgência contra camponeses comunistas — a maioria eram camponeses — começou para valer em 18 de maio de 1964, quando o Exército colombiano enviou um terço de suas tropas para destruir a aldeia esquerdista de Marquetalia, defendida por algumas dezenas de combatentes. A operação foi realizada a pedido dos Estados Unidos e com sua ajuda. Conselheiros militares norte-americanos estavam lá para o planejamento e a execução. Depois daquele primeiro ataque, o governo colombiano começou a atacar outras comunidades rurais autogeridas de esquerda. Que as iniciativas colombianas eram corruptas e mal administradas — e que incentivavam mais derramamento de sangue — não era segredo em Foggy Bottom. O secretário de Estado Dean Rusk e o embaixador na ONU Adlai Stevenson admitiram a contradição moral, escrevendo em telegramas que o financiamento dos Estados Unidos estava incentivando a violência rural e a desorganização econômica.[24] O Departamento de Estado foi pressionado a comentar o fato de que os prolongados combates entre esquerdistas e militares colombianos, apoiados pelos Estados Unidos, contribuíam bastante para piorar a sina da maioria dos colombianos: a luta de classes subjacente, que provocara o conflito, persistia, pois os sem-terra permaneciam despossuídos e a elite urbana enriquecia com o caos. O aumento dos investimentos e empréstimos dos Estados Unidos, durante esse período, levaram o presidente Alberto Lleras Camargo a comentar secamente: "A sangueira e a acumulação de capital andavam juntas".[25]

As Forças Armadas Revolucionárias da Colômbia (Farc) surgiram logo depois, em resposta direta aos ataques apoiados pelos Estados Unidos contra os esquerdistas na Colômbia. Após a obliteração de Marquetalia, os poucos remanescentes esquerdistas da região fugiram para as montanhas, onde se juntaram a outros grupos rebeldes, que juntos se comprometeram a lutar por melhores condições para o povo no campo e a defender seus seguidores dos abusos militares.

A organização cresceu rapidamente. As Farc tornaram-se não apenas uma força guerrilheira que lutava por mais terras, mas um movimento político que propagandeava a reorganização socialista do país. Camponeses rurais, povos indígenas, afro-colombianos, trabalhadores sem terra, sindicalistas, professores, intelectuais — o povo "da terra" — aderiram à luta. As Farc começaram a organizar escolas, centros médicos e projetos sociais, organizando essencialmente um Estado paralelo. No entanto, o grupo ainda era, no fundo, uma força de combate. Logo após sua organização, seus líderes começaram a treinar milícias em áreas rurais para realizar ataques. As Farc apostaram em uma campanha de terrorismo, não apenas bombardeando delegacias de polícia e bases militares, mas também hospitais, igrejas e escolas. O sequestro para obtenção de resgate gerava receita — até o final dos anos 1970, quando o grupo começou a traficar cocaína.

Durante o primeiro mandato de Reagan, a Colômbia foi responsável por quase 80% da cocaína e da maconha que chegou aos Estados Unidos.[26] A nova fortuna proveniente das drogas das Farc permitiu que ela atraísse o apoio de colombianos descontentes com a impressionante pobreza que grassava em grande parte do país. Por volta de 1980, os números das Farc haviam crescido seis vezes, para cerca de 3 mil combatentes espalhados pelo território.[27] As receitas subiram, chegando, no final, a bilhões. E a violência piorou. O reino de terror das Farc teve como alvo padres, políticos, oficiais militares e até mesmo civis proeminentes de direita, muitas vezes apenas para incitar o medo.

A elite dos proprietários de terras, por sua vez, contratou forças de combate direitistas, muitas delas com raízes nos grupos apoiados pelos Estados Unidos sob o Plano Lazo. Esses grupos atacavam com agressividade qualquer pessoa hostil a seus contratantes. Os paramilitares estavam por toda parte:[28] no auge, contavam com 30 mil pessoas em suas fileiras e operavam em dois terços do país. Alguns foram armados pelo governo e legalmente sancionados. Foram brutais: um grupo, Autodefensas Unidas de Colombia (AUC), matou mais de 19 mil pessoas nos primeiros dois anos de operação.[29]

Os esquadrões da morte paramilitares, com o tempo, ganharam apoio do governo, das Forças Armadas, dos traficantes e até mesmo dos Estados Unidos. A Casa Branca se recusou a apoiar qualquer diálogo de paz entre o governo e os esquerdistas, os quais condenava como "narcoguerrilheiros".[30] Em alguns casos, o governo de Reagan chegou ao ponto de apoiar diretamente paramilitares de direita, fossem informantes ou assassinos.[31]

Nos anos 1980, em uma das parcerias mais insensatas da guerra transnacional norte-americana contra as drogas, o Exército colombiano e os vinte maiores traficantes de cocaína se juntaram para estabelecer uma escola nacional de treinamento em contraterrorismo, apoiada pela Inteligência dos Estados Unidos. O grupo era conhecido como Morte aos Sequestradores (MAS) e tinha, ostensivamente, uma missão simples: frustrar a tática das Farc de sequestrar políticos e cidadãos abastados. Os traficantes foram solicitados a depositar 35 mil dólares americanos como taxa inicial. Generais contrataram mercenários israelenses e britânicos para ministrar o treinamento; a CIA e agentes de Inteligência dos Estados Unidos participaram.

O grupo foi bem-sucedido, no sentido de que era de fato mortal; acabou por crescer como outra extensão paramilitar criminosa do Exército, fazendo o trabalho sujo do governo na guerra contra as Farc, com pouco ou nenhum foco em deter os sequestradores. O MAS interrompeu o processo de paz liderado pelo presidente Bentancur, na década de 1980, ao assassinar mais de setecentos membros das Farc que entraram para o processo político como parte da Unión Patriótica, um partido de esquerda. Ironicamente, muitas dessas organizações paramilitares também entraram para o negócio das drogas, e dólares americanos enviados para a Colômbia a fim de combater a guerra contra as drogas acabaram nos bolsos dos traficantes.

O resultado foi um mosaico de sectarismo e violência. Em 1999, a Colômbia sofreu com milhares de ações terroristas e sequestros. A taxa de homicídios foi a impressionantes sessenta a cada 100 mil habitantes.[32] Quase 20 mil combatentes das Farc estavam escondidos por todo o país, arrecadando milhões em sequestros.[33] Metade do território da Colômbia não tinha forças de segurança presentes; as Farc dominavam praticamente todo o sul do território nacional, onde o governo não se atrevia a entrar.[34] Mais de 700 mil colombianos deixaram o país de 1995 a 2000.[35] A violência também cresceu com mais ferocidade: a AUC massacrava civis às dúzias, construindo sua reputação por meio de táticas macabras, como jogar futebol com cabeças decepadas e cortar suas vítimas com serras elétricas.[36]

O tsar antidrogas de Clinton, o general Barry McCaffrey, lembra-se vividamente da violência. "Você não podia dirigir em qualquer lugar do país sem correr o risco de ser sequestrado. Havia uma espécie de disque-sequestro: o posto de atendimento das Farc procuraria seu nome, receberia um valor em dinheiro e você acabaria sequestrado ou morto na selva." Era uma "situação vil".[37]

No final do século, os colombianos decidiram que já era hora de uma paz permanente. Treze milhões de pessoas compareceram ao protesto nacional "No más", em outubro de 1999, em um país de 40 milhões de habitantes.[38] Mais tarde, naquele mês, 10 milhões votaram pela paz em um referendo simbólico que serviu de alerta para os políticos colombianos. Nenhuma eleição política oficial tinha visto uma participação tão alta.

Andrés Pastrana, que era presidente na época e que havia sido, ele mesmo, sequestrado pelo cartel de Medellín, disse ter compreendido imediatamente os desdobramentos. "Nenhum candidato presidencial jamais recebeu tantos votos", disse. Assim, depois de ser eleito, "decidi que a primeira coisa que eu deveria fazer era tentar e alcançar a paz."[39] Pastrana experimentou táticas nunca vistas anteriormente. Reuniu-se com os principais líderes das Farc, chegando a viajar para as montanhas para falar pessoalmente com os comandantes rebeldes. Concedeu às Farc uma zona desmilitarizada como demonstração de boa vontade. Começou as negociações de paz oficiais em seus primeiros seis meses no cargo. E, claro, ele e Clinton, depois daquele estranho encontro no Jardim das Rosas, negociaram o Plano Colômbia.

Quase duas décadas mais tarde, o Plano Colômbia foi considerado uma história de sucesso que contava quão sombria era a situação antes. Os custos do acordo foram astronômicos, tanto em termos financeiros quanto humanos. Os Estados Unidos gastaram 10 bilhões de dólares sustentando as forças de segurança, a economia e as instituições políticas da Colômbia. Apenas Israel e Egito receberam mais ajuda. De 2005 a 2014, mais de 170 mil assassinatos políticos contra esquerdistas tinham acontecido.[40] O escândalo dos falsos positivos tirou a vida de milhares de pessoas. Abusos contra os direitos humanos, alguns deles enredados na ajuda norte-americana, foram frequentes: bombas inteligentes fabricadas nos Estados Unidos foram usadas em meados da década de 2000 para exterminar líderes das Farc fora das fronteiras da Colômbia, o que muitas vezes levou à morte de civis.[41]

Incidentes de "terrorismo sigiloso de Estado" eram comuns.[42] O mais famoso foi a destruição da cidade de San Vicente del Caguán, em fevereiro de 2002 — uma ação que reproduziu o ataque conjunto colombiano a Marquetalia, quarenta anos antes. As forças do governo, sob pressão dos Estados Unidos, invadiram San Vicente, no próspero território autônomo do sul, popularmente conhecido como "Farclândia". San Vicente era uma comunidade bem-sucedida, com sua própria força policial, novas rodovias e pontes, eletricidade para todos, escolas de qualidade e um sistema de saúde. Mas, depois de uma rodada de negociações de paz abruptamente interrompida, Pastrana ordenou aos militares que a invadissem. Caças A-37 e A-47 fornecidos pelos Estados Unidos lançaram bombas. Treze mil soldados treinados pelos norte-americanos cercaram a aldeia. O governo declarou vitória, dizendo à mídia que eliminara os supostos campos das Farc na área. E, de fato, tinham eliminado — junto com um grande número de civis, incluindo crianças e idosos. Vítimas da guerra raramente encontraram justiça. Militantes eram "encarcerados" em fazendas e vilas, e depois podiam sair com suas riquezas e redes intactas, imunes a novos processos ou extradição.[43] Líderes paramilitares extraditados para os Estados Unidos tendiam a receber sentenças leves — apenas sete anos de prisão, um pouco mais da metade do que traficantes de rua, presos por vender menos de trinta gramas de cocaína, recebiam.

Quase duas décadas após o lançamento do Plano Colômbia — e quase setenta anos após o início da intervenção dos Estados Unidos no país —, a pergunta permanecia a mesma: a insistência de Washington em alcançar seus objetivos militares e relativos à segurança teria exigido um custo humano alto demais? Influências civis mais fortes na mesa de decisões poderiam ter prevenido mortes como a de Elvir? Quando perguntei ao general McCaffrey, o tsar antidrogas do governo Clinton, se os Estados Unidos tinham alguma responsabilidade pelas mortes de civis durante a guerra interna, ele respondeu com um feroz desdém. A ideia de cumplicidade por parte do país era "a mais completa e ilógica conversa fiada, do pior tipo. Simplesmente um total absurdo".[44]

"Por que seria este o caso?", perguntou ele, referindo-se aos dados que apontavam uma correlação entre o apoio dos Estados Unidos e os abusos cometidos por unidades colombianas.

Por que motivo a supervisão de funcionários do Foreign Service e de oficiais militares dos Estados Unidos [...] aumentaria as execuções extrajudiciais e o caos? É um absurdo completo. O mais provável é que essas unidades estivessem apenas mais envolvidas em atividades antiterroristas... alguns podem ter se envolvido em outras ações, que podem ter incluído violações de direitos humanos. Mas [culpar os Estados Unidos] é um papo furado de tal monta que chega a ser inacreditável.

"Era uma guerra sangrenta, algumas coisas sangrentas aconteceram", admitiu. "Mas, basicamente, [o Exército] era a instituição mais confiável da sociedade colombiana." De fato, os militares eram com frequência as instituições mais confiáveis em países marcados pelas guerras por procuração norte-americanas. A questão incômoda, que as autoridades dos Estados Unidos raramente enfrentavam, era em que medida seu apoio elevava as Forças Armadas ao status de únicas estruturas permanentes no território.

Seja lá qual tenha sido seu custo, o Plano Colômbia — diferentemente dos esforços posteriores, como no Paquistão — acabou sendo reequilibrado na direção da assistência civil e estabeleceu as bases para a paz. Na primeira década do plano, a polícia nacional se expandiu por todos os municípios do país, contribuindo para reduzir os sequestros de 3 mil por ano para pouco mais de duzentos. Os assassinatos caíram quase que pela metade, assim como o tamanho das forças das Farc.[45] Em 2006, a Colômbia conseguiu a desmobilização voluntária de mais de 30 mil combatentes, pôs fim a grande parte da violência paramilitar e iniciou negociações de paz com os comandantes da AUC, muitos dos quais aceitaram se submeter a processos em troca de penas de prisão mais brandas.[46]

O relacionamento com a Colômbia, ao contrário de tantas outras alianças semelhantes, incluía um plano holístico de desenvolvimento adjacente às armas e ao desrespeito aos direitos humanos. Os componentes militares e não militares do acordo reforçavam-se mutuamente. "Tentamos fazer com que o Congresso elaborasse um acordo de livre comércio com a Colômbia, apoiamos o presidente Uribe em seus esforços em segurança democrática para reconstruir as instituições no país",[47] recordou Condoleezza Rice. "Mas as Farc tinham que ser derrotadas. A razão pela qual existem negociações de paz razoáveis agora é que as Farc não puderam mais manter Cartagena e Bogotá como reféns." A integração da estratégia diplomática com a de segurança estava no centro do que, em última análise, levou a paz a uma nação em conflito. No final do dia, McCaffrey disse: "Estamos falando da mais bem-sucedida intervenção política dos Estados Unidos desde a Segunda Guerra Mundial".[48]

As alianças militares dos Estados Unidos em todo o mundo apresentam um histórico de tragédia e caos, mas também há lições a serem aprendidas. "Se você olhar para o Plano Colômbia", disse Rice, "a diplomacia o conduziu." No entanto, nos anos que se seguiram, o governo Trump mostrou muita dificuldade em aplicar, em outros lugares, as lições que fizeram daquele país um modelo atípico de sucesso. À medida que amplos cortes orçamentários tornavam raro o tipo de assistência abrangente e integrada ao desenvolvimento que ancorara o Plano Colômbia, e uma nova onda de acordos de armamentos e apelos a homens poderosos pareciam desvincular a política externa norte-americana das preocupações com direitos humanos, nada indicava que lições tivessem sido de alguma forma aprendidas.

Parte 3
Presenciando a destruição

Washington, DC, 2017
Coreia do Norte, 2007

Não existe trégua ou negociação com chefões da bandidagem. Tentei conversar, mas ele não queria me ouvir.

2Pac, "Grab the Mic"

22.
O estado do secretário

A equipe de Rex Tillerson estava novamente em disputa. "Então, quem vai entrar com ele?", perguntou Margaret Peterlin, chefe de gabinete. Ela me olhou de cima a baixo com a expressão de quem tinha acabado de descobrir uma infestação em casa. Estávamos de pé na Ala Mogno, em frente às largas portas duplas do escritório do secretário de Estado. O subsecretário de Estado para a diplomacia e os negócios públicos, Steven Goldstein, cruzou os braços e lançou um olhar cortante para Peterlin. "Bem, acho que não vou ser eu", disse a ela. "Heather pode ir." Inclinou a cabeça na direção da porta-voz de Tillerson, a antiga âncora da *Fox News*, Heather Nauert. Peterlin estreitou os olhos para Goldstein. "Tem certeza?", disse ela, com ostensivo desagrado. Goldstein não respondeu. Tillerson chegou à porta, quebrando o mal-estar.

Discórdias desse tipo se davam com frequência pouco abaixo da superfície durante os meses que antecederam a intempestiva demissão de Tillerson, em março de 2018, de acordo com vários membros de seu conflituoso círculo íntimo. Muitas vezes, emanavam de Peterlin, a formidável advogada e ex-funcionária do Congresso que ajudou a redigir o Ato Patriota após os ataques de Onze de Setembro e que orientou Tillerson em seu processo de nomeação. Quando ela recebeu um bilhete informando que eu chegaria naquele dia, deu um ultimato ao restante do time: da equipe de relações públicas, apenas Goldstein teria acesso à entrevista. Ele apontou que Nauert, enquanto porta-voz, deveria ser a responsável por responder às perguntas do público que viriam a seguir. Peterlin insistiu que simplesmente não haveria espaço. Dois funcionários disseram que havia outro motivo: Peterlin estava pressionando para que Nauert fosse demitida. O impasse ainda não fora resolvido no momento em que entrei para falar com Tillerson, tampouco quando saí, seguindo-se um segundo impasse, sobre quem ficaria atrás do secretário. (Goldstein insistiu em Nauert, deixando Peterlin visivelmente constrangida.)

Aquelas disputas dificilmente poderiam ser classificadas como dramáticas, mas era incomum serem exibidas abertamente diante de um jornalista e estavam em desacordo com o tipo de mensagem rigidamente organizada e valorizada pela maioria dos predecessores de Tillerson. Permitiam o vislumbre de um Departamento de Estado que parecia afundar no caos em todos os níveis. Enquanto o governo Trump cedia autoridade política ao Pentágono e ao crescente número de generais dentro da Casa Branca, aquele era o único contrapeso: um enfraquecido Departamento de Estado, liderado por secretários aparentemente nomeados para o cargo apenas por sua disposição em servir como simples executores da diplomacia — e, no caso de Tillerson, demitidos com igual presteza por não ter conseguido fazê-lo.

Quando nos conhecemos, em janeiro de 2018, Tillerson vestia um terno carvão e uma gravata amarelo-canário com estampa de ferraduras. Estava sentado com as pernas cruzadas, relaxado, em uma das poltronas estofadas em azul e dourado do escritório do secretário, a poucos metros do local onde o coração de Richard Holbrooke falhara sete anos antes. O escritório parecia muito com o daquele dia, exceto pelas obras de arte: a primeira coisa que Tillerson fizera ao se instalar foi substituir os retratos dos finados diplomatas por cenas do Oeste norte-americano.[1]

Tillerson foi muito comparado a um caubói e, em meio à decoração e às ferraduras, parecia gostar daquilo. O nome ajudava: Rex Wayne Tillerson, que recebeu por causa de Rex Allen e John Wayne, atores por trás de alguns dos mais inesquecíveis e arrogantes caubóis de Hollywood.[2] Tillerson nasceu em Wichita Falls, Texas, e foi criado lá e na vizinha Oklahoma por pais com recursos modestos. Seu pai "dirigia uma caminhonete para vender pão a mercearias" e sua mãe criou os filhos.[3] O casal havia se conhecido nos escoteiros, quando a mãe de Tillerson visitava o irmão dela no acampamento onde seu futuro marido trabalhava.[4] Tillerson honrou esse legado permanecendo ativo na liderança dos escoteiros durante boa parte de sua carreira. Sua biografia é caracterizada por sua grande capacidade de superação: foi escoteiro e depois membro de uma banda de colégio na qual tocava caixa e tímpano, o que lhe rendeu uma bolsa de estudos em música da Universidade do Texas, em Austin. Ao longo de mais de quarenta anos na ExxonMobil, culminando com seu mandato por dez anos como CEO, acumulou uma fortuna pessoal de pelo menos 300 milhões de dólares[5] — não inclusos os cerca de 180 milhões de dólares de um pacote de aposentadoria que recebeu após sua saída da empresa para entrar no governo. O chamado para servir no governo Trump atrapalhou seus planos de aposentadoria, quando pretendia se dedicar à sua esposa Renda e a duas fazendas de gado e cavalos no Texas. "Eu não queria esse cargo", disse ele.[6] "Minha esposa me disse que eu deveria aceitar... Eu estava indo para a fazenda para ficar com meus netos." Quando perguntei se, um ano depois, ele achava que tinha feito a escolha certa, ele riu. Peterlin lhe lançou um olhar de advertência. "Sim", disse Tillerson. "Tem sido..." Ele franziu a testa, procurando a palavra certa. "Interessante."[7]

Quando Trump nomeou Tillerson para o cargo, sua experiência dirigindo uma das maiores corporações multinacionais do mundo inspirou otimismo entre os funcionários de carreira. Talvez, muitos disseram, ele se tornasse um feroz defensor do Departamento. Talvez imbuísse ao cargo o dom do setor privado para crescimento institucional — ou, pelo menos, uma abordagem inteligente e bem direcionada. Os primeiros comentários dirigidos por Tillerson à sua equipe de trabalho — durante cerca de dez minutos, em pé na escada do saguão lotado do Departamento de Estado — foram bem recebidos. "Sou o cara novo",[8] informou afavelmente à multidão. Mencionou as paredes em cada extremidade do saguão onde os nomes de centenas de funcionários do Foreign Service que morreram no cumprimento do dever estão gravados no mármore. "O burburinho foi de aprovação",[9] lembrou Erin Clancy, funcionária do Foreign Service que por pouco evitou ser demitida durante o massacre da Ala Mogno, logo após Tillerson ser confirmado. "Tudo parecia um céu de brigadeiro. Seu histórico como homem de negócios era promissor." Uma fonte próxima à Casa Branca de Trump ecoou esse sentimento. "Que escolha diferente", lembrou-se de ter pensado quando foi consultado sobre Tillerson pela primeira vez.[10] "Que cara legal."

Os problemas surgiram rapidamente. Depois de chegar ao Departamento de Estado, Tillerson desapareceu. Concedeu poucas entrevistas e estrangulou o acesso da imprensa em uma proporção sem precedentes. Em sua primeira viagem à Ásia, provocou a imprensa ao levar apenas um jornalista de um site conservador. A ex-secretária de Estado Condoleezza Rice, que defendera a nomeação de Tillerson, estava entre os muitos que expressaram desânimo. "É preciso levar a imprensa no avião",[11] várias pessoas próximas lembraram que ela havia dito. "É isso que se chama democracia. É isso que defendemos quando viajamos em aviões financiados pelo governo como secretários de Estado. Por que ele não está levando a imprensa no avião?" Quando perguntei a Rice sua opinião sobre Tillerson, ela foi mais política. "Não posso avaliar o que acontece lá dentro",[12] disse. "Ouço histórias e sei qual é a tendência, quando estão insatisfeitos ao propagar uma versão. Só sei que Rex Tillerson tem uma personalidade muito forte e é um bom gestor. Acho que é um bom líder, mas não posso falar sobre detalhes de como está administrando."

Tillerson e seus assessores logo admitiram existir um problema de comunicação. "Não dou trela para quem é de fora, meu jogo não é esse",[13] explicou ele. "Isso provavelmente vem dos meus 41 anos e meio no setor privado. Sou disciplinado dessa maneira. É assim que faço as coisas, e isso é frustrante para muita gente, eu entendo." Deu uma risada. "Mas não vou mudar!" No entanto, a reticência de Tillerson cobrava seu preço. A fonte próxima à Casa Branca que a princípio expressara otimismo em relação a Tillerson falou sem rodeios: "Eles alienaram a imprensa". Boatos começaram a circular em Washington, retratando-o como arisco e isolado no Departamento. Alguns eram exagerados, como quando o *Washington Post* afirmou que Margaret Peterlin dissera aos diplomatas de carreira que não fizessem contato visual com o secretário de Estado.[14] Várias fontes, inclusive uma do destacamento de segurança de Tillerson, contestaram a ideia de que ela havia criado tal regra.[15] Mas Peterlin protegeu o secretário de Estado tão ferozmente que muitos funcionários concordaram com os relatos públicos que a descreviam como um "gargalo".[16] Nem mesmo seus pares, como Condoleezza Rice, conseguiam chegar até ele sem antes passar por ela. "Não consigo passar", comentou Rice, frustrada, de acordo com a lembrança de uma pessoa próxima a ela. "Margaret filtra minhas ligações."

Consequências ainda maiores teve a inacessibilidade de Tillerson dentro do Departamento. Após as observações que fez em seu primeiro dia, ele não falou mais com seu pessoal até a primeira audiência pública, em maio — excepcionalmente tarde para um novo secretário de Estado. Com linguagem corporal estoica e contida — pequenos gestos confiantes, nenhum movimento acima dos cotovelos —, ele deu aos funcionários uma visão geral dos fundamentos dos conflitos mundiais. Alguns acharam aquilo condescendente demais. "Foi tipo 'Eu consigo entender um mapa'",[17] recordou um oficial do Foreign Service presente. Quando Tillerson contou uma história sobre ter participado de uma demonstração sobre o funcionamento das Nações Unidas e ter dito a um participante de doze anos o quanto o Foreign Service o inspirara, um oficial de meia-idade começou a murmurar febrilmente "Você não nos conhece!" em um nível de decibéis audível a três fileiras de distância.[18] "O fato é que o sr. Tillerson não está se dando conta de tudo o que se passa no Departamento, e nem poderia estar, porque confia apenas na pequena cabala política que está ao seu redor",[19] disse Colin Powell. "E essas pessoas parecem gastar todo o seu tempo se assegurando de que ele não entenda nada do Departamento de Estado."

Vários membros da equipe disseram que a inacessibilidade de Tillerson se estendia aos seus equivalentes estrangeiros. "Ele não tem interesse proativo em conversas ou em convencimento", disse-me um oficial do centro de operações do Departamento de Estado que passou meses administrando as ligações de Tillerson. "A grande maioria das ligações da secretaria que manejamos, enquanto eu estava lá, era com pessoas do governo... Pareciam olhar apenas para o próprio umbigo."[20] A existência dessas chamadas internas não era incomum — mas a proporção entre conversas internas e externas era, de acordo com funcionários que trabalharam no centro de operações sob vários secretários de Estado. Quando novos secretários tomam posse, por exemplo, em geral recebem uma enxurrada de ligações de cortesia por parte de ministros do Exterior e de chefes de Estado do mundo todo. Mais de sessenta chegaram no centro de operações de Tillerson. Ele se recusou a aceitar mais de três por dia.[21]

Mais tarde, quando os Estados Unidos começaram a atacar a Síria, o governo ignorou completamente o procedimento convencional de notificar os aliados da Otan. Tillerson recebeu uma enxurrada de telefonemas. "Quando surgiram as notícias, aliados alarmados, incluindo os tchecos — que são nossos protetores na Síria —, ligavam, dizendo: 'Eu gostaria de falar com o secretário Tillerson'", disse-me um funcionário de operações. Era um começo de tarde de domingo, e Tillerson estava em Washington, sem fazer nada. "Disseram-nos que o secretário tivera um longo fim de semana, portanto ia para casa jantar com a esposa e o dia de trabalho estava encerrado." Nada de ligações. O homem levava a sério o equilíbrio entre a vida pessoal e a profissional, maravilharam-se funcionários de carreira. Mas a decisão também confundia alguns. "Acabamos de bombardear a Síria sem avisar nossos aliados",[22] disse o funcionário de operações, exasperado. "Ele deveria ter feito alguns telefonemas, mesmo que de casa. Eu fiquei pasmo."

Tillerson parecia pouco disposto a pedir o apoio de outras pessoas do Departamento de Estado como forma de preencher o sensível vácuo de liderança. Pelo contrário: surgiram boatos sobre a marginalização de especialistas de carreira e de suas opiniões. Assessores o descreveram como um pesquisador intenso, que se preparava com profundidade para as reuniões. Mas sua eficiência implacável também fazia muitas sobrancelhas franzirem. "Leio todos os memorandos que vêm para mim", disse Tillerson naquela primeira e tão esperada audiência pública. "Agradeceria muito se os limitassem a uma página, porque não leio muito rápido." Ele não estava brincando. Sob Tillerson, as diretrizes formais para os memorandos continham um alerta vermelho negritado: "Deverão se limitar a duas páginas".[23] Informalmente, conforme disseram vários funcionários, o limite de uma só página estava sendo aplicado. Cada secretário de Estado aplica diferentes diretrizes para o tipo de documento informativo que deseja ver. Evitar o inchaço de papéis era, em teoria, um objetivo racional. Mas vários funcionários de alto escalão disseram que, naquele caso específico, sentiam-se incapazes de transmitir adequadamente as nuances dos intricados relacionamentos que um secretário como ele, com pouco conhecimento, estava agora encarregado de supervisionar. Mesmo os curtos documentos que conseguiam chegar ao escritório do secretário eram com frequência retidos por longos períodos de tempo, definhando enquanto aguardavam a revisão de Peterlin. De acordo com dois funcionários, alguns assistentes especiais do gabinete do secretário postergaram a data de memorandos para reduzir o risco de um escândalo público atribuído ao atraso.

Minha fonte próxima à Casa Branca foi uma das muitas pessoas, na órbita de Tillerson, que teve que se esforçar para conciliar seu incomparável histórico de gestão no setor privado com sua atitude no Departamento de Estado. "Durante quarenta anos na Exxon, na Cabine de Deus, ele mandava as pessoas correrem de acordo com a taxa de elevação do preço do petróleo",[24] disse a fonte, usando o apelido interno para a suíte de Tillerson dentro da ExxonMobil. "Não quero ser chato, mas, sabe, esse podia ser um bom jeito de administrar aquela empresa." O governo, onde nenhum homem é Deus, exceto o presidente, era outra coisa. "No começo eu pensei: 'Ah, são as dores do crescimento; um cara do setor privado, percebendo o quanto Washington é difícil'", continuou a fonte próxima à Casa Branca. "E o que eu comecei a ver, semana após semana, mês após mês, era que não se tratava somente de alguém que não compreendia, mas de alguém que simplesmente não refletia sobre seu próprio papel."

Até Tillerson ser por fim demitido, em março de 2018, houve incansáveis boatos sobre seu fim.[25] O ex-diretor da CIA, Mike Pompeo, que no fim acabou por substituí-lo, era popularmente citado como seu sucessor. A embaixadora de Trump nas Nações Unidas, Nikki Haley, cuja potencial ascensão para o posto de Tillerson foi objeto de agressivos vazamentos estratégicos da Casa Branca de Trump, era outra. A aparente rivalidade com Haley era motivo de especial constrangimento para Tillerson e sua equipe. No dia em que cheguei para me encontrar com o secretário, eles ainda estavam se recuperando de um anúncio feito por Haley sobre uma retenção de fundos para a agência da ONU para os refugiados palestinos (UNRWA). Tillerson não fora consultado. Em uma série de tensos e-mails, a assessoria de imprensa de Haley disse aos funcionários de Tillerson que haviam consultado diretamente a Casa Branca em lugar de passarem pelo secretário de Estado. Várias semanas depois, quando Tillerson fez comentários duros e bem-aceitos sobre a Síria, Haley divulgou sua própria declaração sobre o mesmo assunto, praticamente ao mesmo tempo,[26] provocando rosnados na equipe de Tillerson de que Haley o estava fritando em público.[27] Tensões entre secretários de Estado e embaixadores dos Estados Unidos nas Nações Unidas não eram novidade, mas aquela animosidade em particular parecia ser mais profunda. "Minha nossa", disse a fonte próxima à Casa Branca, "nunca vi nada parecido com a maneira como ele a tratou... Foi chocante."[28] Diversas fontes da Casa Branca expressaram sentimentos semelhantes, e uma delas disse que a "fúria" de Tillerson contra Haley foi reprovada pelo próprio presidente. A equipe de Tillerson desmentiu esses relatos. Steven Goldstein, o subsecretário de Estado para a diplomacia pública, chamou-o de "uma pessoa muito cuidadosa, decente e de princípios" e atribuiu a rivais contrariados os relatos pouco lisonjeiros provenientes da Casa Branca.[29] "Sempre que há uma decisão sobre política externa existem interesses conflitantes, e às vezes algumas pessoas ficam descontentes com as decisões tomadas", disse ele. "Mas o que estão dizendo não podia estar mais longe da verdade."

Tillerson, por sua vez, disse que seu foco estava em outro lugar. "A única pessoa com quem tenho que me preocupar é o presidente dos Estados Unidos",[30] disse-me. "Desde que ele esteja contente com o que eu estou fazendo e queira que eu continue fazendo, eu farei." Mas também houve relatos sobre troca de asperezas entre Tillerson e Trump. Em outubro de 2017, algumas publicações relataram, de forma bem-humorada, que Tillerson, em uma reunião, chegou a se referir ao presidente como um "babaca". A arrogância texana de Tillerson, disse a fonte próxima à Casa Branca, incomodou Trump. "Não se pode ser um arrogante macho alfa o tempo todo com Trump. Você tem que fazer como Mattis: 'O senhor é o presidente, é mais inteligente do que eu, é um vencedor, sua intuição está sempre certa, mas me permita dar outra opinião'. E aí vem esse cara", disse a fonte referindo-se a Tillerson, "que vai e diz: 'Bem, como trabalhei por tantos anos na indústria de petróleo, acho que tenho algo a dizer. Você não conhece muito a região, então deixe comigo'. Quer dizer, honestamente, é presunçoso."[31] Os assessores de Tillerson disseram que seu chefe passava mais tempo com o presidente do que a maioria dos ministros, e o secretário de Estado afirmou que os relatos sobre ruptura eram exagerados. "O relacionamento que temos não é o mesmo que muitos secretários de Estado tiveram com os presidentes aos quais serviram", explicou, "porque não nos conhecíamos de todo. Assim, boa parte da dinâmica entre nós consiste apenas em um aprendendo quem o outro é. Eu tenho um estilo de gestão muito diferente do dele, e por vezes essas diferenças ficam evidentes para as outras pessoas. Mas isso não significa que não estejamos trabalhando juntos."[32] Mas o presidente, logo se viu, não pensava assim.

Quando mencionei o papel da Casa Branca nos boatos sobre sua demissão, Tillerson não fez nenhum esforço para fingir surpresa. "Hum", disse, assentindo. Já esperava pela pergunta. "Como você lida com isso?", perguntei. "Simplesmente ignoro", disse, categórico, então arqueou uma sobrancelha. "Quando você diz 'Casa Branca', de quem está falando?" Era uma pergunta retórica. "Não estou pedindo que revele suas fontes. Mas você entendeu a pergunta. A Casa Branca é composta por quantas pessoas?" Brian Hook, diretor de planejamento de políticas de Tillerson, disse que a resposta talvez chegasse aos milhares. Tillerson acenou para ele. "Mas as pessoas que *importam*, as pessoas que podem estar interessadas se eu saio ou se eu fico, são cerca de 160..." Tillerson inclinou-se e, por um momento, percebi que devia ser desagradável ser demitido por ele. "Não vou revelar as *minhas* fontes, porque sei quem são. Eu *sei* quem são. E elas sabem que eu sei."

De acordo com três pessoas que ouviram Tillerson falar diretamente sobre o assunto, a portas fechadas, aquilo era uma referência ao genro transformado em conselheiro de Trump, Jared Kushner. Tillerson, segundo essas fontes, estava convencido de que Kushner, em colaboração com outro alto funcionário da Casa Branca, agia para conseguir o cargo de secretária de Estado para Haley, abrindo caminho para sua própria ascensão à secretaria de Estado. Depois da saída de Tillerson, fontes próximas a ele continuaram a afirmar que Kushner tinha desempenhado um papel fundamental em sua demissão. A tensão entre os dois homens aumentava sem parar, muitas vezes na forma de uma guerra de relações públicas por procuração. Quando Tillerson manteve em operação alguns dos fundos humanitários que Haley tentara bloquear, destinados à agência da ONU para refugiados palestinos, começaram a aparecer artigos na imprensa questionando potenciais repercussões negativas para os esforços de paz de Kushner no Oriente Médio.[33] Os assessores de

Tillerson acusam Kushner de tê-los plantado. A fonte próxima à Casa Branca disse que Kushner tentou trabalhar com Tillerson, mas encontrou resistência.

Eis o que eu vi: um presidente que encontrou [Kushner] a postos e disse "Você vai obter a paz no Oriente Médio" depois da campanha. Um cara que tentou manter Rex informado semanalmente, sem falta, mas nunca conseguiu que retornasse uma ligação ou fizesse uma reunião... E não foi só Jared. Muitas pessoas, em todo o governo, incluindo colegas do gabinete presidencial, se queixavam.[34]

Um assessor de Tillerson se irritou com a caracterização de Kushner como um educado recebedor de mandatos inesperados, e disse que Tillerson foi forçado a "ter uma conversa séria" com Kushner para lhe lembrar quem era o secretário de Estado.[35]

No entanto, quando perguntei a Tillerson se ele ficara frustrado quando mandatos fundamentais, tipicamente assumidos pelo secretário de Estado, eram entregues a Kushner, ele ficou surpreendentemente passivo. "Hã, não", disse, "não era motivo para frustração, porque eu acho que, na maioria das áreas, havia transparência. Ficou bem claro, desde o começo, que o presidente queria que ele trabalhasse no processo de paz no Oriente Médio, então encontramos um jeito de fazer assim."[36] "Ele forçou a barra?", perguntei. "Não", disse Tillerson. "Era o que o presidente queria." Tillerson permaneceu envolvido. Kushner "aparecia" periodicamente para atualizá-lo, "assim pelo menos mantínhamos total conectividade entre aquilo e todas as outras questões que administrávamos, com os mesmos países e com os mesmos líderes. Dávamos a eles informações e sugestões: 'Talvez queiram refletir sobre isto', 'Isto não vai dar certo'". Tillerson parecia apaixonado por histórias de brigas a respeito de sua exoneração. Sobre ter desistido da paz no Oriente Médio, deu de ombros. Hook, o diretor de planejamento de políticas, deu um passo adiante. "É importante que as partes interessadas da região saibam que nossa equipe de paz tem o total apoio do presidente", disse. "Sei que os governos passados praticaram diferentes divisões de trabalho com relação à paz no Oriente Médio, mas a nossa é construída em torno de uma nova abordagem e de uma proximidade bem maior com o presidente."[37] Disporem da aprovação do genro do presidente, sugeriu, havia sido uma coisa boa.

Mas a confusa divisão de trabalho entre Tillerson e Kushner teve consequências reais para a política norte-americana. Quando o secretário de Estado começou a trabalhar como mediador em uma disputa na qual a Arábia Saudita e certo número de Estados do Golfo ameaçavam cortar relações com o Catar, um importante aliado no contraterrorismo, Trump mudou de direção, vociferando e exigindo um imprevisto arrocho no Catar. Era uma guinada de 180 graus em relação à narrativa que Tillerson apresentara na televisão aquele domingo, apenas um dia antes. Kushner, segundo fontes da Casa Branca, apoiou os sauditas devido à sua estreita relação com o príncipe herdeiro Mohammed bin Salman, que ele considerava um reformista promissor.[38] A política do Oriente Médio fora entregue a ambos os homens, e Kushner, com formação no mercado de imóveis e genro do presidente, aparentemente estava ganhando o cabo de guerra.

Colin Powell relembrou disputas por espaço similares com o então vice-presidente Dick Cheney sem nenhuma saudade.[39] "Estive em uma situação semelhante, quando de repente descobri que tínhamos criado comissões militares. Veja bem — isso é uma questão legal, e uma questão legal sobre a qual o Departamento de Estado tem primazia." Perguntei se ele daria algum conselho a Tillerson. "Não sei. Talvez ele goste disso",[40] disse Powell, dando de ombros. "Não estou certo de que ele tenha alguma objeção." Com um sorriso irônico, concluiu: "Talvez, se tivéssemos embaixadores por lá, eles tivessem entendido como resolver essas diferenças. É o trabalho deles". Powell estava cutucando uma consequência mais ampla da abordagem do governo Trump com relação ao Departamento de Estado: um edifício cada vez mais desgovernado e reduzido em seu tamanho.

Em março de 2018, o próprio Tillerson se tornou o último diplomata a receber o bilhete azul. "Mike Pompeo, diretor da CIA, será nosso novo secretário de Estado",[41] tuitou Trump. "Ele fará um trabalho fantástico! Meu muito obrigado a Rex Tillerson por seu serviço!" Como era cada vez mais a norma, o Departamento de Estado foi o último a saber. "O secretário pretendia permanecer", lia-se numa declaração de Goldstein, porta-voz de Tillerson. "Ele não falou com o presidente e não sabe qual foi o motivo."[42]

Pompeo, ex-congressista republicano do Kansas, tinha pouca experiência diplomática e era ainda mais falcão do que Tillerson. Apoiara as ameaçadoras ordens de Trump para desmantelar as negociações com o Irã por meio de suas próprias declarações e de tuítes igualmente ríspidos. Também parecia ter internalizado algumas das lições citadas pelos funcionários da Casa Branca sobre como lidar com o ego de Trump. O presidente, disse ele durante seu mandato como diretor da CIA, "faz boas perguntas, e difíceis. Faz com que nos certifiquemos de que estamos fazendo o nosso trabalho da maneira correta".[43] Trump disse que ele e Pompeo estavam "sempre sintonizados. Nosso relacionamento sempre foi bom, e é disso que eu preciso na secretaria de Estado".[44]

Nas semanas que antecederam sua demissão, Tillerson tentara dar um apoio maior à instituição que dirigia, elogiando o valor do Foreign Service. A guilhotina ter finalmente caído sugeria que a mensagem não era bem-vinda. A diplomacia norte-americana seria reduzida e haveria menos divergências do que no passado. Pompeo assumiria um Departamento de Estado no qual aquela missão já estava bem encaminhada.

23.

O mosquito e a espada

Tillerson estudara engenharia na faculdade, fato que mencionava com certa frequência e que parecia conformar sua obstinada abordagem da gestão. Quando perguntei a ele que tipo de legado pensava em deixar como secretário de Estado, mencionou uma reforma institucional antes da política. "Sou um cara mais voltado para sistemas e processos",[1] disse. Assim, em abril de 2017, começou uma ampla pesquisa, por meio da contratação de uma empresa de consultoria privada, a Insigniam, para diagnosticar a saúde dos órgãos diplomáticos dos Estados Unidos.

Ao longo de vários meses, a um custo de pouco mais de 1 milhão de dólares, consultores fizeram perguntas a mais de 35 mil funcionários do Departamento de Estado e da Usaid. Isso foi visto como uma boa ideia, no início, mas, depois da entrega da pesquisa, como uma frustração. "Só fez enlouquecer as pessoas", lembrou um oficial do Foreign Service alocado no Departamento de Assuntos Internacionais para Narcóticos e Cumprimento da Lei (INL). "Eu tive que me afastar de meu computador por uma hora antes de conseguir olhar para aquelas perguntas."[2]

"O que o Departamento deve parar de fazer?", perguntava a pesquisa, sem rodeios. Qual era a missão de um diplomata, em seis palavras (de forma que a firma pudesse elaborar nuvens de palavras)? "Era irracional... Um recorta-e-cola do que as corporações fazem. E, mesmo assim, em quase todas as corporações, o questionário precisaria ser mais bem trabalhado",[3] disse-me o funcionário do Foreign Service no INL. "O que era aquilo?", concordou o funcionário de operações. "Tenho algumas palavras para sua nuvem, mas todas começam com 'fo', têm 'da' no meio e acabam com '-se'."[4] O BuzzFeed declarou a pesquisa "saída diretamente do filme *Perdidos no espaço*", e logo a transformou em uma lista do tipo "As dez coisas mais importantes que você deve saber sobre...".[5]

Ainda assim, os resultados foram reveladores. Algumas das reclamações dos funcionários eram banais. "A tecnologia é péssima", concluiu a pesquisa, observando que o Departamento, sediado em Washington, por algum motivo usava servidores em Miami, e citava o angustiado lamento de um funcionário de que "você precisa virar alguns PCs de cabeça para baixo, senão eles travam".[6] Rex Tillerson se concentrou nesses aspectos práticos quando perguntei a ele sobre seus objetivos para a reforma. "Precisamos nos atualizar e nos modernizar", disse ele. "Tenho certeza de que estamos usando os mesmos sistemas de TI que usávamos quando você estava aqui." Como uma Marie Kondo da diplomacia, ele queria eliminar "a bagunça na qual as pessoas são obrigadas a trabalhar".

Mas a pesquisa também refletia questões mais existenciais. "As pessoas não falam do futuro com otimismo",[7] concluiu a empresa. "A falta de uma visão clara sobre o futuro abre espaço para especulações e boatos sobre o que o futuro pode trazer, seja uma maior integração da Usaid com [o Departamento de Estado] ou uma militarização da política externa." Um funcionário entrevistado disse: "Causa preocupação o fato de que a drástica redução no orçamento, combinada com a grande falta de pessoal de nível mais alto, possa resultar não só na perda de um grupo excepcionalmente talentoso de pessoas em nossas fileiras, mas também prejudique nossa capacidade de cumprir nossa missão nas próximas décadas". A respeito do governo Trump e

346

da equipe de Rex Tillerson no Departamento de Estado, o relatório da Insigniam concluiu que "as pessoas se perguntam se essas duas instituições compreendem o papel que o Departamento de Estado desempenha no encaminhamento dos interesses dos Estados Unidos no mundo". Muitos "percebem falta de apoio por parte do governo, do Congresso, da nova liderança [do Departamento de Estado] e do povo norte-americano".[8] A busca de Rex Tillerson para acabar com a bagunça, ficou provado, não chegou nem perto de acalmar esses temores.

O primeiro orçamento que o governo Trump enviou ao Congresso propunha um corte de 27% nas verbas do Departamento de Estado[9] — cerca de 10 bilhões de dólares em um orçamento de 52,78 bilhões. A Casa Branca queria eliminar todo o financiamento do Instituto Americano pela Paz e de sua missão em "orientar as negociações de paz e aconselhar governos; treinar policiais e líderes religiosos; e apoiar grupos comunitários que se opõem ao extremismo".[10] Isso evisceraria os programas de saúde contra o HIV, a malária e a poliomielite, e reduziria pela metade as contribuições dos Estados Unidos para as missões de paz das Nações Unidas.[11] Contava fechar o Escritório de Justiça Criminal Global do Departamento de Estado, responsável por estabelecer políticas sobre crimes de guerra. Mais radical ainda, o governo procurava transferir por inteiro — do Departamento de Estado para o Departamento de Segurança Interna — os órgãos dedicados a questões relativas a refugiados e a negócios consulares, responsáveis pela emissão de passaportes e remoção de reféns, que talvez fossem a competência essencial mais visível do Departamento.[12] Até mesmo a missão oficial do Departamento de Estado foi dimensionada para permitir cortes. Pela primeira vez, um governo propunha remover "justiça" e "democracia" da lista do que os Estados Unidos procuravam incentivar em todo o mundo.[13]

Poucos achavam que os programas destinados a cortes não precisassem de reformas. Mas havia uma indignação crescente pela natureza ampla e aparentemente arrogante dos cortes. A oposição chegou ao ápice no início de 2018, quando a Usaid, que se reportava ao Departamento de Estado, tomou a medida sem precedentes de anunciar que não iria se adequar aos esforços de Tillerson para reorganizar seu edifício e seus pertences. "Por orientação do escritório de representação, estamos suspendendo todo o envolvimento da Usaid",[14] disse uma autoridade em um e-mail para o alto escalão. "Ninguém deve trabalhar em nenhuma atividade conjunta de reestruturação." Tratava-se um motim.

Esse movimento foi precedido por meses de resistência bipartidária contra os planos de Tillerson. Em uma sala de audiências com painéis de madeira, no edifício de escritórios Dirksen do Senado, Tillerson encarou sobrancelhas ostensivamente erguidas nos dois lados do corredor quando apresentou o primeiro orçamento proposto pelo governo. "Após cerca de cinco minutos" revendo a proposta, relembrou o senador Bob Corker, líder dos republicanos, "eu disse a ele: 'Isso é uma total perda de tempo. Não quero mais fazer isso. E a razão pela qual é uma perda de tempo, acho que você sabe, é que o orçamento que está sendo apresentado não vai ser o orçamento com o qual lidaremos'."[15]

"Vamos elaborar nosso próprio orçamento, mas realmente acho que sua atitude provocará arrepios no Departamento de Estado e no pessoal de carreira que tenta realizar suas missões", acrescentou o líder democrata Ben Cardin, que ainda disse mais:

Setenta anos atrás, neste mesmo mês, um de seus antecessores, George Marshall, proferiu um discurso que ajudou a cimentar sua reputação como um dos principais arquitetos do esforço do pós-guerra para construir uma ordem internacional liberal. Ele estava "presente na sua criação". Minha preocupação, hoje, francamente, é que seu governo entre para os livros de história como estando "presente na destruição" da ordem que tanto trabalhamos para sustentar[16] — e que tanto beneficiou nossa segurança, nossa prosperidade e nossos ideais.

O edifício de escritórios Dirksen foi uma construção adicionada ao prédio do Congresso nos anos 1950. Seus auditórios estavam entre os primeiros construídos levando em conta uma tela de televisão, daí evitar mesas redondas e incluir palanques projetados para espectadores. Câmeras da estação pública C-SPAN captaram Tillerson assentindo quase imperceptivelmente, com um lampejo de reprovação no rosto. No entanto, resistiu na defesa dos profundos cortes em seu próprio órgão durante várias horas, ao longo das quais levou uma surra. No ano seguinte, o próprio Congresso tentou destinar verbas para o Departamento de Estado, mas Tillerson as recusou. Recusou-se a aceitar 80 milhões de dólares em verbas do Congresso destinadas ao Departamento de Estado para o combate à propaganda russa, para total perplexidade de muitos funcionários.[17] Era quase inédito um ministro recusar recursos já destinados ao seu órgão, o que causou desconfiança depois de as comunidades de Inteligência e Defesa terem afirmado que a Rússia usara de propaganda para se intrometer na eleição presidencial. Um assessor disse que Tillerson temia que os fundos pudessem irritar a Rússia. As relações de Tillerson no Capitólio se deterioraram.[18] Um proeminente senador republicano ligou para a Casa Branca e ameaçou intimar Tillerson se ele não fosse mais colaborativo, de acordo com uma fonte na Casa Branca e outra no Capitólio.

Vários ex-secretários de Estado, de ambos os partidos, viam com espanto a resistência de Tillerson à verba para seu

Departamento. "Senadores que acreditavam no Departamento de Estado queriam restaurar parte do dinheiro, ou não concordavam com os cortes", lembrou Madeleine Albright. "Tillerson não queria o dinheiro. De minha parte, nunca ouvi falar de algo parecido."[19] Quando eu insisti sobre sua defesa do orçamento, Tillerson pareceu desconcertado. Admitiu pela primeira vez que, a portas fechadas, havia recusado o orçamento. "Na verdade, havia pessoas por aqui que diziam: 'Sabe, você precisa vazar para a imprensa o valor que o Escritório de Administração e Orçamento da Casa Branca (OMB, na sigla em inglês) sugeriu, e vazar também o recurso que você interpôs'. E eu dizia: 'Não, não é assim que eu faço.'"[20] Tillerson disse que analisou os números propostos pelo OMB e supôs que poderia contar com "mais 10%, mais 20%, porque achávamos que o Congresso iria nos dar alguma coisa". Nenhum outro secretário de Estado vivo admitiu ter defendido o orçamento da pasta dessa maneira, isto é, deixando chegar ao Congresso um valor sugerido menor e deixando que os parlamentares batalhassem um aumento. Tillerson admitiu que simplesmente pode ter lhe faltado experiência. "Estava aqui havia um mês somente, não tinha uma fundamentação real para fazer alguma coisa além de trabalhar com o OMB para entender quais eram seus objetivos. Vou ser honesto com você: eu não me envolvi tanto com os números em si quanto em tentar entender: 'Que objetivo estamos tentando atingir?'" No fim, Trump o substituiu alegando a necessidade de estar "na mesma sintonia" que seu secretário de Estado. Até mesmo uma modesta resistência, atrás de portas fechadas, havia sido, ao que parece, excessiva.

Ironicamente, os maiores defensores de verbas para o Departamento de Estado estavam, por vezes, no lado militar: os generais, com o caixa de sua instituição cheio de dinheiro, procuravam compartilhar a abastança. "Se não financiarmos totalmente o Departamento de Estado, no fim precisaremos comprar mais munição", disse James Mattis, secretário de Defesa de Trump, aos membros do Congresso, quando era o comandante do Centcom, em 2013. "Acho que é uma questão de custo-benefício. Quanto mais investirmos na diplomacia do Departamento de Estado, menos teremos, espera-se, que investir no orçamento militar."[21] No entanto, em 2017, até ele pareceu inverter essa lógica quando defendeu uma nova era de aumentos em gastos para Defesa: "Nossas Forças Armadas devem assegurar que o presidente e nossos diplomatas sempre negociem em uma posição de força".[22] Mattis não tinha muito com o que se preocupar. O mesmo orçamento que eviscerou o aparelho civil responsável pela política externa dos Estados Unidos propôs um aumento de 52 bilhões de dólares nos gastos com Defesa.[23]

O massacre da Ala Mogno não foi nada comparado com as baixas planejadas pela ofensiva orçamentária. Mais de 1300 diplomatas seriam demitidos.[24] Novas contratações foram congeladas. No início, foi anunciado que não haveria mais turmas para funcionários do Foreign Service — os assim chamados calouros "A 100", os inscritos para receber treinamento em uma espécie de Hogwarts para diplomatas no interior da Virgínia antes de se tornarem funcionários de pleno direito. Bolsistas do programa Rangel e Pickering, recrutados em comunidades desfavorecidas e a quem já haviam prometido vagas para o treinamento, foram de repente privados de seu futuro. A indignação foi tão rápida e decisiva que alguns calouros foram reintegrados.[25] O Departamento de Estado também suspendeu abruptamente sua participação no programa Bolsas de Estudo em Gestão da Presidência, um prestigioso aprendizado havia muito usado para atrair talentos para a profissão.[26] O efeito foi perceptível: o número de inscritos no processo de seleção do Foreign Service despencou 26% em relação ao ano anterior.

Foi o menor nível de interesse em quase uma década.[27] Em épocas mais favoráveis, o Departamento de Estado enfrentara intensa competição do setor privado quando se tratava de recrutar as melhores mentes. "Imagine agora, quando há claros sinais de que Trump não valoriza o Departamento de Estado?",[28] disse John Kerry. "Imagine o que isso faz com as pessoas mais capazes?"

Parecia haver pouco interesse em preencher os principais cargos de liderança que subsistiam. Centenas dos mais altos cargos permaneceram vazios. O prédio estava sendo dirigido quase que inteiramente por suplentes, elevados ao status de secretários adjuntos "interinos", muitos dos quais tinham décadas de experiência a menos do que seus antecessores, removidos sem a menor cerimônia. Quando perguntei a Tillerson se os cargos não preenchidos eram motivo de angústia, ele estufou o peito e sorriu. "Não *estou angustiado*", disse. No entanto, essa questão em particular era "um ponto preocupante... As vagas estão abertas há muito tempo. Não é algo que me deixa feliz".

Tillerson disse que se encontrava com supervisores de pessoal a cada duas semanas para resolver o problema. "Elas não eram fáceis",[29] comentou sobre as conversas com a Casa Branca a respeito do preenchimento das vagas abertas. "O processo por lá não era dos mais eficientes, e eles mudavam a equipe tentando melhorar, mas, muitas e muitas vezes... Era tudo muito lento, muito penoso, e às vezes era frustrante, porque não dava para entender qual era o problema. Parecia que alguém por lá tinha engatado o ponto morto..." Tillerson suspirou. "Eu lhes dizia: 'Ao menos me deem um não, pelo menos com um não posso buscar outro nome'." Dizem que ele teria explodido com o diretor de pessoal da Casa Branca, Johnny DeStefano, por estar se intrometendo em suas decisões — incluindo a rejeição de sua escolha inicial para vice, Elliott Abrams, considerado crítico demais em relação a Trump durante a campanha. Aquele cargo ficaria vago por quase cinco meses.[30] Esse era o problema em todo o Departamento. Em uma das primeiras conversas, um assessor de Tillerson me deu uma razão para não responder a perguntas mais detalhadas sobre os cortes orçamentários: "Temos tão poucos funcionários que não tenho tempo para entrar nesse assunto".[31]

Até mesmo os mais fervorosos defensores do Departamento de Estado muitas vezes concordam que a burocracia não é um modelo de eficiência. Em 1970, Richard Holbrooke, em sua denúncia "A máquina avariada" na revista *Foreign Policy*, lamentou o "inimaginável tamanho absoluto" do sistema e seus embrutecedores procedimentos e protocolos.[32] James Baker, secretário de Estado de George H. W. Bush, adotou uma visão semelhante, queixando-se das "demasiadas camadas burocráticas que podem levar, por vezes, a um processo decisório esclerosado".[33]

Funcionários do governo Trump invocaram uma lógica similar. O objetivo, disse-me um deles, era enxugar o número de enviados itinerantes e de projetos preferidos e restaurar o poder dos departamentos regionais.

"Como você consegue restaurar o poder dos departamentos regionais sem diretores de escritórios regionais instalados?", perguntei, genuinamente curioso.

"Não sei qual foi sua experiência com o Foreign Service..."

"Variada", admiti.

"É variada mesmo. Existem alguns departamentos onde eu posso encarregar alguém de alguma coisa e sei, com 100% de certeza, que não preciso olhar novamente. Existem outros em que tenho que percorrer o campo inteiro com a bola."[34]

Como qualquer organização de grande porte, especialmente organizações governamentais com pouca relação entre mérito e recompensa, o Foreign Service tinha seus batedores de ponto e funcionários estáveis mal-humorados e entediados. Mas também estava cheio de servidores públicos maravilhosos e dedicados: homens e mulheres com qualificação suficiente para ganhar mais em outros lugares, que se sacrificavam muito para proteger vidas norte-americanas. No final, as dúvidas por trás do ceticismo do assessor se mostraram proféticas. Os líderes norte-americanos deixaram de valorizar os diplomatas, o que levou ao tipo de corte que desvalorizou os diplomatas. Um círculo vicioso.

Vários ex-secretários de Estado concordam com a premissa dos cortes expressivos, mas, praticamente todos, de várias gerações, questionam a extensão e a execução dos cortes defendidos pelo governo Trump. O mais favorável a uma redução significativa, Baker, disse que acreditava na urgência em restringir os gastos do governo em geral. "Acreditei por muito tempo que os orçamentos do Departamento de Estado poderiam ser revistos... Claro", apressou-se em acrescentar, "que não posso opinar a respeito da dimensão dos cortes recentes no Departamento de Estado, porque não tenho informação sobre eles."

George P. Shultz, que serviu nos gabinetes de Nixon e Reagan, disse: "Acho que é um corte drástico. Não há dúvida de que algumas coisas podem ser cortadas, como os enviados especiais. Mas fundamentalmente... tem que haver escritórios regionais, tem que haver embaixadores, tem que haver pessoas que conheçam o esquema".[35] Shultz e Tillerson tinham vivido anos no setor privado; Shultz na Bechtel, empresa de construção e engenharia civil. Ao transitar de uma grande corporação para uma organização governamental, disse: "Você não começa com a ideia de que vai cortar tudo, antes de ao menos saber o que está acontecendo". O fato de Tillerson ter aceitado tão rapidamente os cortes foi "surpreendente. Se o presidente disse para ele fazer isso, se era uma condição para ficar com o cargo, eu não sei. Por outro lado, se o presidente exige algo assim, acho inaceitável. Sempre se pode recusar um cargo".

Condoleezza Rice, que já trabalhou no orçamento da Universidade Stanford, acreditava na eficiência. "Não digo 30%", comentou comigo naquela cadência entrecortada que guardava um vestígio de suas raízes no Alabama. "Mas também não posso dizer que não haja algum aperto a ser feito no Departamento de Estado... algumas dessas funções auxiliares... As coisas crescem de qualquer jeito e ninguém põe um limite." No entanto, disse, outras iniciativas de cortes no governo Trump, como retirar a democracia do mandato diplomático dos Estados Unidos, "foi uma ideia incrivelmente ruim".[36] Até ela questionou a quantidade de vagas não preenchidas em todo o Departamento: "Não consigo entender nenhuma reforma que não tenha um secretário adjunto para Europa, América Latina e Ásia".

Outros ex-secretários foram mais taxativos sobre o mau estado do Departamento. "Acredito que foi causado um dano incalculável",[37] disse Madeleine Albright. "O que para mim ficou bastante evidente, no minuto em que o orçamento foi proposto, foi que, na verdade, não estavam cortando apenas a gordura, mas todo o sistema." Hillary Clinton classificou como "tolice" a iniciativa de "se livrar de pessoas que falavam árabe, coreano, mandarim, reduzir o número de jovens que querem ser funcionários do Foreign Service, que têm experiência em línguas ou que estão dispostos a levar os dois ou três anos necessários para dominar um idioma difícil".[38]

Colin Powell fez uma avaliação igualmente contundente. A nova administração estava "extirpando as entranhas da organização. Pior ainda, não estão preenchendo as vagas que planejam manter". O congelamento de contratações, sobretudo, era doloroso para um secretário que investira pessoalmente em recursos humanos. "Qualquer organização que pare de trazer sangue novo está se prejudicando no presente e no futuro. É um erro. Quando para de trazer pessoas ou quando torna o lugar indesejável, você hipoteca seu futuro." Sorriu. Powell resguardou algumas de suas observações mais incisivas. Esta, disse ele, "você pode usar".[39]

"É muito dispendioso",[40] disse John Kerry sobre o que, aos olhos de muitos no prédio, tornou-se um incansável ataque ao Departamento e à profissão. "Veja, daqui a alguns anos, se tivermos uma presidência de qualquer partido que valorize a diplomacia, pode-se fixar um orçamento, pode-se investir novamente no Departamento de Estado, mas levará anos para desfazer o que está sendo feito, porque leva anos para se produzir especialização e competência."

O efeito sobre o moral foi imediato para aqueles em atividade, ao verem sua profissão ser desmantelada enquanto tentavam fazer seu trabalho. "Perde-se a disciplina e a efetividade", disse Chris LaVine, um funcionário de carreira, que trabalhava em políticas para a Síria no Departamento de Estado quando as notícias sobre os cortes chegaram. "É o equivalente a entregar uma espada a um mosquito."[41]

24.

O colapso

Com Foggy Bottom esvaziado, a pegada diplomática norte-americana em conflitos por todo o mundo começou a escapar. Em julho de 2017, Rex Tillerson e o presidente Trump sentaram-se na Casa Branca, gritando um com o outro a respeito do Irã. O acordo para barrar o desenvolvimento nuclear daquele país, obtido pelo antecessor de Tillerson, John Kerry, exigia que o governo certificasse ao Congresso a conformidade iraniana a cada noventa dias. Os dois homens se reuniam antes do último daqueles marcos. "Por que eu tenho que certificar?", perguntava Trump repetidamente, de acordo com uma fonte que acompanhou a reunião.[1] Dois dos conselheiros da linha dura de Trump, Steve Bannon e Sebastian Gorka, o apoiavam, insistindo que o acordo estava prejudicando os interesses da segurança nacional dos Estados Unidos.

Onde antes Tillerson fora um defensor aparentemente entusiasta de cortes orçamentários, em várias matérias políticas, ele agora parecia querer peitar o trator do governo Trump. A resposta de Tillerson ao insistente questionamento de Trump — dizendo que todas as evidências indicavam que o Irã cumprira e aprovara as inspeções de investigadores internacionais — alvoroçou o presidente. Ao final da reunião, disse a fonte, ele estava furioso. Um porta-voz de Tillerson alegou, mais tarde, que os relatos do confronto foram exagerados e que o presidente estava "agradecido" pela informação. No entanto, até mesmo a fonte admitiu, escolhendo delicadamente as palavras, que "nem todos na sala concordavam com o que o secretário dizia". Relatos públicos de fontes da Casa Branca deram à reunião uma descrição mais simples: tinha sido um "colapso". Trump pediu aos conselheiros da Casa Branca que encontrassem razões alternativas para acabar com o acordo. Se o Departamento de Estado não lhe desse o que queria, simplesmente passaria por cima dele.[2]

O acordo com o Irã incomodava Trump desde a campanha. Durante as eleições, ele disse que sua "prioridade número um" era "desmantelar o desastroso acordo com o Irã".[3] Em um palanque, deu sua própria versão das negociações multilaterais que levaram ao acordo: "Vocês podem imaginar?", perguntou ele, balançando animadamente a cabeça em frente a um microfone, com a gravata azul-royal, como sempre, dez centímetros mais longa do que o normal. Levou a mão ao ouvido, imitando um telefone. "Você liga para eles: 'Ouvimos que vocês estão fabricando armas nucleares'. 'Está bem, vamos verificar.' Eles retornam: 'Não, não estamos fazendo armas nucleares, seu idiota filho da puta.'"[4] Trump falou as últimas palavras em voz baixa, como uma criança no fundo da sala da aula. Mike Pompeo, nomeado diretor da CIA por ele — e mais tarde sucessor de Tillerson no Departamento de Estado —, tuitou logo após sua indicação para o primeiro desses cargos: "Estou ansioso para reverter esse desastroso acordo com o maior Estado patrocinador do terrorismo".[5] O próprio Trump providenciou sua cota de condenações via Twitter. "O Irã foi oficialmente NOTIFICADO por disparar um míssil balístico", tuitou em uma ocasião.[6] "Deveriam ser gratos pelo péssimo acordo que os Estados Unidos fizeram com eles!" E depois: "O Irã está brincando com fogo — eles não percebem quão 'gentil' o presidente Obama foi com eles. Eu não serei!".[7]

Os iranianos argumentaram que seus mísseis balísticos eram para autodefesa e sem nenhuma relação com o acordo nuclear. Mas as potências ocidentais estavam preocupadas com o crescente arsenal convencional do país[8] — e alvos próximos, como Israel, estavam duplamente preocupados. Compromissos a respeito de relatórios sobre direitos humanos no Irã também foram descumpridos. Na época do confronto entre Trump e Tillerson sobre a certificação, em julho de 2017, pelo menos três cidadãos norte-americanos estavam presos no Irã sob alegações forjadas.[9]

Ainda assim, o Irã estava cumprindo o acordo. O grupo responsável pelas severas inspeções do acordo afirmara, repetidas vezes, que o país não estava trapaceando. Exceto os Estados Unidos, os vários países por trás do acordo eram unânimes: não havia motivos para revê-lo. O mesmo valia para os colegas de linha dura de Trump eleitos no exterior. "O acordo nuclear com o Irã é controverso, mas tem neutralizado por mais de uma década a possibilidade de o país adquirir armas nucleares no futuro",[10] insistiu a primeira-ministra do Reino Unido, Theresa May, em meio a uma retórica que, afora essa frase, era bem mais dura.

De início, Trump continuou a certificar a conformidade do Irã. No entanto, a cada vez o governo manifestava com clareza seu desagrado. Após o teste do míssil balístico, o governo impôs uma nova rodada de sanções, levando os iranianos a alegar que os Estados Unidos, e não eles, violavam os termos do acordo.[11] Em setembro de 2017, a embaixadora norte-americana na ONU, Nikki Haley, foi enviada para um centro de estudos conservador, o American Enterprise Institute, em busca de uma justificativa para deixar o acordo. Algumas semanas depois, Trump ameaçava abertamente: "Não vamos suportar o que estão fazendo com o nosso país. Eles violaram diversos itens, assim como o espírito do acordo".[12] Até mesmo Rex Tillerson estava alinhado com o presidente: "Em nossa opinião", disse o secretário de Estado, analisando as palavras com cuidado, "o Irã está claramente abaixo das expectativas".[13]

Outros feitos diplomáticos anteriores receberam o mesmo tratamento. Trump se retirou do Acordo de Paris sobre mudanças climáticas, tornando os Estados Unidos o terceiro país a rejeitá--lo, depois da Síria e da Nicarágua, que mais tarde mudaram de ideia e aderiram. "Quem acredita que os problemas do mundo podem ser resolvidos pelo isolacionismo e pelo protecionismo", disse Angela Merkel sobre a decisão de Trump, "está cometendo um enorme erro."[14] "É simplesmente um incrível retrocesso na liderança norte-americana, e escuto isso em todos os lugares onde vou", disse-me mais tarde John Kerry, acrescentando:

> Os ministros das Relações Exteriores de outros países se perguntam se o presidente jamais se dignou a ler ou entender o Acordo de Paris, que nos ajudou a estabelecer nossos próprios compromissos em primeiro lugar. Por que iríamos querer abandonar nosso lugar à mesa — por que um homem de negócios faria isso, em particular — está além da minha compreensão. Em vez disso, outros países estão exercendo a liderança e suas indústrias serão favorecidas, ganhando quantias incríveis de dinheiro ao fazê-lo. É autodestrutivo. A China, especialmente, está colhendo os benefícios de nosso retrocesso.[15]

Na embaixada dos Estados Unidos em Pequim, sobrou para o segundo no comando, o funcionário de carreira David H. Rank, notificar os chineses da retirada dos Estados Unidos do Acordo de Paris. Em vez de fazer isso, ele se demitiu, encerrando uma carreira de 27 anos no Foreign Service.[16] Sua explicação, publicada no *Washington Post*, foi um lamento pela diplomacia na era moderna. "Eu me preocupo com a imagem, frequentemente motivada por razões políticas, que retrata aqueles que trabalham para o povo norte-americano como membros de uma elite mítica, isolada e suspeita", explicou ele. "Me preocupo com a desvalorização da competência, no momento em que um mundo complexo a exige mais do que nunca." Finalmente, escreveu: "Me preocupo com a erosão do consenso bipartidário sobre a necessidade de liderança dos Estados Unidos... Se essa liderança não vier de nós, virá de outro lugar".[17]

Diante de uma multidão de cubanos-americanos no bairro de Little Havana, em Miami, Trump anunciou outro retrocesso diplomático, "cancelando o acordo totalmente unilateral do último governo com Cuba". Isso era, de certa forma, simbólico: a embaixada dos Estados Unidos em Havana continuaria funcionando. Mas houve também retrocessos reais no processo. Os norte-americanos que viajavam para Cuba voltaram a enfrentar restrições mais severas. Foram proibidos de fazer negócios com uma nova lista de hotéis e empresas consideradas vinculadas ao governo cubano. A atitude pretendia ser rígida com aquele governo, mas críticos argumentaram que aqueles que mais seriam prejudicados seriam os pequenos negócios, como pousadas.[18] Como era típico nesses retrocessos, o Departamento de Estado foi o último a saber. "Pobre WHA", disse um funcionário de carreira, referindo-se ao Escritório para Assuntos do Hemisfério Ocidental, órgão oficialmente responsável pela política com relação a Cuba. Nenhum secretário adjunto permanente foi nomeado para dirigir o órgão. O secretário adjunto interino "não foi informado sobre a mudança da política com relação a Cuba até o dia de hoje".[19] O novo governo parecia decidido a desperdiçar as poucas realizações diplomáticas que seus antecessores haviam deixado de herança.

Em outros casos, a era Trump dilapidou sua liderança diplomática devido ao caos e à estupidez. Esses momentos foram mais significativos do que o secretário de Estado e a marginalização de seu departamento. Nasceram de um momento único na política norte-americana e do caráter único de um presidente negligente e viciado no Twitter. Mas puseram em relevo a importância de uma diplomacia vigorosa e os perigos de sua ausência.

De maneira reiterada, as declarações improvisadas do presidente punham em risco áreas delicadas da política externa. "Temos muitas saídas para a Venezuela, e não vou descartar uma opção militar",[20] disse Trump em 2017, quando uma turbulência política abalou aquele país. Estava ao ar livre, em seu campo de golfe em Nova Jersey, ladeado por Tillerson (que mordia o lábio nervosamente) e Haley (que tentava quebrar o recorde mundial de franzimento de testa). A observação de Trump provocou um conflito diplomático, com o ministro da Defesa da Venezuela chamando-a de "um ato de loucura" de "insuperável extremismo" e com a Casa Branca recusando uma ligação do presidente venezuelano Nicolás Maduro. Esse tipo de endurecimento podia muito bem funcionar em uma diplomacia mais agressiva com respeito à Venezuela, mas autoridades do Departamento para a América Latina do Departamento de Estado disseram que não sabiam como, ou não conseguiam, acalmar o presidente quando ele disparava rumo a um impasse.

Um padrão similar foi repetido nas relações de Trump com os aliados europeus. Tillerson estava entre um grupo de autoridades — incluindo o conselheiro de segurança nacional H. R. McMaster e o secretário de Defesa James Mattis — que fez hora extra para assegurar que o presidente Trump, durante sua primeira viagem à Europa, se comprometesse com a defesa conjunta perante os líderes da Otan. Era um dever considerado inegociável por todos os presidentes norte-americanos desde Truman. Depois de meses de cuidadoso planejamento por parte dos assessores para inserir o conceito em declarações previamente elaboradas, Trump falou de improviso e omitiu a questão.[21] Levou semanas para corrigir o erro, um período tenso em que os funcionários de carreira tiveram que organizar uma fila de atendimento, buscando acalmar aliados alarmados.

Trump foi ainda menos cuidadoso quando milhões de pessoas no norte do Japão foram acordadas por um alerta sonoro em seus celulares, no final de agosto de 2017, informando que a Coreia do Norte havia lançado mísseis sobre seu país. "É melhor a Coreia do Norte não fazer mais ameaças aos Estados Unidos", alertou ele em um surpreendente ultimato, mais uma vez em seu campo de golfe em Nova Jersey. "Eles vão encontrar fogo, fúria e, francamente, um poder que o mundo jamais viu."[22] Historiadores presidenciais definiram aquele linguajar como o mais agressivo vindo de um comandante em chefe, desde que Truman advertira o Japão sobre "uma chuva de destruição vinda do céu nunca antes vista na terra", embora ninguém pudesse afirmar que o paralelo era intencional.[23] Era exatamente o tipo de declaração que os especialistas do Departamento de Estado, com profundo conhecimento dos sensíveis gatilhos do complexo relacionamento com a Coreia do Norte, teriam sido capazes de moderar. Mas, até onde se pode dizer, nenhum especialista, de qualquer tipo, foi consultado. "O comentário do presidente Trump não foi planejado, foi espontâneo",[24] disse um alto funcionário a respeito do destempero. Pyongyang imediatamente ameaçou retaliar atacando o território dos Estados Unidos em Guam. O presidente foi ao Twitter para dobrar a aposta. "Soluções militares estão agora totalmente posicionadas, armadas e carregadas, caso a Coreia do Norte aja de maneira imprudente",[25] escreveu ele. "Espero que Kim Jong-un encontre outro caminho!"

Um mês depois, Trump estava na tribuna de mármore verde da Assembleia Geral das Nações Unidas, pela primeira vez como presidente, trovejando contra o regime norte-coreano e seu déspota, a quem atribuiu um provocativo apelido escolar: "Homem do Foguete". "Nenhuma nação do mundo tem interesse em ver esse bando de criminosos se armar com artefatos nucleares e mísseis", disse Trump, estreitando os olhos. Na plateia, o general

John Kelly, chefe de gabinete da Casa Branca, levou as mãos ao rosto e esfregou as têmporas, aparentando uma crise existencial.[26] "Os Estados Unidos têm grande poder e paciência", continuou Trump, "mas, se forem forçados a se defender, ou a seus aliados, não terão escolha senão destruir totalmente a Coreia do Norte."[27]

Kim Jong-un disparou de volta, chamando o discurso de "um grosseiro despropósito sem precedentes". E advertiu: "Eu certa e definitivamente amansarei o mentalmente perturbado velho lunático norte-americano com fogo". A palavra usada em coreano foi "*neulg-dali-michigwang-i*", mas em inglês foi "*dotard*", que datava do século XIV e rapidamente viralizou.[28] Enquanto os norte-coreanos continuavam com sua ofensiva pública, Trump soltou uma tréplica no Twitter: "Acabei de ouvir o ministro do Exterior da Coreia do Norte falar na ONU. Se ele reproduz os pensamentos do Homenzinho do Foguete, eles não continuarão por aí muito mais tempo!".[29]

Rex Tillerson adotou um tom bem diferente e anunciou que o governo estava em contato direto com o regime norte-coreano. "Nós perguntamos: 'Vocês gostariam de conversar?'", disse. "Temos canais de comunicação com Pyongyang." Tillerson insistiu que ele e o presidente estavam "completamente alinhados" com relação à Coreia do Norte.[30] "A política do presidente para a Coreia do Norte é a desnuclearização completa, verificável e irreversível da península. E o presidente quer conseguir isso por meio de esforços diplomáticos", disse-me. Mas essa declaração foi difícil de conciliar com o tuíte enviado por Trump logo após Tillerson anunciar sua abertura diplomática com Pyongyang. "Eu disse a Rex Tillerson, nosso maravilhoso secretário de Estado, que ele está perdendo seu tempo tentando negociar com o Homenzinho do Foguete",[31] escreveu o presidente. "Guarde sua energia, Rex, vamos fazer o que tem que ser feito!"

A escalada do impasse norte-coreano dividiu os aliados dos Estados Unidos. Da Alemanha, a desgastada chanceler alemã, Angela Merkel, recusou-se a dizer que seu país ficaria ao lado dos Estados Unidos em um confronto militar com a Coreia do Norte, e pediu novas negociações.[32] "Sou contra ameaças desse tipo",[33] entoou solenemente após o discurso na ONU, e acrescentou:

Falando por mim mesma e pelo governo, devo dizer que consideramos qualquer tipo de solução militar absolutamente inadequada e contamos com esforços diplomáticos. Isso deve ser vigorosamente implementado. Na minha opinião, sanções e sua efetivação são a resposta correta. Acho que qualquer outra coisa no que diz respeito à Coreia do Norte seria um erro. É por isso que estamos claramente em desacordo com o presidente dos Estados Unidos.

O primeiro-ministro japonês, Shinzo Abe, abalado depois dos lançamentos de mísseis sobre seu país, aproximou-se de Trump, desfiando uma história de fracassos diplomáticos com a Coreia do Norte. "Já uma vez, e depois outra, as tentativas de resolver os problemas através do diálogo deram em nada", disse. "Qual é a esperança de obtermos sucesso se repetirmos esse erro pela terceira vez?"[34]

Ambos estavam corretos. Determinado tipo de diplomacia não havia dado certo com a Coreia do Norte. Mas uma diplomacia de outro tipo também era, aos olhos daqueles que estavam mais intimamente familiarizados com as décadas de envolvimento a que Abe se referia, a única saída para o impasse mais perigoso do mundo.

Tanto o governo Clinton quanto o segundo governo Bush fizeram consideráveis investidas diplomáticas junto ao "reino eremita". Em 1994, os Estados Unidos foram, de fato, bem-sucedidos ao intermediar um acordo de desnuclearização com o qual Pyongyang aceitou congelar e desmantelar todo o seu programa. A Coreia do Norte traiu o acordo ao comprar equipamentos para desenvolvimento de urânio altamente enriquecido.[35] Mas alguns veteranos da diplomacia norte-coreana sustentam que os Estados Unidos selaram o fracasso do acordo ao não cumprir seus próprios compromissos. Promessas para a construção de reatores de água leve e fornecimento de combustível para Pyongyang foram sabotadas em meio a lutas políticas entre o governo Clinton e um Congresso republicano. Bush selou o fim do acordo quando assumiu o cargo, retirando-se completamente.[36] Ao longo de seu primeiro mandato, o governo adotou uma postura mais belicosa, classificou o regime norte-coreano como um regime contra o qual poderia ter que usar armas nucleares[37] e retomou as condenações ameaçadoras.[38]

No segundo mandato de George W. Bush, no entanto, Condoleezza Rice tentou mais uma vez. Enviou um diplomata de carreira, Christopher Hill, que fizera parte da equipe de negociação que mediara a paz nos Bálcãs, sob o comando de Richard Holbrooke, para liderar as negociações entre seis países para a desnuclearização da Coreia do Norte. "Este governo já lutou em duas guerras", disse Rice a Hill, cansada. "Agora estamos buscando alguns diplomatas."[39] Hill e uma equipe de incansáveis funcionários do Foreign Service — incluindo Yuri Kim, que, uma década depois, foi tragada pelo massacre de Trump contra a Ala Mogno — se lançaram ao desafio durante anos. Suportaram semanas longe de suas famílias, longas horas de voo por todo o mundo e maratonas de negociação de doze a treze horas em Pequim. Os norte-coreanos estavam entre os adversários mais espinhosos do mundo. Mesmo nos Bálcãs, houve momentos em que o gelo foi quebrado — discussões sobre filhos e netos, esportes e passatempos. Os norte-coreanos tinham uma reputação "robótica",[40] segundo Hill. Depois de anos de tensas noites reunidos, ele percebeu que mal os conhecia.

Enfrentando altos e baixos, Hill tentou levar adiante as lições de diplomatas do passado, incluindo seu chefe nos Bálcãs. Quando os chineses não compareceram a uma reunião marcada, mas prosseguir sem eles poderia significar um embuste e uma contestação às ordens que recebera, seu primeiro pensamento foi "Holbrooke teria cancelado a reunião?", então perseverou.[41] Mais tarde, em um momento de baixa nas negociações, o próprio Holbrooke apareceu para se reunir com a equipe de Hill.[42] Eles estavam fazendo história, contou-lhes, assim como me contou mais tarde no Afeganistão. Deviam aproveitar o momento. "Talvez nunca mais tenham outro como esse."[43]

Foi durante esses anos de alta diplomacia que Chris Hill se viu, no outono de 2007, vestindo traje e capuz brancos, inspecionando uma antiga fábrica de plutônio a cerca de duas horas ao norte de Pyongyang. Seções de grossos tubos da instalação estavam sendo cortadas em pedaços.[44] "Desativadores" norte-americanos e de outros países tinham sido destacados para supervisionar. Sete meses depois, a Coreia do Norte imolodiria a torre de resfriamento da usina. Era um momento histórico: desde 2001, pela primeira vez desativava um reator.

No fim das contas, não foi o suficiente. Pyongyang elaborou uma prestação de contas visivelmente incompleta de suas atividades nucleares e depois foi refratária a pedidos adicionais. Mas as negociações deixaram um legado considerável sobre o qual seria possível avançar. Abismos foram transpostos em um relacionamento árido com a Coreia do Sul. E uma colaboração, antes considerada quase impossível, foi estabelecida com a China — o ator mais importante, até hoje, em qualquer solução para a crise norte-coreana.

Assim, foi surpreendente, para muitos dos diplomatas de carreira envolvidos, quando o governo Obama repetiu o erro cometido pelo governo Bush em seu primeiro mandato, ao se afastar completamente daqueles anos de incursões diplomáticas. "Sinceramente, acho que o que de fato aconteceu foi o governo Obama olhar para o sufoco que todos sofreram ao tentar realizar algo com a Coreia do Norte, fosse no governo Clinton, fosse no segundo mandato de Bush", refletiu Hill. "O governo Obama simplesmente decidiu: 'Temos outras prioridades e essa coisa vai apodrecer no pé'. Nunca levaram a sério."[45] Perguntei a Hillary Clinton se ela se arrependera daquele afastamento da Coreia do Norte. "Não, nós...", gaguejou. "Chris Hill continuou a negociar enquanto estávamos por lá." Quando eu disse a ela que Hill achava que o esforço fora marginalizado, Hillary disse: "Não posso falar sobre isso. Não sei nada a respeito. Não vou concordar nem discordar dele".[46] Nunca a tinha ouvido tão cansada. "Talvez ele achasse que não tinha apoio da Casa Branca ou do Pentágono", continuou ela, "mas certamente tentamos, no Departamento de Estado, fazer o melhor que podíamos para as coisas avançarem."

Hill e os outros diplomatas presentes no esforço diplomático permanecem de acordo sobre uma coisa: a diplomacia ainda é o único caminho. "Se conseguirmos uma saída para a situação norte-coreana, provavelmente será por meio da diplomacia",[47] disse Condoleezza Rice. Na opinião de Hill, isso pode não significar mais negociações com a Coreia do Norte — pelo menos não agora —, mas fatalmente significará uma intensa negociação com a China. "Se você não consegue levar a sério o trabalho direto com os norte-coreanos, o que é totalmente compreensível", ele implorou, quando Donald Trump radicalizou sua retórica na ONU, "pelo menos leve a China a sério... É aí que eu acho que precisamos ter uma diplomacia muito mais séria — e com isso quero dizer que não podemos simplesmente enviar mensagens para eles, no meio da noite, por meio de contas no Twitter. Precisamos realmente sentar e discutir, sem brincadeiras, sobre nossos interesses mútuos." Os chineses concordaram. Em 2017, fizeram chamadas públicas para negociações entre seis países. Era uma maneira de parecer responsáveis sem se comprometer com o rompimento de laços com a Coreia do Norte, contra o qual havia muito resistiam[48] — exatamente o tipo de postura na qual uma equipe de habilidosos diplomatas norte-americanos poderia mexer seus pauzinhos.

Brian Hook, diretor de planejamento de políticas, disse que, a portas fechadas e "por pura persistência diplomática", Tillerson pressionou a China para que adotasse uma posição mais dura com relação à Coreia do Norte: "Começou quando ele se reuniu com autoridades chinesas durante sua visita a Pequim e disse: 'Vocês podem fazer isso da maneira mais fácil ou mais difícil, mas têm que desempenhar um papel muito maior na desnuclearização da península coreana'".

Se esses esforços poderiam ter prevalecido, ainda é um ponto de interrogação: Trump forçou Tillerson a sair antes que eles pudessem dar frutos. Em vez disso, o presidente surpreendeu seus aliados quando, em uma reunião com uma delegação sul-coreana, concordou ali mesmo em se encontrar pessoalmente com o líder norte-coreano, Kim Jong-un.[49] Isso foi anunciado após a reunião, quase que casualmente, pelos sul-coreanos. Rex Tillerson, que poucas horas antes havia dito que os Estados Unidos ainda tinham "um longo caminho pela frente nas negociações", declarou à imprensa que o presidente não havia falado com ele antes,[50] o que não surpreendeu ninguém. Até onde era possível dizer, Trump não tinha contado para nenhum outro funcionário.

A Casa Branca e o pessoal do Departamento de Estado se apressaram em ajustar o curso. O acordo era uma jogada difícil. Alguns esperavam que aquilo aquecesse as relações. Mas muitos membros da política externa oficial temiam que a medida, tomada de supetão e fora de um contexto diplomático mais amplo, fosse considerada pela Coreia do Norte como um reconhecimento de seu status como potência nuclear.[51] As autoridades temiam que Trump, mercurial por natureza, não lhes desse tempo para montar uma equipe diplomática de apoio que orientasse as negociações. Era difícil avaliar a capacidade diplomática dos Estados Unidos na região senão como reduzida. No Departamento de Estado, a ampla equipe responsável pela Coreia do Norte, liderada por Yuri Kim na década anterior, não existia mais. Um ano depois da posse de Trump, não havia sequer um secretário adjunto permanente para o leste da Ásia.

O resto do mundo não parou de girar enquanto os Estados Unidos renunciavam à sua liderança em diplomacia e em desenvolvimento. O equilíbrio do poder diplomático global está mudando. Durante a primeira viagem de Tillerson à China como secretário de Estado, ele e o presidente Xi Jinping sentaram-se em poltronas de couro marrons, em frente a um mural com estética pastoril chinesa: guindastes pairando acima de vales imaculados e florestas. Usavam gravata vermelha e terno escuro semelhantes. E em uma atitude que deixou boquiabertos seguidores acostumados às relações entre os Estados Unidos e a China, empregaram o mesmo linguajar. O presidente Xi instou os Estados Unidos a "expandir as áreas de cooperação e obter resultados mutuamente proveitosos".[52] Tillerson concordou: "Por parte dos norte-americanos, estamos prontos para desenvolver relações com a China com base no princípio de nenhum conflito, nenhum confronto, respeito mútuo e cooperação benéfica para ambas as partes".[53]

Um observador leigo poderia dormir no ponto e deixar isso passar, mas especialistas em Ásia dentro do Departamento de Estado, e mesmo fora, imediatamente perceberam algo muito incomum. Tillerson quase reproduzira declarações de Xi, que alguns meses antes expressara a esperança de que o presidente Trump "defendesse os princípios de não conflito, não confronto, respeito e cooperação benéfica para ambas as partes".

Foi o mais recente entre muitos exemplos em que Xi, assim como outros funcionários comunistas, usavam essa sequência codificada de termos para descrever um novo equilíbrio de poderes, com igualdade entre a China e os Estados Unidos, e com os Estados Unidos adiando sua decisão sobre as prerrogativas chinesas em relação ao contencioso com Taiwan, motivado por disputas territoriais no mar do Sul da China. A mídia estatal atendeu de imediato ao chamado. "Tillerson endossou implicitamente o novo modelo de relações de poder", declamou o comunista *Global Times*, dizendo que a linguagem de Tillerson deu "aos aliados dos Estados Unidos na região da Ásia e do Pacífico a impressão de que a China e os Estados Unidos são iguais", coisa que "Barack Obama se recusara a fazer".[54]

Vários funcionários do Departamento de Estado me disseram que o Escritório para Assuntos do Leste Asiático e do Pacífico, que abriga especialistas regionais em sintonia com o significado desse tipo de linguagem, não fora consultado sobre a declaração. Ela fora redigida pela Casa Branca — de acordo com várias fontes, pelo escritório de Jared Kushner. Brian Hook, o diretor de planejamento de políticas, não contestou a descrição dos eventos, mas disse que um funcionário do escritório para a Ásia estava na viagem. "Esse funcionário foi envolvido na elaboração das declarações?", perguntei.

"Não me lembro", disse Hook. "Você já esteve nessas viagens. Sabe como é. Ficam borradas na memória."

"Tillerson pretendia reproduzir o linguajar deles?", perguntei.

"Ele não pretendia reproduzir o linguajar deles."

"Mas ele tem consciência de que fez isso?"

"Ele... ele assina cada declaração que entrega. Acredita em benefícios mútuos. Acredita que a China e os Estados Unidos podem trabalhar juntos."[55] Mais tarde, Hook acrescentou que Tillerson "atribui diferentes significados às expressões que os chineses usam em suas formulações. Por exemplo, o secretário acredita em benefícios mútuos, mas isso não significa benefícios duplos para a China". Hook descreveu a abordagem de Tillerson com relação à China como "baseada em resultados", com a intenção de "conter quaisquer ações chinesas que prejudiquem nossos interesses". No entanto, aos olhos de alguns diplomatas de carreira, esses objetivos estavam sendo prejudicados pela firme recusa em recorrer à competência existente no sistema. Um funcionário do escritório da Ásia, ao assistir ao desenrolar da viagem, sem nenhum contato entre Tillerson e os especialistas de casa que seriam normalmente consultados sobre aquele tipo de declaração, disse que era como estar trancado do lado de fora de casa vendo um cão entusiasmado dilacerar seus estofados.[56]

Enquanto os diplomatas norte-americanos enfrentam cortes orçamentários, os cofres da China ficam mais cheios a cada ano que passa. Pequim despejou dinheiro em projetos de desenvolvimento, incluindo uma iniciativa de 1,4 trilhão de dólares em infraestrutura em todo o mundo, superando de longe o Plano Marshall, mesmo computada a inflação no período que os separa. Seus gastos em ajuda externa ainda são apenas uma fração dos gastos dos Estados Unidos, mas a tendência é impressionante, com um crescimento de verbas, em média, de mais de 20% ao ano desde 2005.[57] A superpotência em ascensão se assegura de que o mundo saiba disso. Em um ano recente, o Departamento de Estado dos Estados Unidos gastou 666 milhões de dólares em diplomacia pública, com o objetivo de conquistar corações e mentes no exterior. Embora seja difícil saber exatamente quanto a China gasta em programas equivalentes, uma análise calculou o valor de seus programas de "propaganda externa" em cerca de 10 bilhões de dólares por ano.[58]

Junto às organizações internacionais, Pequim cresce e aparece atrás de Washington, que está em retirada. Enquanto os Estados Unidos propõem cortes em seus gastos com a ONU, a China se tornou o segundo maior financiador de suas missões de paz. Esse país agora tem mais forças de paz, em conflitos em todo o mundo, do que os outros quatro membros permanentes do Conselho de Segurança somados. A atitude é pragmática: Pequim ganha mais poder de influência e atrai nomeações para os órgãos de governança das Nações Unidas.[59]

A mesma transformação ocorreu em todo o mundo. A caricatura da política externa chinesa apresentada pelas potências ocidentais — uma expansão econômica implacável, desarticulada de qualquer obrigação ética ou disposição para envolvimento diplomático — foi correta por muitos anos. Agora, no Afeganistão, a China está atuando como mediadora no complexo relacionamento com o vizinho Paquistão.[60] No Sudão, a China manteve durante décadas uma política de "não interferência", comprando petróleo da notória Frente Nacional Islâmica/Partido do Congresso Nacional, em Cartum, enquanto aquele regime massacrava civis em Darfur e no Sudão do Sul. A população brutalizada do Sudão[61] pediu em vão que a China usasse sua influência única para exigir a paz.[62] Agora, o enviado da China na África circula pela região, oferecendo-se como facilitador das mediações e tentando construir um acordo sobre a violência que ainda asfixia o Sudão do Sul. Pequim chamou essa abordagem prática de um "novo capítulo" em sua política externa.

O impacto é mais sentido na Ásia. Enquanto o governo Trump abandonava a Parceria Transpacífica (TPP, na sigla em inglês), um acordo comercial regional que o governo Obama liderou e nutriu desde 2009, a China rapidamente entrou em cena com seu próprio pacto comercial maciço.[63] Em países da região, a diferença está sendo percebida no chão. O governo Trump propôs cortar por completo a ajuda ao Cazaquistão e ao Turcomenistão. Eram programas pequenos, mas a única manifestação visível da influência norte-americana em países estrategicamente localizados ao lado tanto da guerra no Afeganistão quanto do confronto dos Estados Unidos com a Rússia. Eles também são o local das novíssimas linhas férreas entregues sob a vasta iniciativa "Nova Rota da Seda" da China.[64] "É um ferimento integralmente autoinfligido",[65] disse John Kerry sobre a incursão chinesa no tipo de diplomacia e desenvolvimento que os Estados Unidos outrora dominaram. "Isso me preocupa muito mais do que muitas outras questões que tomam conta do debate público na maior parte do tempo... Em termos de um país grande, poderoso e ambicioso, que define e executa a agenda, eles estão hoje comendo nosso jantar, e o presidente os convidou porque acha que a nossa retirada representa algum tipo de sucesso." A China não é uma heroína global. Seria uma simplificação exagerada argumentar que essas primeiras iniciativas de liderança diplomática podem superar o legado de engajamento dos Estados Unidos, profundamente arraigado. Pequim leva à mesa um tipo muito diferente de liderança: ainda implacável, ainda sobrecarregada por sua recusa em enfrentar seus próprios abusos em matéria de direitos humanos. Mas a trajetória é significativa. Desde já, para uma criança nascida hoje no Cazaquistão, a liderança de uma potência mundial será evidente, da outra não. Já falei com jovens, do Sudão ao Paquistão, que cresceram ao lado de obras de infraestrutura chinesas muito mais visíveis e agressivamente propagandeadas. Se a China puder amadurecer como um poder diplomático tão rapidamente quanto o fez como uma força de desenvolvimento econômico, os Estados Unidos terão perdido um dos instrumentos mais importantes com os quais as grandes potências moldam o mundo.

Epílogo: O primeiro recurso

Viena, 2015

Existem dois tipos de disputa militar, um resolvido pela negociação e o outro pela força. Uma vez que o primeiro é característico dos seres humanos e o segundo dos animais, devemos recorrer ao segundo apenas se não pudermos explorar o primeiro.[1]

Cícero, *Sobre os deveres*

A dissolução constante do Departamento de Estado sob o governo de Trump pode parecer o resultado lógico de anos de política externa desequilibrada, mas não é inevitável. A tendência de marginalizar diplomatas e enaltecer soldados e espiões, desde 11 de setembro de 2001, não tem sido linear. Diplomatas que serviram no governo Bush apontam para o retorno da diplomacia com relação à Coreia do Norte, por meio dos esforços de Christopher Hill e de iniciativas como o Plano de Emergência Presidencial para o Alívio da Aids (PEPFAR, na sigla em inglês), que canalizou bilhões de dólares para tratamentos médicos que salvaram muitas vidas em países em desenvolvimento.

Juntos, o acordo com o Irã e o acordo climático de Paris consistiram em uma prova de resistência da diplomacia. Foram ações notáveis pelo contraste que apresentaram em relação ao primeiro mandato de Obama, que, em comparação, menosprezou os diplomatas e foi estéril em termos de um trabalho diplomático em larga escala. Ben Rhodes, vice-conselheiro de Segurança Nacional de Obama, atribuiu os avanços posteriores em parte à natureza lenta da diplomacia, em parte a uma correção de rumo. "As peças centrais de nossa política externa, no segundo mandato, eram muito mais diplomáticas do que em nosso primeiro mandato, e houve também um esforço para..." Ele fez uma pausa, parecendo refletir sobre os fracassos da era Holbrooke:

O tipo de dinâmica dos generais superestrelas, a dinâmica de Petraeus, de McChrystal, não estava presente no segundo mandato. Não que os generais não fossem estrelas, só não eram mais aquelas gigantescas figuras públicas que faziam os outros perderem o ar em certas partes do mundo. Acho que houve uma repriorização reconhecidamente lenta, mas constante, da diplomacia.[2]

Os resultados foram controversos: para alguns, comprovação do poder da diplomacia; para outros, de seu desatino. No entanto, mesmo que Trump tenha retirado os Estados Unidos do acordo de Paris e que o acirrado debate sobre o acordo com o Irã, com suas virtudes e seus vícios, tenha prosseguido, não se pode negar que foram iniciativas sérias de política externa, nascidas de uma diplomacia tradicional e aguerrida. Não é de surpreender que a mais controversa dessas iniciativas, o acordo com o Irã, tenha começado e terminado aos berros.

Já era noite quando um daqueles rounds de gritaria começou, ecoando nas paredes de painéis dourados e brancos, nas cadeiras rococós e na lareira de mármore ornamentada, com seu console sustentado por querubins. Metade dos gritos era do ministro das Relações Exteriores do Irã, relembrando há quantos anos seu país assentia com as restrições a seu programa nuclear. Metade era dos secretários norte-americanos de Estado e de Energia, dizendo aos iranianos, em poucas palavras, que fossem para o inferno. "Estou farto disso", gritava John Kerry. "Vocês não podem fazer o que estão ameaçando fazer." Se o Irã quisesse renegociar os termos básicos, os Estados Unidos ficariam mais do que felizes em ir embora.

Era julho de 2015, e negociadores iranianos, norte-americanos, britânicos, franceses, chineses, russos, alemães e da União Europeia estavam reunidos em Viena para um torturante ato final de diplomacia. O hiperluxuoso Palais Coburg, em cujo reluzente salão de baile Johann Strauss certa feita regera, onde a dinastia Sax-Coburg-Gotha tramou, procriou e recostou-se em banhos perfumados até a última princesa exalar seu último suspiro nos anos 1990, foi escolhido para as negociações em parte porque seus 34 quartos permitiam que poucos hóspedes escutassem conversas como aquela. Ainda assim, quem podia se dar ao luxo de ficar no Palais Coburg — espiões e diplomatas, banqueiros e barões — tinha ouvidos aguçados. Naquela altura, seiscentos jornalistas tinham pousado na silenciosa Viena só para acompanhar o falatório.

Os norte-americanos na sala de jantar ao lado estavam nervosos. "Kerry se perdeu, perdeu a compostura", lembra Jon Finer, chefe de gabinete de Kerry e, mais tarde, diretor de planejamento de políticas do Departamento de Estado. "Muitos de nós estávamos reunidos na área de refeições, fora do local da reunião, e dava para ouvir os gritos através das paredes."[3] O braço direito de longa data de Kerry, Jason Meininger, por fim abriu as portas e os interrompeu. Ele informou delicadamente aos norte-americanos e aos iranianos que hóspedes ocasionais estavam escutando os detalhes íntimos do assunto diplomático mais sensível do mundo. Parece que há alguma verdade nisso. No café da manhã do dia seguinte, o ministro das Relações Exteriores da Alemanha — e depois presidente — Frank Walter Steinmeier parabenizou secamente Kerry pelo que ele presumiu terem sido negociações produtivas, uma vez que todo o hotel as ouvira.[4]

No fim das contas, os diplomatas mais poderosos do mundo passaram dezoito dias encarcerados no esplendor. Noite após noite, as negociações se estenderam até a madrugada. A equipe norte-americana, com os olhos vermelhos, consumiu cinco quilos de balas de morango, dez quilos de queijo, quinze quilos de nozes, castanhas e frutas secas, e centenas de barrinhas de cereal e de cápsulas de café expresso.[5]

Uma noite depois da gritaria, o embate foi reprisado em uma reunião mais ampla, entre os ministros do "P5 + 1" — os membros permanentes do Conselho de Segurança da ONU mais a Alemanha. Quando o ministro das Relações Exteriores iraniano, Javad Zarif, tentou insistir em um prazo maior, Federica Mogherini, da União Europeia, disse que preferia voltar para casa a considerar a possibilidade. "Nunca ameace um iraniano!",[6] berrou Zarif. "Ou um russo", acrescentou com ar jocoso o ministro das Relações Exteriores da Rússia, Sergei Lavrov, quebrando a tensão. Mas, de fato, a Rússia aliou-se aos norte-americanos e europeus. Repetidas vezes Lavrov ajudou os Estados Unidos a contornar impasses — um fato notável, uma vez que a crise da Ucrânia piorava e as relações entre os Estados Unidos e a Rússia esfriavam. Essa foi uma das muitas características inusitadas de um esforço diplomático inusitado: uma frente única. Até mesmo a China se propôs a desempenhar um papel importante, ajudando na modificação de um dos reatores do Irã.

O processo foi também uma demonstração anacrônica de garra diplomática. Para Bill Burns, foi a última missão de uma carreira de décadas no Foreign Service, graças à qual foi promovido de embaixador na Rússia e na Jordânia, na época das negociações com o Irã, para o cargo de segundo no comando no Departamento de Estado. Burns era o que se imagina quando se pensa em um diplomata de carreira. Desengonçado, com bigode grisalho, uma voz suave incrivelmente paciente e ponderada. Ele era "o diplomata dos diplomatas", de acordo com uma manchete do *Washington Post* após sua aposentadoria.[7] Quando

John Kerry me falou sobre os desafios a enfrentar para incentivar jovens diplomatas, citou a importância de "encontrarmos a próxima geração de talentosos servidores diplomáticos, os próximos Bill Burns, por assim dizer".[8] Burns era o testemunho vivo do papel insubstituível que os funcionários do Foreign Service ainda podiam desempenhar. Estivera trinta anos envolvido na diplomacia norte-americana com o Irã, desde quando se juntara à equipe do Conselho de Segurança Nacional na Casa Branca, imediatamente após o caso do "Irãgate". "Quando eu era um diplomata relativamente jovem", disse ele, "jogaram no meu colo os riscos da diplomacia iraniana, por causa da péssima maneira como tudo tinha acabado." Mas o Irã exercia nele uma atração especial. Anos mais tarde, dirigiu o Escritório para o Oriente Médio do Departamento de Estado, sob Colin Powell, e se angustiou com o enfraquecimento da diplomacia e a crescente ênfase em políticas elaboradas pelo Pentágono. "Vi em primeira mão a inversão entre diplomacia e uso da força, que foi tão característica da correria para a guerra contra o Iraque", continuou. Essa inversão, acreditava, foi uma das razões pelas quais as oportunidades anteriores na abordagem do Irã, quando seu programa nuclear ainda estava na infância, foram rejeitadas. Foi somente no último ano do governo Bush, quando Burns atuava como subsecretário para assuntos políticos, sob Condoleezza Rice, que o governo começou a se interessar pela ideia de uma abordagem diplomática. Foi nesse verão que Burns se sentou pela primeira vez em frente aos iranianos, em uma reunião entre potências mundiais em Genebra. "Aquilo realmente inaugurou, em certo sentido, uma nova fase",[9] refletiu Burns. "A qual, você sabe, Obama encampou de forma muito mais ambiciosa."

No verão de 2009, os Estados Unidos descobriram uma instalação secreta de enriquecimento de urânio, não muito longe da cidade sagrada de Qom, e retaliaram com uma onda de novas sanções, sufocando todos os aspectos da economia iraniana. Isso implicou uma cuidadosa diplomacia.[10] Os funcionários do Departamento de Estado e do Tesouro pressionaram um país após o outro para que cortassem laços com o Irã, criando uma frente unificada de guerra econômica. O impacto foi devastador: "Suas exportações de petróleo caíram 50%", recordou Burns. "Sua moeda foi desvalorizada em 50%."

A pressão preparou o terreno para negociações. Em março de 2013, na casa de praia de um oficial militar em Omã[11] — que havia demonstrado sua influência em Teerã ao intermediar a libertação de turistas norte-americanos presos enquanto faziam trilha —, Burns e outros quatro colegas entabularam suas primeiras negociações secretas com os iranianos. Ao longo de três dias, ele e o chefe da delegação iraniana passearam pelos jardins e passaram longas horas em uma sala de conferências bem iluminada, com uma ampla vista para o mar da Arábia. "Acho que saímos com a sensação de que aquilo poderia ser uma abertura",[12] disse Burns. Mas Teerã ainda controlava os iranianos com rédea curta. Eles eram os *diplomatas* executores, não os da linha dura da segurança nacional, que haviam comparecido nas negociações internacionais. Essa distinção era importante, para ambos os lados.

As negociações ganharam fôlego quando o Irã surpreendeu o mundo ao eleger o presidente Hassan Rouhani, percebido como um moderado que defendia uma plataforma para descongelar a economia iraniana. Ele empossou Javad Zarif, educado no Ocidente e participante corriqueiro no programa de entrevistas de Charlie Rose, como ministro das Relações Exteriores. Durante o ano seguinte, Burns lideraria nove ou dez negociações secretas, em várias capitais ao redor do mundo. Certa vez, "fizemos uma série de negociações em Mascate, depois voamos para Pequim, em seguida voamos de volta para Omã, depois voltamos para Pequim",[13] lembra Jon Finer, que esteve presente em muitas das negociações posteriores. Com o passar dos meses, os negociadores começaram a desenvolver um relacionamento pessoal. Quando uma das diplomatas norte-americanas, Wendy Sherman, e sua interface, Majid Takht-Ravanchi, se tornaram avós no outono de 2013, trocaram fotos. Kerry e Zarif realizaram reuniões tão longas que a *New York Magazine* elaborou uma fotomontagem com uma nuvem de corações entre os dois homens e os colocou no topo de uma lista intitulada "Os momentos mais românticos das negociações do acordo com o Irã".[14] No final de 2013, um acordo provisório foi assinado. Em abril de 2015, evoluiu-se para o chamado acordo-quadro. Durante os três meses seguintes, em Viena, os compromissos assumidos nos anos anteriores foram traduzidos em um acordo final.

Conforme as negociações secretas avançavam, alguns aspectos da posição norte-americana se abrandaram. "Obama tomou uma decisão política bastante crítica... de que os Estados Unidos poderiam considerar um programa de enriquecimento muito, muito limitado, se o Irã concordasse com monitoramento e averiguação bastante rigorosos",[15] lembrou Sherman. O programa nuclear do Irã iria acontecer com ou sem nossa bênção, foi o pensamento. Sherman, Burns e o resto dos norte-americanos estavam convencidos de que as sanções poderiam no máximo retardá-lo. As negociações ofereciam a única esperança em assegurar a supervisão das atividades do Irã. Conceder permissão para um programa nuclear civil — motivo de censura até hoje por parte dos oponentes do acordo — foi um ponto de inflexão, um dos fatores mais significativos para tornar possível a cascata de acordos que se seguiram.

Sherman comparou o acordo a um cubo mágico, cada movimento embaralhando outra face das negociações.[16] (Mais tarde, um funcionário do Departamento de Energia deu cubos mágicos a quarenta negociadores norte-americanos, incluindo Finer e Sherman, como uma piada, empregando a palavra "piada" livremente.)[17] As negociações literalmente quebraram vários membros da equipe. Wendy Sherman quebrou o nariz ao se chocar com uma porta quando corria para informar Kerry por meio de uma linha segura e deslocou o dedo mínimo ao cair em uma escada, quando ia a uma das muitas apresentações no Senado para defender as negociações de ataques políticos. Pôs gelo no dedo e fez a apresentação assim mesmo. ("Eu estava bastante focada, foi uma ótima apresentação",[18] disse. Depois de responder à última pergunta, desatou a chorar.) Em uma acalorada negociação em Genebra, em 2015, John Kerry bateu a mão na mesa com tanta força que uma caneta voou e atingiu um dos negociadores iranianos. Ainda agitado no dia seguinte, foi dar um passeio de bicicleta nos Alpes franceses para clarear a cabeça, que é o que você faria se fosse John Kerry e estivesse muito longe da praia para praticar windsurfe. Distraído por uma motocicleta que passava, chocou-se com uma barreira e voou, quebrando o fêmur.

De Mascate a Nova York e de Genebra a Viena, eles perseveraram e pediam aos aliados que fizessem o mesmo. Em julho de 2015 — depois de uma última maratona de reuniões que se estendeu até as três da manhã —, os ministros se alinharam nas Nações Unidas, em Viena, aparentando cansaço diante de uma fileira de bandeiras de seus países enquanto os flashes disparavam. Juntos, anunciaram um acordo que restringiria as ambições nucleares do Irã por pelo menos uma década. A traiçoeira nação, que havia desrespeitado a diplomacia com o mundo exterior por mais de trinta anos, aceitara rigorosas e intrusivas auditorias e averiguações.

John Kerry aproveitou a oportunidade para defender o acordo, prevendo os anos de indignação que ele sabia que viriam por parte daqueles que se opunham à simples ideia de negociar e daqueles que argumentariam que os Estados Unidos tinham sido enganados. "Vou compartilhar com vocês algo de caráter pessoal: anos atrás, quando saí da faculdade, fui para a guerra", disse ele à imprensa reunida, referindo-se a seu tempo no Vietnã. "E aprendi lá o preço que se paga quando a diplomacia fracassa. Então tomei a decisão de que, se alguma vez tivesse a sorte de estar em posição de fazer diferente, tentaria fazê-lo." A voz, rouca e cansada, tremia de emoção. "Sei que a guerra é o fracasso da diplomacia e o fracasso dos líderes em tomar decisões alternativas."[19]

O acordo foi um verdadeiro para-raios de críticas. Chegar até o fim exigiu concessões que alguns consideravam inaceitáveis. Em 2009, Obama ordenara que a CIA e o Departamento de Estado se abstivessem de apoiar manifestantes antigovernistas no Movimento Verde Iraniano, por medo de que uma mudança de regime detonasse as iniciativas diplomáticas secretas.[20] Alguns críticos argumentaram que a busca obsessiva do governo Obama pelo acordo também contribuiu para sua passividade na Síria, depois que o Irã ameaçou abandonar as negociações se os Estados Unidos interferissem no regime aliado de Teerã.[21] E que o acordo em si — que concedeu ao Irã direito a um baixo nível de enriquecimento nuclear, insuficiente para produção de armas, e que continha algumas restrições que expirariam após uma década — não era uma vitória incontestável.

Outros argumentaram que era um acordo com o diabo. Levando em conta desde o apedrejamento de vítimas de estupro até a prisão de jornalistas, incluindo norte-americanos, o Irã dificilmente poderia ser considerado um ator regenerado na cena geopolítica. Quando o governo Trump começou a pressionar contra o acordo — e não conseguiu angariar simpatia com a alegação de que o Irã havia trapaceado[22] —, muitos de seus argumentos passaram a se basear nisso. A embaixadora dos Estados

Unidos na ONU, Nikki Haley, falou longamente sobre a história do Irã, desde 1979, como uma nação traiçoeira e patrocinadora do terrorismo, instando o mundo a vê-lo como um "quebra-cabeça", com outras peças além da questão nuclear.[23]

Os negociadores do acordo foram os primeiros a admitir suas imperfeições. No entanto, argumentaram, assim as vitórias diplomáticas sempre pareciam ser. O acordo focara estritamente no único e urgente desafio representado pelas ambições nucleares do Irã. Nunca procurou abordar o histórico de direitos humanos do país, seu apoio a elementos antiamericanos na Síria ou seus testes de armas não nucleares. Retirar as negociações nucleares do centro da mesa, disseram os defensores do acordo, só serviria para diminuir ainda mais o potencial dos Estados Unidos em abordar qualquer uma das outras questões. "Reconhecemos que havia muitos outros fatores no comportamento iraniano que ameaçavam nossos interesses e os interesses de nossos amigos", disse-me Bill Burns. "No entanto, termos sido capazes de resolver a questão nuclear sem ter disparado um único tiro, de forma a atender nossos interesses, foi um passo bastante significativo."[24]

Havia também poucas alternativas. Sem o acordo, argumentou Kerry, "haveria uma ação militar no curto prazo, e ponto. O prazo crítico se reduzira a uns dois meses. Ou seja, fosse em nosso mandato ou no início do governo [Trump], sem [o acordo] haveria um confronto".[25] O governo Obama analisou as opções militares e elas pareceram sombrias. Poderiam danificar temporariamente locais específicos, mas não havia como impedir que os iranianos os reconstruíssem. "Poderíamos fazer isso uma vez, mas, assim que os tivéssemos bombardeado, a diplomacia ficaria completamente impossível", relembrou Finer quanto à visão do governo sobre as opções táticas, "e seria muito improvável que eles se sentassem à mesa e negociassem. Correriam para uma bomba escondidos, longe de qualquer monitoramento. E aí estaríamos de novo na posição de ter que encontrá-la e bombardeá-la, quem sabe dois anos à frente, e ficaríamos perpetuamente neste círculo."[26]

"Há uma noção de que sempre há um acordo melhor ou um acordo perfeito a ser feito, mas a vida não é assim", acrescentou Burns.

Pode-se argumentar que, se tivéssemos nos comprometido seriamente com os iranianos uma década antes, quando eles ainda estavam operando 64 centrífugas e implementando um programa de enriquecimento muito primitivo, talvez pudéssemos ter conseguido limites mais rígidos para seu programa nuclear. Mas, no início de 2013, quando começamos a levar as negociações secretas a sério, a realidade era que eles estavam operando quase 19 mil centrífugas... E não havia como bombardeá-las todas ou sequer cogitar se livrar delas. O desafio da diplomacia é sempre produzir algo próximo de uma solução perfeita.[27]

Era assim que os pactos negociados pareciam ser:[28] o acordo que Richard Holbrooke intermediara em Dayton vinte anos antes, em seu esforço para satisfazer a todos, também exigiu concessões difíceis, ao conceder direitos de representação política a grupos étnicos e criar um governo inchado e de difícil condução.

Vários diplomatas por trás do acordo com o Irã, incluindo Sherman e Finer, uniram-se para batalhar junto ao Congresso e à mídia. Argumentaram que a desistência diminuiria a influência dos Estados Unidos, e que a China e a Rússia aproveitariam a oportunidade para criar uma cisão entre os Estados Unidos e seus aliados europeus, que tinham investido significativamente no acordo. Acima de tudo, temiam que a destruição do acordo de não proliferação mais significativo do planeta, com um Estado hostil, pudesse repercutir em todo o mundo, gerando outra grande crise. "Se frustrarmos esse acordo", disse Finer, "o que os norte-coreanos vão pensar? Que estímulo teriam os norte-coreanos para contemplar a negociação do que quer que seja?".[29]

Apesar de todas a suas falhas, era um acordo, e proporcionou lições sobre os fatores que ainda podem convergir para fazer a diplomacia funcionar nos dias atuais. Os negociadores no caso do Irã foram bem-sucedidos em parte porque o presidente lhes ofereceu apoio integral, evitando a microgestão. Antes de cada rodada de negociações, Obama usava seu "telefone vermelho" para falar diretamente com Kerry e Sherman e lembrava que estavam autorizados a ir embora quando quisessem. Ao final da jornada até Viena, que durou anos, dezenas de funcionários do Departamento de Estado se envolveram com o acordo. Falei com muitos deles: todos se lembravam de ter sido fortalecidos pela Casa Branca e de como isso fora essencial para seu trabalho.

Se houvesse um roteiro para o futuro da diplomacia norte-americana, conforme vários diplomatas de carreira me disseram, ele seria o seguinte: assumir o compromisso e a imperfeição dos acordos e compreender que podem evitar a guerra e salvar vidas; investir nos diplomatas executores e soltar as rédeas de forma a permitir que façam seu trabalho; e criar uma liderança com crença visionária em iniciativas diplomáticas de larga escala, como aquela que o governo Trump parecia disposto a desmantelar. Essas propostas eram, ao seu modo, semelhantes às reformas que haviam reformulado o Departamento de Estado nos anos posteriores à Segunda Guerra Mundial.

"Pensando em Irã, Cuba e Paris, acho que, sinceramente, são três políticas pelas quais qualquer governo que viesse depois de nós herdaria uma série de grandes oportunidades e aberturas diplomáticas que os condutores da política externa do passado adorariam ter recebido para desenvolver", disse John Kerry. O pior cenário no caso do acordo com o Irã, continuava acreditando o vice-presidente democrata enquanto o governo Trump iniciava seu retrocesso,[30] era o Irã resistir ao seu cumprimento, o que isolaria os iranianos, não os norte-americanos. As consequências de os Estados Unidos implodirem unilateralmente o acordo eram, argumentou, muito piores. "Trump fez as coisas ao inverso, com arrogância. Isolou-nos. Se o [acordo] esticar as canelas, o mundo vai atribuir a culpa a nós, e não ao Irã..." Kerry fustigou: "Se essa é a arte de negociar, dá pra ver por que esse cara pediu falência sete vezes". Era uma frase de efeito própria de outra época, quando era possível constranger alguém ao analisar o horror de suas posições; quando um caso cristalino, um argumento sólido, podia fazer a diferença. Mas, na política norte-americana, esse tempo tinha ficado para trás.

No fim das contas, mais de oitenta especialistas em controle de armas assinaram uma carta que defendia o acordo com o Irã como "um saldo positivo para os esforços internacionais de não proliferação nuclear" e alertava que "uma ação unilateral dos Estados Unidos, especialmente baseada em alegações infundadas de fraude iraniana, isolariam os norte-americanos".[31] Mas a mensagem não foi internalizada pelo governo Trump, que insistiu em vociferar publicamente contra o Irã. Alguns funcionários de carreira temiam que o tempo dos especialistas, que desempenhavam um papel formativo na política externa, pudesse ter ficado para trás. Poucos dias depois de tomar posse, o novo governo demitiu, claro, seu maior especialista doméstico em não proliferação.

Foi assim que, naquele frio domingo de janeiro de 2017, Tom Countryman se viu limpando seu escritório no Departamento de Estado. Era o fim de 35 anos de serviço, mas ele não era sentimental. "Havia tanto o que fazer",[32] disse, encolhendo os ombros. "Não tenho certeza se esperava por aquilo." Na maioria dos domingos, o Departamento de Estado ficava sinistramente vazio. No entanto, naquele, Countryman não estava sozinho. O subsecretário Patrick Kennedy, depois de 44 anos no Foreign Service, também estava limpando sua mesa. Os dois diplomatas grisalhos deram uma pausa nas caixas de papéis e fotos de família para rememorar. Kennedy estivera no meio da guerra do Iraque como chefe de gabinete da Autoridade Provisória da Coalizão. Countryman estivera no Egito quando o país aderira à Guerra do Golfo. Um improvável final tranquilo para um par de carreiras de alto risco: memórias e mesas esvaziadas, enquanto o Departamento de Estado permanecia imóvel.

Alguns dias tinham se passado depois que Countryman fora demitido durante a missão na Jordânia, e ele fizera o melhor que pôde para encerrar suas tarefas. Não tivera tempo para conversar com a maioria de seus 260 funcionários no Escritório de Segurança Internacional e Não Proliferação. De qualquer forma, havia pouco a dizer que os guiasse no que estava por vir.

Na terça-feira seguinte, teve uma última oportunidade para se despedir. Mais de cem funcionários de carreira lotaram uma área de recepção no primeiro andar, com teto manchado e carpete cinza. A multidão empunhava copos de isopor enquanto Countryman subia em um púlpito. Desde sua demissão, menos de uma semana antes, ele se tornara uma espécie de pequena celebridade, o símbolo de uma profissão que lutava para sobreviver. Um colega comparou o final de sua carreira a Obi-Wan Kenobi sendo morto por Darth Vader em *Guerra nas estrelas*, o que Countryman achou emocionante. (Outro, acrescentou maliciosamente, comparou com a cena em que a princesa Leia estrangula Jabba, o monstro de Hutt. "O que achei meio confuso.")[33]

Ele passara dias pensando em uma mensagem, uma lição, algo de valor a deixar para trás. Não estava, disse à multidão de diplomatas sitiados, descontente. Era "provavelmente a pessoa mais contente da sala". Falou para eles sobre uma carreira que lhe dera uma visão, em primeira mão, da história mundial e diplomática. Falou de "embaixadores lendários" e dos jovens funcionários brilhantes que, estava convencido, ainda se erguiam nas fileiras do Foreign Service.[34]

Mas também deu um aviso. "Uma política externa sem profissionais", disse ele, "é, por definição, uma política externa amadora."[35]

Fiquem, pediu aos funcionários reunidos, mesmo reconhecendo que era uma profissão em descompasso com os tempos atuais. "Nosso trabalho é pouco compreendido por nossos compatriotas, fato que às vezes é explorado para fins políticos." Somente eles, disse, poderiam servir de baluarte contra uma abordagem cada vez mais mesquinha e militarizada do mundo.

Nossos funcionários consulares são a primeira das muitas linhas de defesa contra aqueles que viriam aos Estados Unidos com propósito maligno. Queremos que as famílias dos heróis norte-americanos — nossos soldados — saibam que seus entes queridos não são postos em perigo simplesmente devido ao fracasso na busca por soluções civis... Se nossa interação com outros países for apenas uma transação comercial, em lugar de uma parceria com aliados e amigos, perderemos também este jogo. A China praticamente inventou a diplomacia da pura troca de interesses e, se optarmos por jogar o jogo deles, Pequim terá o mando do campo.[36]

Aqueles eram os temores dos diplomatas sobreviventes que se lembravam de um outro tempo, quando falar e ouvir servia para alguma coisa e o Departamento de Estado era um instrumento indispensável do poder norte-americano. "Basicamente, nos desarmamos de maneira unilateral", refletiu Wendy Sherman. "Se você não considera a diplomacia como uma ferramenta, sabota unilateralmente seu próprio poder. Por que faríamos isso?"[37] Ela suspirou. "Por que nos privaríamos disso, e por que faríamos uma política externa prioritariamente militar, são coisas para mim incompreensíveis."

"Há uma corrosão real do significado da liderança mundial dos Estados Unidos e das instituições que tornam essa liderança real", acrescentou Bill Burns. "Acabamos criando uma situação em que você acorda daqui a quinze anos dizendo 'Onde estão todos aqueles funcionários do Foreign Service que deveriam estar prestes a virar embaixadores?', e não vai ter ninguém." Ele se lembrava vividamente da "inversão" entre diplomacia e poderio militar que testemunhara durante a guerra do Iraque. Enquanto observava as poucas e preciosas realizações diplomáticas da era mais recente tombarem como dominós sob o governo Trump, não podia deixar de ver um paralelo. "A diplomacia com certeza deveria ser a ferramenta empregada em primeiro lugar, internacionalmente. Às vezes, é possível realizar coisas com um custo muito menor, tanto financeiro quanto em termos de vidas norte-americanas, do que com o uso das Forças Armadas",[38] observou Burns. Parte da tendência à formulação militar de políticas seria difícil de reverter, admitiu. No entanto, estava convencido de que sempre haveria um caminho de volta. Ainda acreditava na qualidade dos norte-americanos atraídos para prosseguir em sua linha pouco glamourosa de trabalho, mas necessária.

Lembrei-me de algo que Richard Holbrooke havia escrito quando o Departamento de Estado enfrentou os brutais cortes orçamentários da era Clinton, na introdução de *To End a War*, sua grande história da Bósnia e, claro, dele mesmo:

Hoje, o serviço público perdeu muito da aura que tinha quando John F. Kennedy nos perguntou o que poderíamos fazer pelo nosso país. Ouvir essa frase, antes que ela se tornasse um clichê, era eletrizante... O serviço público pode fazer a diferença. Se este livro ajudar a inspirar alguns jovens norte-americanos a entrar para o governo ou outras formas de serviço público, terá alcançado um de seus objetivos.[39]

Holbrooke era um fanfarrão impossível, mas sua crença nos Estados Unidos — e em seu poder de produzir paz, não apenas guerra — era dolorosamente sincera. Depois que ele morreu, lembro-me de estar sentado no meu cubículo, sob as luzes do primeiro andar do Departamento de Estado, olhando para aquela passagem e pensando que, apesar de todos os seus defeitos, ele alcançara seu objetivo no grupo de funcionários que acalentara no Afeganistão. Anos depois, puxei seu livro da estante, abri-o na mesma página desbeiçada e percebi que tinha escrito a lápis, na margem: "Sinto sua falta, embaixador".

Enquanto as pessoas continuarem a acreditar no serviço público civil, disse Burns, as instituições vão sobreviver. "O Foreign Service já apanhou muito", observou, soando, pela primeira vez, nem um pouco diplomático. Sempre conseguira sobreviver. Dessa vez, ele e virtualmente todos os seus colegas concordavam, *precisava* sobreviver. "Um mundo onde o poder é mais difuso... em que há tantos fluxos simultâneos, realmente torna a diplomacia algo muito mais importante e muito mais relevante do que antes, ao contrário da moda atual de que, com a tecnologia da informação, 'quem precisa de embaixadas?'"[40]

Tom Countryman estava entre os que haviam saído de moda. Após seu discurso, fez as malas e tirou férias. Foi assim que o surpreendi tragando um cigarro eletrônico e olhando para o vasto azul do estuário de Puget, na modesta casa térrea de seu irmão em Tacoma, Washington. Vários meses depois, perguntei a Brian Hook, o primeiro diretor de planejamento de políticas do Departamento de Estado durante a era Trump, o que ele identificaria como a missão diplomática essencial daquele governo. Hook pensou por um momento, como se refletisse sobre a pergunta pela primeira vez. Em conversas posteriores, mencionou uma ampla gama de prioridades, incluindo confrontar o EI. Mas, nessa primeira troca de ideias, disse, finalmente: "A não proliferação em Estados perigosos como o Irã e a Coreia do Norte".[41] Na época, não havia ninguém encarregado dessas questões no Departamento de Estado. No ano seguinte, o cargo que Tom Countryman outrora ocupara permaneceu vago, como tantos outros.

Agradecimentos

Fiz mais de duzentas entrevistas para *Guerra contra a paz*. Devo muito às fontes cujos testemunhos oculares, documentos e percepções percorrem todas as páginas. Alguns dos nomes nunca poderei tornar públicos. A cada um de vocês que falou, por vezes assumindo riscos pessoais ou profissionais, obrigado. Para os diplomatas de carreira, especialmente Tom Countryman, Erin Clancy, Robin Raphel, Anne Patterson, Bill Burns, Christopher Hill, Chris LaVine e outros, muitos para listar aqui, espero que este livro seja uma apreciação adequada do trabalho que fazem. Espero que assim seja com respeito a Richard Holbrooke e seu complexo e importante legado. Sem ele, este livro não existiria.

Sou igualmente grato aos secretários de Estado que foram bastante gentis ao permitir sua identificação: Henry Kissinger, George P. Shultz, James Baker, Madeleine Albright, Colin Powell, Condoleezza Rice, Hillary Clinton, John Kerry e Rex Tillerson. Eles foram generosos doando seu tempo e sua sinceridade. Os mesmos agradecimentos vão para os outros líderes militares e civis com quem falei: David Petraeus, Michael Hayden, Leon Panetta, John Allen, James Stavridis, William Caldwell e muitos outros.

Shana Mansbach, minha incansável assistente de pesquisa, esteve envolvida em centenas de horas de entrevistas, provas e notas de rodapé. Recusou-se a abandonar o projeto mesmo quando ficou maior do que o previsto e ela tinha coisas melhores para fazer. Foi precedida pelos maravilhosos Arie Kuipers e Nathan Kohlenberg. Todos nós usufruímos da retaguarda segura de Andy Young, meu meticuloso verificador de fatos, que reservou tempo para revisar os manuscritos ao mesmo tempo que era, por algum motivo, companheiro de viagem em tempo integral de Lady Gaga.

Minha agente, Lynn Nesbit, batalhou muito para manter este projeto vivo. Ela é a melhor aliada que um escritor poderia ter. Representou luminares literários por cinquenta anos, é a negociadora mais dura que conheço e ainda faz exercícios regulares com pesos. Todos deveríamos ser como Lynn Nesbit.

Também devo agradecer à equipe da W. W. Norton, que publicou *Present at the Creation*, de Dean Acheson, em 1969, do qual este livro, em certo sentido, é uma continuação bastante sombria. John Glusman foi um editor paciente e compassivo. Drake McFeely acreditou no projeto quando outros foram inconstantes e abandonaram a ele e a mim. Muitos de seus colegas também trabalharam duro, entre eles Louise Brockett, Rachel Salzman, Brendan Curry, Steven Pace, Meredith McGinnis, Steve Attardo, Julia Druskin, Nancy Palmquist e Helen Thomaides. Livros, assim como a diplomacia, são uma instituição fustigada pela mudança dos tempos. Aqueles baseados em uma pesquisa profunda usufruem do comprometimento de pessoas boas e sérias como essas.

Vários especialistas em política externa a quem respeito, incluindo Ian Bremmer, Richard Haass e Samantha Vinograd, examinaram os manuscritos e fizeram observações que, a rigor, não tinham tempo de fazer. Enriqueceram muito estas páginas. David Remnick, David Rohde e meus outros editores da *New Yorker* deram conselhos inestimáveis e educadamente toleraram o tempo que levei para terminar tudo.

Por fim, nada do que eu fiz teria sido possível sem minha família e os amigos que me restaram depois que este livro me tornou um sujeito desagradável e indisponível durante meia década. Minha mãe sempre esteve a postos para todas as ligações entusiasmadas que acompanhavam cada avanço e para todas as desanimadas quando as coisas ameaçavam desmoronar. Jon Lovett, que normalmente cobra por esse tipo de trabalho, fez inumeráveis observações. Jennifer Harris, desculpe por ter perdido seu casamento para ir entrevistar um chefe militar. Realmente ensaiei aquela música.

Notas

Prólogo: O massacre da Ala Mogno [pp. 9-37]

1 *The Laws of Manu*. Traduzido para o inglês por George Bühler. Amazon Digital Services LLC, 2012, loc. 1818. E-book.

2 Conversa com um funcionário do Foreign Service que solicitou anonimato por criticar a segurança da embaixada, como fica implícito em suas declarações, em 20 fev. 2012.

3 Pierre Goldschmidt, "A Realistic Approach Toward a Middle East Free of WMD", Carnegie Endowment for International Peace, 7 jul. 2016. Disponível em: <carnegieendowment.org/2016/07/07/realistic-approach-toward-middle-east-free-of-wmd-pub-64039>.

4 Entrevista do autor com Thomas Countryman, 22 jun. 2017.

5 Ibid.

6 Ibid.

7 "The Case of Thomas Countryman", Seattle.Politics Google Group, 26 fev. 2017. Disponível em: <groups.google.com/forum/#!topic/seattle.politics/hVTxKDgCdbU>.

8 "Former Assistant Secretary of State Rocks Bodacious Mullet on MSNBC", *Washington Free Beacon*, 1 fev. 2017. Disponível em: <freebeacon.com/national-security/former-assistant-secretary-of-state-rocks-bodacious-mullet-on-msnbc>.

9 Entrevista do autor com Thomas Countryman, 22 jun. 2017.

10 Ibid.

11 Ibid.

12 Ibid.

13 Malaka Gharib, "From AIDS to Zika: Trump On Global Health And Humanitarian Aid", NPR, 9 nov. 2016. Disponível em: <www.npr.org/sections/goatsandsoda/2016/11/09/501425084/from-aids-to-zika-trump-on-global-health-and-humanitarian-aid>; Hilary Clarke et al., "Alarm Bells Ring for Charities as Trump Pledges to Slash Foreign Aid Budget", CNN, 1 mar. 2017. Disponível em: <www.cnn.com/2017/02/28/politics/trump-budget-foreign-aid/index.html>.

14 Entrevista do autor com Thomas Countryman, 22 jun. 2017.

15 Ibid.

16 Ibid.

17 Ibid.

18 Ibid.

19 Ibid.

20 Ibid.

21 Ibid.

22 Ibid.

23 Ibid.

24 Entrevista do autor com Erin Clancy em Los Angeles, 1 jun. 2017.

25 Ibid.

26 Ibid.

27 Entrevista do autor com Rex Tillerson, 4 jan. 2018.

28 Robbie Gramer, Dan De Luce e Colum Lynch, "How the Trump Administration Broke the State Department", *Foreign Policy*, 31 jul. 2017. Disponível em: <foreignpolicy.com/2017/07/31/how-the-trump-administration-broke-the-state-department>; Morgan Chalfant, "Trump's War on the State Department", *The Hill*, 14 jul. 2017. Disponível em: <thehill.com/homenews/administration/341923-trumps-war--on-the-state-department>; Bob Dreyfuss, "How Rex Tillerson Turned the State Department into a Ghost Ship", *Rolling Stone*, 13 jul. 2017. Disponível em: <www.rollingstone.com/politics/features/rex-tillerson-turned-the-state-department-into-a-ghost-ship-w492142>.

29 Entrevista do autor com James Baker, 22 jan. 2018.

30 Jeremy Konyndyk, "Clinton and Helms Nearly Ruined State. Tillerson Wants to Finish the Job", *Politico Magazine*, 4 maio 2017. Disponível em: <www.politico.com/magazine/story/2017/05/04/tillerson-trump-state--department-budget-cut-215101>.

31 "A Foreign Affairs Budget for the Future: Fixing the Crisis in Diplomatic Readiness", Stimson Center, out. 2008. Disponível em: <www.stimson.org/sites/default/files/file-attachments/A_Foreign_Affairs_Budget_for_the_Future_11_08pdf_1.pdf>.

32 Ibid.

33 Thomas Lippman, "U.S. Diplomacy's Presence Shrinking", *The Washington Post*, 3 jun. 1996. Disponível em: <www.washingtonpost.com/archive/politics/1996/06/03/us-diplomacys-presence-shrinking/4d1d8 17e-a748-457d-9b22-1971bb1cb934/?utm_term=d3faf19815ad>.

34 Ibid.

35 "The Last Time @StateDept Had a 27% Budget Cut, Congress Killed A.C.D.A. and U.S.I.A.", Diplopundit, 31 mar. 2017. Disponível em:

<diplopundit.net/2017/03/31/the-last-time-statedept-had-a-27-budget-
-cut-congress-killed-acda-and-usia>.

36 Thomas Friedman, "Foreign Affairs; the End of Something", *The New
York Times*, 26 jul. 1995. Disponível em: <www.nytimes.com/1995/07/26/
opinion/foreign-affairs-the-end-of-something.html>.

37 "A Foreign Affairs Budget for the Future: Fixing the Crisis in Diplomatic Readiness", Stimson Center, out. 2008. Disponível em: <www.
stimson.org/sites/default/files/file-attachments/A_Foreign_Affairs_
Budget_for_the_Future_11_08pdf_1.pdf>.

38 Entrevista do autor com Colin Powell em Washington, DC, 29 ago. 2017.

39 Como exemplo, os Fundos de Apoio Econômico triplicaram de 2,3
bilhões de dólares no ano fiscal de 2001 para 6,1 bilhões no ano fiscal de 2017, com um aumento de 3,8 bilhões vindo da Overseas Con-
tingency Operation (OCO). Da mesma forma, a OCO foi responsável
por quase todo o aumento da Assistência Internacional contra Desastres, que subiu de 299 milhões de dólares para 2 bilhões. O mesmo
vale para o aumento no orçamento para Migração e Assistência aos
Refugiados (de 698 milhões de dólares para 2,8 bilhões). Ao mesmo
tempo, a Fundação Interamericana, a Fundação para o Desenvolvimento da África e outras categorias orçamentárias "flexíveis" foram
achatadas. "Congressional Budget Justification Department of State,
Foreign Operations, and Related Programs: Fiscal Year 2017" e "Congressional Budget Justification, Foreign Operations, Fiscal Year 2002",
Departamento de Estado dos Estados Unidos.

40 Entrevista do autor com Madeleine Albright, 15 dez. 2017.

41 Entrevista do autor com Colin Powell, em Washington, DC, 29 ago. 2017.

42 Entrevista do autor com Henry Kissinger, 4 dez. 2017.

43 Entrevista do autor com Colin Powell, em Washington, DC, 29 ago. 2017.

44 Jeremy Konyndyk, "Clinton and Helms Nearly Ruined State. Tillerson
Wants to Finish the Job".

45 Eli Lake, "SIGIR Audit Finds Some U.S. CERP Funds Went to Insurgents
in Iraq", *Daily Beast*, 29 abr. 2012. Disponível em: <www.thedailybeast.
com/sigir-audit-finds-some-us-cerp-funds-went-to-insurgents-in-iraq>.

46 Boumediene v. Bush, 553 US 723, 2008.

47 Jeremy Konyndyk, "Clinton and Helms Nearly Ruined State. Tillerson
Wants to Finish the Job".

48 "Text: Obama's Cairo Speech", *The New York Times*, 4 jun. 2009. Disponível em: <www.nytimes.com/2009/06/04/us/politics/04obama.
text.html>.

49 "Donald Trump Would Have the Most Generals in the White House
Since WWII", ABC News, 8 dez. 2016. Disponível em: <abcnews.

go.com/Politics/donald-trump-generals-white-house-world-war-ii/story?id=44063445>.

50 Marcus Weisgerber, "Obama's Final Arms-Export Tally More than Doubles Bush's", Defense One, 8 nov. 2016. Disponível em: <www.defenseone.com/business/2016/11/obamas-final-arms-export-ally-more-doubles-bushs/133014>; Farid Farid, "Obama's Administration Sold More Weapons than Any Other Since World War II", Vice News, 3 jan. 2017. Disponível em: <motherboard.vice.com/en_us/article/qkjmvb/obamas--administration-sold-more-weapons-than-any-other-since-world-war-ii>.

51 Entrevista do autor com Hillary Clinton, 20 nov. 2017.

52 "SUBJECT: AT THE CROSSROADS", memorando de Richard Holbrooke para Hillary Clinton, 10 set. 2010. Ver discussão detalhada.

53 Karen DeYoung, "How the Obama White House Runs Foreign Policy", The Washington Post, 4 ago. 2015. Disponível em: <www.washingtonpost.com/world/national-security/how-the-obama-white-house-runs-foreign-policy/2015/08/04/2befb960-2fd7-11e5-8353-1215475949f4_story.html?utm_term=ffae45cd1509>; Id., "Obama's NSC Will Get New Power", The Washington Post, 8 fev. 2009. Disponível em: <www.washingtonpost.com/wp-dyn/content/article/2009/02/07/AR2009020702076.html>.

54 Cara Buckley, "A Monster of a Slip", The New York Times, 16 mar. 2008. Disponível em: <www.nytimes.com/2008/03/16/fashion/16samantha.html>.

55 Manuel Roig-Franzia, "Samantha Power: Learning to Play the Diplomat's Game", The Washington Post, 4 abr. 2014. Disponível em: <www.washingtonpost.com/lifestyle/magazine/samantha-power-learning-to-play-the--diplomats-game/2014/04/03/1ea34bae-99ac-11e3-b88d-f36c07223d88_story.html>.

56 Robert Sullivan, "Samantha Power Takes on the Job of a Lifetime as Ambassador to the U.N.", Vogue, 14 out. 2013. Disponível em: <www.vogue.com/article/samantha-power-americas-ambassador-to-the-un>.

57 Irin Carmon, "Enough with Samantha Power's Flowing Red Hair", Jezebel, 30 mar. 2011. Disponível em: <www.jezebel.com/5787135/have-you-heard-about-samantha-powers-flowing-red-hair>.

58 Entrevista do autor com Samantha Power, 10 jul. 2017.

59 Entrevista do autor com um alto funcionário sob anonimato.

60 Entrevista do autor com Susan Rice, 19 jan. 2018.

61 Ibid.

62 Entrevista do autor com Samantha Power, 10 jul. 2017.

63 Entrevista do autor com Susan Rice, 19 jan. 2018.

64 Joe Davidson, "Gaps Persist in Midlevel Foreign Service Positions", The Washington Post, 16 jul. 2012. Disponível em: <www.washingtonpost.

com/blogs/federal-eye/post/gaps-persist-in-midlevel-foreign-service-positions/2012/07/16/gJQAHEdwoW_blog.html?tid=a_inl&utm_term=7eccb98aee1d>.

65 "Five Year Workforce and Leadership Succession Plan FY2016 to FY2020", Departamento de Estado, Departamento de Recursos Humanos, set. 2016. Disponível em: <www.state.gov/documents/organization/262725.pdf>.

66 "American Diplomacy at Risk", Academia Americana de Diplomacia, reimpresso pela Associação para Estudos e Treinamento Diplomáticos, abr. 2015. Disponível em: <adst.org/american-diplomacy-at-risk>.

67 Entrevista do autor com George P. Shultz, 19 jan. 2018.

68 Entrevista do autor com Henry Kissinger, 4 dez. 2017.

69 Entrevista do autor com Condoleezza Rice, 3 ago. 2017.

70 Ibid.

71 Entrevista do autor com Henry Kissinger, 4 dez. 2017.

72 Entrevista do autor com Hillary Clinton, 20 nov. 2017.

1. Mitos norte-americanos [pp. 41-5]

1 "Diplomatic Gains in the Early 19th Century", Departamento de Estado, Departamento de História. Disponível em: <history.state.gov/departmenthistory/short-history/conc1>; "A Return to Isolationism", Departamento de Estado, Departamento de História. Disponível em: <history.state.gov/departmenthistory/short-history/return>.

2 "A Foreign Policy of Inaction", Departamento de Estado, Departamento de História. Disponível em: <https://history.state.gov/departmenthistory/short-history/inaction>.

3 "Embarrassment Brings Change", Departamento de Estado, Departamento de História. Disponível em: <history.state.gov/departmenthistory/short-history/embarrasment>.

4 Matthew Rojansky, "George Kennan is Still the Russia Expert America Needs", *Foreign Policy*, 22 dez. 2016. Disponível em: <foreignpolicy.com/2016/12/22/why-george-kennan-is-still-americas-most-relevantrussia-expert-trump-putin-ussr>.

5 Entrevista do autor com John Kerry, 21 nov. 2017.

6 Entrevista do autor com Henry Kissinger, 4 dez. 2017.

2. Lady Talibã [pp. 46-54]

1 "Pakistan: Extrajudicial Executions by Army in Swat", Human Rights Watch, 16 jul. 2011. Disponível em: <www.hrw.org/news/2010/07/16/pakistan-extrajudicial-executions-army-swat>.

2 "Factbox: U.S. Has Allocated $20 Billion for Pakistan", Reuters, 21 abr. 2011. Disponível em: <www.reuters.com/article/us-pakistan-usa--aidfactbox-idUSTRE73K7F420110421>.

3 Stephanie Mathieu, "Home Grown: Native Travels Globe as Diplomat", *Daily News* (WA), 16 nov. 2007. Disponível em: <tdn.com/business/local/home-grown-native-travels-globe-as-diplomat/article_c1384a98-0a14-51d0-9fde-5b03d87ab082.html>.

4 Entrevista do autor com Robin Raphel, 30 jun. 2016.

5 Tom Griffin, "Rarified Air: UW Rhodes Scholars Since 1960", Universidade de Washington, mar. 2004. Disponível em: <www.washington.edu/alumni/columns/march04/rhodes04.html>.

6 Alessandra Stanley, "Most Likely to Succeed", *The New York Times*, 22 nov. 1992. Disponível em: <www.nytimes.com/1992/11/22/magazine/most-likely-to-succeed.html?pagewanted=all>.

7 "The 1992 Campaign; A Letter by Clinton on His Draft Deferment: 'A War I Opposed and Despised'", *The New York Times*, 13 fev. 1992. Disponível em: <www.nytimes.com/1992/02/13/us/1992-campaign-letter-clinton-his-draft-deferment-war-opposed-despised.html>.

8 Entrevista do autor com Robin Raphel, 30 jun. 2016.

3. Dick [pp. 55-61]

1 David Halberstam, *War in a Time of Peace: Bush, Clinton, and the Generals*. Nova York: Scribner, 2001, p. 186.

2 Ibid., p. 17.

3 Richard Holbrooke, *To End a War*. Nova York: Random House, 2011, loc. 179. E-book.

4 Meryl Gordon, "Ambassador A-List", *New York Magazine*, [s.d.]. Disponível em: <nymag.com/nymetro/news/people/features/1748/index3.html>.

5 Derek Chollet e Samantha Power, *The Unquiet American: Richard Holbrooke in the World*. Nova York: PublicAffairs, 2012, p. 47. E-book.

6 Ibid., p. 78.

7 Memorando não publicado, relatado em Chollet e Power, *The Unquiet American*, p. 86.

8 David Halberstam, *War in a Time of Peace*, p. 181.

9 "Memorandum from Richard Holbrooke of the White House Staff to the President's Special Assistant (Komer)", Relações Exteriores dos Estados Unidos, 1964-8, v. IV, Vietnã, 1 dez. 1966, doc. 321.

10 Chollet e Power, *The Unquiet American*, p. 90.

11 David Halberstam, *War in a Time of Peace*, p. 188.

12 George Packer, "The Last Mission", *The New Yorker*, 28 set. 2009. Disponível em: <www.newyorker.com/magazine/2009/09/28/the-last--mission>.

13 John Aloysius Farrell, "Yes, Nixon Scuttled the Vietnam Peace Talks", *Politico Magazine*, 9 jun. 2014. Disponível em: <www.politico.com/magazine/story/2014/06/yes-nixon-scuttled-the-vietnam-peace-talks-107623>.

14 Holbrooke, *To End a War*, loc. 3111.

15 Ibid., loc. 8208-11.

16 Steve Clemons, "Afghanistan War: What Richard Holbrooke Really Thought", *The Huffington Post*, 17 maio 2011. Disponível em: <www.huffingtonpost.com/steve-clemons/afghanistan-war-what-rich_b_862868.html>.

17 Entrevista do autor com Henry Kissinger, 4 dez. 2017.

18 Richard Holbrooke, "The American Experience in Southeast Asia, 1946-1975", Washington, DC, 29 set. 2010, discurso de abertura.

4. O caso das mangas [pp. 62-74]

1 Richard Leiby, "Who is Robin Raphel, the State Department Veteran Caught up in Pakistan Intrigue?", *The Washington Post*, 16 dez. 2016. Disponível em: <www.washingtonpost.com/lifestyle/style/who-is--robin-raphel-the-state-department-veteran-caught-up-in-pakistan--intrigue/2014/12/16/cfa4179e-8240-11e4-8882-03cf08410beb_story.html?utm_term=c44eab67b086>.

2 Entrevista do autor com Robin Raphel, 30 jun. 2016.

3 Ibid.

4 George Crile, *Charlie Wilson's War*. Nova York: Grove, 2007, loc. 352. E-book.

5 "December 26, 1979: Memo to President Carter Gives Pakistan Green Light to Pursue Nuclear Weapons Program", History Commons, 2007. Disponível em: <www.historycommons.org/timeline.jsp?timeline=aq_khan_nuclear_network_tmln&aq_khan_nuclear_network_tmln_us_intelligence_on_pakistani_nukes=aq_khan_nuclear_network_tmln_soviet_afghan_war_connections>.

6 "Reflections on Soviet Intervention in Afghanistan", memorando ao presidente de Zbigniew Brzezinski, 26 dez. 1979, relatado em The Cold War International History Project.

7 Steve Coll, *Ghost Wars*. Londres: Penguin, 2004, p. 65. E-book.

8 Ibid., pp. 55, 58.

9 "Your Meeting with Pakistan President ...", memorando de Shultz a Reagan, 29 nov. 1982; "Visit of Zia-ul-Haq", de Shultz, também datado de

29 nov. 1982, relatado em The Cold War International History Project, Wilson Center.

10 Entrevista do autor com George P. Shultz, 19 jan. 2018.

11 Coll, *Ghost Wars*, p. 66.

12 Ibid., p. 64.

13 Seymour Hersh, "On the Nuclear Edge", *The New Yorker*, 29 mar. 1993. Disponível em: <www.newyorker.com/magazine/1993/03/29/on-the-nclear-edge>.

14 Hedrick Smith, "A Bomb Ticks in Pakistan", *The New York Times Magazine*, 6 mar. 1988. Disponível em: <www.nytimes.com/1988/03/06/magazine/a-bomb-ticks-in-pakistan.html?pagewanted=all>.

15 Crile, *Charlie Wilson's War*, loc. 379.

16 Entrevista do autor com Milton Bearden, 28 abr. 2016.

17 Coll, *Ghost Wars*, pp. 86, 153.

18 Ibid., p. 68.

19 Adam Entous, "The Last Diplomat", *The Wall Street Journal*, 2 dez. 2016. Disponível em: <www.wsj.com/articles/the-last-diplomat-1480695454>.

20 Robert MacFarlane, "The Late Dictator", *The New York Times*, 15 jun. 2008, p. BR12.

21 Edward Jay Epstein, "Who Killed Zia", *Vanity Fair*, set. 1989.

22 Ibid.

23 Ibid.

24 Entrevista do autor com Robin Raphel, 30 jun. 2016.

25 Crile, *Charlie Wilson's War*, loc. 110.

26 Mark Fineman, "She Hails U.S. Support for Pakistani Democracy: Bhutto Wins Ovation in Congress", *The Los Angeles Times*, 8 jun. 1989. Disponível em: <articles.latimes.com/1989-06-08/news/mn-1927_1_bhutto-pakistanidemocracy-pro-democracy>.

27 Entrevista do autor com um norte-americano lobista pelo Paquistão, 17 mar. 2017.

28 Robert Windrem, "Pakistan's Nuclear History Worries Insiders", NBC News, 6 nov. 2007. Disponível em: <www.nbcnews.com/id/21660667/ns/nbc_nightly_news_with_brian_williams/t/pakistas--nuclear-history-worries-insiders/#WPj5OfnyuUl>.

29 "U.S. Legislation on Pakistan (1990-2004)", PBS, 3 out. 2006. Disponível em: <www.pbs.org/wgbh/pages/frontline/taliban/pakistan/ uspolicychart.html>.

30 Entrevista do autor com Milton Bearden, 28 abr. 2016.

31 Peter Tomsen, *The Wars of Afghanistan: Messianic Terrorism, Tribal Conflicts, and the Failures of Great Powers*. Nova York: Public Affairs, 2001, pp. 405-8. E-book.

32 Coll, *Ghost Wars*, p. 263.

33 "U.S.-Pakistan Relations (1954-Present)", Council on Foreign Relations, 2017. Disponível em: <www.cfr.org/interactives/CG_Pakistan/index.html#timeline>.

34 Entrevista do autor com Madeleine Albright, 13 dez. 2017.

35 Karl Inderfurth, "Pushing for Peace in Afghanistan", telegrama do Departamento de Estado ao secretário de Estado, 25 mar. 2009. Disponível em: <nsarchive.gwu.edu/NSAEBB/NSAEBB227/33.pdf>.

36 Entous, "The Last Diplomat".

37 Telegrama do Departamento de Estado, 14 abr. 1996, relatado em Coll, *Ghost Wars*, p. 298.

38 Coll, *Ghost Wars*, p. 298.

39 Entrevista do autor com Robin Raphel, 5 jan. 2018.

40 Coll, *Ghost Wars*, pp. 298-9.

41 Telegrama liberado, "A/S Raphel Discusses Afghanistan", 22 abr. 1996, citado em Coll, *Ghost Wars*, p. 329.

42 Transcrição de declarações em uma sessão a portas fechadas na ONU, obtida por Ahmed Rashid e relatada por ele em *Taliban: Militant Islam, Oil and Fundamentalism in Central Asia*. (2. ed. New Haven, CT: Yale University Press, 2010, p. 178).

43 Entrevista do autor com Husain Haqqani, 28 maio 2015.

44 Entrevista do autor com Robin Raphel, 30 jun. 2016.

45 Ibid.

46 Entous, "The Last Diplomat".

47 "Exhibit A to Registration Statement Pursuant to the Foreign Agents Registration Act of 1938, as Amended", Departamento de Justiça dos Estados Unidos, Cassidy & Associates, Embaixada da República Islâmica do Paquistão, 2005. Disponível em: <www.fara.gov/docs/5643--Exhibit-AB-20071004-4.pdf>.

48 Chidanand Rajghattal, "Pakistan Lobbyist Robin Raphel Under Lens for Alleged Spying", *Times of India*, 7 nov. 2014. Disponível em: <timesofindia.indiatimes.com/world/us/Pakistan-lobbyist-Robin-Raphel--under-lens-for-alleged-spying/articleshow/45073087.cms>.

49 Entrevista do autor com Robin Raphel, 30 jun. 2016.

50 "Top Hardship Assignments in the Foreign Service", Diplopundit, 14 jul. 2009. Disponível em: <diplopundit.net/2009/07/14/top-hardship-assignments-in-the-foreign-service>.

51 Richard Leiby, "Who is Robin Raphel, the State Department Veteran Caught Up in Pakistan Intrigue?", *The Washington Post*, 16 dez. 2014. Disponível em: <www.washingtonpost.com/lifestyle/style/who-is--robin-raphel-the-state-department-veteran-caught-up-in-pakistan-

-intrigue/2014/12/16/cfa4179e-8240-11e4-8882-03cf08410beb_story.
html?utm_term=59cd5ed4b662>.

5. A outra rede Haqqani [pp. 75-80]

1   Documentos públicos de William J Clinton, 5 maio 1993. Disponível
    em: <books.google.com/books?id=MSPhAwAAQBAJ&pg=PA1263&l
    pg=PA1263dq=Ranasinghe+Premadasa+funeral&source=bl&ots=Wv
    CzewwlRN&sig=Sn2i7_sLyqKJSktRdC6qDIkCUeQ&hl=en&sa=X&
    ved=0ahUKEwiokejcoIrTAhXoiFQKHRMzAjQ4ChDoAQhJMAk#v=0
    nepage&q=raphel&f=false>.
2   Entrevista telefônica do autor com Husain Haqqani, 29 mar. 2017.
3   Husain Haqqani, *Pakistan: Between Mosque and Military*. Washing-
    ton, DC: Carnegie Endowment for International Peace, 2005, loc.
    101. E-book.
4   Id., "The Day I Broke with the Revolution", *Asian Wall Street Jour-
    nal*, 23 abr. 1998, p. 7; Id., *Magnificent Delusions: Pakistan, the United
    States, and an Epic History of Misunderstanding*. Nova York: PublicAf-
    fairs, 2013, p. 3. E-book.
5   Mark Fineman, "Million Mourn at Funeral for Pakistan's Zia", *The
    Los Angeles Times*, 21 ago. 1988. Disponível em: <articles.latimes.
    com/1988-08-21/news/mn-1149_1_president-zia/2>.
6   Entrevista telefônica do autor com Husain Haqqani, 28 mar. 2017.
7   Haqqani, *Magnificent Delusions*, p. 271.
8   Mark Landler, "Adroit Envoy States Case for Pakistan", *The New York
    Times*, 8 maio 2009. Disponível em: <www.nytimes.com/2009/05/09/
    world/asia/09envoy.html>.
9   "Pakistan: Country Reports on Human Rights Practices", Departamento
    de Estado dos Estados Unidos, Departamento de Democracia, Direitos
    Humanos e Trabalho, 23 fev. 2000. Disponível em: <www.state.gov/j/
    drl/rls/hrrpt/1999/441.htm>.
10 Entrevista telefônica do autor com Husain Haqqani, 29 mar. 2017.
11 Haqqani, *Magnificent Delusions*, pp. 323-4.
12 Ibid., p. 324.
13 "Bhutto Said She'd Blame Musharraf if Killed", CNN, 28 dez. 2007. Dis-
    ponível em: <edition.cnn.com/2007/WORLD/asiapcf/12/27/bhutto.
    security>.
14 James Farwell, *The Pakistan Cauldron: Conspiracy, Assassination & Ins-
    tability*. Lincoln, NE: Potomac, 2011, p. 135.
15 Ahmed Rashid, *Descent into Chaos: The U.S. and the Disaster in Pakis-
    tan, Afghanistan, and Central Asia*. Londres: Penguin, 2009, loc. 7980;

Nicholas Schmidle, *To Live or to Perish Forever: Two Tumultuous Years in Pakistan*. Nova York: St. Martin's Griffin, 2010, p. 207; Isobel Coleman, *Paradise Beneath Her Feet: How Women Are Transforming the Middle East*. Nova York: Random House, 2013, p. 127.

16 Declan Walsh, "Zardari Rejects Claim of al-Qaida Link to Bhutto's Murder", *The Guardian*, Manchester, 1 jan. 2008. Disponível em: <www.theguardian.com/world/2008/jan/01/pakistan.international1>.

17 Haqqani, *Magnificent Delusions*, p. 323.

18 "Haqqani Presents Credentials to Bush", *Dawn*, 7 jun. 2008. Disponível em: <www.dawn.com/news/306395>.

19 Rashid, *Descent into Chaos*.

20 Asad Rahim Khan, "The Magnificent Delusions of Husain Haqqani", *Express Tribune*, 28 set. 2015. Disponível em: <tribune.com.pk/story/963896/the-magnificent-delusions-of-husain-haqqani>.

6. Ambiguidades [pp. 81-9]

1 "Bosnia War Dead Figure Announced", BBC, 21 jun. 2007. Disponível em: <news.bbc.co.uk/2/hi/europe/6228152.stm>; Ewa Tabeau e Jakub Bijak, "Casualties of the 1990s War in Bosnia-Herzegovina: A Critique of Previous Estimates and the Latest Results", Unidade Demográfica, Promotoria, Tribunal Criminal Internacional da antiga Iugoslávia, 15 set. 2003. Disponível em: <archive.iussp.org/members/restricted/publications/Oslo03/5-con-tabeau03.pdf>.

2 Chollet e Power, *The Unquiet American*, pp. 203-4.

3 "Kosovo, Genocide and the Dayton Agreement", *The Wall Street Journal*, 1 dez. 2005.

4 Chollet e Power, *The Unquiet American*, p. 164.

5 Ibid., p. 2.

6 "Richard Holbrooke Image in TIME Magazine Calling Him Diplomatic Acrobat of the Week", *The History Project*, 1 jan. 1996. Disponível em: <www.thehistoryproject.com/media/view/6236>.

7 Entrevista do autor com Madeleine Albright, 15 dez. 2017.

8 James Traub, "Holbrooke's Campaign", *The New York Times Magazine*, 26 mar. 2000. Disponível em: <www.nytimes.com/2000/03/26/magazine/holbrooke-s-campaign.html>; *The Diplomat*. Dir. David Holbrooke. HBO Documentary Films, 2015, 1:04:48: "Posso dizer que a maior parte das pessoas estava certa em dizer que ele era o primeiro da fila".

9 Bob Woodward e Thomas Ricks, "CIA Trained Pakistanis to Nab Terrorist but Military Coup Put an End to 1999 Plot", *The Washington*

Post, 3 out. 2001. Disponível em: <www.washingtonpost.com/wp-dyn/content/article/2007/11/18/AR2007111800629.html>.

10 Rashid, *Descent into Chaos*, pp. 25-30.

11 Ali Iftikar, "Powell Defends U.S. Support to Pakistan", *The Nation*, 9 set. 2004, citado em Rashid, *Descent into Chaos*.

12 Rashid, *Descent into Chaos*, p. 28, citando o ex-ministro Abdul Sattar.

13 Dexter Filkins e Carlotta Gall, "Pakistanis Again Said to Evacuate Allies of Talibã", *The New York Times*, 24 nov. 2001; Seymour Hersh, "The Getaway", *The New Yorker*, 28 jan. 2002. Disponível em: <www.newyorker.com/magazine/2002/01/28/the-getaway-2>.

14 Masood Haider, "No Pakistani Jets Flew into Afghanistan Says U.S.", *Dawn*, 2 dez. 2001; Rashid, *Descent into Chaos*, p. 91.

15 Entrevista do autor com fonte anônima da CIA, 19 jul. 2016.

16 Entrevista do autor com Husain Haqqani, 29 mar. 2017.

17 Joby Warrick, "CIA Places Blame for Bhutto Assassination", *The Washington Post*, 18 jan. 2008. Disponível em: <www.washingtonpost.com/wp-dyn/content/article/2008/01/17/AR2008011703252.html>; entrevista do autor com o general Michael Hayden, pessoalmente, em seu escritório em Washington, DC, 17 maio 2017.

18 Entrevista do autor com o general Michael Hayden, pessoalmente, em seu escritório em Washington, DC, 17 maio 2017.

19 "E-mail do general Pasha a Ronan Farrow", 22 set. 2016.

20 Entrevista do autor com o general Michael Hayden, pessoalmente, em seu escritório em Washington, DC, 17 maio 2017.

21 Rashid, *Taliban*, p. 227.

22 Ibid., p. 234; "Deadliest Month Yet for U.S. in Afghanistan", CBS News, 30 ago. 2011. Disponível em: <www.cbsnews.com/news/deadliest-month-yet-for-us-in-afghanistan>.

7. A casa de fraternidade [pp. 90-7]

1 Richard Holbrooke, "The American Experience in Southeast Asia, 1946-1975", Washington, DC, 29 set. 2010, discurso de abertura.

2 Roxanne Roberts, "Don't Gloat, Don't Pout: The Golden Rule of Elite Washington Inaugural Parties", *The Washington Post*, 17 jan. 2017. Disponível em: <www.washingtonpost.com/lifestyle/style/dont-gloat-dont-pout-thegolden-rule-of-elite-washington-inaugural-parties/2017/01/17/f0c512da-d8f5-11e6-9a36-1d296534b31e_story.html?utm_term=15242dfb588a>.

3 Halberstam, *War in a Time of Peace*, p. 181.

4 Packer, "The Last Mission".

5 "Richard Holbrooke", *Charlie Rose*, publicado em 8 ago. 2008. Disponível em: <charlierose.com/videos/11639>.

6 Julia Ioffe, "Susan Rice Isn't Going Quietly", *New Republic*, 20 dez. 2012. Disponível em: <newrepublic.com/article/111353/susan-rice-isnt-going-quietly>; Dana Milibank, "Susan Rice's Tarnished Resume", *The Washington Post*, 16 nov. 2012. Disponível em: <www.washingtonpost.com/opinions/dana-milbank-susan-rices-tarnished-resume/2012/11/16/55ec3382-3012-11e2-a30e-5ca76eeec857_story.html?utm_term=.b42e179a05cc>.

7 Bob Woodward, *Obama's Wars*. Nova York: Simon & Schuster, 2011, p. 377. E-book.

8 Jonathan Allen e Amie Parnes, *HRC: State Secrets and the Rebirth of Hillary Clinton*. Nova York: Crown/Archetype, 2014, p. 73. E-book.

9 Woodward, *Obama's Wars*, p. 377.

10 Alyssa Mastromonaco, "To Bro or Not to Bro?", *Lenny Letter*, 22 mar. 2017. Disponível em: <www.lennyletter.com/story/to-bro-or-not-to-bro>; Mark Leibovich, "Man's World at White House? No Harm, No Foul, Aides Say", *The New York Times*, 24 out. 2009. Disponível em: <www.nytimes.com/2009/10/25/us/politics/25vibe.html>.

11 Entrevista do autor com Hillary Clinton, 20 nov. 2017.

12 Howard Kurtz, "Media Notes: Making Nice", *The Washington Post*, 18 nov. 2008. Disponível em: <www.washingtonpost.com/wp-dyn/content/article/2008/11/18/AR2008111800923_2.html>.

13 *The Diplomat*, 1:05:44.

14 Woodward, *Obama's Wars*, p. 211. (Essa anedota se tornou lendária. Foi contada por Woodward logo antes de Holbrooke aceitar o cargo no governo. De acordo com Gelb e outros, o fato aconteceu durante aquela primeira reunião em Chicago.)

15 Entrevista do autor com Henry Kissinger, 4 dez. 2017.

16 *The Diplomat*, 1:07:27.

17 Holbrooke, *To End a War*, loc. 1101-2.

8. Missão impossível [pp. 98-114]

1 Al Kamen, "Special Envoys Give Career Diplomats Special Heartburn", *The Washington Post*, 15 dez. 2008. Disponível em: <www.washingtonpost.com/wp-dyn/content/article/2008/12/14/AR2008121401898.html>.

2 Richard Holbrooke, "The Next President: Mastering a Daunting Agenda", *Foreign Affairs*, set./out. 2008. Disponível em: <www.foreignaffairs.com/articles/2008-09-01/next-president>.

3 Chollet e Power, *The Unquiet American*, p. 204.

4 "President Obama Delivers Remarks to State Department Employees", *The Washington Post*, 22 jan. 2009. Disponível em: <www.washington-post.com/wp-dyn/content/article/2009/01/22/AR2009012202550.html>.

5 Ibid.

6 "State Department Personnel Announcement", relatado em CSPAN, 22 jan. 2009. Disponível em: <www.c-span.org/video/?283573-1/state-department-personnel-announcement>.

7 Packer, "The Last Mission".

8 Richard Holbrooke, "The Machine That Fails", *Foreign Policy*, 14 dez. 2010. Disponível em: <foreignpolicy.com/2010/12/14/the-machine-that-fails>.

9 Vali Nasr, "The Inside Story of How the White House Diplomacy Let Diplomacy Fail in Afghanistan", *Foreign Policy*, 4 mar. 2013. Disponível em: <foreignpolicy.com/2013/03/04/the-inside-story-of-how-the--white-house-let-diplomacy-fail-in-afghanistan>.

10 Packer, "The Last Mission".

11 Chat no Google com um advogado recém-formado pela Universidade Yale, que, preocupado com sua carreira política, pediu anonimato.

12 "U.S. Diplomat Holbrooke Dies After Tearing Aorta", NBC News, 14 dez. 2010. Disponível em: <www.nbcnews.com/id/40649624/ns/politics/t/us-diplomat-holbrooke-dies-after-tearing-aorta/#WP0YJtLyvIV>.

13 Entrevista do autor com um militar de alta patente que solicitou anonimato devido ao caráter controverso de sua declaração.

14 Entrevista do autor com Hillary Clinton, 20 nov. 2017.

15 Packer, "The Last Mission".

16 "David Petraeus LITERALLY Runs Away from Bilderberg Questions", YouTube, WeAreChange, 11 jun. 2016. Disponível em: <www.youtube.com/watch?v=a3x0mSdGY9I>.

17 "Lasting Ties Mark Gen. Petraeus' Career", NPR, 6 fev. 2007. Disponível em: <www.npr.org/templates/story/story.php?storyId=7193883>.

18 Spencer Ackerman, "The Petraeus Workout", *American Prospect*, 4 set. 2007. Disponível em: <prospect.org/article/petraeus-workout>; Christopher McDougall, "The Petraeus Workout", *Daily Beast*, 25 jun. 2010. Disponível em: <www.thedailybeast.com/articles/2010/06/25/general-petraeus-workout-routine.html>.

19 Thanassis Cambanis, "How We Fight: Fred Kaplan's 'Insurgents' on David Petraeus", *The New York Times*, 24 jan. 2013. Disponível em: <www.nytimes.com/2013/01/27/books/review/fred-kaplans-insur-gents-on-david-petraeus.html>; Mohammed Taqfeed, "Al-Sadr Extends Mehdi Army Cease-Fire", CNN, 22 fev. 2008. Disponível em: <edition.cnn.com/2008/WORLD/meast/02/22/iraq.main/index.html>.

20 Jonathan Allen e Amie Parnes, *HRC*, p. 72.

21 Entrevista do autor com Hillary Clinton, 20 nov. 2017.

22 Mark Landler, *Alter Egos: Hillary Clinton, Barack Obama, and the Twilight Struggle Over American Power*. Nova York: Random House, 2016, loc. 1680. E-book.

23 Rajiv Chandrasekaran, *Little America: The War within the War for Afghanistan*. Nova York: Vintage, loc. 3620. E-book.

24 Ibid.

25 Woodward, *Obama's Wars*, p. 80.

26 Paula Broadwell e Vernon Loeb, *All In: The Education of General David Petraeus*. Nova York: Penguin, 2012.

27 Woodward, *Obama's Wars*, p. 97.

28 Landler, *Alter Egos*, loc. 1488.

29 *The Diplomat*, 1:31:25.

30 Entrevista do autor com Hillary Clinton, 20 nov. 2017.

31 Matthew Rosenberg, "Richard C. Holbrooke's Diary of Disagreement with Obama Administration", *The New York Times*, 22 abr. 2015. Disponível em: <www.nytimes.com/2015/04/23/world/middleeast/richard-c-holbrookes-diary-of-disagreement-with-the-obama-administration.html>.

32 Vali Nasr, "The Inside Story of How the White House Diplomacy Let Diplomacy Fail in Afghanistan".

33 Entrevista do autor com Hillary Clinton, 20 nov. 2017.

34 *The Diplomat*, 1:14:00.

35 Nasr, "The Inside Story of How the White House Diplomacy Let Diplomacy Fail in Afghanistan".

36 Mark Landler, "At U.S.-Afghan Meetings, Talk of Nuts and Bolts", *The New York Times*, 13 maio 2010. Disponível em: <www.nytimes.com/2010/05/14/world/asia/14karzai.html>.

37 Nasr, "The Inside Story of How the White House Diplomacy Let Diplomacy Fail in Afghanistan".

9. Pisando em ovos [pp. 115-25]

1 Entrevista do autor com Umar Cheema em sua casa no Paquistão, via Skype, 5 set. 2016.

2 Ibid.

3 Mark Mazzetti, *The Way of the Knife: The CIA, a Secret Army, and a War at the Ends of the Earth*. Nova York: Penguin, 2014, p. 292.

4 "60 Journalists Killed in Pakistan Since 1992/Motive Confirmed", Comitê de Proteção aos Jornalistas. Disponível em: <cpj.org/data/killed/

asia/pakistan/?status=Killed&motiveConfirmed%5B%5D=Confirmed&type%5B%5D=Journalist&cc_fips%5B%5D=PK&start_year=1992&end_year=2019&group_by=location>.

5 Carlotta Gall, *The Wrong Enemy: America in Afghanistan, 2001-2014*. Boston: Houghton Mifflin Harcourt, 2014, p. xx (prólogo).

6 Entrevista do autor com Umar Cheema em sua casa no Paquistão, via Skype, 5 set. 2016.

7 Entrevista do autor com o general Michael Hayden, pessoalmente, em seu escritório em Washington, DC, 17 maio 2017.

8 Entrevista telefônica do autor com Leon Panetta, 6 maio 2016.

9 Ibid.

10 Entrevista do autor com a embaixadora Anne Patterson, 12 maio 2016.

11 Ibid.

12 Ibid.

13 Entrevista telefônica do autor com Leon Panetta, 6 maio 2016.

14 Mensagem de texto enviada pelo general Pasha ao autor.

15 Entrevista do autor com um general paquistanês na embaixada paquistanesa em Washington, DC, 6 jan. 2017.

16 Ibid.

17 Entrevista do autor com um general paquistanês, jan. 2017.

18 Entrevista do autor com o general David Petraeus, pessoalmente, em seu escritório em Nova York, 25 maio 2016.

19 Haqqani, *Magnificent Delusions*, p. 342.

20 Ibid.

21 Entrevista do autor com Husain Haqqani, pessoalmente, em seu escritório no Instituto Hudson, Washington, DC, 6 jan. 2017.

10. O fazendeiro Holbrooke [pp. 126-31]

1 Chandrasekaran, *Little America*.

2 Ibid., loc. 1525.

3 Ibid., loc. 1646.

4 Landler, "At U.S.-Afghan Meetings, Talk of Nuts and Bolts".

5 Curt Tarnoff, "Afghanistan: U.S. Foreign Assistance", Congressional Research Service, 12 ago. 2010. Disponível em: <fas.org/sgp/crs/row/R40699.pdf>.

6 Ibid.

7 "Recipient Profile: International Medical Corps", USAspending.gov. Disponível em: <www.usaspending.gov/transparency/Pages/RecipientProfile.aspx?DUNSNumber=186375218&FiscalYear=2012>.

8 "Request for Application RFA 306-09-545, Community Based Stability Grants (CBSGs) Program", Usaid, 3 set. 2009, p. 4.

9 Laura Rozen, "Special Liaison: Holbrooke Appoints Mia Farrow's Son as NGO Liaison", *Politico*, 22 out. 2009. Disponível em: <www.politico. com/blogs/laurarozen/1009/Special_liaison_Holbrooke_appoints_Mia_ Farrows_son_as_liaison_to_NGOs.html>.

11. Um pouco menos de conversa [pp. 132-48]

1 Entrevista do autor com Husain Haqqani, 29 mar. 2017.

2 Holbrooke, *To End a War*, loc. 2930-1.

3 Entrevista do autor com Husain Haqqani, 29 mar. 2017.

4 Glen Kessler, "Mitchell and Holbrooke To Be Named Envoys", *The Washington Post*, jan. 2009. Disponível em: <voices.washingtonpost. com/44/2009/01/mitchell-and-holbrooke-to-be-n.html>.

5 Laura Rozen, "India's Stealth Lobbying Against Holbrooke's Brief", *Foreign Policy*, 24 jan. 2009. Disponível em: <foreignpolicy.com/2009/01/24/ indias-stealth-lobbying-against-holbrookes-brief>.

6 Entrevista do autor com Husain Haqqani, 29 mar. 2017.

7 Nasr, "The Inside Story of How the White House Diplomacy Let Diplomacy Fail in Afghanistan".

8 Entrevista do autor com o general David Petraeus, pessoalmente, em seu escritório em Nova York, 25 maio 2016.

9 Entrevista do autor com Alan Kronstadt, 18 ago. 2016.

10 "Pakistan Media Reaction: Kerry-Lugar Bill, Terrorism, India-American-Pakistan October 20, 2009", telegrama divulgado pelo Wikileaks, 09ISLAMABAD2543, 1 out. 2009. Disponível em: <www.scoop.co.nz/ stories/WL0910/S02256/cablegate-pakistan-media-reaction-kerry-lugar-bill-terrorism.htm>.

11 Jane Perlez e Ismail Khan, "Aid Package from U.S. Jolts Army in Pakistan", *The New York Times*, 7 out. 2009. Disponível em: <www.nytimes.com/2009/10/08/world/asia/08pstan.html>.

12 Entrevista telefônica do autor com Mohsin Kamal, 14 nov. 2016.

13 Richard Holbrooke, "Special Briefing on Secretary Clinton's Recent Trip to Afghanistan and Pakistan", Departamento de Estado dos Estados Unidos, 23 nov. 2009. Disponível em: <2009-2017.state.gov/p/ sca/rls/rmks/2009/132307.htm>.

14 Entous, "The Last Diplomat".

15 Entrevista do autor com Robin Raphel, 30 jun. 2016.

16 Ibid.

17 Ibid.

18 Jake Sullivan, "Baseball Cap", e-mail a Hillary Clinton, 15 set. 2010, divulgado pelo WikiLeaks. Disponível em: <wikileaks.org/clinton-emails/emailid/1751>.

19 Felix Salmon, "U.S.A.I.D.'S PR Problem", Reuters, 13 out. 2010. Disponível em: <blogs.reuters.com/felix-salmon/2010/10/13/usaids-pr-­problem>; Rob Crilly, "Pakistan Aid Workers in Row with U.S. Over Stars and Stripes 'Logo'", *The Telegraph*, 11 out. 2010. Disponível em: <www.telegraph.co.uk/news/worldnews/asia/pakistan/8056123/Pa­kistan-aid-workers-in-row-with-US-over-Stars-and-Stripes-logo.html>.

20 Samuel Worthington, "We're Aiding Pakistan. Don't Put a Target on our Backs", *The Washington Post*, 10 out. 2010. Disponível em: <www.washingtonpost.com/wp-dyn/content/article/2010/10/08/AR2010100802665.html>.

21 "Subject: INTERACTION OP-ED ON BRANDING IN PAKISTAN", troca de e-mails entre Judith McHale e Hillary Clinton, 10 out. 2010, divulgado pelo WikiLeaks. Disponível em: <wikileaks.org/clinton-emails/emailid/1476>.

22 Rajiv Shah, "From the American People", *The Huffington Post*. Disponível em: <www.huffingtonpost.com/dr-rajiv-shah/from-the-ameri­can-people_1_b_772736.html>.

23 Entrevista do autor com Alan Kronstadt, 18 ago. 2016.

24 "U.S., Pakistan Seek to Build Trust With Talks", NPR, 25 mar. 2010. Disponível em: <www.npr.org/templates/story/story.php?storyId=125153658>.

25 Mark Landler, "Afghanistan and Pakistan Sign a Trade Deal, Representing a Thaw in Relations", *The New York Times*, 18 jul. 2010. Disponível em: <www.nytimes.com/2010/07/19/world/asia/19diplo.html>.

26 Sunil Raman, "Why India Wants to Enter Af-Pak Trade and Transit Agreement", *Swarajya*, 7 jan. 2016. Disponível em: <swarajyamag.com/world/why-india-wants-to-enter-af-pak-trade-and-transit-agreement>.

27 "Agriculture Secretary Vilsack Announces U.S. Members of Three Working Groups Under the U.S.-Afghanistan-Pakistan Trilateral", USDA, n. 0529.09, 26 out. 2009. Disponível em: <votesmart.org/pu­blic-statement/463210/agriculture-secretary-vilsack-announces-us-­members-of-three-working-groups-under-the-us-afghanistan-pakis­tan-trilateral#.XFwOYIxKiUk>.

28 Jane Qiu, "Stressed Indus River Threatens Pakistan's Water Supplies", *Nature*, 29 jun. 2016. Disponível em: <www.nature.com/news/stressed-indus-river-threatens-pakistans-water-supplies-1.20180>.

29 Niharika Mandhana, "Water Wars: Why India and Pakistan are Squaring Off Over Their Rivers", *Time*, 16 abr. 2012. Disponível em: <con­tent.time.com/time/world/article/0,8599,2111601,00.html>.

30 Woodward, *Obama's Wars*, p. 210.

31 Michael Kugelman, "Why the India-Pakistan War Over Water Is So Dangerous", *Foreign Policy*, 30 set. 2016. Disponível em: <foreignpolicy. com/2016/09/30/why-the-india-pakistan-war-over-water-is-so-dangerous-indus-waters-treaty>.

32 Entrevista do autor com o general David Petraeus, pessoalmente, em seu escritório em Nova York, 25 maio 2016.

12. A-Rod [pp. 149-62]

1 Rashid Ahmed, *Pakistan on the Brink*. Nova York: Penguin, 2013, p. 114.

2 "Steiner Stirbt den Bollywood-Tod", Spiegel TV, 25 abr. 2015. Disponível em: <www.spiegel.de/video/indien-botschafter-michael-steiner--bollywood-video-video-1572700.html>.

3 Christopher Reuter, Gregor Peter Schmitz e Holger Stark, "How German Diplomats Opened Channel to Taliban", *Spiegel*, 10 jan. 2012. Disponível em: <www.spiegel.de/international/world/talking-to-the-enemy-how-german-diplomats-opened-channel-to-taliban-a-808068-2.html>.

4 "How a Triple Agent Duped the CIA", *Daily Beast*, 20 jun. 2011. Disponível em: <www.thedailybeast.com/articles/2011/06/20/cia--base-attack-in-afghanistan-how-a-triple-agent-duped>.

5 Ahmed, *Pakistan on the Brink*, p. 114.

6 Hillary Clinton, *Hard Choices*. Nova York: Simon & Schuster, 2014, loc. 2747. E-book.

7 Ibid., loc. 2729.

8 Meryl Gordon, "Ambassador A-List", *New York Magazine*. Disponível em: <nymag.com/nymetro/news/people/features/1748/index3.html>.

9 Nasr, "The Inside Story of How the White House Diplomacy Let Diplomacy Fail in Afghanistan".

10 "White Paper of the Interagency Policy Group's Report on U.S. Policy Toward Afghanistan and Pakistan", Governo dos Estados Unidos, Escritório da Casa Branca, 2009. Disponível em: <edocs.nps.edu/govpubs/wh/2009/Afghanistan_Pakistan_White_Paper.pdf>.

11 *The Diplomat*, 1:19:40.

12 Chandrasekaran, *Little America*, loc. 3599.

13 Miguel Marquez, "Holbrooke Gets Very Close Look at Afghan War", ABC News, 21 jun. 2010. Disponível em: <abcnews.go.com/WN/Afghanistan/ambassador-holbrookes-plane-attacked-marja-afghanistan/story?id=10973713>.

14 Michael Hastings, "The Runaway General", *Rolling Stone*, 22 jun. 2010. Disponível em: <www.rollingstone.com/politics/news/the-runaway-general-20100622>.

15 Entrevista do autor com o general David Petraeus, pessoalmente, em seu escritório de Nova York, 25 maio 2016.

16 Chandrasekaran, *Little America*, loc. 3610.

17 Ibid., loc. 3554.

18 Ibid., loc. 3569.

19 *The Diplomat*, 1:20:00.

20 Chandrasekaran, *Little America*, loc. 3515.

21 Ibid.

22 Entrevista do autor com Hillary Clinton, 20 nov. 2017.

23 *The Diplomat*, 1:29:00.

24 Daniel Schulman, "State Department Launches Afghanistan Leak Probe", *Mother Jones*, 27 jan. 2010. Disponível em: <www.motherjones.com/politics/2010/01/state-department-launches-afghan-leak-probe>.

25 Landler, *Alter Egos*, loc. 1746.

26 Schulman, "State Department Launches Afghan Leak Probe".

27 Packer, "The Last Mission".

28 Conversa com Kati Marton, 13 abr. 2017.

29 Hillary Clinton, "PACKER ARTICLE", e-mail para Cheryl Mills, 16 set. 2009, divulgado pelo WikiLeaks. Disponível em: <wikileaks.org/clinton-emails/emailid/15835>.

30 Michael Hirsch, "Richard Holbrooke's Decline and Fall, as Told in Clinton Emails", *Politico*, 1 jul. 2015. Disponível em: <www.politico.com/story/2015/07/richard-holbrookes-hillary-clinton-emails-119649>.

13. Me prometa que vai acabar com a guerra [pp. 163-80]

1 Hirsch, "Richard Holbrooke's Decline and Fall, as Told in Clinton Emails".

2 "SUBJECT: AT THE CROSSROADS", memorando de Richard Holbrooke a Hillary Clinton, 10 set. 2010.

3 Tom Wright, "No Pakistan on President Obama's India Trip", *The Wall Street Journal*, 21 out. 2010. Disponível em: <blogs.wsj.com/indiarealtime/2010/10/21/no-pakistan-on-president-obama%E2%80%99s-india-trip>.

4 "SUBJECT: AT THE CROSSROADS", memorando de Richard Holbrooke a Hillary Clinton, 10 set. 2010.

5 *The Diplomat*, 1:33:00.

6 Ibid., 1:34:00.

7 Landler, *Alter Egos*, loc. 1768.

8 *The Diplomat*, 1:35:00; Clinton, *Hard Choices*, loc. 2779; Jonathan Alter, "Richard Holbrooke's Lonely Mission", *Newsweek*, 16 jan. 2011. Disponível em: <www.newsweek.com/richard-holbrookes-lonely-mission-67057>; Manuel Roig-Franzia, "Searching for Richard Holbrooke", *The Washington Post*, 20 out. 2015. Disponível em: <www.washingtonpost.com/lifestyle/style/searching-for-richard-holbrooke/2015/10/20/84d62ee4-7747-11e5-b9c1-f03c48c96ac2_story.html?utm_term=da8936547d62>.

9 Landler, *Alter Egos*, loc. 1781.

10 Rajiv Chandrasekaran e Karen DeYoung, "Holbrooke's War Remark Called Banter, Not Entreaty", *The Washington Post*, 15 dez. 2010. Disponível em: <www.washingtonpost.com/wp-dyn/content/article/2010/12/14/AR2010121407701.html>.

11 "Holiday Reception", Departamento de Estado dos Estados Unidos, 13 dez. 2010. Disponível em: <video.state.gov/detail/videos/category/video/709543962001/?autoStart=true>.

12 Cheryl Mills, "FW: Harper's Bazaar: 'Hillary Clinton: Myth and Reality", e-mail para Hillary Clinton, 17 fev. 2017, divulgado pelo WikiLeaks, n. C05777693, 7 jan. 2016. Disponível em: <wikileaks.org/clinton-emails/Clinton_Email_January_7_Release/C05777693.pdf>.

13 Entrevista do autor com Hillary Clinton, 20 nov. 2017.

14. O ônibus perdeu a direção [pp. 181-92]

1 Tara McKelvey, "The CIA's Last-Minute Osama bin Laden Drama", *Daily Beast*, 9 maio 2011. Disponível em: <www.thedailybeast.com/articles/2011/05/10/raymond-davis-the-cias-last-minute-osama-bin-laden-drama.html>.

2 Jim Conrad, "The Walls Come Down at Powell Valley High", WCYB, 21 maio 2014. Disponível em: <www.wcyb.com/news/virginia/the-walls-come-down-at-powell-valley-high_2016052407484226/14089434>.

3 Declan Walsh, "A C.I.A. Spy, a Hail of Bullets, Three Killed, and a U.S.-Pakistan Diplomatic Row", *The Guardian*, 20 fev. 2011. Disponível em: <www.theguardian.com/world/2011/feb/20/cia-agent-lahore-civilian-deaths>; Mazzetti, *The Way of the Knife*, p. 2.

4 Rana Yasif, "Raymond Davis Case: The Forgotten Victim", *Express Tribune*, 18 mar. 2011. Disponível em: <tribune.com.pk/story/134313/theforgotten-victim>.

5 Jake Tapper e Lee Ferran, "President Barack Obama: Pakistan Should Honor Immunity for 'Our Diplomat'", ABC News, 15 fev. 2011. Disponível

em: <abcnews.go.com/Blotter/raymond-davis-case-president-barack-
-obama-urges-pakistan/story?id=12922282>.

6   Mazzetti, *The Way of the Knife*, p. 264.

7   Entrevista telefônica do autor com Leon Panetta, 6 maio 2016.

8   Entrevista telefônica do autor com Mohsin Kamal, 14 nov. 2016.

9   Ibid.

10 Ibid.

11 Mazzetti, *The Way of the Knife*, p. 276.

12 Entrevista do autor com o general David Petraeus, pessoalmente, em
    seu escritório em Nova York, 25 maio 2016.

13 Karen DeYoung e Karin Brulliard, "U.S.-Pakistan Relations Strained
    Further With Case of Jailed Diplomat", *The Washington Post*, 8 fev.
    2011. Disponível em: <www.washingtonpost.com/wp-dyn/content/
    article/2011/02/07/AR2011020705790.html>.

14 Nicholas Schmidle, "Getting Bin Laden", *The New Yorker*, 8 ago. 2011. Dis-
    ponível em: <www.newyorker.com/magazine/2011/08/08/getting-bin-la-
    den>; Steven Lee Meyers e Elisabeth Bumiller, "Obama Calls World 'Sa-
    fer' After Pakistan Raid", *The New York Times*, 2 maio 2011. Disponível em:
    <www.nytimes.com/2011/05/03/world/asia/osama-bin-laden-dead.html>.

15 "U.S.-Pakistani Relations After the bin Laden Raid", Stratfor, 2 maio
    2011. Disponível em: <worldview.stratfor.com/article/us-pakistani-re-
    lations-after-bin-laden-raid>.

16 Karin Brulliard e Karen DeYoung, "Pakistani Military, Government
    Warn U.S. Against Future Raids", *The Washington Post*, 6 maio 2011.
    Disponível em: <www.washingtonpost.com/world/pakistan-ques-
    tions-legalityof-us-operation-that-killed-bin-laden/2011/05/05/AFM-
    2lowF_story.html?tid=a_inl&utm_term=9dce5bb83301>.

17 Karin Brulliard e Shaiq Hussain, "Pakistani Spy Chief Offers to Resign",
    The Washington Post, 13 maio 2011. Disponível em: <www.washingtonpost.
    com/world/2011/05/12/AFdoRhiG_story.html?utm_ter=556f2485d1a>.

18 Entrevista do autor com o general David Petraeus, pessoalmente, em
    seu escritório em Nova York, 25 maio 2016.

19 Entrevista telefônica do autor com Leon Panetta, 6 maio 2016.

20 Brulliard e DeYoung, "Pakistani Military, Government Warn U.S.
    Against Future Raids".

21 Entrevista do autor com o general Michael Hayden, pessoalmente, em
    seu escritório em Washington, DC, 17 maio 2017.

22 Rob Crilly, "Pakistan Accused of Tipping Off al-Qaeda Fighters Ahead
    of Raids", *The Telegraph*, 12 jun. 2011. Disponível em: <www.telegraph.
    co.uk/news/worldnews/al-qaeda/8571134/Pakistan-accused-of-tip-
    ping-off-al-Qaeda-fighters-ahead-of-raids.html>.

23 Entrevista telefônica do autor com Leon Panetta, 6 maio 2016.

24 Julian Barnes, Matthew Rosenberg e Adam Entous, "U.S. Accuses Pakistan of Militant Ties", *The Wall Street Journal*, 23 set. 2011. Disponível em: <www.wsj.com/articles/SB10001424053111190456390457 6586760263338104>.

25 Karin DeYoung e Joshua Partlow, "Afghans Saw Commando Unit Was Attacked Before Airstrike Was Called on Pakistan", *The Washington Post*, 28 nov. 2011. Disponível em: <www.washingtonpost.com/world/afghans-say-unit-was-attacked-before-airstrike/2011/11/28/gI-QAX6ZY5N_story.html?hpid=z1&utm_term=.f70a1c3d2b3a>.

26 Jasmine Coleman, "Pakistan Halts NATO Supplies After Attack Leaves Soldiers Dead", *The Guardian*, 26 nov. 2011. Disponível em: <www.theguardian.com/world/2011/nov/26/pakistan- halts-nato-supplies-attack>.

27 Entrevista telefônica do autor com o general John Allen, 2 set. 2016.

28 Luis Martinez, "Afghanistan War: Closed Pakistan Routes Costing U.S. $100 Million a Month", ABC News, 13 jun. 2012. Disponível em: <abcnews.go.com/blogs/politics/2012/06/afghanistan-war-closed-pakistan-routes-costing-u-s-100-million-a-month>.

29 Wendy Sherman, "THANK YOU", e-mail a Hillary Clinton, 2 jul. 2012, divulgado pelo WikiLeaks. Disponível em: <wikileaks.org/clinton--emails/emailid/20254>; Hillary Clinton, "Re: Thanks", e-mail a Bill Burns, 3 jul. 2012, divulgado pelo WikiLeaks. Disponível em: <wikileaks.org/clinton-emails/emailid/7553>.

30 Entrevista telefônica do autor com o general John Allen, 2 set. 2016.

31 Entrevista do autor com Alan Kronstadt, 18 ago. 2016.

32 Clinton, *Hard Choices*, loc. 3457-8.

33 Mushtaq Yusufzai, Abigail Williams e Brinley Burton, "Taliban Begins Secret Peace Talks With U.S., Afghan Officials: Sources", NBC News, 18 out. 2016. Disponível em: <www.nbcnews.com/news/world/taliban-begins-secretpeacetalks-u-s-afghan-officials-sources-n668131>.

15. O memorando [pp. 193-200]

1 Entrevista do autor com Husain Haqqani, escritório do Instituto Hudson, Washington, DC, 6 jan. 2017.

2 Mansoor Ijaz, "Time to Take on Pakistan's Jihadi Spies", *The Financial Times*, 10 out. 2011. Disponível em: <www.ft.com/content/5ea9b804-f351-11e0-b11b-00144feab49a>; "Confidential Memorandum: Briefing for Adm. Mike Mullen, Chairman, Joint Chiefs of Staff", *The Washington Post*, 9 maio 2011. Disponível em: <www.washingtonpost.com/wp-srv/world/documents/secret-pakistan-memo-to-adm-mike-mullen.html>.

3 "Gilani Granted Controversial Visa-Issuing Powers to Haqqani, Letter Reveals", GeoTV News, 24 mar. 2017. Disponível em: <www.geo. tv/latest/135334-Gilani-granted-controversial-visa-issuing-powers-to- -Haqqani-letter-reveals>.

4 "Hussain Haqqani Renewed Visas to 36 C.I.A. Agents in Pakistan Despite Foreign Office Warning", *Times* (Islamabad), 25 mar. 2017. Disponível em: <timesofislamabad.com/hussain-haqqani-renewed-visas-to-36- -cia-agents-in-pakistan-despite-foreign-office-warning/2017/03/25>.

5 Entrevista do autor com Husain Haqqani, escritório do Instituto Hudson, Washington, DC, 6 jan. 2017.

6 Ibid.

7 David Ignatius, "Mansoor Ijaz, Instigator Behind Pakistan's 'Memogate'", *The Washington Post*, 22 jan. 2012. Disponível em: <www. washingtonpost.com/blogs/post-partisan/post/mansoor-ijaz-instigator-behind-pakistans-memogate/2012/01/22/gIQAcRdjJQ_blog. html?utm_term=a2243babdf37>.

8 Ibid.; Peter Bergen, "What's Behind the Furor in Pakistan?", CNN, 25 nov. 2011. Disponível em: <www.cnn.com/2011/11/24/opinion/ bergen-memogate-pakistan>.

9 Dean Nelson, "Imran Khan Blame by Pakistan U.S. Envoy for Links to Army Plot", *The Telegraph*, 21 nov. 2011. Disponível em: <www.telegraph.co.uk/news/worldnews/asia/pakistan/8904605/Imran-Khan- -blamed- by-Pakistan-US-envoy-for-links-to-army-plot.html>.

10 Hein Kiessling, *Faith, Unity, Discipline: The Inter-Service-Intelligence (ISI) of Pakistan*. Londres: Hurst, 2016, loc. 4277. E-book.

11 Entrevista do autor com Husain Haqqani, escritório do Instituto Hudson, Washington, DC, 6 jan. 2017.

12 Ibid.

13 Ibid.

14 "E-mail de Mansoor Ijaz a Ronan Farrow", 11 mar. 2018.

15 Husain Haqqani, "Yes, the Russian Ambassador Met Trump's Team. So? That's What We Diplomats Do", *The Washington Post*, 10 mar. 2017. Disponível em: <www.washingtonpost.com/posteverything/ wp/2017/03/10/yes-the-russian-ambassador-met-trumps-team-so- -thats-what-we-diplomats-do>.

16 "Pakistan Army Reacts to Hussain Haqqani's Article", *The News* (Pakistan), 29 mar. 2017. Disponível em: <www.thenews.com.pk/ latest/195267-Pakistan-Army-reacts-to-Hussain-Haqqanis-article>.

17 Anwar Iqbal, "Haqqani Claims His 'Connections' Led U.S. to Kill Osama", *Dawn*, 13 mar. 2017. Disponível em: <www.dawn.com/ news/1320175>.

18 Entrevista do autor com Husain Haqqani, escritório do Instituto Hudson, Washington, DC, 6 jan. 2017.

16. A coisa em si [pp. 201-9]

1 Entrevista do autor com Robin Raphel, 6 jan. 2017, no Garden Cafe, em Washington, DC.

2 Ibid.

3 Ibid.

4 Mark Mazzetti e Matt Apuzzo, "F.B.I. Is Investigating Retired U.S. Diplomat, a Pakistan Expert, Officials Say", *The New York Times*, 7 nov. 2014. Disponível em: <www.nytimes.com/2014/11/08/us/robin-raphel-fbi-state-department-search.html>.

5 Entrevista do autor com o embaixador Richard Olson, 28 set. 2017.

6 Entous, "The Last Diplomat".

7 Entrevista do autor com Robin Raphel, 6 jan. 2017, no Garden Cafe, em Washington, DC.

8 Entous, "The Last Diplomat".

9 Entrevista do autor com Robin Raphel, 16 maio 2016, no US Institute of Peace.

10 Entrevista telefônica do autor com Robin Raphel, 30 jun. 2016.

11 Entrevista do autor com Robin Raphel, 6 jan. 2017, no Garden Cafe, em Washington, DC.

12 Ibid.

13 Ibid.

14 Entrevista do autor com um funcionário graduado norte-americano anônimo, 28 set. 2016.

17. Regra geral [pp. 213-23]

1 Entrevista do autor com Rex Tillerson, 4 jan. 2018.

2 Jeremy Diamond, "How Trump is Empowering the Military — and Raising Some Eyebrows", CNN Politics, 26 jun. 2017. Disponível em: <www.cnn.com/2017/06/24/politics/trump-pentagon-shift-war-power-military/index.html>.

3 Greg Jaffe e Missy Ryan, "Up to 1,000 More U.S. Troops Could Be Headed to Afghanistan this Spring", *The Washington Post*, 21 jan. 2018. Disponível em: <www.washingtonpost.com/world/national-security/up-to-1000-more-us-troops-could-be-headed-to-afghanistan-this-spring/2018/01/21/153930b6-fd1b-11e7-a46b-a3614530bd87_story.html>.

4   Id., "Military's Clout at White House Could Shift U.S. Foreign Policy", *The Washington Post*, 28 maio 2017. Disponível em: <www.washington-post.com/world/national-security/military-officers-seed-the-ranks--across-trumps-national-security-council/2017/05/28/5f10c8ca-421d-11e7-8c25-44d09ff5a4a8_story.html?utm_term=e50c3e38d779>.

5   Nick Wadhams, "Tillerson Tightens Limits on Filling State Department Jobs", Bloomberg Politics, 28 jun. 2017. Disponível em: <www.bloomberg.com/news/articles/2017-06-28/tillerson-puts-tighter-limits-on-filling-state-department-jobs>; entrevista do autor com funcionários do Foreign Service, 1 jun. 2017 e 30 jul. 2017.

6   Aaron Mehta, "U.S. on Track for Record Foreign Weapon Sales", *Defense News*, 26 dez. 2016. Disponível em: <www.defensenews.com/pentagon/2016/12/26/us-on-track-for-record-foreign-weapon-sales>.

7   Ryan Browne, "Amid Diplomatic Crisis Pentagon Agrees $12 Billion Jet Deal with Qatar", CNN Politics, 14 jun. 2017. Disponível em: <www.cnn.com/2017/06/14/politics/qatar-f35-trump-pentagon/index.html>.

8   Carol Morello, "State Department Drops Human Rights as Condition for Fighter Jet Sale to Bahrain", *The Washington Post*, 27 mar. 2017. Disponível em: <www.washingtonpost.com/world/national-security/state-department- drops-human-rights-as-condition-for-fighter-jet--sale-to-bahrain/2017/03/29/6762d422-1abf-406e-aaff-fbc5a6a2e0ac_story.html?utm_term=ba9bb8036665>.

9   Adam Lusher, "Senior U.S. Official Reduced to Very Awkward Silence When Asked About Saudi Arabia's Attitude to Democracy", *The Independent*, 31 maio 2017. Disponível em: <www.independent.co.uk/news/world/americas/us-politics/stuart-jones-state-department--saudi-arabia-democracy-iran-awkward-embarrassing-agonising-pause--most-a7764961.html>.

10 Madeline Conway, "Trump: 'We Are Very Much Behind' Egypt's el-Sisi", *Politico*, 4 abr. 2017. Disponível em: <www.politico.com/story/2017/04/trump-praises-egypt-abdel-fattah-el-sisi-236829>.

11 Brandon Carter, "Trump Praised Philippines' Duterte for 'Unbelievable Job' on Drugs: Reports", *The Hill*, 23 maio 2017. Disponível em: <thehill.com/policy/international/334858-trump-praised-philippines--duterte-for-unbelievable-job-on-drugs-report>.

12 Entrevista do autor com James Baker, 22 jan. 2018.

13 Entrevista do autor com John Kerry, 21 nov. 2017.

14 Jeremy Scahill, Alex Emmons e Ryan Grim, "Trump Called Rodrigo Duterte to Congratulate Him on His Murderous Drug War: 'You Are Doing An Amazing Job'", The Intercept, 23 maio 2017. Disponível em:

<theintercept.com/2017/05/23/trump-called-rodrigo-duterte-to-congratulate-him-on-his-murderous-drug-war-you-are-doing-an-amazing--job>.

15 Entrevista do autor com Chris LaVine, 25 jun. 2017.

16 Ibid.

17 "U.S.-Trained Syrian Rebels Gave Equipment to Nusra: U.S. Military", Reuters, 26 set. 2015. Disponível em: <www.reuters.com/article/us-mideastcrisis-usa-equipment-idUSKCN0RP2HO20150926>.

18 Entrevista do autor com um funcionário de carreira anônimo, 25 jun. 2017.

19 Entrevista do autor com Chris LaVine, 25 jun. 2017.

20 Entrevista do autor com Abdullah Al-Mousa, 12 set. 2016.

21 Benjamin Gilbert, "Three U.S. Allies Are Now Fighting Each Other in Northern Syria", Vice News, 29 ago. 2016. Disponível em: <news.vice.com/article/three-us-allies-are-now-fighting-each-other-in-northern-syria>; Nabih Bulos, W. J. Hennigan e Brian Bennett, "In Syria, Militias Armed by the Pentagon Fight Those Armed by the CIA", The Los Angeles Times, 27 mar. 2016. Disponível em: <www.latimes.com/world/middleeast/la-fg-cia-pentagon-isis-20160327-story.html>.

22 Entrevista do autor com Abdullah Al-Mousa, 12 set. 2016.

23 Entrevista do autor com Osama Abu Zaid, 12 set. 2016.

24 "Trump to Send Arms to Kurdish YPG in Syria", Al Jazeera, 10 maio 2017. Disponível em: <www.aljazeera.com/news/2017/05/trump-send--arms-kurdish-ypg-syria-170509190404689.html>; Greg Jaffe e Adam Entous, "Trump Ends Covert C.I.A. Program to Arm Anti-Assad Rebels in Syria, A Move Sought By Moscow", The Washington Post, 19 jul. 2017. Disponível em: <www.washingtonpost.com/world/national-security/trump-ends-covert-cia-program-to-arm-anti-assad-rebels-in-syria-a-move-sought-by-moscow/2017/07/19/b6821a62-6beb-11e7-96ab-5f38140b38cc_story.html?utm_term=ade66898dd5e>.

25 Entrevista do autor com Chris LaVine, 25 jun. 2017.

26 Entrevista do autor com Hillary Clinton, 20 nov. 2017.

27 Entrevista do autor com Chris LaVine, 25 jun. 2017.

28 Ibid.

29 "Full Transcript of President Obama's Commencement Address at West Point", The Washington Post, 28 maio 2014. Disponível em: <www.washingtonpost.com/politics/full-text-of-president-obamas-commencement-address-at-west-point/2014/05/28/cfbcdcaa-e670-11e3-afc6-a1dd9407abcf_story.html>.

18. Dostum: Ele fala a verdade e condena todas as mentiras [pp. 224-69]

1 Entrevista do autor com Jennifer Leaning, 6 set. 2016.
2 Entrevista do autor com John Heffernan, 25 maio 2015.
3 Rashid, *Taliban*, p. 56.
4 Ibid.
5 Entrevista do autor com o general Dostum, pessoalmente, no palácio vice-presidencial em Cabul, Afeganistão, 29-30 ago. 2016.
6 Brian Glyn Williams, *The Last Warlord: The Life and Legend of Dostum, the Afghan Warrior Who Led U.S. Special Forces to Topple the Taliban Regime*. Chicago: Chicago Review Press, 2013, p. 80.
7 Entrevista do autor com o general Dostum, pessoalmente, no palácio vice-presidencial em Cabul, Afeganistão, 29-30 ago. 2016.
8 Dexter Filkins, "Taking a Break from War With a Game Anything but Gentle", *The New York Times*, 2 jan. 2009. Disponível em: <www.nytimes.com/2009/01/03/world/asia/03afghan.html>.
9 Entrevista do autor com o general Dostum, pessoalmente, no palácio vice-presidencial em Cabul, Afeganistão, 29-30 ago. 2016.
10 Crile, *Charlie Wilson's War*, loc. 1288-9.
11 Coll, *Ghost Wars*, p. 101.
12 Entrevista do autor com Milton Bearden, 28 abr. 2016.
13 "Socialite Joanne Herring wins 'War'", *New York Daily News*, 11 dez. 2007. Disponível em: <www.nydailynews.com/entertainment/gossip/socialite-joanne-herring-wins-war-article-1.276411>.
14 Williams, *The Last Warlord*, p. 80.
15 Ibid., p. 146.
16 Coll, *Ghost Wars*, p. 262.
17 Michael Rubin, "Taking Tea with the Taliban", *Commentary*, 1 fev. 2010. Disponível em: <www.commentarymagazine.com/articles/taking-tea-with-the-taliban>.
18 Rashid, *Taliban*, p. 217.
19 Rashid, *Descent into Chaos*, p. 73.
20 "The Situation in Afghanistan and Its Implications for International Peace and Security", Conselho de Segurança da Assembleia Geral das Nações Unidas, 21 set. 1999. Disponível em: <unama.unmissions.org/sites/default/files/21%20September%201999.pdf>.
21 Rashid, *Descent into Chaos*, p. 53.
22 Entrevista do autor com o general Dostum, pessoalmente, no palácio vice-presidencial em Cabul, Afeganistão, 29-30 ago. 2016.
23 Ibid.

24 Mazzetti, *The Way of the Knife*, p. 32.

25 Entrevista do autor com Robin Raphel no US Institutes of Peace, 16 maio 2016.

26 Ibid.

27 Barnett Rubin, "What I Saw in Afghanistan", *The New Yorker*, 1 jul. 2015. Disponível em: <www.newyorker.com/news/news-desk/what-have-we-been-doing-in-afghanistan>.

28 Coll, *Ghost Wars*, p. 263.

29 "RIC Query-Afghanistan", Serviço de Imigração e Cidadania dos Estados Unidos, BCIS Resource Information Center, 27 maio 2003. Disponível em: <www.uscis.gov/tools/asylum-resources/ric-query--afghanistan-27-may-2003>; "UN Opposes Afghanistan Bill Giving Immunity to War Criminals", Revolutionary Association of the Women of Afghanistan, 2 fev. 2007. Disponível em: <www.rawa.org/temp/runews/2007/02/02/un-opposes-afghanistan-bill-giving-immunity-to-war-criminals.html>.

30 Sudarsan Raghavan, "Afghanistan's Defining Fight: Technocrats vs. Strongmen", *The Washington Post*, 12 abr. 2015. Disponível em: <www.washingtonpost.com/world/asia_pacific/former-warlords-test-the-rise-of-a-new-afghanistan/2015/04/12/73e052ae-b091-11e4-bf39-5560f3918d4b_story.html?tid=a_inl&utm_term=6d12c65413a4>.

31 Entrevista do autor com Hank Crumpton, 19 jul. 2016.

32 *Legion of Brothers*, dir. Greg Barker, CNN Films, 2017, 9:30.

33 Ibid.

34 Entrevista do autor com Bart, 5 set. 2016.

35 *Legion of Brothers*.

36 Entrevista do autor com o general Dostum, pessoalmente, no palácio vice-presidencial em Cabul, Afeganistão, 29-30 ago. 2016.

37 Entrevista do autor com Hank Crumpton, por telefone, 19 jul. 2016.

38 Jon Lee Anderson, "The Surrender", *The New Yorker*, 10 dez. 2001. Disponível em: <www.newyorker.com/magazine/2001/12/10/the-surrender>.

39 Richard W. Stewart, "The United States Army in Afghanistan, October 2001-March 2002: Operation Enduring Freedom", Exército dos Estados Unidos. Disponível em: <www.history.army.mil/html/books/070/70-83/cmhPub_70-83.pdf>.

40 Declarações recentes provenientes das Forças norte-americanas, de líderes da Aliança do Norte e de jornalistas independentes variam significativamente. Ver, por exemplo: "Thousands of Taliban Fighters Surrender in Kunduz", *Haaretz*, 24 nov. 2001. Disponível em: <www.haaretz.com/news/thousands-of-taliban-fighters-surrender-in-kunduz-1.75571>.

41 Entrevista do autor com Bart, 5 set. 2016.

42 Charles M. Sennott, "The First Battle of the 21st Century: Returning to the Site of America's Earliest Casualty in Afghanistan", *Atlantic*, 5 maio 2015.

43 Entrevista do autor com o general Dostum, pessoalmente, no palácio vice-presidencial em Cabul, Afeganistão, 29-30 ago. 2016.

44 Entrevista do autor com Hank Crumpton, 19 jul. 2016.

45 Entrevista do autor com Jennifer Leaning, 22 maio 2015.

46 James Risen do *New York Times* também relatou que oficiais militares dos Estados Unidos impediram as investigações iniciais da Cruz Vermelha. Disponível em: <www.nytimes.com/2009/07/11/world/asia/11afghan.html>.

47 Entrevista do autor com Jennifer Leaning, 6 set. 2016.

48 Entrevista do autor com John Heffernan, 25 maio 2015.

49 Sudarsan Raghavan, "Afghanistan's Defining Fight: Technocrats vs. Strongmen", *The Washington Post*, 12 abr. 2015. Disponível em: <www.washingtonpost.com/world/asia_pacific/former-warlords-test-the-rise-of-a-new-afghanistan/2015/04/12/73e052ae-b091-11e4-bf39-5560f3918d4b_story.html?tid=a_inl&utm_term=fe112937980d>.

50 Center for American Progress, "Profiles of Afghan Power Brokers", 26 out. 2009. Disponível em: <www.americanprogress.org/issues/security/news/2009/10/26/6734/profiles-of-afghan-power-brokers>.

51 Human Rights Watch, 'Today We Shall All Die': Afghanistan's Strongmen and the Legacy of Impunity", 2015. Disponível em: <www.hrw.org/sites/default/files/report_pdf/afghanistan0315_4up.pdf>.

52 "Cable: 06KABUL2962_a", divulgado pelo WikiLeaks. Disponível em: <wikileaks.org/plusd/cables/06KABUL2862_a.html>.

53 Mark Peceny e Yury Bosin, "Winning with Warlords in Afghanistan", *Small Wars & Insurgencies*, 22:4, 603-18. Disponível em: <www.unm.edu/~ybosin/documents/winning_with_warlords_2011.pdf>.

54 Joshua Partlow, "Dostum, a Former Warlord Who Was Once America's Man in Afghanistan, May Be Back", *The Washington Post*, 23 abr. 2014. Disponível em: <www.washingtonpost.com/world/dostum-a-former-warlord-who-was-once-americas-man-in-afghanistan-may-be-back/2014/04/23/9d1a7670-c63d-11e3-8b9a-8e0977a24aeb_story.html?utm_term=61ff3c408558>.

55 Entrevista do autor com Robert Finn, 2 jun. 2016.

56 Ibid.

57 James Risen, "U.S. Inaction Seen After Taliban P.O.W.'s Died", *The New York Times*, 10 jul. 2009. Disponível em: <www.nytimes.com/2009/07/11/world/asia/11afghan.html>.

58 Ibid.

59 Entrevista à CNN transmitida em 12 jul. 2009. Transcrição disponível via Daily Kos em: <www.dailykos.com/stories/2009/7/13/753057>.

60 "Ex-CIA Officer Kiriakou 'Made Peace' with Leak Decision", BBC News, 28 fev. 2013. Disponível em: <www.bbc.com/news/world-us-canada-21610806>.

61 Entrevista do autor com John Kiriakou, 3 jun. 2016.

62 Ibid.

63 Entrevista do autor com John Kerry, 21 nov. 2017.

64 Entrevista do autor com Frank Lowenstein, 5 ago. 2016. Lowenstein também questionou a credibilidade de Kiriakou, referindo-se a acusações criminais posteriormente levantadas contra ele por vazamento de informações secretas e sugerindo que " [Kiriakou] não é — deixe--me achar a maneira mais educada de dizer isso — não é o cara mais confiável do mundo".

65 Cora Currier, "White House Closes Inquiry Into Afghan Massacre — and Will Release No Details", ProPublica, 31 jul. 2013. Disponível em: <www.propublica.org/article/white-house-closes-inquiry-into-afghan--massacre-and-will-release-no-details>.

66 Tom Lasseter, "As Possible Afghan War-Crimes Evidence Removed, U.S. Silent", McClatchy, 11 dez. 2008. Disponível em: <www.mcclatchydc.com/news/nation-world/world/article24514951.html>.

67 Entrevista telefônica do autor com Susannah Sirkin, 22 maio 2015.

68 Entrevista do autor com o general Dostum, pessoalmente, no palácio vice-presidencial em Cabul, Afeganistão, 29-30 ago. 2016.

69 Entrevista do autor com um ex-embaixador dos Estados Unidos, que falou sob condição de anonimato devido à sensibilidade de suas observações, 31 ago. 2016.

70 Entrevista do autor com o general Dostum, pessoalmente, no palácio vice-presidencial em Cabul, Afeganistão, 29-30 ago. 2016.

71 Nordland, Rod. "Top Afghans Tied to '90s Carnage, Researchers Say." *New York Times*, 22 jul. 2012. Disponível em: <www.nytimes.com/2012/07/23/world/asia/key-afghans-tied-to-mass-killings-in-90s--civil-war.html>.

72 Abdul Waheed Wafe, "Former Warlord in Standoff with Police at Kabul Home", *The New York Times*, 4 fev. 2008. Disponível em: <www.nytimes.com/2008/02/04/world/asia/04afghan.html>; Carlotta Gall, "Ethnic Uzbek Legislator Beaten, Afghans Confirm", *The New York Times*, 30 jun. 2006. Disponível em: <www.nytimes.com/2006/06/30/world/asia/30afghan.html>.

73 "Afghanistan: Forces Linked to Vice President Terrorize Villagers", Human Rights Watch, 31 jul. 2016. Disponível em: <www.hrw.org/

news/2016/07/31/afghanistan-forces-linked-vice-president-terrorize-
-villagers>.

74 Joshua Partlow, "Dostum, a Former Warlord Who Was Once America's
Man in Afghanistan, May Be Back".

75 Matt Vasilogambros, "Afghanistan's Barred Vice President", *The Atlantic*, 25 abr. 2016. Disponível em: <www.theatlantic.com/international/
archive/2016/04/afghanistan-dostum-barred/479922>.

76 Entrevista do autor com o general Dostum, pessoalmente, no palácio
vice-presidencial em Cabul, Afeganistão, 29-30 ago. 2016.

77 Dion Nissenbaum, "When Hillary (Almost) Met the Warlord", Mc-
Clatchy, 22 nov. 2009. Disponível em: <blogs.mcclatchydc.com/jeru-
salem/2009/11/when-hillary-almost-met-the-warlord.html>.

78 Entrevista do autor com o general Dostum, pessoalmente, no palácio
vice-presidencial em Cabul, Afeganistão, 29-30 ago. 2016.

79 Ibid.

80 Fazul Rahim, "Afghanistan's Warlord-Turned-VP Abdul Rashid Dostum Fights for Fitness", NBC News. Disponível em: <www.nbcnews.
com/news/world/afghanistans-warlord-turned-vp-abdul-rashid-dos-
tum-fights-fitnessn265451>.

81 Entrevista do autor com o general Dostum, pessoalmente, no palácio
vice-presidencial em Cabul, Afeganistão, 29-30 ago. 2016.

82 Ibid.

83 James Risen, "U.S. Inaction Seen After Talibã P.O.W.'s Died", *The New
York Times*, 10 jul. 2009. Disponível em: <www.nytimes.com/2009/07/11/
world/asia/11afghan.html>.

84 John Barry, "The Death Convoy of Afghanistan", *Newsweek*, 25 ago.
2002. Disponível em: <www.newsweek.com/death-convoy-afghanis-
tan-144273>; James Risen, "U.S. Inaction Seen After Taliban P.O.W.'s
Died".

85 Telegrama diplomático norte-americano, do Department of State Bureau of Intelligence and Research, para a Casa Branca, OP 260221Z,
2008, acessado via lei de acesso à informação por Leonard Rubenstein,
Médicos pelos Direitos Humanos, pasta n. 200802926, 4 ago. 2008.

86 Dasht-i-Leili, Lei de Acesso à Informação, telegramas dos departamentos de Estado e de Defesa, p. 19 na paginação do Departamento de Estado, p. 32 em PDF.

87 Ibid.

88 Entrevista do autor com o general Dostum, pessoalmente, no palácio
vice-presidencial em Cabul, Afeganistão, 29-30 ago. 2016.

89 Ibid.

90 Ibid.

91 "A Mass Grave in Afghanistan Raises Questions", NPR, 22 jul. 2009.

92 Entrevista do autor com Mark Nutsch, 7 fev. 2018.

93 Ibid.

94 Entrevista do autor com o general Dostum, pessoalmente, no palácio vice-presidencial em Cabul, Afeganistão, 29-30 ago. 2016.

95 "Afghan Vice-President Dostum Injured in Taliban Ambush", *Hindustan Times*, 17 out. 2016. Disponível em: <www.hindustantimes.com/world-news/taliban-militants-ambush-afghanistan-vice-president-s--convoy/story-UQdKiuhxtFoddiT6NUpwiK.html>.

96 Vídeo no Facebook postado por Esmat Salehoghly Azimy, filmagem da ATV, enviado em 25 nov. 2016. Disponível em: <www.facebook.com/esmat.azimy/videos/vb.100002358908259>.

97 Sune Engel Rasmussen, "Vice-President Leaves Afghanistan Amid Torture and Rape Claims", *The Guardian*, 19 maio 2017. Disponível em: <www.theguardian.com/world/2017/may/19/vice-president-leaves-afghanistan-amid-torture-and-claims>; Mujib Masha e Fahim Abed, "Afghan Vice President Seen Abducting Rival", *The New York Times*, 27 nov. 2016. Disponível em: <www.nytimes.com/2016/11/27/world/asia/afghan-vice-president-is-accused-of-assaulting-rival-and-taking-him-hostage.html?_r=0>; Mujib Masha e Fahim Abed, "Afghanistan Vice President Accused of Torturing Political Rival", *The New York Times*, 13 dez. 2016. Disponível em: <www.nytimes.com/2016/12/13/world/asia/political-rival-accuses-afghanistan-vice-president-of-torturing-him.html?rref=collection%2Ftimestopic%2FDostum%2C%20Abdul%20Rashid&action=click&contentCollection=timestopics&region=stream&module=stream_unit&version=latest&contentPlacement=8&pgtype=collection>.

98 Abdul Waheed Wafa, "Former Warlord in Standoff with Police at Kabul Home", *The New York Times*, 4 fev. 2008. Disponível em: <www.nytimes.com/2008/02/04/world/asia/04afghan.html>.

99 Azam Ahmed, "Afghan First Vice President, an Ex-Warlord, Fumes on the Sidelines", *The New York Times*, 18 mar. 2015. Disponível em: <www.nytimes.com/2015/03/19/world/asia/afghan-first-vice-president-an-ex--warlord-fumes-on-the-sidelines.html>.

100 "Afghan Vice-President Dostum Accused of Sex Assault", BBC, 13 dez. 2016. Disponível em: <www.bbc.com/news/world-asia-38311174>.

101 Rod Nordland e Jawad Sukhanyar, "Afghanistan Police Surround Vice President's House", *The New York Times*, 21 fev. 2017. Disponível em: <www.nytimes.com/2017/02/21/world/asia/abdul-rashid-dostum-afghanistan.html>.

102 Max Bearak, "Behind the Front Lines in the Fight to 'Annihilate' ISIS in Afghanistan", *The Washington Post*, 23 jul. 2017. Disponível em: <www.

washingtonpost.com/world/asia_pacific/behind-the-front-lines-in-the-
-fight-to-annihilate-isis-in-afghanistan/2017/07/23/0e1f88d2-6bb4-11e7-
-abbc-a53480672286_story.html?utm_term=391eec1930b5>.

103 Jon Schwarz e Robert Mackey, "All the Times Donald Trump Said the U.S.
Should Get Out of Afghanistan", The Intercept, 21 ago. 2017. Disponível
em: <theintercept.com/2017/08/21/donald-trump-afghanistan-us-get-out>.

104 "Full Transcript and Video: Trump's Speech on Afghanistan", The New
York Times, 21 ago. 2017. Disponível em: <www.nytimes.com/2017/08/21/
world/asia/trump-speech-afghanistan.html>; Michael Gordon, "Mattis
Orders First Group of Reinforcements to Afghanistan", The New York
Times, 31 ago. 2017. Disponível em: <www.nytimes.com/2017/08/31/us/
politics/trump-mattis-troops-afghanistan.html?rref=collection%2Ftim
estopic%2FAfghanistan>.

105 Philip Rucker e Robert Costa, "'It's a Hard Problem': Inside Trump's
Decision to Send More Troops to Afghanistan", The Washington Post,
21 ago. 2017. Disponível em: <www.washingtonpost.com/politics/its-
-a-hard-problem-inside-trumps-decision-to-send-more-troops-to-af
ghanistan/2017/08/21/14dcb126-868b-11e7-a94f-3139abce39f5_story.
html?utm_term= 3255b6d552c7>.

106 Rod Nordland, "The Empire Stopper", The New York Times, 29 ago.
2017. Disponível em: <www.nytimes.com/2017/08/29/world/asia/af-
ghanistan-graveyard-empires-historical-pictures.html?rref=collectio
n%2Ftimestopic%2FA fghanistan>.

107 Jonathan Landay, "Despite Expected U.S. Troop Hike, No End in
Sight to Afghan War", Reuters, 22 ago. 2017. Disponível em: <www.
reuters.com/article/us-usa-trump-afghanistan-diplomacy/despite-
-expected-u-s-troop-hike-no-end-in-sight-to-afghan-war-idUSKC-
N1B2009>.

108 Nahal Toosi, "State's Afghanistan-Pakistan Envoy Leaves, Spur-
ring Confusion about U.S. Diplomacy in Region", Politico, 23
jun. 2017. Disponível em: <www.politico.com/story/2017/06/23/
trump-administration-dissolves-afghanistan-pakistan-unit-239901>.

109 Entrevista do autor com o general Dostum, pessoalmente, no palácio
vice-presidencial em Cabul, Afeganistão, 29-30 ago. 2016.

19. A fera branca [pp. 270-90]

1 Entrevista do autor com Sally e Micheal Evans, 6 out. 2016, pessoalmente, em sua casa em Wooburn Green, Inglaterra.

2 "Sally Evans Slams UK Anti-Terror 'Failure'", BBC, 4 fev. 2015. Disponível em: <www.bbc.com/news/uk-england-beds-bucks-herts-31126913>.

3 Entrevista do autor com Sally e Micheal Evans, 6 out. 2016, pessoalmente, em sua casa em Wooburn Green, Inglaterra.

4 Ibid.

5 Entrevista do autor com Preeyam K. Sehmi, no Westgate Mall, Nairóbi, 13 dez. 2013.

6 Gary Strauss, "Inside Kenya Shopping Mall, a House of Horrors", *USA Today*, 27 set. 2013. Disponível em: <www.usatoday.com/story/news/2013/09/27/mall-victims-tortured-maimed-in-al-shabab-attacks/2882299>.

7 Nicholas Soi e Robyn Dixon, "Kenya Says Nairobi Mall Siege is Over, with 72 Dead", *The Los Angeles Times*, 24 set. 2013. Disponível em: <www.latimes.com/world/la-fg-kenya-mall-20130925,0,3451298.story#ixzz2pz9qg1hN>.

8 Elisha Fieldstadt, "Somali Terror Group al-Shabab Claims Responsibility for Kenya Mall Attack", NBC News, 21 set. 2013. Disponível em: <www.nbcnews.com/news/other/somali-terror-group-al-shabab-claims-responsibility-kenya-mallattack-f4B11223876>.

9 "Hunt for Terrorists Shifts to 'Dangerous' North Africa, Panetta Says", NBC News, 12 dez. 2011. Disponível em: <archive.li/W0plo>.

10 Nicholas Kulish e Jeffrey Gettleman, "U.S. Sees Direct Threat in Attack at Kenya Mall", *The New York Times*, 25 set. 2013. Disponível em: <www.nytimes.com/2013/09/26/world/africa/us-sees-direct-threat-in-attack-at-kenya-mall.html?_r=0&pagewanted=all>.

11 *My Son the Jihadi*, documentário, Channel 4.

12 Entrevista do autor com Princeton Lyman, 27 fev. 2017.

13 Karl Vick, "Al Qaeda Ally in Somalia Is in Tatters", *The Washington Post*, 24 fev. 2002. Disponível em: <www.washingtonpost.com/archive/politics/2002/02/24/al-qaeda-ally-in-somalia-is-in-tatters/4a0dd409-2bbf-4e76-8131-0a5c9e78e86a/?utm_term=e6e20c5fc959>.

14 Alexis Okeowo, "The Fight Over Women's Basketball in Somalia", *The New Yorker*, 11 set. 2017.

15 Stig Jarle Hansen, *Al Shabaab in Somalia: The History and Ideology of a Militant Islamist Group, 2005-2012*. Oxford: Oxford University Press, 2013, p. 36. E-book.

16 "Mogadishu's Port Reopened", AlJazeera.com, 23 ago. 2006.

17 Telegrama diplomático dos Estados Unidos, 06NAIROBI3441, do conselheiro econômico John F. Hoover, embaixada norte-americana em Nairóbi, "Horn of Africa, State-U.S.A.I.D. Humanitarian Cable Update Number 8", 8 ago. 2006, divulgado pelo WikiLeaks. Disponível em: <wikileaks.org/cable/2006/08/06NAIROBI3441.html>.

18 "O chefe militar somali Yusuf Mohammed Siad me disse que foi abordado pela primeira vez pela CIA em Dubai em 2004." Jeremy Scahill, *Dirty Wars: The World Is a Battlefield*. Nova York: Nation, 2013, p. 191. E-book.

19 Entrevista do autor com Matthew Bryden, por telefone, 11 jan. 2014.

20 "Lutamos contra alguns desses chefes militares em 1993 e agora estamos lidando com eles novamente." Ted Dagne, principal analista de África do Serviço de Pesquisa do Congresso, conforme citado por Emily Wax e Karen DeYoung, "U. S. Secretly Backing Warlords in Somalia", *The Washington Post*, 17 maio 2016. Disponível em: <www.washingtonpost.com/wp-dyn/content/article/2006/05/16/AR2006051601625.html>.

21 Jerey Scahill, "Blowback in Somalia", *Nation*, 7 set. 2011. Disponível em: <www.thenation.com/article/blowback-somalia>.

22 Ibid.

23 Wax e DeYoung, "U.S. Secretly Backing Warlords in Somalia", *The Washington Post*, 17 maio 2016.

24 Scahill, "Blowback in Somalia".

25 Telegrama diplomático dos Estados Unidos, 06NAIROBI1484, do embaixador William M. Bellamy, embaixada norte-americana em Nairóbi, "Ambassador to Yusuf: Alliance Against Terror Not Directed at TFG", 4 abr. 2006, divulgado pelo WikiLeaks. Disponível em: <wikileaks.org/cable/2006/04/06NAIROBI1484.html>.

26 Entrevista do autor com Jendayi Frazer, 12 jan. 2014.

27 Telegrama diplomático dos Estados Unidos, 06NAIROBI2425, do embaixador William M. Bellamy, embaixada norte-americana em Nairóbi, "Somalia: A Strategy for Engagement", 2 jun. 2006, divulgado pelo WikiLeaks. Disponível em: <wikileaks.org/cable/2006/06/06NAIROBI2425.html>.

28 Bradley Graham e Karen DeYoung, "Official Critical of Somalia Policy is Transferred", *The Washington Post*, 31 maio 2006. Disponível em: <www.washingtonpost.com/wp-dyn/content/article/2006/05/30/AR2006053001203.html>.

29 Entrevista do autor com Tekeda Alemu, 10 mar. 2017.

30 Opiyo Oloya, *Black Hawks Rising: The Story of AMISOM's Successful War against Somali Insurgents, 2007-2014*. Londres: Helion, 2016, loc. 1175.

31 Ibid.

32 Entrevista do autor com o coronel Richard Orth, 2 mar. 2017.

33 Ibid.

34 Entrevista do autor com Tekeda Alemu, 10 mar. 2017.

35 "U.S. Opposes Somalia Troops Deployment, Threatens Veto", Panapress, 17 mar. 2005. Disponível em: <www.panapress.com>.

36 Mark Mazzetti, "U.S. Signals Backing for Ethiopian Incursion Into Somalia", *The New York Times*, 27 dez. 2006.

37 Entrevista do autor com Tekeda Alemu, 10 mar. 2017.

38 Sarah Jane Staats, "What Next for U.S. Aid in Ethiopia", Center for Global Development, 27 ago. 2012. Disponível em: <www.cgdev.org/blog/what-next-us-aid-ethiopia>.

39 "A Etiópia tem as Forças Armadas mais poderosas da região, treinadas por conselheiros americanos e financiadas pela ajuda americana." Jeffrey Gettleman, "Ethiopian Warplanes Attack Somalia", *The New York Times*, 25 dez. 2006. Disponível em: <www.nytimes.com/2006/12/24/world/africa/24cnd-somalia.html>.

40 Entrevista do autor com o general Michael Hayden, pessoalmente, em seu escritório em Washington, DC, 17 maio 2017.

41 Entrevista do autor com Simiyu Werunga, realizada em Nairóbi, 14 dez. 2013.

42 Anthony Mitchell, "U.S. Agents Visit Ethiopian Secret Jails", *The Washington Post*, 3 abr. 2007. Disponível em: <www.washingtonpost.com/wp-dyn/content/article/2007/04/03/AR2007040301042_pf.html>.

43 Jeffrey Gettleman, "Ethiopian Warplanes Attack Somalia", *The New York Times*, 25 dez. 2006. Disponível em: <www.nytimes.com/2006/12/24/world/ africa/24cnd-somalia.html>.

44 Memorando de Azouz Ennifar, vice-representante especial para a missão na Etiópia e na Eritreia, "Meeting with U.S. Assistant Secretary of State for African Affairs", 26 jun. 2006, divulgado pelo WikiLeaks. Disponível em: <wikileaks.org/wiki/US_encouraged_Ethiopian_invasion_of_Somalia:_UN_meeting_memo_with_Jenday_Frazer,_Secretary_of_State_for_African_Affairs,_2006>.

45 Pauline Jelinek, "U.S. Special Forces in Somalia", Associated Press, 10 jan. 2007. Disponível em: <www.washingtonpost.com/wp-dyn/content/article/2007/01/10/AR2007011000438.html>.

46 Lloyd Vries, "U.S. Strikes in Somalia Reportedly Kill 31", CBS/AP, 8 jan. 2007. Disponível em: <www.cbsnews.com/news/us-strikes-in-somalia-reportedly-kill-31>.

47 Entrevista do autor com oficial graduado da Defesa, 2 mar. 2017.

48 Memorando secreto, 7 jan. 2007, divulgado pelo WikiLeaks. Disponível em: <wikileaks.org/cable/2007/01/07ABUDHABI145.html>.

49 Scahill, *Dirty Wars*, p. 208.

50 Entrevista do autor com Matthew Bryden, realizada por telefone, 11 jan. 2014.

51 Entrevista do autor com Jendayi Frazer, 12 jan. 2014.

52 Entrevista do autor com Matthew Bryden, realizada por telefone, 11 jan. 2014.

53 Observações de Ahmed Iman Ali. Disponível em: <www.metacafe.com/watch/7950113/al_kataib_media_lecture_by_ahmad_iman_ali_h>.

54 "A Al Qaeda viu a Somália como a linha de frente ideal para a jihad e começou a aumentar seu apoio à Al-Shabaab." Scahill, *Dirty Wars*, p. 223.

55 "Ironicamente, a ascensão da Al-Shabaab foi ajudada pelos erros políticos da comunidade internacional. Talvez o fator mais conhecido tenha sido a ocupação etíope, que criou um ambiente fértil para o recrutamento." Hansen, *Al Shabaab in Somalia*, p. 49.

56 Entrevista do autor com Matthew Bryden, realizada por telefone, 11 jan. 2014.

57 Escritório do Coordenador para Contraterrorismo, "Designation of al-Shabaab as a Foreign Terrorist Organization", 26 fev. 2008. Disponível em: <www.state.gov/j/ct/rls/other/des/102446.htm>.

58 "Al Qaeda's Morale Boost As It Formally Joins With Somalia's Al Shabaab", *The Telegraph*, 10 fev. 2012. Disponível em: <www.telegraph. co.uk/news/worldnews/al-qaeda/9074047/Al Qaedas-morale-boost- -as-it-formally-joins-with-Somalias-al- habaab.html>.

59 Entrevista do autor com Jendayi Frazer, 12 jan. 2014.

60 Terceiros também informaram que a presença da Etiópia na Amisom foi excluída "na esperança de evitar o recrutamento nacionalista anti- -etíope da Al-Shabaab". Hansen, *Al Shabaab in Somalia*, p. 117.

61 Jocelyn Edwards, "U.S. Steps Up Training for African Force in Somalia", *Chicago Tribune*, 1 maio 2012. Disponível em: <articles.chicagotribune.com/2012-05-01/news/sns-rt-us-somalia-uganda-usa-bre84011e-20120501_1_shabaab-somalia-siad-barre>.

62 "Várias corporações militares privadas, mais notavelmente a Bancroft, estavam envolvidas na operação e tinham assessores na linha de frente." Hansen, *Al Shabaab in Somalia*, p. 118.

63 Michelle Nichols, "Somalia Cases of Killing, Maiming, Abuse of Children Halved: UN", Reuters, 3 jun. 2013. Disponível em: <www.reuters. com/article/2013/06/03/us-somalia-un-idUSBRE95216420130603>.

64 David Axe, "U.S. Weapons Now in Somali Terrorists' Hands", *Wired*, 2 ago. 2011. Disponível em: <www.wired.com/2011/08/u-s-weapons- -now-in-somali-terrorists-hands>.

65 Entrevista do autor com Matthew Bryden, realizada por telefone, 11 jan. 2014.

66 Bill Roggio e Caleb Weiss, "Al-Shabaab Releases Video Showing Deadly Raid on Somali Military Base", *Business Insider*, 13 nov. 2017. Disponível em: <www.businessinsider.com/al-shabaab-attack-somali- -military-base-video-2017-11?IR=T>.

67 "U.S. Mounts Air Strike Against al Shabaab Militants in Somalia", Reuters, 15 nov. 2017. Disponível em: <www.reuters.com/article/

us-usa-somalia/u-s-mounts-air-strike-against-al-shabaab-militants-in-
-somalia-idUSKBN1DFIZK>.

68 Entrevista do autor com Anders Folk, 25 nov. 2013.

69 Entrevista do autor com Sally e Micheal Evans, 6 out. 2016, pessoalmente, em sua casa em Wooburn Green, Inglaterra.

70 Ibid.

71 Ibid.

20. A mais breve primavera [pp. 291-308]

1 "Egypt Police to Break up Sit-in Protests within 24 Hours", Associated Press, 11 ago. 2013. Disponível em: <www.cbc.ca/news/world/
egypt-policeto-break-up-sit-in-protests-within-24-hours-1.1372985>.

2 Entrevista com Teo Butturini, 17 jan. 2014.

3 Entrevista do autor com Teo Butturini, 18 jan. 2015.

4 Entrevista com Teo Butturini, 17 jan. 2014.

5 A comparação tem sido empregada por vários comentaristas, incluindo
Amy Austin Holmes, professora assistente de sociologia da Universidade Americana no Cairo, especializada em questões militares e em
movimentos sociais no Egito. Ver Holmes, "Why Egypt's Military Or-
chestrated A Massacre", *The Washington Post*, 22 ago. 2014. Disponível
em: <www.washingtonpost.com/blogs/monkey-cage/wp/2014/08/22/
why-egypts-military-orchestrated-a-massacre>.

6 "All According to Plan: The Rab'a Massacre and Mass Killings of Pro-
testers in Egypt", Human Rights Watch, ago. 2014. Disponível em:
<www.hrw.org/sites/default/files/reports/egypt0814web.pdf>.

7 "The Weeks of Killing, State Violence, Communal Fighting, and Sec-
tarian Attacks in the Summer of 2013", Egyptian Initiative for Per-
sonal Rights, jun. 2014. Disponível em: <eipr.org/sites/default/files/
reports/pdf/weeks_of_killing_en.pdf>.

8 Entrevista do autor com a embaixadora Anne Patterson, 12 maio 2016.

9 Sherif Khalifa, *Egypt's Lost Spring: Causes and Consequences*. Santa
Barbara, CA: Praeger, 2015.

10 Entrevista do autor com a embaixadora Anne Patterson, 12 maio 2016.

11 Entrevista do autor com John Kerry, 21 nov. 2017.

12 Entrevista do autor com a embaixadora Anne Patterson, 12 maio
2016.

13 Entrevista do autor com Hazem Beblawi, nos escritórios do Fundo
Monetário Internacional, Washington, DC, 30 jun. 2017.

14 Ibid.

15 Entrevista do autor com Nabil Fahmy em Nova York, 7 abr. 2017.

16 "In Tunisia, Clinton Cites Promise of Arab Spring", CBS News, 24 set. 2012. Disponível em: <www.cbsnews.com/news/intunisia-clinton-cites-promise-of-arab-spring>.

17 Carol Williams, "Amid U.S.-Egypt Chill, el-Sisi Seeks Military Assistance from Russia", *The Los Angeles Times*, 13 fev. 2014. Disponível em: <articles.latimes.com/2014/feb/13/world/la-fg-wn-russia-egypt-sisi-putin-20140213>.

18 Zeev Moaz, *Defending the Holy Land: A Critical Analysis of Israel's Security & Foreign Policy*. Ann Arbor: University of Michigan Press, 2009.

19 Shlomo Aloni, *Arab-Israeli Air Wars 1947-1982*. Oxford: Osprey, 2001.

20 Michael Oren, discurso no Washington Institute, 2 jul. 2002. Disponível em: <www.washingtoninstitute.org/policy-analysis/view/thesix- day-war-and-its-enduring-legacy>.

21 Eric Pace, "Anwar el-Sadat, the Daring Arab Pioneer of Peace with Israel", *The New York Times*, 7 out. 1981. Disponível em: <www.nytimes.com/learning/general/onthisday/bday/1225.html>.

22 Hulda Kjeang Mørk, "The Jarring Mission", dissertação de mestrado, Universidade de Oslo. Disponível em: <www.duo.uio.no/publ/IAKH/2007/58588/HuldaxMxrkxxMasteropgavexixhistorie.pdf>.

23 Pace, "Anwar el-Sadat, the Daring Arab Pioneer of Peace with Israel".

24 "Walter Mondale, seu vice-presidente, ficou surpreso com o fato de que no primeiro dia de mandato Carter anunciou que a paz no Oriente Médio era uma prioridade máxima. Isso parecia tremendamente ingênuo... Os conselheiros mais próximos de Carter lhe disseram que ele deveria esperar até o segundo mandato para arriscar parte de seu frágil capital político." Lawrence Wright, *Thirteen Days in September: Carter, Begin, and Sadat at Camp David*. Nova York: Knopf, 2004, p. 6.

25 Discurso do presidente Carter no 25º aniversário dos acordos, Washington, DC, 16 set. 2003. Disponível em: <www.cartercenter.org/news/documents/doc1482.html>.

26 Entrevista com Laurence Wright. "'13 Days In September' Examines 1978 Camp David Accords", NPR, 16 set. 2014. Disponível em: <www.npr.org/2014/09/16/348903279/-13-days-in-september-examines-1978-camp-david-conference>.

27 Jeremy M. Sharp, "Egypt: Background and U.S. Relations", Congressional Research Service, 5 jun. 2014. Disponível em: <www.fas.org/sgp/crs/mideast/RL33003.pdf>.

28 Ibid.

29 Ibid.

30 Brad Plumer, "The U.S. Gives Egypt $1.5 Billion a Year in Aid. Here's What it Does", *The Washington Post*, 9 jul. 2013. Disponível

em: <www.washingtonpost.com/blogs/wonkblog/wp/2013/07/09/
the-u-s-givesegypt-1-5-billion-a-year-in-aid-heres-what-it-does>.

31 Mark Thompson, "U.S. Military Aid to Egypt: An IV Drip, with Side-
Effects", *Time*, 19 ago. 2016. Disponível em: <www.swampland.time.
com/2013/08/19/u-s-military-aid-to-egypt-an-iv-drip-with-side-effects>.

32 "The January 25 Revolution". In: *Arab Spring: A Research and Study
Guide*, Cornell University Library, 2010. Disponível em: <guides.li-
brary.cornell.edu/c.php?g=31688&p=200748%20%20Id>.

33 Ibid.

34 "Nossa avaliação é de que o governo egípcio é estável e está procurando maneiras de responder às legítimas necessidades e interesses
do povo egípcio." No dia seguinte, ela encorajou "todas as partes a
exercerem moderação e se absterem de violência"; "Clinton Calls for
Calm, Restraint in Egypt", CBS News, 26 jan. 2011. Disponível em:
<www.cbsnews.com/news/clinton-calls-for-calm-restraint-in-egypt>.

35 Kareem Fahim, Mark Landler e Anthony Shadid, "West Backs Gradual Egyptian Transition", *The New York Times*, 5 fev. 2011. Disponível em: <www.nytimes.com/2011/02/06/world/middleeast/06egypt.
html?pagewanted=all&_r=0>.

36 Ibid.

37 "The January 25 Revolution". In: *Arab Spring*.

38 Sarah Childress, "The Deep State: How Egypt's Shadow State Won
Out", *Frontline*, 17 set. 2013. Disponível em: <www.pbs.org/wgbh/pa-
ges/frontline/foreign-affairs-defense/egypt-in-crisis/the-deep-state-
-how- egypts-shadow-state-won-out>.

39 Filippo Monteforte, "Egypt Cracks Down on NGOs", *Newsweek*, 6 fev. 2012.
Disponível em: <www.newsweek.com/egypt-cracks-down-ngos-65823>.

40 Entrevista com a embaixadora Anne Patterson, 12 maio 2016.

41 Greg Carlstom, "Meet the Candidates: Morsi vs Shafiq", Al-Jazeera,
24 jun. 2012. Disponível em: <www.aljazeera.com/indepth/spotlight/
egypt/2012/06/201261482158653237.html>.

42 "Morsi Called Israelis 'Descendants of Apes and Pigs'", *Haaretz*, 4 jan.
2013. Disponível em: <www.haaretz.com/israel-news/morsi-called-is-
raelis-descendants-of-apes-and-pigs-in-2010-video-1.491979>.

43 Ian Black, "Egypt's Muslim Brotherhood Poised to Prosper in Post-
-Mubarak New Era", *The Guardian*. Disponível em: <www.theguardian.
com/world/2011/may/19/muslim-brotherhood-poised-prosper-egypt>.

44 Ibid.

45 Entrevista com a embaixadora Anne Patterson, 12 maio 2016.

46 Shadi Hamid, "Rethinking the U.S.-Egypt Relationship: How Repres-
sion is Undermining Egyptian Stability and What the United States

Can Do", Brookings, 3 nov. 2015. Disponível em: <www.brookings.edu/testimonies/rethinking-the-u-s-egypt-relationship-how-repression-is-undermining-egyptian-stability-and-what- the-united-states-can-do>.

47 Ibid.

48 Ibid.

49 Ibid.

50 Ibid.

51 Entrevista do autor com Frank Lowenstein, 5 ago. 2016.

52 Entrevista do autor com Tony Blinken, por telefone, 12 maio 2016.

53 Escritório do senador Patrick Leahy, disposições relacionadas à situação no Egito e à Lei FY12 de apropriações de operações no exterior do Departamento de Estado, 3 jul. 2013. Disponível em: <www.leahy.senate.gov/press/provisions-relevant-to-the-situation-in-egypt-in- thefy12-state-department-and-foreign-operations-appropriations-law>.

54 Dana Hughes e Molly Hunter, "President Morsi Ousted: First Democratically Elected Leader Under House Arrest", ABC News, 3 jul. 2013. Disponível em: <abcnews.go.com/International/president-morsi-ousted-democraticallyelected-leader-house-arrest/story?id=19568447>.

55 John Hudson, "Obama Administration Won't Call Egypt's Coup a Coup", Foreign Policy, 8 jul. 2013. Disponível em: <foreignpolicy.com/2013/07/08/obama-administration-wont-call-egypts- oup-a-coup>.

56 Spencer Ackerman e Ian Black, "U.S. Trims Aid to Egypt as Part of Diplomatic 'Recalibration'", The Guardian, 9 out. 2013. Disponível em: <www.theguardian.com/world/2013/oct/09/obama-cuts-military-aid-egypt>.

57 Jonathan Broder, "The Winter of Egypt's Dissent", Newsweek, 6 jan. 2015. Disponível em: <www.newsweek.com/2015/01/16/winter-egypts--dissent-96918.html>.

58 Depois daquilo que foi amplamente reportado como sendo julgamentos simulados, eles foram condenados a sete anos de prisão cada um. Um deles, um repórter egípcio-canadense chamado Mohammed Fahmy, foi condenado a mais três anos por pegar um invólucro de balas usado após um protesto.

59 Michel R. Gordon e Mark Landler, "In Crackdown Response, U.S. Temporarily Freezes Some Military Aid to Egypt", The New York Times, 9 out. 2013. Disponível em: <www.nytimes.com/2013/10/10/world/middleeast/obama-military-aid-to-egypt.html?pagewanted=all&_r=0>.

60 Entrevista com a embaixadora Anne Patterson, 12 maio 2016.

61 Entrevista do autor com Sarah Leah Whitson, 17 mar. 2017.

62 Entrevista com a embaixadora Anne Patterson, 12 maio 2016.

63 Avi Asher-Schapiro, "The U.S. Isn't Making Sure Its Military Aid to Egypt Stays Out of the Wrong Hands", Vice News, 17 maio 2016. Disponível em: <news.vice.com/article/the-us-isnt-making-sure-its-military-aid-to-egypt-stays-out-of-the-wrong-hands>.

64 Entrevista do autor com o congressista Adam Schiff, 20 jan. 2015.

65 "Egypt Signs $350 mln in Oil, Power Financing Deals with Saudi", Reuters, 1 nov. 2014. Disponível em: <www.reuters.com/article/idUSL5N0SR0H520141101>.

66 "Russia, Egypt Seal Preliminary Arms Deal Worth $3.5 Billion: Agency", Reuters, 17 set. 2014. Disponível em: <www.reuters.com/article/2014/09/17/us-russia-egypt-arms-idUSKBN0HC19T20140917>.

67 Entrevista do autor com John Kerry, 21 nov. 2017.

68 Entrevista do autor com Frank Lowenstein, 5 ago. 2016.

69 Entrevista do autor com o general Michael Hayden, pessoalmente, em seu escritório em Washington, DC, 17 maio 2017.

70 Entrevista do autor com Samantha Power, 10 jul. 2017.

71 Ibid.

72 Entrevista do autor com Nabil Fahmy em Nova York, 7 abr. 2017.

73 Entrevista do autor com Teo Butturini, 17 jan. 2014.

21. Meia-noite na fazenda [pp. 309-27]

1 Entrevista do autor com Freddy Torres, 4 nov. 2016.

2 "IIR: Cashiered Colonel Talks Freely about the Army He Left Behind (Laser Strike)", relatório informativo, 178798311, do Departmento de Defesa ao diretor da Inteligência, Washington, DC. Disponível em: <nsarchive2.gwu.edu//NSAEBB/NSAEBB266/19971224.pdf>.

3 "On Their Watch: Evidence of Senior Army Officers' Responsibility for False Positive Killings in Colombia", Human Rights Watch, 24 jun. 2015. Disponível em: <www.hrw.org/report/2015/06/24/their-watch/evidence-senior-army-officers-responsibility-false-positive-killings>.

4 "False Positives", Colombia Reports, 14 mar. 2017. Disponível em: <colombiareports.com/false-positives>.

5 "Statement by Professor Philip Alston, UN Special Rapportueur on Extrajudicial Executions Mission to Colombia 8-18 June 2009", United Nations Office of the High Commissioner on Human Rights, 18 jun. 2009. Disponível em: <newsarchive.ohchr.org/EN/NewsEvents/Pages/DisplayNews.aspx?NewsID=9219&LangID=E>.

6 "False Positives", Colombia Reports, 14 mar. 2017.

7 "The Rise and Fall of 'False Positive' Killings in Colombia: The Role of U.S. Military Assistance, 2000-2010", Fellowship of Reconciliation e

Colombia-Europe-US Human Rights Observatory, maio de 2014. Disponível em: <archives.forusa.org/sites/default/files/uploads/false-positives-2014-colombia-report.pdf>.

8   Ibid.

9   "Telegrama liberado 200202961", da embaixada americana em Bogotá ao secretário de Estado, Washington, DC. Disponível em: <nsarchive2. gwu.edu//NSAEBB/NSAEBB266/19941021.pdf>.

10 "Colombian Counterinsurgency: Steps in the Right Direction", Central Intelligence Agency, Directorate of Intelligence Memorandum, Office of African and Latin American Analysis, 26 jan. 1994. Disponível em: <nsarchive2.gwu.edu//NSAEBB/NSAEBB266/19940126.pdf>.

11 "IIR: Cashiered Colonel Talks Freely About the Army He Left Behind (Laser Strike)", relatório informativo, 178798311, do Departamento de Defesa ao diretor de Inteligência, Washington, DC.

12 Entrevista do autor com Andres Pastrana, 29 set. 2016.

13 "In U.S., 65% Say Drug Problem 'Extremely' or 'Very Serious'", Gallup Polls, 28 out. 2016. Disponível em: <news.gallup.com/poll/196826/ say-drug-problem-extremely-serious.aspx?g_source=position1&g_ medium=related&g_campaign=tiles>.

14 Bill Clinton, "Remarks at the Council of the Americas 30th Washington Conference", 2 maio 2000. Disponível em: <www.presidency.ucsb. edu/ws/?pid=58427>.

15 Entrevista do autor com a embaixadora Anne Patterson, 23 jun. 2016.

16 "Clinton Waives Rights Standards", CBS News, 22 ago. 2000. Disponível em: <www.cbsnews.com/news/clinton-waives-rights-standards>.

17 Michael Shifter, "Plan Colombia: A Retrospective", *Americas Quarterly*, verão de 2012. Disponível em: <www.americasquarterly.org/ node/3787>.

18 Dan Gardner, "Losing the Drug War", *Ottawa Citizen*, 6 set., citado em Olivier Villar e Drew Cottel, *Cocaine, Death Squads, and the War on Terror: U.S. Imperialism and Class Struggle in Colombia* (Nova York: Monthly Review, 2011).

19 US Army Special Warfare School, "Subject: Visit to Colombia, February 26, 1962", Declassified Documents Reference Series (Arlington, VA: Carrollton, 1976), citado em Villar e Cottel, *Cocaine, Death Squads, and the War on Terror*.

20 "The History of the Military-Paramilitary Partnership", Human Rights Watch, 1996. Disponível em: <www.hrw.org/reports/1996/killer2.htm>.

21 Chelsey Dyer, "50 Years of U.S. Intervention in Colombia", *Colombia Reports*, 4 out. 2013. Disponível em: <colombiareports.com/50-years--us-intervention-colombia>.

22 "1963 Field Manual on US Army Counterinsurgency Forces (FM 31-22), 82-84", citado em Villar e Cottel, *Cocaine, Death Squads, and the War on Terror.*

23 Michael McClintock, "Instruments of Statecraft: U.S. Guerrilla Warfare, Counterinsurgency, and Counterterrorism", 1992, citado em Villar e Cottel, *Cocaine, Death Squads, and the War on Terror.*

24 Villar e Cottel, *Cocaine, Death Squads, and the War on Terror.*

25 Ibid.

26 Ibid.

27 Alfredo Molano, "The Evolution of the Farc: A Guerrilla Group's Long History", Nacla. Disponível em: <nacla.org/article/evolution--farc-guerrilla-groups-long-history>.

28 "United Self-Defense Forces of Colombia", Universidade Stanford, 28 ago. 2015. Disponível em: <web.stanford.edu/group/mappingmilitants/cgi-bin/groups/view/85>.

29 Ibid.

30 Villar e Cottel, *Cocaine, Death Squads, and the War on Terror.*

31 Frank Smyth, "Still Seeing Red: The C.I.A. Fosters Death Squads in Colombia", *Progressive*, 3 jun. 1998. Disponível em: <www.franksmyth.com/the-progressive/still-seeing-red-the-cia-fosters-death-squads--in-colombia>.

32 Shifter, "Plan Colombia: A Retrospective".

33 Gabriel Marcella et al., "Plan Colombia: Some Differing Perspectives", jun. 2001. Disponível em: <www.dtic.mil/dtic/tr/fulltext/u2/a392198.pdf>.

34 Shifter, "Plan Colombia: A Retrospective".

35 Ibid.

36 Daniel Wilkinson, "Death and Drugs in Colombia", Human Rights Watch, 2 jun. 2011, *New York Review of Books*. Disponível em: <www.hrw.org/news/2011/06/02/death-and-drugs-colombia>.

37 Entrevista do autor com o general Barry McCaffrey, 22 jun. 2016.

38 "Revolutionary Armed Forces of Colombia — People's Army", Universidade Stanford, 15 ago. 2015. Disponível em: <web.stanford.edu/group/mappingmilitants/cgi-bin/groups/view/89>.

39 Entrevista do autor com o presidente Andres Pastrana e o chefe de gabinete Jaime Ruiz, 29 set. 2016.

40 Villar e Cottel, *Cocaine, Death Squads, and the War on Terror.*

41 Dana Priest, "Covert Action in Colombia", *The Washington Post*, 21 dez. 2013. Disponível em: <www.washingtonpost.com/sf/investigative/2013/12/21/covert-action-in-colombia/?utm_term=3c65ec066eb6>.

42 "Colombia: San Vicente del Caguan After the Breakdown of the Peace Talks"; Villar e Cottel, *Cocaine, Death Squads, and the War on Terror.*

43 Wilkinson, "Death and Drugs in Colombia".
44 Entrevista do autor com o general Barry McCaffrey, 22 jun. 2016.
45 Shifter, "Plan Colombia: A Retrospective".
46 "Colombia", Freedom House, 2007. Disponível em: <freedomhouse.
    org/report/freedom-world/2007/colombia>.
47 Entrevista do autor com Condoleezza Rice, 3 ago. 2017.
48 Entrevista do autor com o general Barry McCaffrey, 22 jun. 2016.

22. O estado do secretário [pp. 331-44]

1   David Sanger, Gardiner Harris e Mark Landler, "Where Trump Zigs,
    Tillerson Zags, Putting Him at Odds with White House", *The New York
    Times*, 25 jun. 2017. Disponível em: <www.nytimes.com/2017/06/25/
    world/americas/rex-tillerson-american-diplomacy.html?_r=1>.
2   Dexter Filkins, "Rex Tillerson at the Breaking Point", *The New Yorker*, 16
    out. 2017. Disponível em: <www.newyorker.com/magazine/2017/10/16/
    rex-tillerson-at-the-breaking-point>.
3   Ibid.
4   James Osborne, "Exxon Mobil CEO Rex Tillerson Is an Eagle Scout
    to the Core", *Dallas Morning News*, 6 set. 2014.
5   Filkins, "Rex Tillerson at the Breaking Point".
6   Erin McPike, "Trump's Diplomat", *Independent Journal Review*, 21 mar.
    2017. Disponível em: <ijr.com/2017/03/814687-trumps-diplomat>.
7   Entrevista do autor com Rex Tillerson, 4 jan. 2018.
8   "Welcome Remarks to Employees", Rex Tillerson, secretário de Es-
    tado, Washington, DC, 2 fev. 2017. Disponível em: <www.state.gov/
    secretary/remarks/2017/02/267401.htm>.
9   Entrevista do autor com Erin Clancy em Los Angeles, 1 jun. 2017.
10 Entrevista do autor com uma fonte próxima da Casa Branca, 23 jan.
    2018.
11 Entrevista do autor com um assessor de Condoleezza Rice, 23 jan. 2018.
    Ver também Brian Stelter, "Journalists Outraged by Tillerson's Plan
    to Travel without Press", CNN, 10 mar. 2017. Disponível em: <mo-
    ney.cnn.com/2017/03/10/media/rex-tillerson-state-department-no-
    -press/index.html>.
12 Entrevista do autor com Condoleezza Rice, 3 ago. 2017.
13 Entrevista do autor com Rex Tillerson, 4 jan. 2018.
14 Anne Gearan e Carol Morello, "Secretary of State Rex Tillerson Spends
    His First Weeks Isolated from an Anxious Bureaucracy", *The Wa-
    shington Post*, 30 mar. 2017. Disponível em: <www.washingtonpost.com/
    world/nationalsecurity/secretary-of-state-rextillerson-spends-his-first-

-weeks-isolated-from-an-anxiousbureaucracy/2017/03/30/bdf8ec86-155f-11e7-ada01489b735b3a3_story.html?utm_term=0ea61ef83e7d>.

15 Entrevista do autor com um membro do destacamento de segurança do secretário Tillerson, 20 jul. 2017.

16 Eliana Johnson e Michael Crowley, "The Bottleneck in Rex Tillerson's State Department", *Politico*, 4 jun. 2017. Disponível em: <www.politico.com/story/2017/06/04/rex-tillerson-state-dep47artment-bottleneck-239107>.

17 Entrevista do autor com um funcionário anônimo do Foreign Service, 25 jun. 2017.

18 "Welcome Remarks to Employees", Rex Tillerson, secretário de Estado, Washington, DC, 2 fev. 2017. Disponível em: <www.state.gov/secretary/remarks/2017/02/267401.htm>; "Remarks to U.S. Department of State Employees", Rex Tillerson, secretário de Estado, Dean Acheson Auditorium, Washington, DC, 3 maio 2017. Disponível em: <www.state.gov/secretary/remarks/2017/05/270620.htm; anedota sobre a reação da plateia em uma entrevista do autor com um funcionário do Foreign Service, 26 jun. 2017.

19 Entrevista do autor com Colin Powell em Washington, DC, 29 jun. 2017.

20 Entrevista do autor com um funcionário anônimo do Foreign Service, 28 jul. 2017.

21 Ibid.

22 Ibid.

23 Entrevista do autor com um funcionário anônimo do Foreign Service, 28 jul. 2017.

24 Entrevista do autor com uma fonte próxima à Casa Branca, 23 jan. 2018.

25 Ashley Parker et al., "White House Readies Plan to Replace Tillerson with Pompeo at State, Install Cotton at CIA", *The Washington Post*, 30 nov. 2017. Disponível em: <www.washingtonpost.com/news/post-politics/wp/2017/11/30/white-house-readies-plan-to-replace-tillerson--with-pompeo-install-cotton-at-cia/?utm_term=5f455d49d416>.

26 Michael Schwirtz, "US Accuses Syria of New Chemical Weapons Use", *The New York Times*, 23 jan. 2018. Disponível em: <www.nytimes.com/2018/01/23/world/middleeast/syria-chemical-weapons--ghouta.html>.

27 Entrevista do autor com um assessor de Tillerson, 24 jan. 2017.

28 Entrevista do autor com uma fonte próxima à Casa Branca, 23 jan. 2018.

29 Entrevista do autor com Steven Goldstein, 24 jan. 2018.

30 Entrevista do autor com Rex Tillerson, 4 jan. 2018.

31 Entrevista do autor com uma fonte próxima à Casa Branca, 23 jan. 2018.

32 Entrevista do autor com Rex Tillerson, 4 jan. 2018.

33 Josh Rogin, "Tillerson Prevails Over Haley on Palestinian Funding", *Post and Courier*, 16 jan. 2018. Disponível em: <www.postandcourier.com/opinion/commentary/tillerson-prevails-over-haley-on-palestinian-funding/article_2b1b2972- fafd-11e7-81e6-7f2974b7274f.html>.

34 Entrevista do autor com uma fonte próxima à Casa Branca, 23 jan. 2018.

35 Entrevista do autor com um assessor de Tillerson, 22 dez. 2017.

36 Entrevista do autor com Rex Tillerson, 4 jan. 2018.

37 Entrevista do autor com Brian Hook, 13 dez. 2017.

38 Elise Labott e Gloria Borger, "Kushner's Foreign Policy Gamble Fuels Tillerson Feud", CNN, 4 dez. 2017. Disponível em: <www.cnn.com/2017/12/04/politics/jared-kushner-rex-tillerson-middle-east/index.html>.

39 Entrevista do autor com Colin Powell em Washington, DC, 29 jun. 2017.

40 Ibid.

41 Tuíte de Donald J. Trump, 13 mar. 2018, 5h44.

42 Ashley Parker et al., "Trump Ousts Tillerson, Will Replace Him as Secretary of State with CIA Chief Pompeo", *The Washington Post*, 13 mar. 2018. Disponível em: <www.washingtonpost com/politics/trump-ousts-tillerson-will-replace-him-as-secretary-of-state-with-cia-chief-pompeo/2018/03/13/30f34eea-26ba-11e8-b79d-f3d931db7f68_story.html?utm_term=04ffab6fcaab>.

43 Amanda Erickson, "The One Interview that Explains Mike Pompeo's Foreign Policy Approach", *The Washington Post*, 13 mar. 2018. Disponível em: <www.washingtonpost.com/news/worldviews/wp/2018/03/13/the-one-interview-that-explains-mike-pompeos-foreign-policy-approach/?utm_term=07fe3e4ee7a4>.

44 Zachary Cohen e Dan Merica, "Unlike Tillerson, Trump Says Pompeo 'Always on Same Wavelength'", CNN, 13 mar. 2018. Disponível em: <www.cnn.com/2018/03/13/politics/mike-pompeo-secretary-ofstate-trump/index.html>.

23. O mosquito e a espada [pp. 345-56]

1 Entrevista do autor com Rex Tillerson, 4 jan. 2018.

2 Entrevista do autor com um funcionário anônimo do Foreign Service, 25 jun. 2017.

3 Ibid.

4 Ibid.

5 John Hudson, "This State Department Employee Survey is Straight Out of 'Office Space'", BuzzFeed News, 4 maio 2017. Disponível em: <www.

buzzfeed.com/johnhudson/leaked-state-department-survey-suggests-
-diplomacy-work-is-a?utm_term=wfJm3MEPYL#.gfYwgIGevR>.

6 Felicia Schwartz, "State Department Workers Vent Grievances Over
   Trump, Tillerson, Cite Longer-Term Issues", *The Wall Street Journal*,
   4 jul. 2017. Disponível em: <www.wsj.com/articles/state-department-
   -workers-vent-grievances-over-trump-tillerson-cite-longer-term-is-
   sues-1499194852>.

7 Pesquisa da Insignia, 2017, p. 43, vazamento de uma fonte anônima
   do Foreign Service.

8 Ibid.

9 "America First: A Budget Blueprint to Make America Great Again",
   White House Office of Management and Budget, 16 mar. 2017. Disponível em: <www.whitehouse.gov/sites/whitehouse.gov/files/omb/
   budget/fy2018/2018_blueprint.pdf>.

10 "What We Do", United States Institute of Peace. Disponível em: <www.
   usip.org>.

11 Jeremy Konyndyk, "Trump's Aid Budget Is Breathtakingly Cruel —
   Cuts Like These Will Kill People", *The Guardian*, 31 maio 2017.
   Disponível em: <www.theguardian.com/global-development-
   -professionals-network/2017/may/31/trumps-aid-budget-is-breath-
   takingly-cruel-cuts-like-these-will-kill-people>.

12 Beth Van Schaack, "Why Is Tillerson Shuttering the State Dept.'s Global Justice Bureau?", *Newsweek*, 18 jul. 2017. Disponível em: <www.
   newsweek.com/why-tillerson-shuttering-state-depts-global-justice-
   -bureau-638246>; Jake Tapper, "White House Memo Suggests Moving
   Refugee Bureau from State Department to DHS", CNN Politics, 30 jun.
   2017. Disponível em: <www.cnn.com/2017/06/28/politics/refugee-
   -bureau-state-department-dhs/index.html>.

13 Josh Rogin, "State Department Considers Scrubbing Democracy Pro-
   motion from its Mission", *The Washington Post*, 1 ago. 2017. Disponível em: <www.washingtonpost.com/news/josh-rogin/wp/2017/08/01/
   state-department-considers-scrubbing-democracy-promotion-from-
   -its-mission/?utm_term=28ffdcf307e7>.

14 Nick Wadhams, "Tillerson's State Overhaul Faces Mutiny as USAID
   Weighs Its Role", Bloomberg, 24 jan. 2017. Disponível em: <www.
   bloomberg.com/news/articles/2018-01-24/tillerson-soverhaul-at-
   -state-in-doubt-as-usaid-suspends-role>.

15 Gardiner Harris, "Will Cuts Hurt Diplomacy? Tillerson Tries to Ease
   Senate's Worries", *The New York Times*, 13 jun. 2017. Disponível em:
   <www.nytimes.com/2017/06/13/world/rex-tillerson-senate-state-de-
   partment.html>.

16 "Cardin Challenges Tillerson on Administration's State Dept.", Foreign Assistance Budget Request", Senate Foreign Relations Committee, 13 jun. 2017. Disponível em: <www.foreign.senate.gov/press/ranking/release/cardin-challenges-tillerson-on-administrations-state-dept--foreign-assistance-budget-request>.

17 Nahal Toosi, "Tillerson Spurns $80 Million to Counter ISIS, Russian propaganda", *Politico*, 2 ago. 2017. Disponível em: <www.politico.com/story/2017/08/02/tillerson-isis-russia-propaganda-241218>.

18 Jennifer Rubin, "Tillerson Unites D's and R's — They All Ridicule His Testimony", *The Washington Post*, 15 jun. 2017. Disponível em: <www.washingtonpost.com/blogs/right-turn/wp/2017/06/15/tillerson-unites-ds-and-rs-they-all-ridicule-his-testimony>.

19 Entrevista do autor com Madeleine Albright, 15 dez. 2017.

20 Entrevista do autor com Rex Tillerson, 4 jan. 2018.

21 Alex Lockie, "Mattis Once Said if State Department Funding Gets Cut 'Then I Need to Buy More Ammunition'", *Business Insider*, 27 fev. 2017. Disponível em: <www.businessinsider.com/mattis-state-department-funding-need-to-buy-more-ammunition-2017-2>.

22 Russ Read, "Mattis: A Strong Military Is Crucial to Effective Diplomacy", *Daily Caller*, 22 mar. 2017. Disponível em: <dailycaller.com/2017/03/22/mattis-a-strong-military-is-crucial-to-effective-diplomacy>.

23 "America First: A Budget Blue-Print to Make America Great Again", White House Office of Management and Budget, 16 mar. 2017. Disponível em: <www.whitehouse.gov/sites/whitehouse.gov/files/omb/budget/fy2018/2018_bluprint.pdf>.

24 Gardiner Harris, "State Department to Offer Buyouts in Effort to Cut Staff", *The New York Times*, 10 nov. 2017. Disponível em: <www.nytimes.com/2017/11/10/us/politics/state-departmentbuyouts.html>.

25 Id., Gardiner. "State Dept. Restores Job Offers to Students After Diplomat Outcry", *The New York Times*, 30 jun. 2017. Disponível em: <www.nytimes.com/2017/06/30/us/politics/state-department-students-foreign-service.html>.

26 Joel Hellman, "SFS Voices Concern for Suspension of Current Pickering, Rangel Fellows", Georgetown University, 21 jun. 2017. Disponível em: <sfs.georgetown.edu/sfs-voices-concern-suspension-current-pickering-rangel-fellows>; "State Department Withdraws from Top Recruitment Program, Sowing Confusion", *Foreign Policy*, 28 jul. 2017. Disponível em: <foreignpolicy.com/2017/07/28/state-department-withdraws-from-top-recruitment-program-sowing-confusion>.

27 Daniel Lippman e Nahal Toosi, "Interest in U.S. Diplomatic Corps Tumbles in Early Months of Trump", *Politico*, 12 ago. 2017. Disponível

em: <www.politico.com/story/2017/08/12/trump-statedepartment-
-foreign-service-interest-plummets-241551>.

28 Entrevista do autor com John Kerry, 21 nov. 2017.

29 Entrevista do autor com Rex Tillerson, 4 jan. 2018.

30 Josh Dawsey, Eliana Johnson e Alex Isenstadt, "Tillerson Blows Up at Top
White House Aide", *Politico*, 28 jun. 2017. Disponível em: <www.politico.
com/story/2017/06/28/tillerson-blows-up-at-white-house-aide-240075>.

31 Entrevista do autor com um funcionário anônimo do Departamento
de Estado, 5 jul. 2017.

32 Holbrooke, "The Machine That Fails".

33 Entrevista do autor com James Baker, 22 jan. 2018.

34 Entrevista do autor com um funcionário anônimo do Departamento
de Estado, 5 jul. 2017.

35 Entrevista do autor com George P. Shultz, 19 jan. 2018.

36 Entrevista do autor com Condoleezza Rice, 3 ago. 2017.

37 Entrevista do autor com Madeleine Albright, 15 dez. 2017.

38 Entrevista do autor com Hillary Clinton, 20 nov. 2017.

39 Entrevista do autor com Colin Powell em Washington, DC, 29 jun. 2017.

40 Entrevista do autor com John Kerry, 21 nov. 2017.

41 Entrevista do autor com Chris LaVine, 25 jun. 2017.

24. O colapso [pp. 357-74]

1 Anne Gearan, "'He Threw a Fit': Trump's Anger Over Iran Deal Forced
Aides to scramble for a Compromise", *The Washington Post*, 11 out. 2017.
Disponível em: <www.washingtonpost.com/politics/he-threw-a-fit-
-trumps-anger-over-iran-deal-forced-aides-to-scramble-for-a-
-compromise/2017/10/11/6218174c-ae94-11e7-9e58-e6288544af98_
story.html?utm_term=0c4e86e19d9b>.

2 Jana Winter, Robbie Gramer e Dan de Luce, "Trump Assigns
White House Team to Target Iran Nuclear Deal, Sidelining State Department", *Foreign Policy*, 21 jul. 2017. Disponível em: <foreignpolicy.
com/2017/07/21/trump-assigns-white-house-team-to-target-iran-nu-
clear-deal-sidelining-state-department>.

3 "Full Speech of Donald Trump's Speech to AIPAC", *Times of Israel*, 22
mar. 2016. Disponível em: <www.timesofisrael.com/donald-trumps-
-full-speech-to-aipac>.

4 Jeremy Diamond, "Trump Suggests U.S. 'Dumb Son of a Bitch' on
Iran Deal", CNN Politics, 17 dez. 2015. Disponível em: <www.cnn.
com/2015/12/16/politics/donald-trump-iran-deal-rally-arizona/index.
html>.

5   David Nakamura e Elise Viebeck, "Trump Chooses Sen. Jeff Session for Attorney General, Rep. Mike Pompeo for C.I.A. Director", *The Washington Post*, 18 nov. 2016. Disponível em: <www.washingtonpost.com/politics/trump-chooses-sen-jeff-sessions-for-attorney-general-rep-mike-pompeo-for-cia-director-transition-sources-say/2016/11/18/a0c170ae-ad8e-11e6-a31b-4b6397e625d0_story.html?utm_term=828961f2e7c8>.

6   Ashley Parker, "Trump to Iran: Be Thankful for 'Terrible' Nuclear Deal", *The Washington Post*, 2 fev. 2017. Disponível em: <www.washingtonpost.com/news/post-politics/wp/2017/02/02/trump-to-iran-be-thankful-for-terrible-nuclear-deal/?utm_term=8c68545f04cc>.

7   Tuíte de Donald J. Trump, 3 fev. 2017, 3h28.

8   Ashley Parker, "Trump to Iran: Be Thankful for 'Terrible' Nuclear Deal".

9   Josh Rogin, "The U.N. General Assembly Gives Trump a Chance to Confront Iran on American Hostages", *The Washington Post*, 18 set. 2017. Disponível em: <www.washingtonpost.com/opinions/global-opinions/the-un-general-assembly-gives-trump-a-chance-to-confront-iran-on-american-hostages/2017/09/17/571e5884-9a52-11e7-82e4-f1076f6d6152_story.html?utm_term=2a1ca4033041>.

10 Lucy Pasha-Robinson, "Theresa May Warns Donald Trump About 'Iran's Malign Influence' During Speech to Republicans in Philadelphia", *The Independent*, 26 jan. 2017. Disponível em: <www.independent.co.uk/news/theresa-may-donald-trump-iran-malign-influence-philadelphia-republican-speech-a7548491.html>.

11 Carol Morello e Anne Gearan, "Trump Administration Sanctions Iran Over Missile Test", *The Washington Post*, 3 fev. 2017. Disponível em: <www.washingtonpost.com/world/national-security/trump-administration-sanctions-iran-on-missile-test/2017/02/03/dfb101ce-4107-409e-ab45-f49449e92c1f_story.html?utm_term=dc32d5c48c32>; Eric Cunningham, "Iran Calls New U.S. Sanctions a Violation of Nuclear Deal", *The Washington Post*, 3 ago. 2017. Disponível em: <www.washingtonpost.com/world/middle_east/iran-calls-new-us-sanctions-a-violation-of-nuclear-deal/2017/08/03/f22d9464-7218-11e7-8c17-533c52b2f014_story.html?utm_term=234b3e17e8d3>.

12 Carol Morello, "U.S. Extends Waivers on Iran Sanctions but Warns It's an Interim Move", *The Washington Post*, 14 set. 2017. Disponível em: <www.washingtonpost.com/world/national-security/us-extends-sanctions-against-iran-but-warns-its-an-interim-move/2017/09/14/1d4ba5ee-9953-11e7-b569-3360011663b4_story.html?utm_term=.0c1d20aaa10>.

13 Nick Wadhams, "Tillerson Says Iran 'Clearly in Default' of Nuclear Deal's Terms", Bloomberg, 14 set. 2017. Disponível em: <www.

bloomberg.com/news/articles/2017-09-14/tillerson-says-iran-clearly--in-default-of-iran-deal-s-terms>.

14 Isaac Stanley-Becker e Stephanie Kirchner, "Angela Merkel Predicts Showdown with U.S. Over Climate at G-20", *The Washington Post*, 29 jun. 2017. Disponível em: <www.washingtonpost.com/world/angela--merkel-predicts-showdown-over-climate-at-g-20/2017/06/29/76bf667 8-5a84-11e7-aa69-3964a7d55207_story.html?utm_term=fbe49000547c>.

15 Entrevista do autor com John Kerry, 21 nov. 2017.

16 Carol Morello, "Senior Diplomat in Beijing Resigns Over Trump's Climate Change Decision", *The Washington Post*, 5 jun. 2017. Disponível em: <www.washingtonpost.com/world/national-security/senior--diplomat-in-beijing-embassy-resigns-over-trumps-climate-change--decision/2017/06/05/3537ff8c-4a2e-11e7-a186-60c031eab644_story. html?utm_term=c89251a58514>.

17 David Rank, "Why I Resigned from the Foreign Service after 27 Years", *The Washington Post*, 23 jun. 2017. Disponível em: <www.washing-tonpost.com/opinions/why-i-resigned-from-the-foreign-service-af-ter-27-years/2017/06/23/6abee224-55ff-11e7-ba90-f5875b7d1876_story. html?utm_term=b78438fb1b53>.

18 Martina Kunovic, "Five Things You Need to Know About Trump's Cuba Policy — And Who It Will Hurt", *The Washington Post*, 22 jun. 2017. Disponível em: <www.washingtonpost.com/news/monkey-cage/ wp/2017/06/22/five-things-you-need-to-know-about-trumps-cuba-po-licy-and-who-it-will-hurt/?utm_term=af14570d57d0>.

19 Entrevista do autor com um funcionário do Departamento de Estado, 1 jun. 2017.

20 Jordan Fabian e Max Greenwood, "Trump Does Not Rule Out Mili-tary Action in Venezuela", *The Hill*, 11 ago. 2017. Disponível em: <thehill. com/homenews/administration/346265-trump-does-not-rule-out-mi-litary-action-in-venezuela>.

21 Susan Glasser, "Trump National Security Team Blindsided by NATO Speech", *Politico*, 5 jun. 2017. Disponível em: <www.politico.com/ magazine/story/2017/06/05/trump-nato-speech-national-security--team-215227>.

22 Ali Vitali, "Trump Vows North Korea Threat Will Be Met With 'Fire and Fury'", NBC News, 9 ago. 2017. Disponível em: <www.nbcnews. com/politics/white-house/trump-vows-north-korea-could-be-met--fire-fury-n790896>.

23 Julie Hirschfeld Davos, "Trump's Harsh Language on North Ko-rea Has Little Precedent, Experts Say", *The New York Times*, 8 ago. 2017. Disponível em: <www.nytimes.com/2017/08/08/us/politics/

trumps-harsh-language-on-north-korea-has-little-precedent-experts-
-say.html>.

24 Josh Walcott, "Trump's 'Fire and Fury' North Korea Remark Sur-
prised Aides: Officials", Reuters, 9 ago. 2017. Disponível em: <www.
reuters.com/article/us-northkorea-missiles-usa-idUSKBN1AP26D>.

25 Joshua Berlinger et al., "Tillerson Dials Back Rhetoric after Trump's
North Korea 'Fire and Fury' Threats", CNN, 9 ago. 2017. Disponível
em: <www.cnn.com/2017/08/09/politics/north-korea-donald-trump/
index.html>.

26 Avi Selk, "John Kelly's Facepalm at Trump's U.N. Speech: Exasperation,
Exhaustion or No Big Deal", *The Washington Post*, 20 set. 2017. Disponível em: <www.washingtonpost.com/news/the-fix/wp/2017/09/20/
john-kellys-facepalm-at-trumps-u-n-speech-exasperation-exhaustion-
-or-no-big-deal/?utm_term=c596752186c4>.

27 Donald Trump, "Remarks by President Trump to the 72nd Session of
the United Nations General Assembly", Nações Unidas, Nova York,
19 set. 2017.

28 James Griffiths, "What is a 'Dotard'?", CNN, 22 set. 2017. Disponível em: <www.cnn.com/2017/09/22/asia/north-korea-dotard/index.
html>; "Full Text of Kim Jong-un's Response to President Trump",
The New York Times, 22 set. 2017. Disponível em: <www.nytimes.
com/2017/09/22/world/asia/kim-jong-un-trump.html?_r=0>.

29 Tuíte de Donald J. Trump, 23 set. 2017, 20h08.

30 Entrevista do autor com Rex Tillerson, 4 jan. 2018.

31 Tuíte de Donald J. Trump, 1 out. 2017, 7h30.

32 Victor Brechenmacher, "Merkel Takes Swipe at Trump's Fiery North Korea comments", *Politico*, 8 ago. 2017. Disponível em: <www.politico.eu/
article/merkel-takes-swipe-at-trumps-fiery-north-korea-comments>.

33 Jens Thurau, "Chancellor Angela Merkel: There is a Clear Disagreement
with Trump on North Korea", DW, 20 set. 2017. Disponível em: <www.
dw.com/en/chancellor-angela-merkel-there-is-a-clear-disagreement-
with-trump-on-north-korea/a-40608769>.

34 "Full Text of Abe's Address at U.N. General Assembly", *Japan Times*,
21 set. 2017. Disponível em: <www.japantimes.co.jp/news/2017/09/21/
national/politics-diplomacy/full-text-abes-address-u n-general-
-assembly/#Wchp18iGP1U>.

35 Christopher R. Hill, *Outpost: A Diplomat at Work*. Nova York: Simon
& Schuster, 2015. E-book.

36 Thomas Lippman, "N. Korea-U.S. Nuclear Pact Threatened", *The Washington Post*, 6 jul. 1998. Disponível em: <www.washingtonpost.com/
wp-srv/inatl/longterm/korea/stories/nuke070698.htm>; Maria Ryan,

"Why the US' 1994 Deal with North Korea Failed — and What Trump Can Learn From It", *The Conversation*, 19 jul. 2017. Disponível em: <theconversation.com/why-the-uss-1994-deal-with-north-korea-failed--and-what-trump-can-learn-from-it-80578>.

37 "Nuclear Posture Review", 8 jan. 2002. Disponível em: <web. stanford. edu/class/polisci211z/2.6/NPR2001leaked.pdf>.

38 Ryan, "Why the US' 1994 Deal with North Korea Failed — and What Trump Can Learn From It".

39 Hill, *Outpost*, p. 195.

40 Ibid., p. 229.

41 Entrevista telefônica do autor com Christopher Hill, 12 set. 2017.

42 Hill, *Outpost*, pp. 215, 237, 253.

43 Ibid., p. 225.

44 Ibid., p. 229.

45 Entrevista telefônica do autor com Christopher Hill, 12 set. 2017.

46 Entrevista do autor com Hillary Clinton, 20 nov. 2017.

47 Entrevista do autor com Condoleezza Rice, 3 ago. 2017.

48 "China Says Six-Party Talks Resumption Not Easy, But in the Right Direction", Reuters, 6 ago. 2017. Disponível em: <www.reuters.com/article/us-asean-philippines-china-northkorea-mi/china-says-six-party-talks-resumption-not-easy-but-in-the-right-direction-idUSKB-NIAM089>.

49 Nicole Gaouette et al., "US Starts to Prep for North Korea Summit Even as Pyongyang Remains Silent", CNN, 13 mar. 2018. Disponível em: <www.cnn.com/2018/03/13/politics/trump-korea-summit-early--prep/index.html>.

50 David Lauter, "Trump's Risky, But bold Approach to North Korea", *The Los Angeles Time*s, 9 mar. 2018. Disponível em: <www.latimes.com/politics/la-pol-essentialpolitics-20180309-story.html>.

51 Jeffrey Lewis, "Trump Is Walking into Kim Jong Un's Trap", *The Washington Post*, 13 mar. 2018. Disponível em: <www.washingtonpost.com/news/theworldpost/wp/2018/03/13/trump-north-korea/?utm_term= 4167c5ee8b24>.

52 "President Xi meets U.S. Secretary of State", *Xinhua*, 19 mar. 2017. Disponível em: <news.xinhuanet.com/english/2017-03/19/c_136140432.htm>.

53 David Brunnstrom, "Tillerson Affirms Importance of Constructive U.S.-China Ties", Reuters, 22 fev. 2017. Disponível em: <www.reuters.com/article/us-usa-china-tillerson/tillerson-affirms-importance-of--constructive-u-schina- ties-idUSKBN1602TL?il=0>.

54 Hannah Beech, "Rex Tillerson's Deferential Visit to China", *The New Yorker*, 21 mar. 2017. Disponível em: <www.newyorker.com/news/news-desk/rex-tillersons-deferential-visit-to-china>; "Did America's Top Diplomat Inadvertently Offer China a New Great Power Relationship?", *Japan Times*, 21 mar. 2017. Disponível em: <www.japantimes.co.jp/news/2017/03/21/asia-pacific/politics-diplomacy-asia-pacific/americas-top-diplomat-inadvertently-offer-china-new-great-power-relationship>.

55 Entrevista do autor com Brian Hook, 13 dez. 2017.

56 Entrevista do autor com um funcionário anônimo do Departamento de Estado, 1 jun. 2017.

57 Junyi Zhang, "Order from Chaos: Chinese Foreign Assistance, Explained", *Order from Chaos*, 19 jul. 2016. Disponível em: <www.brookings.edu/blog/order-from-chaos/2016/07/19/chinese-foreign-assistance-explained>.

58 David Shambaugh, "China's Soft-Power Push", *Foreign Affairs*, jul.-ago. 2015. Disponível em: <www.foreignaffairs.com/articles/china/2015-06-16/china-s-soft-power-push>.

59 Colum Lynch, "China Eyes Ending Western Grip on Top U.N. Jobs With Greater Control Over Blue Helmets", *Foreign Policy*, 2 out. 2016. Disponível em: <foreignpolicy.com/2016/10/02/china-eyes-ending-western-grip-on- top-u-n-jobs-with-greater-control-over-blue-helmets>.

60 Catherine Putz, "Can China Help Mediate Between Afghanistan and Pakistan?", *Diplomat*, 13 jun. 2017. Disponível em: <thediplomat.com/2017/06/can-china-help-mediate-between-afghanistan-and-pakistan>.

61 Keith Johnson, "China's African Adventure", *Foreign Policy*, 24 abr. 2014. Disponível em: <foreignpolicy.com/2014/04/24/chinas-african-adventure>.

62 Ronan Farrow, "China's Crude Conscience", *The Wall Street Journal*, 10 ago. 2016. Disponível em: <www.wsj.com/articles/SB11551 5906133031402>.

63 Andy Morimoto, "Should America Fear China's Alternative to the TP?", *Diplomat*, 17 mar. 2016. Disponível em: <thediplomat.com/2016/03/should-america-fear-chinas-alternative-to-the-tp>.

64 Alyssa Ayres, "Trump to Cut Foreign Aid Budgets, Opening South and Central Asia's Door to Chinese Influence", *Forbes*, 4 maio 2017. Disponível em: <www.forbes.com/sites/alyssaayres/2017/05/04/trumpto-cut-foreign-aid-budgets-opening-south-and-central-asias-door-to-chinese-influence/#77e273a75f50>.

65 Entrevista do autor com John Kerry, 21 nov. 2017.

Epílogo: O primeiro recurso [pp. 375-92]

1 Cícero, *De Officiis*. Trad. P. G. Walsh. Oxford: Oxford University Press, 2000, loc. 1014. E-book.

2 Entrevista telefônica do autor com Ben Rhodes, 18 ago. 2017.

3 Entrevista telefônica do autor com Jon Finer, 11 set. 2017.

4 Indira A. R. Lakshmana, "If You Can't Do This Deal... Go Back to Tehran", *Politico Magazine*, 25 set. 2015. Disponível em: <www.politico.com/magazine/story/2015/09/iran-deal-inside-story-213187?paginate=false>.

5 Matt Viser, "Twizzlers, String Cheese, and Mixed Nuts (in Larger Quantities) Fuel Iran Nuclear Negotiations", *Boston Globe*, 7 jul. 2015. Disponível em: <www.bostonglobe.com/news/world/2015/07/07/twizzlers-string-cheese-and-mixed-nuts-large-quantities-fuel-iran--nuclear-negotiators/zun8dliHFISaCV8yzrTVNO/story.html>.

6 John Allen Gay, "Why Is Iran's Foreign Minister So Angry?", *National Interest*, 9 jul. 2015. Disponível em: <nationalinterest.org/blog/the-buzz/why-irans-foreign-minister-so-angry-13303>.

7 Colby Itkowitz, "Bill Burns, a 'Diplomat's Diplomat' Retires", *The Washington Post*, 11 abr. 2014. Disponível em: <www.washingtonpost.com/blogs/in-the-loop/wp/2014/04/11/bill-burns-a-diplomats-diplomat-retires/?utm_term=4e10e71e949a>.

8 Entrevista do autor com John Kerry, 21 nov. 2017.

9 Entrevista telefônica do autor com William Burns, 14 set. 2017.

10 Jay Solomon, *The Iran Wars: Spy Games, Bank Battles, and the Secret Deals That Reshaped the Middle East.* Nova York: Random House, 2016, loc. 2385-6. E-book.

11 Entrevista telefônica do autor com William Burns, 14 set. 2017.

12 Ibid.

13 Entrevista telefônica do autor com Jon Finer, 11 set. 2017.

14 Jaime Fuller, "The Most Romantic Moments of the Iran-Deal Negotiations", *New York Magazine*, 16 jul. 2015. Disponível em: <nymag.com/daily/intelligencer/2015/07/most-romantic-moments-of-theiran-deal.html>.

15 Entrevista do autor com Wendy Sherman, 13 set. 2017.

16 Ibid.

17 Lakshmana, Indira A. R., "If You Can't Do This Deal... Go Back to Tehran".

18 Entrevista do autor com Wendy Sherman, 13 set. 2017.

19 John Kerry, "Iran Accord Address and Presser", Austria Center, Viena, Áustria, 14 jul. 2015. Disponível em: <www.americanrhetoric.com/speeches/johnkerryiranaccord.htm>.

20 Eli Lake, "Why Obama Let Iran's Green Revolution Fail", Bloomberg View, 25 ago. 2016. Disponível em: <www.bloombergquint.com/opinion/2016/08/24/why-obama-let-iran-s-green-revolution-fail>.

21 Jay Solomon, *The Iran Wars: Spy Games, Bank Battles, and the Secret Deals That Reshaped the Middle East*, loc. 219-25.

22 Rick Gladstone, "Arms Control Experts Urge Trump to Honor Iran Nuclear Deal", *The New York Times*, 13 set. 2017. Disponível em: <www.nytimes.com/2017/09/13/world/middleeast/iran-nucleardeal-trump.html>.

23 Nikki Haley, "Nikki Haley Address on Iran and the JCPOA", American Enterprise Institute, 5 set. 2017.

24 Entrevista telefônica do autor com William Burns, 14 set. 2017.

25 Entrevista do autor com John Kerry, 21 nov. 2017.

26 Entrevista telefônica do autor com Jon Finer, 11 set. 2017.

27 Entrevista do autor com William Burns, 14 set. 2017.

28 Jessie Hronesvoa, "A Flawed Recipe for How to End a War and Build a State: 20 Years Since the Dayton Agreement", London School of Economics and Political Science Blog, 14 dez. 2015. Disponível em: <blogs.lse.ac.uk/europblog/2015/12/14/a-flawed-recipe-for-how-to-end-a-war-and-build-a-state-20-years-since-thedayton- agreement>.

29 Entrevista telefônica do autor com Jon Finer, 11 set. 2017.

30 Entrevista do autor com John Kerry, 21 nov. 2017.

31 Gladstone, "Arms Control Experts Urge Trump to Honor Iran Nuclear Deal".

32 Entrevista do autor com Thomas Countryman, 22 jun. 2017.

33 "Tom Countryman's Farewell: A Diplomat's Love Letter to America", Diplopundit, 2 fev. 2017. Disponível em: <diplopundit.net/2017/02/02/tom-countrymans-farewell-a-diplomats-love-letter-to-america>.

34 Ibid.

35 Ibid.

36 Ibid.

37 Entrevista do autor com Wendy Sherman, 13 set. 2017.

38 Entrevista do autor com William Burns, 14 set. 2017.

39 Holbrooke, *To End a War*, loc. 2930-1.

40 Entrevista do autor com William Burns, 14 set. 2017.

41 Entrevista do autor com Brian Hook, 5 jul. 2017 e 13 dez. 2017.

Índice remissivo

473

U

V

W

Todos os direitos desta edição reservados à Todavia.

Grafia atualizada segundo o Acordo Ortográfico da Língua
Portuguesa de 1990, que entrou em vigor em 2009.

capa
Pedro Inoue
preparação
Lígia Azevedo
Rodrigo Lacerda
índice remissivo
Luciano Marchiori
revisão
Ana Alvares
Jane Pessoa

Dados Internacionais de Catalogação na Publicação (CIP)

— —

Farrow, Ronan (1987-)
Guerra contra a paz: O fim da diplomacia e o declínio da
influência norte-americana: Ronan Farrow
Título original: *War on Peace: The End of Diplomacy
and the Decline of American Influence*
Tradução: Sergio Mauro Santos Filho
São Paulo: Todavia, 1ª ed., 2019
480 páginas

ISBN 978-85-88808-99-7

1. Situação política 2. Estados Unidos 3. Política externa
I. Santos Filho, Sergio Mauro II. Título

CDD 320.973

— —

Índice para catálogo sistemático:
1. Situação política: Estados Unidos 320.973

todavia
Rua Luís Anhaia, 44
05433.020 São Paulo SP
T. 55 11. 3094 0500
www.todavialivros.com.br

fonte
Register*
papel
Munken print cream
80 g/m²
impressão
Ipsis